国家哲学社会科学成果文库

NATIONAL ACHIEVEMENTS LIBRARY
OF PHILOSOPHY AND SOCIAL SCIENCES

区域协调发展中政府与市场的作用研究

钟昌标 著

钟昌标 1964年1月出生于江西省兴国县，2000年毕业于南京大学，获得理学博士学位，现任云南财经大学区域经济学首席教授，博士研究生导师，主要从事国际贸易与区域经济研究，在《中国社会科学》《经济研究》《管理世界》和 *MANAGEMENT DECISION* 等期刊发表百余篇学术论文，出版《转型期中国区域性市场对国际竞争力的影响研究》等十余部著作。

i

《国家哲学社会科学成果文库》
出版说明

  为充分发挥哲学社会科学研究优秀成果和优秀人才的示范带动作用,促进我国哲学社会科学繁荣发展,全国哲学社会科学规划领导小组决定自2010年始,设立《国家哲学社会科学成果文库》,每年评审一次。入选成果经过了同行专家严格评审,代表当前相关领域学术研究的前沿水平,体现我国哲学社会科学界的学术创造力,按照"统一标识、统一封面、统一版式、统一标准"的总体要求组织出版。

全国哲学社会科学规划办公室
2011年3月

目　录

第1章　绪论 ……………………………………………………（1）
　1.1　研究的背景和意义 …………………………………………（1）
　1.2　国内外相关研究综述 ………………………………………（4）
　1.3　评价与研究方向 ……………………………………………（12）
　1.4　本书的研究框架 ……………………………………………（15）

第2章　区域协调发展中政府干预的理论 …………………（17）
　2.1　政府的功能定位 ……………………………………………（17）
　2.2　政府干预区域协调发展的理论 ……………………………（19）
　2.3　政府在经济发展中的作用 …………………………………（25）
　2.4　政府在区域协调发展中存在的问题 ………………………（29）

第3章　区域协调发展的市场机制 …………………………（33）
　3.1　区域协调发展中市场的功能定位 …………………………（33）
　3.2　区域协调发展市场作用机制 ………………………………（34）
　3.3　区域经济协调发展市场作用方式分析 ……………………（38）
　3.4　区域协调发展中的政府和市场的关系 ……………………（41）

第4章　区域协调发展中公平与效率的制度分析 …………（47）
　4.1　制度的公平与效率的理论基础 ……………………………（47）
　4.2　我国区域发展失调的表现 …………………………………（53）
　4.3　我国区域协调发展中制度的效率审视 ……………………（58）
　4.4　区域协调发展中制度的公平性审视 ………………………（60）
　4.5　兼顾公平与效率的区域协调发展 …………………………（65）

第5章　区域协调发展与要素流动的关系 （75）
5.1　要素流动对区域协调的作用 （75）
5.2　要素流动与区域人均GDP差距的变化 （77）
5.3　地区间要素流动不畅的表现 （91）
5.4　劳动力流动与区域经济协调发展 （95）

第6章　区域协调发展中资源配置的最优选择 （116）
6.1　市场与政府配置效率对比 （116）
6.2　区域资源配置的机制分析 （122）
6.3　区域协调发展中资源配置的最优选择 （127）

第7章　兼顾公平与效率的区域协调增长 （141）
7.1　区域经济增长差距测度 （141）
7.2　结果分析 （146）
7.3　结论 （151）

第8章　中国区域协调发展的效果评价 （153）
8.1　区域协调发展评价体系设计 （153）
8.2　区域协调发展的数学模型 （155）
8.3　区域协调发展效果评价的实证分析 （158）
8.4　中国区域协调发展类型分析 （170）

第9章　区域协调发展中政府的事权财权研究 （173）
9.1　政府事权财权与区域协调发展的理论基础 （174）
9.2　中央与地方事权财权关系的发展历程及其特征 （179）
9.3　分税制后我国政府事权财权与区域协调发展 （182）
9.4　财政转移支付制度与区域协调发展 （192）

第10章　中国区域协调发展的产业分工基础与有序转移 （202）
10.1　各省、自治区、直辖市产业分工的现状分析 （202）
10.2　区域协调发展产业分工的自然和社会基础 （220）
10.3　区域协调发展与产业地区间转移 （231）

第 11 章 区域协调发展中地方政府间博弈:长三角为例 ……………… (252)
  11.1 地方政府对区域协调的影响 …………………………………… (252)
  11.2 区域协调发展的动力机制 ……………………………………… (254)
  11.3 长三角"诸侯经济"主要表现 …………………………………… (258)
  11.4 地方政府行为的博弈模型解释 ………………………………… (261)

第 12 章 中央地方关系对区域协调性影响的历史考察 ……………… (270)
  12.1 中央地方关系对区域协调性的影响 …………………………… (270)
  12.2 我国各历史阶段的中央地方关系与区域协调性考察 ………… (276)
  12.3 中央地方关系的区域协调性特征 ……………………………… (282)
  12.4 理想机制应具有的中央地方关系特征 ………………………… (284)

第 13 章 外国政府协调区域发展的措施借鉴 ………………………… (288)
  13.1 一般考察 ………………………………………………………… (288)
  13.2 美国政府的州际协调 …………………………………………… (289)
  13.3 欧盟的区际协调 ………………………………………………… (295)
  13.4 日本的区际协调 ………………………………………………… (302)

第 14 章 本书的学术努力、主要观点和政策建议 …………………… (305)
  14.1 学术努力和主要观点 …………………………………………… (305)
  14.2 政策建议 ………………………………………………………… (317)

Contents

Chapter 1　Introduction (1)
1.1　Background and significance (1)
1.2　Review of related studies (4)
1.3　Assessment and research direction (12)
1.4　Research framework (15)

Chapter 2　Theory of government interference in coordinated regional development (17)
2.1　Functional orientation of government (17)
2.2　Theoretical foundation (19)
2.3　The role of government in economic development (25)
2.4　Problems of government interference in coordinated regional development (29)

Chapter 3　Market mechanism of coordinated regional development (33)
3.1　Functional orientation of market (33)
3.2　Market mechanism of coordinated regional development (34)
3.3　The way of market mechanism to regional economic coordinated development (38)
3.4　The relation between government and market in coordinated regional development (41)

Chapter 4 Institutional analysis of equity and efficiency in coordinated regional development .... (47)

4.1 Theoretical foundation of institutional equity and efficiency .... (47)
4.2 Performance of regional development disorders in China .... (53)
4.3 View the institutional efficiency in regional development .... (58)
4.4 View the institutional equity in regional development .... (60)
4.5 Regional development with balanced equity and efficiency .... (65)

Chapter 5 Coordinated regional development and factor mobility .... (75)

5.1 The role of factor mobility in regional development .... (75)
5.2 Factor mobility and regional per capita GDP gap changes .... (77)
5.3 Performance of essential factor mobility across regions .... (91)
5.4 Labor mobility and coordinated regional development .... (95)

Chapter 6 Optimal choice of government and market in coordinated regional development resource allocation .... (116)

6.1 Comparison of market and government efficiency .... (116)
6.2 Mechanism analysis of regional resource allocation .... (122)
6.3 Optimal choice of resource allocation in regional coordinated development .... (127)

Chapter 7 Regional development with balanced equity and efficiency .... (141)

7.1 Measurement of reginal economic growth disparity .... (141)
7.2 Result analyses .... (146)
7.3 Conclusions .... (151)

Chapter 8 Effect evaluation of coordinated regional development in China .... (153)

8.1 Evaluation system design of coordinated regional development .... (153)
8.2 Mathematical model .... (155)
8.3 Empirical analysis .... (158)

8.4 Type analysis of coordinated regional development in China ············ (170)

Chapter 9　Researches of government powers in coordinated regional development ··· (173)

9.1 Theoretical foundation ·· (174)

9.2 The development process and charateristics of power relations between central and local governments ··································· (179)

9.3 Government power and coordinated regional development under revenue-sharing scheme in China ································· (182)

9.4 Financial transfer payment system and coordinated regional development ··· (192)

Chapter 10　Industrial division and orderly transfer in Chinese coordinated regional development ···························· (202)

10.1 Situation analysis of industrial division across regions ················ (202)

10.2 Natural and social bases of industrial division ························ (220)

10.3 Industry tranfer and coordinated regional development ··············· (231)

Chapter 11　Local governments' game in coordinated regional development: the case of Yangze River Delta ················ (252)

11.1 The influences of local government on coordinated development in Yangze River Delta ·· (252)

11.2 Dynamic mechanism of coordinated regional development ············ (254)

11.3 Main performance of economic status in Yangze River Delta ········· (258)

11.4 Game model of local governments' behavior ······························ (261)

Chapter 12　Historical investigation of the role of central-local relations in regional coordination ······································· (270)

12.1 The effects of central-local relations on regional coordination ········· (270)

12.2 Investigation of the effects in different historical stages of China ··· (276)

12.3 The charatistics of the effects ··· (282)

12.4 Characteristics of the central-local relations in ideal mechanism ······ (284)

Chapter 13 Reference of foreign governments' measures for keeping regional coordination ………………………………………… (288)

13.1 General investigation ……………………………………………… (288)

13.2 Interstate coordination of United States government ………………… (289)

13.3 Regional coordination of European Union ……………………………… (295)

13.4 Regional coordination of Japan ……………………………………… (302)

Chapter 14 Academic contribution, conclusion and policy implications ……………………………………………………… (305)

14.1 Academic contribution and conclusion ……………………………… (305)

14.2 Policy implications …………………………………………………… (317)

第1章

绪　　论

1.1　研究的背景和意义

纵观五千年的中国史,中央与地方、地方与地方之间的关系是其中重要的部分,协调行政区经济(诸侯经济)一直是我国历史的主要内容之一。作为一个具有大国特征的经济体,其引人注目的资源优势及巨大的国内市场决定了其经济发展轨迹的独特性,既可以组织力量完成小国难以企及的大事,也可以在一国范围内实现几乎所有产业的规模经济,抵御各种较大的灾害。但是,大国经济由于区位、地理、资源条件、机会把握、历史发展水平的不同,加上地域辽阔、人口众多且分布不均匀,因而不可避免地形成不同的区域经济,各地区经济发展水平和速度也必然存在差距,这在大国经济的发展初期尤为突出。因此,区域经济之间如何协调发展是大国经济的"一根软肋"。

中国改革三十多年来的成功在很大程度上归因于经济分权和政治集中的中国式分权架构,既充分调动了地方政府经济建设的积极性,又保证了国家政治的高度统一。然而中国有些地方政府是这样的二元政府:它在推动经济增长上不遗余力,在公共物品供给上却敷衍了事,改革开放三十多年在以经济建设为中心的理念下,经济增长列于社会发展之前。随着社会问题的尖锐化,中国式分权成本收益的天平正在发生动态调整,十八大后经济与社会的协调发展受到高度重视。

十八届五中全会把协调发展确定为"十三五"发展的基本理念。区域协调发展战略已成为我国建设有中国特色社会主义的重要组成部分。党的十八大提出,到2020年实现全面建成小康社会的宏伟目标,并将"促进形成区域协调发展机制"确立为全面建成小康社会的重要目标和加快转变发展方式的基本动力,从而把区域发展战略提升到一个新的高度。十八大明确了推进区域经济协调健康发展的主要路径,十八大报告中提出了"继续实施区域发展总体战略,充分发挥各地区比较优势,优先推进西部大开发"的要求。如何处理好政府与市场的关系,是促进区域协调发展的关键之一。

区域协调发展是一种国家战略,具有全局性和引导性,政府要根据本地区的定位合理配置各种公共资源。市场经济是一种利益导向,通过"看不见的手"来引导经济主体的行为。这是两种完全不同的机制,产业升级、经济发展,都是一种市场行为,是市场选择的结果。而在主体功能区战略中的限制开发区和禁止开发区则是国家战略意图,是政府的安排,单靠市场机制解决不了发展的问题。西部与东部、中部和东北相比,在自然条件、区位条件等方面都不占优势,在市场竞争中处于劣势地位,市场经济的利益诱导使得资金技术和产业流向利润回报高的地区。在推进区域协调发展的过程中,无论政府在区域经济发展中发挥多大的作用,都必须以市场经济为基础,遵循市场竞争规则。因为经济增长的原动力始终是市场力量。因此,政府既要利用市场这只"看不见的手"充分发挥市场配置资源的决定性作用,引导市场主体的行为,还要利用政府这只"看得见的手"完善法律法规和区域政策等。但目前两者兼顾的难度很大。

实施区域经济协调发展战略具有重要的意义:

一是落实科学发展观和构建社会主义和谐社会的需要。构建和谐社会需要殷实的经济基础。和谐社会是生产力发展到一定阶段,物质财富相对丰富的产物。社会和谐的标准之一是不同利益群体的合理需求都能够得到满足,而这只有靠不断发展才能得以实现。和谐社会只有在区域协调发展的基础上,才能不断缩小区域之间的发展差距,提高各地区人民的福利水平和缩小公共服务的差异,最终实现发展的可持续性。

二是解决民生问题的关键途径。解决好民生问题是构建和谐社会的前提与基础。民生问题不仅关系到居民的个人利益,也是国家发展进步的标志。只有实施区域协调发展战略,才能实现整个社会的协调发展、带动广大中西部落后地区的快速发展、切实提高人们的生活水平。

三是深化区域经济合作的重要推动力量。区域经济合作的产生与发展离不开区域经济协调发展,而区域经济协调发展是区域经济合作深入发展的重要推动力。如果区域之间实现了协调发展,不仅能够促进生产要素的合理流动以实现优化组合,而且可以解决经济合作过程中出现的各种利益矛盾和经济纠纷,还能够推进区域行为主体之间的联系合作。

四是加快不发达地区的发展,特别是边疆贫困地区的发展,实现区域经济发展再平衡。"填洼地","先富带后富",十七大提出的"西部大开发""富民兴边""听个响",不仅是重大的经济问题,而且是重大的政治问题,不仅关系现代化建设的全局,也关系社会稳定和国家的长治久安。统筹区域发展,就是要继续发挥各个地区的优势和积极性,缩小地区差距,实现共同发展。

五是我国经济发展到一定阶段的必然选择。改革开放以来,我国经济和社会的发展取得了有目共睹的成就,已经具备了统筹区域协调发展的能力。协调发展的实现,有赖于经济和社会发展到一定水平。

区域协调发展的出发点和宗旨不应该片面追求欠发达地区的经济增长,也不应该单纯缩小地区间经济发展水平的差距,而应该立足普遍提高改善人民生活水平和质量,逐步缩小地区间公共服务和人民生活水平的差距。区域经济关系协调的目标是地区间基于市场经济导向的经济技术合作,实现全方位、多领域相协调的目标,形成各区域、各民族之间全面团结和互助合作的新型区域经济关系。在经济关系协调中,存在着中央和地方两级政府。中央政府要为实现全国的协调发展提供可用于操作的各项规则和弥补由于在协调过程中出现利益相对损失的区域(如采取政策倾斜和财政补贴)。地方政府要通过市场放开和规范秩序等手段实现区域间的合作,以开放的心态来应对竞争。

区域协调发展涉及自然、环境、社会、经济、科技、政治等多维目标。包括各地区人与自然的关系处于协调和谐状态、各地区人们都能够享受到均等化的基本公共服务、地区间人均生产总值差距保持在适度的范围内、各地区比较优势能够得到合理有效的发挥、各区域形成互补的产业创新能力和地方政府向服务型转变等。区域协调发展的各个目标存在着相互依存的关系,如在开放条件下充分发挥比较优势会更加有利于欠发达区域的发展,并且在区域间形成互补的产业格局,这既有利于区域发展差距的适当缩小,也有利于产业创新能力的梯度发展。我国不同区域基础设施的质量和数量差别很大,由此带来的外溢效应也会相对明显,而基本公共服务相对均等化有助于实现区域之间的相对协调。作为影响区域协调发展的重要因素,地方政府对协调发展采取的各种显性和隐性措施是重大诱因,人为的干预不利于比较优势的充分发挥,因而地方政府向服务型转变是保障我国实现协调发展的关键因素。区域协调发展,既要考虑当代人的利益,也要为后代的发展提供足够的空间,即维持一种可持续发展状态。

区域协调发展可以分为初级、中级和高级三个阶段。初级阶段是水平较低时期,协调重在区域内部各要素的良性关系,此阶段主要通过外界主动"输血"等方式促进落后区域的发展。中级阶段是经济和社会发展到一定程度后,不同层次规模的行为主体之间要求协作发展,注重区域与外部的联系、合作和协调,是区域协调内容的拓展。高级阶段是一种高度和谐,达到区域内部的和谐及与外部区域的共生,区域内外部之间各要素均要实现协调发展。我国目前处于由初级阶段向中级阶段转变,因而应该实施跳跃式的区域发展战略以促使社会各层面实现协调,这就要求采取完善市场机制和政府主导的制度结构变迁机制,培育知识经济条件下的报酬递增机制,强化有利于区域经济发展的内生增长机制等措施。

为实现我国区域协调发展的目标,既要依靠市场的基础作用,也要借助政府的强力推进。政府与市场是实现区域协调发展的两个方面。由于存在着市场失灵,区域协调发展不可能完全交由市场去实现,因而适当的政府干预是必要的。然而,政府在进行宏观乃至微观调控的过程中,相对不充分的信息会导致制度安排失真和制度扭曲,并且政策存在着一定的滞后效应也会产生干预失灵。在区域协调发展中,政府应该成为游戏规则的制定者而非参与者,即应该以裁判员的身份来管制不正当竞争行为。

1.2 国内外相关研究综述

围绕区域协调发展政府和市场的理论研究大致可以概括为以下六个方面:

1.2.1 关于地方政府的作用

蒂布特(Tiebout,1956)提出了一个消费者从对地方公共产品和服务的偏好出发来选择地理位置的"用脚投票"的Tiebout模型,对引入地区竞争进一步分权能够改善公共物品提供做了经典阐述。斯蒂格勒（Stigler，1957）论证了地方政府的效率优势的来源，从更加接近居民的角度论证了地方政府存在的必要性。冯兴元在布雷顿和何梦笔研究的基础上，分析了我国转型过程中政府间竞争、制度竞争和体制竞争的作用。这些研究表明地方政府竞争对地方公共物品供给和公共物品融资的影响，认为地方政府竞争推动了经济体制改革，促进了对外开放，改善了基础设施。

霍奇逊（Geoffrey M. Hodgson）认为达尔文主义不仅仅为我们提供了一个生物演化的理论，它同时也是一种理解人类社会演化的理论框架。青木昌彦在《比较制度分析》中介绍了以科斯命名的"科斯盒子"的博弈模型，其中主观博弈模型本身假定了博弈参与人都是有限理性的，与古典博弈论中参与人的完全理性相对，以使模型更加接近现实。在实证方面，Mauro（1998）关于腐败与政府支出结构的跨国实证研究是解释公共支出结构的少数文献之一。除了腐败指数和一些克服内生性的工具变量外，方程的右边控制了人均GDP、学龄人口比重、政府消费性支出占GDP的比重等因素。一个经典的"计算"社会模型是谢林（Schelling，1978）对种族隔离的研究。在社会科学中，对于从微观性质中涌现出来的宏观性质的研究，在社会学中被认为是宏观—微观视角。这个主题常被看作社会复杂性，社会复杂性通常与用计算机仿真的社会科学相关，比如说计算政治经济学等。

1.2.2 关于我国区域经济协调发展的政策研究

陈栋生等（1991）较早对 20 世纪 90 年代的中国区域经济政策进行了梳理和评价。研究者将区域经济政策划分为地区布局政策、地区产业政策、地区特殊政策、区域补偿政策、区域组织政策和区域调控政策等。在指出当时区域经济存在"地区间经济差距急剧加大"和"地区产业结构严重趋同"两个问题的基础上，提出了区域经济政策要"合理分工、发挥优势""适度倾斜、协调发展"等建议。魏后凯和刘楷（1994）指出采取有效政策措施，把地区差距扩大的幅度控制在比较合理的范围内是当务之急。谷书堂和唐杰（1994）认为作为一项基本的区域经济政策，应努力缩短新兴工业化地区和中西部之间的间隔，并指出这关系到国家政治安定和民族团结。朱小林（1999）在指出我国区域经济差异十分显著的基础上，提出了"强化中央政府的区域平衡能力""消除地区封锁、发展全国统一市场""建立以地区开发为目的的政策金融"等政策建议。

　　进入21世纪以来,不少研究者针对区域经济协调发展的具体政策进行了研究。张德平(2003)认为完善分税制、促进税制统一、平等的税收优惠政策、有效的财政转移支付是实现区域经济协调发展的有利财税政策。彭月兰(2003)提出了完善财政转移支付制度、试行地方政府债券、赋予欠发达地区更为宽松的财政政策环境等促进区域经济协调发展的财政政策建议。马栓友和于红霞(2003)在对我国各地区的税收与经济增长进行实证分析的基础上,指出西部地区税负相对高、各地区边际税率与经济增长负相关、西部地区税负较重等问题,并提出了提高资源税税率和征收范围、合并内外资企业所得税等税制改革建议,以产业优惠为主、实行科技进步导向的税收优惠等税收优惠制度,积极进行机构改革降低企业和居民财政负担,以及中央增加对西部的转移支付等具体的税收政策建议。韩凤芹(2005)指出政府的作用应主要体现在逐步实现地区间公共服务能力均等化,并提出了建立省以下转移支付制度等促进区域经济统筹的财政政策,同时,提出了充分发挥政策性金融对落后地区的长期资金支持等金融政策建议。丁芸和张昕(2007)在指出财政投资资金来源渠道单一,资金使用政策性不强,结构不合理,专项拨款和结算没有规范的分配方法,随意性大等财政政策问题,以及统一的税制在不同地区产生不同的税负效应,税收优惠政策没能体现产业导向,地方政府没有税收立法权和减免权等税收政策问题的基础上,提出用"因素法"代替"基数法"实现转移支付,适当降低落后地区税负,加大中西部地区政府税收管理权限,加大国债资金对中西部地区基建的倾斜力度,允许中西部地区适当发行地方政府债券,推行投资股份化和资产证券化,加强财税政策和产业政策及金融政策的协调配合等一系列的政策建议。除了对财税和金融投资政策的研究,张先锋和张庆彩(2004)对土地规划政策调控区域经济的内在机理进行了分析。此外,杨洁(2003)、钟昌标(2004)对美国、德国、日本的区域经济政策及成效进行了介绍,保中和任莉(2003)对日本的区域经济政策进行了系统的介绍,蔡志刚和周颖(2005)对美国、欧盟和德国的区域财税政策进行了比较借鉴。

1.2.3 关于区域经济协调发展内涵的研究

众多文献使用了"区域经济协调发展"这一术语。但相当一部分并未对协调发展的内涵进行界定。部分文献对其做隐性处理(徐现祥和李郇,2005;冯剑勇和谢强强,2010)。这种忽略的背后,主要是把"缩小区域差距"当成"协调发展"的同义词。由于协调发展更多地具有定性性质,目前尚未形成公认的、一致的界定。在相关研究中,陆大道(1997)认为协调发展应包括:(1)发挥各自优势和产业分工基础上的互补与合作;(2)一体化的经济合作体制;(3)建立公平的政策环境和价格体系;(4)不应使大的地域单元间的经济发展相对差距持续扩大。覃成林(1999)认为,"区域经济协调发展是区域之间在经济交往上日益密切、相互依赖日益加深、发展上关联互动,从而达到各区域的经济均持续发展的过程"。周绍杰、王有强和殷存毅(2010)认为协调发展的内涵为:(1)实现经济要素的有效配置;(2)实现经济发展与环境保护的和谐统一;(3)缩小地区间的发展差距。在1996年的《国民经济和社会发展第九个五年计划和2010年远景目标纲要》中对协调发展的表述是:一是促进全国经济布局合理化,逐步缩小地区发展差距;二是按照统筹规划、因地制宜、发挥优势、分工合作、协调发展的原则,推动地区间的优势互补、合理交换和经济联合。

1.2.4 关于区域经济协调发展基础理论的研究

研究区域经济协调发展和变化趋势的经济理论主要在于经济增长的基本理论。将区域经济增长理论分为增长动力理论和增长方式理论。

从区域经济增长动力理论来看,主要包含新古典经济增长理论和内生经济增长理论(也称为"新"经济增长理论)。新古典经济增长理论以索洛(Solow,1956)和斯旺(Swan,1956)建立的以技术为中心的增长模型为代表。在"哈罗德—多马"模型的基础上,新古典增长理论修正了劳动与资本间不可替代和技术进步外生不变的假设前提,认为技术进步是除劳动和资本以外的能够促进经济增长的更强有力的动力来源。博茨(1960)、博茨和斯坦(1964)、罗曼斯(1965)、希伯特(1969)等在完全竞争和规模报酬不变的前提下,将区际开放度纳入新古典经济增长模型,认为区域间的要素流动因素是决定区域经济增长的因素。鲍温姆(1999)在规模报酬递增和垄断竞争理论框架下,利用克鲁格曼的

"中心—外围"模型，形成了资本创造理论。资本创造理论在假设不存在资本区际流转的前提下，认为资本增加水平是决定区域经济增长的关键要素，从而将影响资本增加的资本创造和折旧因素纳入了分析模型中。

内生经济增长理论是在新古典经济增长理论的基础上，进一步对技术进步的来源和途径进行解释，将技术进步因素进行内生化处理，认为经济增长的来源除了传统意义上的物质资本因素外，还包括人力资本和技术进步等内生因素。罗默(Romer,1986)和卢卡斯(Lucas,1988)是内生经济增长理论的创立者。后来的研究(Romer,1990;Grossman 和 Helpman,1991; Aghion 和 Howitt,1992; Jones,1995 等)对经济增长进行进一步的理论解释，产生了以研发(R&D)为增长核心要素的模型，而技术会否扩散成为收敛是否发生的解释。

从区域经济增长方式理论来看，可以分为均衡发展理论和非均衡发展理论两类。均衡理论首先包括罗森斯坦—罗丹(Rosenstein-Rodan,1943)的大推进理论。大推进理论认为可通过在具有互补性的产业和部门之间的同步投资，促进平均增长，实现全面发展。纳克斯(Nurkse,1967)提出了贫困恶性循环理论，认为应根据各部门或行业的产品需求弹性和收入弹性确定投资规模和比例，对长期发展不足、潜力大、回报率高的行业加大投入。与大推进理论的不同之处在于纳克斯的理论不要求发展速度等同。除大推进理论和贫困恶性循环理论外，刘易斯的"二元结构"理论、纳尔逊的低水平均衡陷阱理论、来宾斯坦的临界最小努力理论所提出的经济发展主张基本都可纳入均衡发展理论，以大规模投资为促进区域经济发展的主要途径。均衡发展理论完全忽视市场机制在资源配置中的重要作用，因此脱离实践。但均衡发展理论为政府机制的必要性提供了理论基础。

非均衡发展理论包含了一系列的具体理论主张。缪尔达尔(Myrdal,1957)的循环累积因果论认为由于地理位置与资源条件等的不同，一些优势地区会发展越来越快，而发展慢的地区会停滞不前甚至经济会倒退。在区际经济关系上，劳动力、资金、技术等生产要素会从落后地区向发达地区流动，从而形成回波效应，进一步拉大区域经济差距。不过发达地区发展到一定阶段后由于市场竞争加剧、生产成本上升、要素回报率下降，生产要素会向落后地区回流，从而形成扩散效应。但是回波效应和扩散效应常常是不均衡的，回波效应通常占主导地位，从而导致富者更富穷者更穷的经济局面。缪尔达尔主张政府首先采取不平衡政策优先发展投资效率高的地区，但为防止累计循环因果效应，之后应提供优惠政策刺激不发达地区发展,缩小区际差异。佩鲁(Perroux,1950)提出了增长极理论。增长极理论认为经济在增长点或者增长极将快速发展,然后向外扩散。不是所有的区域或部门都能成为增长极。增长极理论主张通过转移支付在比较落后的地区建立区域增长中心,达到对资本与劳动流动的吸引,然后通过这些中心的快速发展促进外围地区经济增长。赫希曼(Hirschman,1958)的非平衡增长理论提出优先发展关联效应显著、具有较强产品需求弹性和输入弹性的、能够在最大程度上带动其他产业发展的优势产业。然后通过涓流效应(Trickling-Down Effect),促进落后地区经济增长。弗里德曼(Friedman,1967)的中心—外围理论通过区域系统内部在经济、政治、文化上的比较关系,将区域分为中心区和对中心高度依赖的外围区。中心区首先得到发展,但是通过对市场的扩展、基础设施的改善以及空间经济一体化的出现,区域间经济差异将缩小。不过中心过度增长将导致区域间发展不平衡,因此发展政策的干预也是必要的。库兹涅茨(Kuznets,1955)提出了著名的倒"U"形假说。该理论认为收入差距在初期会随增长迅速扩大,但后期会回落缩小,其变化过程像倒"U"形。威廉姆逊(Williamson,1965)将收入差距的倒"U"形假说应用到区域经济的差距中,认为区域间的差距会逐渐拉大,但当经济发展到转折点时,这种趋势会趋于收敛。倒"U"形假说实际上是主张市场机制的作用而认为政府干预没有必要。

除了均衡发展和非均衡发展理论外,经济聚集的理论也为区域经济发展的机制与途径提供了重要的理论依据。除以杜能为代表的古典区位理论、以马歇尔为代表的新古典区位理论、波特的优势竞争理论外,最值得重视的是以克鲁格曼(Krugman,1994,1996)为代表的新经济地理理论。克鲁格曼引入"冰山"运输成本,认为经济活动和商品流通的交易成本导致产品价格的区域差异,从而引发本地市场效应和价格指数效应,导致了经济地理差异。新经济地理理论认为,在不存在比较优势的情况下,经济体中产业间规模水平和运输成本的差异也可以导致空间集聚,由此,产业调整和升级是整体经济效益提升和福利改善的重要手段。

1.2.5 关于中国区域经济差距问题的研究

在区域经济发展的基础理论研究上,多年来,部分学者采取单、多指标,按不同的区域划分范围,对我国经济发展差距进行了大量的研究。杨伟民(1992)分析得出1978—1989年以人均GNP衡量的全国各地收入差距呈减小趋势;王小鲁和樊纲(2004)认为20世纪80年代我国地区间总体差距有所下降,但90年代后呈扩大趋势,这与宋德勇(1998)、林毅夫等(2003)、刘夏明等(2004)、许召元和李善同(2006)、万广华(2006)的研究结论相近。从东、中、西部三大区来看,研究结论基本都认为自改革开放以来区域差距总体上呈扩大趋势。袁钢明(1996)的研究结果表明1978—1994年东、中、西部地区人均GDP差距持续扩大;魏后凯和刘楷(1997)认为改革开放以来的研究结果表明1985—1995年我国东部与中、西部地区的差距在逐渐扩大。以省为区域单位进行研究,林毅夫等(1998)采用人均收入指标测算各省基尼系数,结果表明1978—1995年各省差距缓慢缩小,但1985之后差距开始上升扩大。覃成林(1997)认为省际差距在1978—1992年总体上呈扩大趋势,90年代前差距缩小,但90年代后呈现扩大趋势。周玉翠等(2002)的结果表明省际差异明显增大,尤其沿海省份与内陆省份的差距巨大。

从收敛或发散的角度比静态地比较区域差距更有前瞻性。但是由于不同的研究评估的数据区间、评价指标和估计方法、针对的区域不同,因此得出的结论分歧较大。对1978—1997年的省际数据的研究,魏后凯(1997)认为人均收入不存在收敛,蔡昉和都阳(2000)认为存在条件收敛且形成东、中、西部三个俱乐部收敛,沈坤荣等(2002)认为不存在绝对β收敛但存在东、中、西部俱乐部收敛和条件β收敛,Weeks等(2003)认为存在条件收敛,林毅夫等(2003)认为存在条件β收敛,徐现祥(2004)认为沿海、内地的双峰趋同收敛,但是刘强(2001)认为省份间不存在新古典式收敛,马栓友和于红霞(2003)认为省份间不存在收敛。针对2000—2005年的数据研究,张鸿武(2006)认为存在俱乐部趋同,彭国华(2006)认为东部地区收敛比中、西部强,总体上存在弱随机性收敛,林光平等(2006)的研究认为90年代末期开始出现δ收敛,吴玉鸣(2006)认为存在条件β收敛,吴强等(2007)认为突破低收入门槛后各省份保持快速收敛,张晓旭等(2008)认为在空间自相关的情况下存在绝对β收敛,但是刘夏明等(2004)的研究发现没有总体收敛趋势,也不存在俱乐部收敛。而对2005—2007年的数据研究,潘文卿(2010)认为引入空间效应后,存在绝对β收敛,但收敛速度很慢,且东、中、西部存在俱乐部收敛,何一峰等(2008)认为不存在全国范围内收敛但存在三个俱乐部收敛,Westerlund 等(2010)认为省份间的趋势是发散而不是收敛。

以地市或县域经济为考察对象的研究,徐现祥等(2004)发现存在 δ 收敛和绝对 β 收敛,苏良军等(2007)发现条件 β 收敛,马国霞等(2007)发现绝对 β 收敛,而周业安和章泉(2008)的研究认为不存在条件收敛,徐大丰等(2009)的研究也认为不存在条件趋同。

1.2.6 关于促进区域协调机制与制度框架的研究

在研究区域经济协调发展问题的学术文献中,从"机制"的视角考虑区域经济协调发展的不多。一些学术性不强的定性文献中虽使用了"机制"一词,但探讨比较随意、笼统、含糊。虽然规范学术文献中系统地从机制的角度进行区域经济协调发展的研究几乎没有,但多数研究都从一些具体的、特定的视角提出了政策建议,从这些讨论中可以梳理出一些基本的脉络。学者们对区域问题的解决主张总体可分为市场机制的视角和政府机制的视角。陈栋生(2001)强调了经济自由的重要性,呼吁中、西部所有权结构性调整;Yao 和 Yang(2001)认为中央政策要减少资本劳动地区间的流动壁垒,建设完善的投资环境;Demurger 等(2002)指出要使地方经济市场化和国际化;刘福垣(2003)认为当务之急是统一国内市场,改变区域同构、重复建设的割据局面;朱文晖(2003)认为市场力量有能力突破先行行政区划的束缚;刘夏明(2005)认为,如果生产要素的壁垒被消除,那么中、西部地区经济就会赶上来;徐现祥和李郇(2005)的研究认为市场一体化有利于区域协调发展,地方反政府自愿成立协调组织有效推动了市场一体化。以上这些主张基本上可归纳区域经济协调发展的市场机制,其中主要包括了市场一体化机制和产权机制。在政府机制方面,可以归纳出扶持机制和分工机制。Fu 和 Hu(2001)认为中央政府应通过在内陆地区增加基础建设投资以改善这些地区参与国际市场的能力;刘夏明(2005)认为中央政府必须利用有限财力扶持内陆地区的基础设施建设从而改善投资环境;Tian(1999)认为中央政府应通过财政转移支付改善落后地区的生活水平;胡乃武(2000)认为应成立西部地区开发银行,建议发行建设彩票和地方政府债券;还有不少研究认为东部地区应该向西部地区进行产业转移,并帮助中、西部地区进行技术升级改造(李小建和覃成林,2004;胡乃武,2004);更有不少文献提出了发达地区对不发达地区对口支援的重要意义(李勇和李仙,2005;云秀清和贾志刚,2004)。以上这些都是扶持机制的体现。在分工机制方面,2010年国家推行的主体功能区规划是区域经济协调发展分工机制的直接体现。周绍杰等(2010)提及了通过规划体制和转移支付支持来推动维护主体功能区发展战略。此外,根据地区比较优势,进行合理的产业分工(陆大道,1997)也是实现区域经济协调发展的重要措施。在地区利益冲突必然存在的形式下,不管哪一层面的地区经济分工都需要政府根据整体利益进行适当干预才能实现。

促进区域经济协调发展的制度,实质上是一系列的地区经济关系政策。在研究中讨论的主要有财政政策、金融政策、产业政策、人口政策、土地政策、区域政策等方面,将在下文具体综述。需要指出的是,区域经济协调发展的机制应该是制度政策的导向,但是现有研究中对制度政策的讨论往往摒弃了对机制的先导性探讨,以致这些讨论显得缺乏系统性、有机性,甚至出现"打架"。

1.3 评价与研究方向

综上,可以看出,区域经济协调发展是一个国家国民经济和社会发展中迫切需要解决的重大问题,国内外学者已做过不同视角、不同层面和不同程度的研究,这些研究为我们接下去的研究提供了非常丰富的素材和许多需要重新审视的问题。但至少有以下几个方面需要完善:

第一,需要建立一个完整的理论分析系统,以分析和发现发展中大国地区间协调发展为中心定位政府政策的着力点,制定前导性区域促进和协调发展政策。研究区域所面临的区域协调发展和经济结构转型等问题,揭示中国区域独特的发展演化机制和形成规律,总结中国产业集聚模式。在此基础之上,为区域发展与管理提供指导,提出具有建设性的政策建议,服务于国家"区域协调发展"和"经济结构转型"两大战略目标。在学术上能够总结中国特色的产业集聚和区域发展理论,增强学术界对中国区域研究的关注,进一步丰富和完善对产业区、产业转型和区域发展的研究。

第二,针对本研究现有文献总体上缺乏系统性和一致性。由于现有文献分别从不同方面研究中国区域经济的协调发展,所以缺乏系统性和一致性。另外,除了近几年的少部分文献,大多数研究缺乏规范性和实证框架。

显然,要解决人口众多、疆域辽阔、自然禀赋差异如此大的大国区域协调发展的问题的研究需要在系统性、一致性、规范性以及实证分析上做更多努力。基于此,本项目将在创新性理论和实证研究的基础上,通过对区域经济协调发展动力机制的分析,构建我国未来中长期区域经济协调发展的路径图,以此构建宏观调控的政策体系。

第三,需要进一步明确区域协调发展的目标和内涵。现有研究对区域经济协调发展的目标局限于缩小地区收入差距,对区域经济协调发展内涵较为单一地定位在经济发展上的差距,比如人均 GDP。在这种目标导向下,宏观政策将不可避免地影响效率的发挥,这与我们提倡的所有问题一定要在发展中解决相矛盾,这不仅影响发达地区发展,欠发达地区同样难以加快发展,事实上在实践中也很难推进。

本书将区域经济协调发展的单一目标拓展到经济、社会和生态环境等协调发展的多维目标。多维目标和单一目标的求解截然不同,更加注重研究目标之间的关系和相互作用,如经济快速增长如何促进社会进步和公共服务改善,又如何促进经济环境优化。通过拓展现有研究区域经济协调发展的内涵,据此科学确定区域发展方向,准确定位发展目标,合理制订行之有效的政策。

第四,需要进一步创建科学的理论和研究框架来设计我们的宏观政策体系。尽管现有研究思维发散,理论多样,但总体可以归于经济增长理论,特别是增长理论在空间上的应用。毋庸置疑,空间增长理论是我们制定区域发展的有效理论,改革开放初期我们采取空间非均衡理论,集中全国优势资源使沿海得到快速增长便是有力的例证。但站在新的历史时期,既需要保持较高的经济增长,更需要增长利益的公平分配,以求得我们增长的可持续性,这就需要我们突破现有的理论约束,创建科学的理论和研究框架,即这里蕴涵着一个可能的突破点即研究框架的创新。

本书试图弥补中国区域经济协调发展研究文献的不足,突破现有的研究框架。我们将创建效率(经济效率、生态效率、文化效率)和公平(公共服务均等、收入公平)兼顾的区域经济协调发展的全新理论,拓展已有研究把效率片面理解为经济效率和财富的最大增加,而非福利最大化,福利最大化包括环境和文化等非经济方面的维度。

第五,需要提供更加明确的政策依据。现有促进区域经济协调发展的政策建议不少,且多数政策建议是在列举中国区域经济差距显著基础上,强调大国区域经济必须协调发展,然后"顺带"谈几点政策建议,而本身在政策研究方面的系统性不足,更何况多数研究是以政策制定的方向和欲达成的效果代替政策供给本身,显得笼统、含糊。鉴于我国人口众多和疆域辽阔的特点,只给出加总的区域经济协调发展政策建议虽有意义,但显然不够。

  本研究将在政策依据的提供方法和实证支撑方面有系统的发展。通过设定计量指标进行实证或模拟的数据分析为政策提供依据。比如,在区域经济协调发展中,涉及人口移民政策时,我们会在移民额度的确定、移民对象的筛选、移民的安居(住房、就业和社保待遇)问题以及移民融入城镇的问题上进行科学测算,而且初步考虑在评估成都、重庆城乡综合配套改革经验和深圳等地户籍改革的基础上,结合其他国家的相关经验(发达国家的跨国移民和发展中国家的国内移民),提出人口政策改革的方案和实施步骤,包括移民的门槛和移民审批管理机构的设置。又比如,我们在提出区域经济协调发展涉及中、西部地区限制发展区域人口向东迁徙时,面临当前在中国争议比较大的问题,即如何看待东部地区大城市的承载力问题。课题将选取全球特别是亚洲具有代表性的大城市进行比较研究,其中主要比较指标是自然资源(特别是水和土地)的丰裕度、开发度、人口密度、基础设施和发展水平等。显然,通过大量数据计算和深入的案例对比研究后,所提出的政策更具有参考价值。

  第六,需要进一步对未来区域经济协调发展动力机制的研究。现有研究对所提出的政策建议为什么有效这个问题的回答要么回避要么含糊。比如很多研究提到有效的财政转移支付问题,但是转移支付又如何能实现区域经济协调发展,中间的过程、环节、机制、数量是什么,并没有解释清楚。实际上,在发达国家也常常出现某些欠发达地区陷入补偿依赖和政策依赖,政府长期补偿支持并没有让这些地区的经济实质性地改善。有些区域不宜进行大规模的经济开发,但同时,仅靠财政转移支付难以大幅度提高这些地区的社会水平,况且这种"养懒人"的方式也会造成大量劳动力等生产要素的低效率运行。对于这类较难解决的问题,需要进行动力机制的分析,并提出解决方案。理解区域经济协调发展的动力机制是制定区域经济协调发展政策路径图的前提,现有文献的薄弱为我们去完善提供了发挥和创新的空间。

  本研究对未来区域经济协调发展的动力机制进行探索性的研究。分两个步骤来细化我们的机制研究:一是识别促使和阻碍西部地区人口向东部地区迁徙的主要决定因素,对迁徙动力因素的研究将通过抽样调查实现,并辅以离散性计量经济分析;二是度量相关变量对移民数量的影响,通过扩展贸易经济学中的引力模型来实现。在这里,我们将推出因素和拉进因素进一步地细分为经济类(如收入、房价、教育、医疗卫生、生活方便与丰富程度的差别、产业结构,就业状况)、自然条件(如气候条件、水资源、地理位置、资源禀赋的差别)、人文类(如人口密度差别、当地人口规模)、制度类(如户籍、建设用地指标、政府的教育培训及就业帮助、农地制度安排)等因子,由此来讨论和提出我们的宏观政策。

1.4 本书的研究框架

本书以公平和效率为研究视角,把破解区域经济协调发展的核心问题定位于处理好地区层面的效率与公平关系,认为过去国家出台的很多政策之所以被层层打折扣,是因为只考虑国家层面的效率,而且是经济效率,离开了地区层面的公平与效率。按照这种理念,课题的基本思路和研究路径如下:

首先,把理论和现实分析形成的兼顾公平与效率理念纳入目标函数,提出了兼顾公平与效率的制度体系。

基于效率:建立包括经济与非经济效率的指标体系。经济指标可以采用人均GDP、经济结构、资源消耗、自主创新等;非经济指标有森林(或草植被)覆盖率变化、生物多样性、文化多样性等,这些指标具有可获得性。

基于公平:主要选取基本公共服务公平和收入分配公平,将建立服务公平的指标体系。公共服务主要考虑教育、医疗卫生、生活方便和丰富等指标;收入分配公平指标,我们拟考虑物价水平与人均可支配收入的比值、平均房价与可支配收入、最低工资和经济发展水平等指标值,这些数据具有可获得性。

其次,对区域经济协调发展在空间上分为两个层面展开研究:一是地区之间,如东部、中部、西部、东北,省与省之间的协调发展问题;二是地区内部城乡的协调问题。

本书第2章、第3章、第4章分别从政府、市场角度说清楚各自在区域协调发展中的功能定位,分析了政府机制能够更好地解决公平的问题,指出政府机构的官僚在现存制度约束下追求自己利益最大化的问题,政府失灵同时归因于不可能及时获得足够的决策信息;市场失灵归因于其无法解决公平性、公共性和外部性的问题。第5章、第6章分析了要素流动中政府、市场的作用机制。从要素跨地区流动在区域协调发展的必要性开始,理论上论证政府和市场在要素配置上如何把握作用的"程度"。第7章和第8章属于实证的两章,分别用地区面板数据和时间序列值刻画了区域协同增长情景和影响变量,构建了区域协调发展的评价指标体系,并利用中国 1995—2012 年的数据进行了测算。第9章、第10章分别选取区域协调发展中两个关键的因素——产业和财政,论述了我国协调发展亟待突破的难题。第11章、第12章和第13章分别从中国的现在、历史以及国外经验方面论述了区域协调发展需要的政策经验。

主要参考文献

[1] Charles Tiebout. A Pure Theory Expenditures. *Journal of Political Economy*, 1956(10).

[2] Karen R. Polenske. *The Economic Geography of innovation*. Cambridge University Press, 2007.

[3] John H. Miller, Scott E. Page. *Complex Adaptive System: An Introduction to Computations of Social Life*. Princeton University Press, 2007.

[4] 冯兴元. 地方政府竞争:理论范式、分析框架与实证研究[M]. 译林出版社, 2010.

[5] 杰弗里·M.霍奇逊. 制度经济学演化:美国制度主义中的能动性、结构和达尔文主义[M]. 北京大学出版社, 2012.

[6] 米罗斯拉夫·N.约万诺维奇. 演化经济地理学——生产区位与欧盟[M]. 经济科学出版社, 2012.

[7] 青木昌彦. 比较制度分析[M]. 上海远东出版社, 2001.

[8] 童乙伦. 解析中国——基于讨价还价博弈的渐进改革逻辑[M]. 格致出版社, 上海三联出版社, 2011.

[9] 孙海燕. 区域协调发展机制构建[J]. 经济地理, 2007(3).

[10] 陈金良. 论跳跃式经济协调机制[J]. 财贸研究, 2003(3).

[11] 张可云. 区域大战与区域经济关系[M]. 民主与建设出版社, 2001年.

第 2 章

区域协调发展中政府干预的理论

作为一个地域大国,中国政府不得不实行分级管理,这就必然涉及中央利益和地方利益、地方之间利益的矛盾与摩擦,这是区域差异显著国家特别是转型国家的难题。破解这一难题,既需要"摸着石头过河",更需要政府的顶层设计。从理论上说,市场机制的自发作用既有可能使分化趋向缓和直到消失,也有可能使区域差异继续扩大。从我国 20 世纪 90 年代中后期的实际情况看,市场机制的作用是扩大了而不是缩小了区域差异。现实中,世界上没有一个国家完全实行市场经济。中国是一个强政府的国家,政府的决策或者说制度对区域经济社会的发展起着重要的作用。政府在区域发展上的干预,既与政府对缩小区域差距的意愿强弱有关,也与政府影响要素流通能力的强弱有关。未来一定时期内我国仍处于社会经济的转型期,必然伴随着深刻的、巨大的社会制度变革,只有经济发展和社会进步在各个区域都达到相当高的水平,全国的绝大多数人才能享受到现代文明和科技进步带来的福利。很多发展中的问题都有赖于政府的干预。

2.1 政府的功能定位

政府在协调区域发展上主要在以下领域发挥作用:

第一,区域合作制度的制定者。要建立和完善促使区域协调发展的法律法规,在宪法中制定区域协调发展的相关条款,做到事前防范和事后督查;完善财税调节制度,通过"费改税"扩大现有税种、税基或设置新税种等办法建立以税收为主、收费收入为辅、税费并存的财政收入运行机制;完善公共服务制度,深化转移支付的改革,制订全国基本公共服务的最低标准以实现公共服务相对公平的目标。

第二,区域合作组织的指导者。成立区域协调机构,在提出区域经济协调的建议并报请审批、执行经立法程序通过的政策和规划并约束地方政府行为、统一管理专门的区域基金或约束有关部门的资源使用方向、负责区域划分以组织实施重大项目、审查和监督区域政府间自主达成的区域合作规则的执行等方面发挥作用;区域间构建专门的跨区域合作协调机构,在促成经济区域的合作方面建立权、责、职统一的长效机制;区域间非官方组织的协调,政府通过组织更多的民间组织来推进区域间的协调发展,如采取区域协调发展智囊团、行业协会和组建区域性的企业集团等方式。

第三,宏观调控机制的缔造者。我国政府管理区域协调发展应该做到"宏观做好、微观放活"和"区别对待、有保有压"。由于在协调发展的过程中会产生利益的重新分配,而分配不均会成为各级地方政府阻挠区际协调发展的动机,因而要求政府尤其是中央政府实施相应的宏观调控机制。通过建立政府投资稳定增长的机制、完善财政体制、稳定信贷、建立符合科学发展观的政绩考核体系和进一步完善统计体系等方面的调控[①],为实现我国区域协调发展提供必要的宏观保障。

第四,公共产品和公共服务的提供者。公共产品和公共服务由于存在较强的外溢性,因而私人部门往往会出现供给不足,这就要求各级政府来弥补供给的缺口,现实是中央政府的提供力度远小于地方政府。中央实施了差异性的政策,由此导致不同区域存在着较大的差别。实现公共产品和公共服务的相对均等化,应该成为我国区域协调发展的重要目标。

第五,市场秩序的维护者。在区域协调发展中,政府是实现市场稳健发展的重要力量。市场在运作过程中会出现种种失灵,政府在出台相关措施的同时需要按照规则来运作,即协调市场有序发展。区域之间进行联合会导致辖区内

---

① 改善宏观调控,推动区域协调发展[EB/OL]. http://www.gc.gov.cn/Article_Show.asp?ArticleID=5420.

的市场格局重调,而地方政府出于自身利益考虑会对市场秩序实施显性或隐性的阻挠措施,因而中央政府应该对重构后的市场秩序进行维护。

第六,社会保障体系的建设者。我国总体经济发展水平相对不高并且区域差距明显,与此同时,地方政府和中央政府共同承担着社会保障体系的建设。地方政府存在为本区域谋福利的动机,而实现区域间的协调发展就必然会使得要素在不同区域实现更大程度的流动,这势必会改变不同区域的财政负担,引起地方政府阻碍区域间要素流动的可能。

第七,经济、社会和生态环境多维目标矛盾的调和者。当出现跨区域经济、社会和生态环境矛盾时,政府干预就是一种必备的手段。

2.2 政府干预区域协调发展的理论

市场机制是目前为止所发现的最具效率和活力的经济运行机制和资源配置手段。自市场经济产生以来,市场机制广泛地发挥作用,给资本主义经济带来了空前的繁荣和社会进步。但是与此同时,有关政府与市场关系的争论就开始了并且从来没有停止过。政府到底是"守夜人"还是有效的调控者,曾经是西方经济理论反复争论的重要问题。事实上人们对政府作用的认识也正是在市场经济不断发展变化中逐渐得到深化和充实的。

2.2.1 关于政府职能作用的理论分析

西方经济学对政府在经济发展中的职能作用的理论解释和实际操作大致经历了以下四个阶段:

一是政府对经济不干预时期,这时政府职能理论受古典经济自由主义理论的支配。这一阶段主要是在20世纪30年代以前,即自由资本主义时期。这个时期普遍推崇自由放任的经济政策,充分肯定了市场的作用,把政府的作用限制在狭小的范围内,只发挥"守夜人"的作用。

二是政府对经济进行强干预时期,政府职能理论受凯恩斯主义理论的左右。主要流行于20世纪30年代至70年代,这是基于1929—1933年世界性经济大危机。最具代表性的理论凯恩斯学说认为:政府不加干预的市场经济会产生有效需求不足,出现周期性危机,需要政府采取积极措施来加以清除和弥补。

三是政府对经济放弃或减少干预时期,政府职能理论受自由主义理论的影响。20世纪70年代,由于石油危机触发了经济滞胀和高失业率,凯恩斯主义理论一时难以解决,导致了自由主义思想卷土重来。新自由主义主张回到自由市场时期,放弃或减少政府干预。

四是政府对经济进行适度干预时期,政府职能理论受新凯恩斯主义理论的影响。新自由主义理论忽略了企业的社会责任,使公共服务的质量得不到提高,由于新自由主义理论的这些失误,导致了90年代西方经济持续衰退,一些新自由主义学派的学者转向新凯恩斯主义,提出了政府必须对经济进行"适度"干预,加强社会责任的理论。

2.2.1.1 古典经济自由主义理论

古典自由主义是一种支持个人先于国家存在的政治哲学,强调个人的权利、私有财产,并主张自由放任的经济政策,认为政府存在的目的仅在于保护每个个体的自由。最典型的代表是亚当·斯密在其《国富论》中把政府职能限定在三个方面:一是保护本国的社会安定,使其不受其他社会的暴行和侵略;二是保护人民,不使社会中的任何人受其他人的欺侮和压迫;三是建设并保护某些公共事业及公共设施。简言之政府职能有三项,即保障国家安全、维护社会治安、提供公共服务。亚当·斯密强调自由放任的经济思想,认为在市场这只"看不见的手"的作用下就能够有效配置资源,实现经济增长,不需要政府对经济进行干预。自《国富论》出版后,"自由主义经济"就被西方资本主义国家视为经济运行的金科玉律。他们认为:市场这只看不见的手自发地调节供需之间的平衡,市场就是万能的上帝,而政府的角色只应是资本主义的"守夜人"。

亚当·斯密关于经济自由的譬喻,描述了追求自身利益的个人如何在市场机制的引导下增进公共的利益。他认为人的本性是利己的,追求个人利益是人们从事经济活动的唯一动力。市场、自由竞争如同一只看不见的手,在瞬息万变的经济活动中及时、灵敏地传递供求信息,引导资本的投向。个人利益得到满足的同时,也促进了社会的利益,实现了国民财富的增长。斯密认识到了市场在资源优化配置中的积极作用。但他没有认识到,人的本性在本质上是由他所处的社会关系的性质决定的;没有认识到市场存在自发性、盲目性、滞后性,市场调节也会带来资源浪费、经济波动、分配不公等问题。

2.2.1.2 凯恩斯主义理论

凯恩斯主义或称凯恩斯主义经济学,是基于凯恩斯的著作《就业、利息和货币通论》的思想基础上的经济理论,主张国家采用扩张性的经济政策,通过增加需求促进经济增长。凯恩斯经济理论的主要结论是经济中不存在生产和就业向完全就业方向发展的强大的自动机制,因此他主张加强政府干预经济的力度:一是重视财政政策的作用,通过国家兴办公共工程等直接投资和消费来弥补私人消费和投资的不足,提高国民收入,实现充分就业;二是重视货币政策的有效性,通过货币总量控制来调整利息率,刺激投资,增加有效需求,达到充分就业;三是主张搞赤字财政,用举债方式兴办资本项目,增加投资,增加有效需求,增加就业量,政府干预是全面的,不仅市场失灵方面要干预,市场成功的地方也要政府予以保护,以防止出现市场失灵;四是要求政府不仅要干预生产,还要干预分配,创造有利条件,刺激经济增长,维护社会公正。1933年美国罗斯福总统"新政"是凯恩斯主义理论应用最成功的典范。第二次世界大战后,西方国家普遍采用了政府强干预政策,将公共事业国有化、充分就业和社会福利最大化作为政府追求的目标。

凯恩斯认为,由于存在"三大基本心理规律",从而既引起消费需求不足,又引起投资需求不足,使得总需求小于总供给,形成有效需求不足,导致了生产过剩的经济危机和失业,这是无法通过市场价格机制调节的。他进一步否定了通过利率的自动调节必然使储蓄全部转化为投资的理论,认为利率并不是取决于储蓄与投资,而是取决于流动偏好(货币的需求)和货币数量(货币的供给),储蓄与投资只能通过总收入的变化来达到平衡。不仅如此,他还否定了传统经济学认为可以保证充分就业的工资理论,认为传统理论忽视了实际工资与货币工资的区别,货币工资具有刚性,仅靠伸缩性的工资政策是不可能维持充分就业的。他承认资本主义社会除了自愿失业和摩擦性失业外,还存在着"非自愿失业",原因就是有效需求不足,所以资本主义经济经常出现小于充分就业状态下的均衡。这样,凯恩斯在背叛传统经济理论的同时,开创了总量分析的宏观经济学。

2.2.1.3 新自由主义理论

新自由主义经济学派包括现代货币学派、理性预期学派、供给学派、公共选择学派等。以弗里德曼为代表的货币主义主张重新回到自由市场时期,并指出市场缺陷与市场失灵固然可怕,而政府缺陷或失灵危害更大。供给学派主张用企业的自由经营取代政府干预。公共选择学派主张把经济学理论和分析方法用于政治社会领域,在政府决策和社会、个人选择之间建立起内在联系。无论是西方资本主义国家80年代的私有化浪潮、俄罗斯的"休克疗法",还是拉美国家进行的以"华盛顿共识"为基础的经济改革,都是新自由主义经济学的"经典之作"。新自由主义是在继承资产阶级古典自由主义经济理论的基础上,以反对和抵制凯恩斯主义为主要特征,适应国家垄断资本主义向国际垄断资本主义转变要求的理论思潮、思想体系和政策主张。新自由主义与古典自由主义经济理论既有联系又有区别,并且通过对凯恩斯革命的反革命而著称于世;"华盛顿共识"的形成与推行,则是新自由主义从学术理论嬗变为经济范式和政治性纲领的主要标志。

新自由主义继承了资产阶级古典自由主义经济理论,并走向极端,大力宣扬自由化、私有化、市场化和全球化。其基本特征是:一是私有化的所有制改革观,主张应迅速把公有资产低价卖(或送)给私人,认为私有制是人们"能够以个人的身份来决定我们要做的事情";二是多要素创造价值的分配观,否定活劳动创造新价值和私有制具有经济剥削性质,认为贫富两极分化是高效率的前提和正常现象;三是反对任何形式的国家干预,把国家的作用仅限于"守夜人",反对马克思主义和新老凯恩斯主义的国家干预政策;四是主张一切产业都无须保护,应实行外向型的出口导向战略。

2.2.1.4 新凯恩斯主义理论

新凯恩斯主义是指20世纪70年代以后在凯恩斯主义基础上吸取非凯恩斯主义某些观点与方法形成的理论。这一时期的具有代表性的理论有新公共管理理论(新管理主义理论)和新制度学派理论。休斯在1998年认为,20世纪80年代以来,西方发达国家政府的管理模式已发生新的变化,以官僚制为基础的传统行政管理模式正在转变为一种以市场为基础的新公共管理模式。罗兹指出新公共管理的特点是,注重管理而不是政策,注重绩效评估和效率。奥斯本和盖布勒在《重塑政府》一书中提出新公共管理是一种"企业化政府"模式。以科斯为首的新制度学派把政府与市场看作两种可以相互替代的资源配置方式,从产权理论上研究市场缺陷与市场失灵的原因,并提出自己的治理政策。经济合作和发展组织、世界银行的一些专家认为,政府和市场两种基本制度是相辅相成的,在促进经济发展中起着互补作用。经济合作和发展组织的专家自90年代中期以来,认为要发挥政府在公共管理和公共服务中的作用,使其更有效率和效益,关键要选择一种好的监管制度。现阶段正在探讨"监管合一"制度与"监管分离"制度的优劣,即研究探索经济发展中更好地发挥政府和市场的各自作用的路径选择。经济合作和发展组织的专家认为,要充分发挥政府和市场的各自作用,除了选择基本的监管制度以外,监管政策、监管方式、监管工具和绩效评价指标的设计与采用,是十分重要的。

2.2.2 社会主义关于政府作用职能的理论分析

和西方资本主义一样,社会主义也对政府在经济发展中的职能作用进行了深入分析。马克思、恩格斯在其国家学说中,对自由竞争资本主义乃至未来的社会主义国家的性质、职能及其发展趋势提出了不少有价值的科学理论和设想。同时以中国为代表的社会主义国家也在此基础上启动了自己的理论研究,提出了以共同富裕为目标,以宏观调控为手段,以公有制为主体,多种所有制经济共同发展的中国特色的社会主义道路。

2.2.2.1 马克思对政府职能作用的理论分析

马克思主义经典作家并没有专门论述政府的作用,他们是从对国家的起源、产生和作用中来认识政府作用的。在马克思主义经典作家看来,国家具有政治和经济的双重职能。对于国家而言,尽管政治职能具有阶级统治机器的性质,但国家是在阶级的性质和暴力的性质下行使着阶级统治职能和社会管理职能的,并且政府的统治职能在执行中必须以社会职能为基础。政府是从社会中分离出来的管理机构,"国家权力"不过是群居的人类维护共同利益、执行社会职能的需要发展而来的,任何政府只有介入社会经济活动和社会公共事务管理,才能最终实现统治阶级的利益。因此,任何阶级统治都是以实现一切的社会公共职能为前提的,任何一种社会制度的国家都是建筑在一定规模的社会公共事务的基础之上的,国家的政治职能都是通过社会职能体现的。马克思认为,国家具有两重性,一重是政治性,另一重是非政治性,相应的国家作用和职能也具有两重性。这样国家的作用可以归纳为以下四点:(1)抵御外来侵略,平息内部争斗,维护国家主权完整,设置军队、警察、法庭等。(2)建立和维护社会公共秩序。国家要设置各种形式的权利职能部门,制定实施各种法律和政策。(3) 提供各种公共基础设施和公共服务,如道路、桥梁、教育、卫生等。(4) 向社会提供福利保护,如向孤寡伤残人员提供基本生活资助等。

2.2.2.2 政府职能作用的理论分析

我国改革开放前实行的是计划经济。改革前的发展实践表明,造成我国经济结构失衡、人民生活长期处于低水平的主要根源就是高度集中的计划经济体制,改革前的行政性分权改革只是体制内权力的收收放放,其实质是一种"地方本位论",政府干预经济的模式并没有发生根本性变化。要改变我国经济发展的落后局面,就必须以体制改革为突破口,实行市场化取向的经济体制改革。以中共十一届三中全会为主要标志,我国政府拉开了改革传统计划经济体制的序幕,十一届三中全会公报鲜明地指出:"实现四个现代化,要求大幅度地提高生产力,也就必然要求多方面地改变同生产力发展不相适应的生产关系和上层建筑,改变一切不适应的管理方法、活动方式和思想方式。"我国政府职能转变的提出是与改革计划经济体制紧密联系的,市场化取向的经济体制改革为政府职能转变提供了全新的体制环境;同理,市场化取向经济体制改革的顺利推进,必然要求中央与地方各级政府干预经济社会发展的思维、方式、手段等方面发生根本性的变革。由此也表明,改革后我国政府职能转变的价值取向是服务于经济体制改革,为经济体制改革的展开与深化创造良好的环境与条件。

论及改革以来我国政府职能转变的历程与主要内容,必然要联系改革以来我国经济体制改革的历程与主要内容,因为政府职能转变是经济体制改革的必然结果,否则经济体制改革便不能取得实质性的进展,甚至于会阻碍经济体制改革的推进。粉碎"四人帮"以后,我国走上了对经济的拨乱反正之路,当时的理论界与实际部门深刻反思了行政性分权改革的弊端,在中国经济改革迫切需要解决的问题是"向企业放权,让企业实行独立核算、独立经营"上达成了共识。因此,经济体制改革是从扩大国有企业自主权开始的。但由于企业自主经营、独立核算所需的宏观环境并不存在,试点企业积极性的发挥没有带来社会资源的有效配置,反而引致了社会秩序的混乱。我国的改革首先从农村的经济体制改革开始,实行了家庭承包制度。农村家庭承包制的推行,表明政府放弃了对农村经济、社会生活决策的垄断权,把经济社会决策权归还给了农民,由他们根据自己掌握的信息和各自的利益取向,分散地进行决策。这一举措极大地调动了农民生产经营的积极性和主人翁责任感,保证了农业生产的健康发展,克服了长期以来社会主义集体经营管理中存在的分配上的平均主义和干部强迫命令、多吃多占两个痼疾。改革战略在农村取得初步成功以后,我国又将改革推向了其他部门,此时政府的职能与计划经济时期相比也发生了显著变化。

进入21世纪以来,随着我国经济体制改革进一步向纵深发展与融入经济全球化进程的加深,经济与社会发展也出现了一些新的特点与问题。为了巩固经济体制改革与经济发展的大好局面,我国政府立足本国国情,在分析世界其他国家发展经验的基础上,提出了科学发展观的国家发展战略,并且深刻认识到了不断把政府职能转变推向深入是贯彻科学发展观、实现我国经济社会和谐发展的关键。面对经济与社会发展中存在的经济增长方式转变滞后、公共服务相对短缺等方面的突出矛盾与问题,在新的经济发展阶段,我国政府转型的必要性与紧迫性日益凸显,党的十六届六中全会通过的《决定》明确要求"建设服务型政府,强化社会管理和公共服务职能,也就是说政府在新形势下要扮演好两大角色:一是继续推进市场化改革,实现经济增长方式由政府主导向市场主导的转变;二是强化政府在公共服务中的主体地位,加快建设公共服务型政府。在市场调节社会经济的基础上,建立有限、有效政府成了新时期我国政府转型的努力方向"。

2.3 政府在经济发展中的作用

中国区域经济发展,需要进行所有制结构、产业结构、企业结构的调整,但仅做这些方面的努力是不够的,区域的竞争,是资源竞争、管理竞争、科技竞争、人才竞争、文化竞争,要适应上述竞争,中央政府和地方政府必须从区域经济发展的角度促进以下各方面的变革:

2.3.1 中央政府作用

在市场经济条件下,社会经济活动和经济发展的主体是企业和劳动者个人,中央政府的角色是"为市场主体服务和创造良好发展环境"。那么,政府应该怎样做呢?笔者认为中央可以在以下方面发挥作用:

第一,实施宏观调控政策,促进经济稳定增长。理论和实践都证明,在市场经济条件下,企业和个人按照利益最大化原则所实施的经济行为,既给经济发展注入了动力和活力,又是导致经济发展呈现周期循环状态的根源。要既保持经济的活力,又不致造成大的周期波动,就必须在不破坏企业和个人利益最大化规则的前提下,由政府实施宏观调控政策,即在经济增长速度过快时,实施紧缩的财政和货币政策,而在经济增长速度过慢或停止时,实施宽松的财政和货币政策,以熨平经济增长的波峰和波谷,使经济保持稳定增长的状态。

第二,在不同地区之间实施差别经济政策,推动区域经济均衡发展。对于一个处于由不发达状态向发达状态转换过程中的大国来说,在发展的起步阶段,可能需要对某些地区实施特殊的倾斜政策,以激励这些地区以更快的速度发展,从而带动整个国家的发展。但是当发展水平达到某一高度以后,区域之间发展水平差异过大的矛盾就会凸显出来,在这种情况下,政府就必须实施向低发展水平地区倾斜的政策,推动区域经济协调发展,扫除整个经济发展的障碍。

第三,制定适合于市场经济的法律法规,为企业和个人提供能够最大限度发挥其潜能的公平的制度环境。我们说市场经济是法制经济,指的是在市场经济条件下有一套所有经济主体公认、每一个经济主体都必须遵守的行为规则。把这些规则以法律或法规的形式固定下来,并对这些规则的执行进行监督是政府的责任。制定规则的最高原则,一是保证每一个经济主体能够最大限度地发挥其潜能,二是对所有的经济主体公平。对我国政府来说,当前最主要的是清理和废除所有计划经济遗留下来的各种限制企业和个人在市场规则允许的条件下自由从事各种经济活动和追求自身利益最大化的规章制度,把经济主体从阻碍其潜能发挥的制度束缚中解放出来,同时着手研究和制定对破坏市场公平竞争的行为进行限制和惩罚的相关规则,如垄断法等。

第四,投资基础设施,为企业和个人的经济活动奠定物质基础。在市场经济条件下,企业和个人作为经济活动的主体,永远是以自身利益最大化为经济活动准则的,这也就决定了企业和个人所选择的经济活动项目往往更注重短期的收益和限制在局部的范围。而整个社会经济的良好运行和持续发展则需要长周期的和全局性的项目来支撑,企业和个人作为经济活动的主体,不可能在没有完善的物质基础的条件下创造财富,政府在基础设施方面的投资实际上是为企业和个人的经济活动搭建了一个功能完善的物质平台。

第五,促进教育,为经济发展输送高素质劳动力。现代经济发展越来越证明,在所有的经济资源中,高素质的劳动力是最重要的经济资源。高素质的劳动力来自高水平的并且是高度普及的大众化的教育。就我国的情况来说,政府要做的一是真正认识到教育在提升国家竞争力和保持经济长期持续发展的战略作用,在资源有限的条件下尽可能多地向教育倾斜;二是加快教育体制尤其是高等教育体制改革的步伐,把有限的资源真正用到教师和学生素质的提升及待遇改善上,降低教育成本,提高教育的效率。

第六,促进技术进步,提高国家经济的竞争力。市场经济是竞争经济,在竞争中保持有利地位的前提是创新,而创新的核心是技术进步。但是,政府在促进技术进步和创新方面的作用在任何情况下都不能低估。首先,潜藏于企业和个人的技术进步和创新动力需要通过政府的法律法规来开发和保护,比如良好的专利制度和适当的奖励制度能够保证技术发明人的既得利益,激发人们的创造力;其次,持久的技术进步往往依赖于基础研究所提供的肥田沃土,而基础研究的大量投入必须由政府来提供;再次,某些需要投入巨大人力和物力的重大科技攻关项目必须由政府来组织,而此类项目的突破往往能够带来持久的和普遍的技术进步,比如航空航天项目等。

第七,防止环境恶化,确保经济的可持续发展。保护环境,防止环境恶化,政府负有不可推卸的责任。首先,政府应当划定明确的禁区,禁止企业和个人从事某些可能对环境造成无法弥补的损失的经济活动;其次,对那些虽然会造成环境损失,但仍在可以弥补的范围内的经济活动,政府应当制定规则,让当事人承担治理环境的成本,如强制性的排污措施和征收排污费等;再次,政府直接投资某些环境治理项目,如治沙、治污、净化空气项目等。

第八,建立和维护社会保障体系,化解经济发展所引起的各种社会矛盾。由于社会成员之间能力、机遇的差别,即使在同样的市场经济规则中从事经济活动的不同个人,也会导致收入上的巨大差别。要使这种差距缩小,就必须由政府或在政府主导下建立起一个包括养老、医疗、失业救济、最低生活补贴等在内的社会保障体系,以使社会成员各得其所,化解各种社会矛盾,降低经济发展的摩擦系数。

2.3.2 地方政府的作用

区域经济发展包括居民生活环境的改善、经济结构的转变、公共事业的发展等。在市场经济条件下,整个社会的资源配置应该以市场为基础手段,区域经济发展也应该遵循着市场经济的基本规律,但市场并不是万能的,在区域经济发展的一些领域,市场是无效的或是缺乏效率的。这就需要地方政府发挥自己的作用,引导区域经济健康发展。

第一,制定科学的社会经济发展规划,引导区域经济发展。地方政府是区域经济发展的主导力量,引导本区域经济发展。首先要根据中央制定的经济发展战略,明确本地区的社会经济发展规划,并确定发展规划的分步实施落实。其次要根据本区域经济发展实际,确定本地区的经济发展政策。再次要确定发展本地经济,引进人才、技术、资金方面的重点方向和目标。最后要制定良好的地方教育政策、人力资源开发政策,优化人才环境,实现人力资源与经济发展相一致、相互补充。

第二,完善政府公共服务职能,推动区域经济发展。地方政府公共服务职能,主要包括政府承担的发展各项社会事业,实施公共政策,扩大社会就业,提供社会保障,建设公共基础设施,健全公共服务体系等方面的职能。地方政府对区域经济发展起重要的推动作用。

第三,转变政府职能,进行政府管理创新。将公共管理作为地方政府管理的基本职能,凸显政府的公共服务职能。强化地方政府妥善协调利益关系的能力,保障社会公平正义。将解决民生问题作为地方政府管理的着力点。尊重市场规律,发挥地方政府的特有作用,淡化行政区划,强化经济区划,破除行政壁垒,优化区域经济布局。

第四,培养人们的市场意识,营造公平的市场竞争秩序。市场意识不是从书本上学来的,而是在实践中产生的。有了市场人们自然会有市场意识,但是市场又是依靠有市场意识的人建立起来的。解决这个问题,政府首先要转变自己的价值取向,从自我主导型向市场主导型转变,下放权力,市场的事情依靠市场机制本身去调节。地方政府要创造良好的制度环境和法律环境,确保区域政策的严肃性、有效性、连续性以及稳定性,保障地方政府之间、政府和企业之间能够依法处理相互之间的利益关系,维护市场公平竞争,创造一个稳定预期收益的投资环境,给各类投资者以信心和激励,从长远的角度促使资源在区域间合理流动。

第五,调整区域产业结构,发挥区域资源优势,大力发展主导产业。区域产业结构是区域内产业空间组合的状态,合理地利用区域资源,大力发展主导产业,求得更大的区域效益,是地方政府的最终目标。从产业布局来看,由于长期受条块分割的影响,目前区域经济发展中产业结构同化现象较为突出。根据区域产业集聚理论,由于区域的主导产业,在生产上或者在产品分配上有着密切联系,或者在布局上有相同的指向性,这些产业按一定比例布局在区域的某个优越的地区内,就可以形成一个高效率的生产系统,改善企业生产的外部环境,从而使区域整个生产系统的总体功能大于各个企业功能之和。从企业发展方面来看,为私人部门创造就业机会,提供资金支持和财政承诺;以区域内主导产业为主建立竞争优势;设立可量化的目标以监测其进展。

第六,培育和发展民间组织,完善经济发展的服务体系。鼓励建立各类民间组织。各级地方政府应积极推进体制改革,打破阻碍民间组织发展的制度障碍,为民间组织发展创造良好的制度环境,组建跨地区的民间组织,以民间的力量自下而上地推进地方政府合作,进而加快区域经济发展。具体来说主要包括两个方面:一是区域经济发展的智囊机构,主要由各地的经济专家学者组成,为区域间地方政府决策提高咨询。二是培育"中间体组织"的成长。这里的"中间体组织"主要是指由市场原则与组织原则的相互渗透、营利性组织原则与非营利性组织原则的相互渗透、政府组织原则与民间组织原则的相互渗透所衍生出来的具有新特征的组织体。

民间组织可以对市场经济制度产生深刻的影响,它一方面会弥补市场组织功能作用可能产生的不良后果,抑制企业组织的非市场化行为和不良的市场行为;另一方面可以分解部分政府的经济职能,抑制政府权力无限扩张的趋势。保证市场机制作用的正常发挥。地方政府应鼓励这些民间组织发挥效用。通过这些自发的或官方促成的民间组织逐步提升企业战略、拓展市场深度和扩张市场容量。

2.4 政府在区域协调发展中存在的问题

无论是中央政府还是地方政府,对经济进行干预都可能产生不利于协调发展的因素。对于中央政府而言,阶段性的政策安排可能会导致不同区域出现发展失衡。对于地方政府而言,区域间的协调发展对于自身的利益会产生一定的影响,从而导致封闭发展状态、竞争行为异化、角色定位错位和在微观层面进行直接干预等问题。

2.4.1 制度安排的影响

我国发展战略导向的改变,造成了国内各区域的发展差距拉大,利益格局由原来的相对均衡状态逐渐分化,地区之间的竞争日益激烈,从而使得落后地区面临着更大的发展压力。改革开放以来,先后实施了开放沿海区域、西部大开发、振兴东北老工业基地和中部崛起等战略,不可否认这些战略都提升了我国的经济发展水平和质量,但由此引致的区域间发展极化问题也同样明显。

2.4.2 财政政策倾斜难以转变传统思想

对落后的区域实施倾斜的财政政策,其目的是通过国家的财政投入引致的示范效应拉动民间资本的进入,进而促使该区域实现相对较快的发展速度。一些落后区域往往受传统文化的影响较深而缺乏主动进取的意识,形成了较为严重的依赖思想,认为接受外部的支持和国家的援助是理所当然的,进而出现越输血越贫血的状况,这种"养懒人"的方式不仅造成了劳动力等生产要素的效率低下,而且不利于这些区域"等、靠、要"等思想的彻底转变。特别是受到地方利益和集团利益的驱动,一些地区总是希望能够从中央政府那里争取到优惠政策和资金投入。不可否认,争取国家的优惠政策和资金投入等现象,在全国各个地区都不同程度地存在。

2.4.3 地方利益驱动致使封闭发展与产业结构趋同

我国在东部和中西部地区出现了"中心—外围"分工格局,即中西部地区是资源生产区、粗加工区,而东部地区是深加工区。在实施改革开放以后的很长一段时间内,国家对中部地区和西部地区都没有实行政策倾斜。为不受东部地区发展边缘化,中部和西部的一些地区为了发展相对幼稚的工业而采取了限制资源输出的策略,即构建了一种自成体系的门类齐全的封闭式经济体系。此外,各地政府为了促进本区域的经济增长,采取各种措施进行招商引资和发展封闭式的经济体系,致使地区产业结构趋同化倾向突出,表现为地区之间的工业结构相似程度居高不下。例如,我国中部地区与东部地区工业结构的相似率为93.5%,中部与西部地区工业结构相似率为97.9%。

2.4.4　地方政府竞争行为异化

随着市场导向的经济体制改革不断深入,我国区域经济关系由计划安排逐步向市场决定转变,以行政区划为单位的国内贸易逐步由行政安排转向市场配置。鉴于我国辖区竞争的主体是地方政府,而地方政府的行为在很大程度上与政绩考核有关,此时会产生一系列阻碍区域协调发展的异化行为。例如,省级地方政府进行政策大战,设置区域间的贸易与非贸易壁垒,通过上有政策下有对策的应对措施以阻碍区域之间实现协调发展。

2.4.5　地方政府角色错位

在协调发展中,政府应该为区域发展制订出相应的规则,而不应过多干预微观经济的发展,即应该采取宏观调控和微观放活的操作方式。然而,我国的各级地方政府通常积极参与经济的微观活动,通过直接干预的方式介入到微观经济中,即同时成为规则的制定者和参与者,这在一些区域性的商品生产中表现得尤为明显,比如香烟和啤酒。政府角色错位,一方面导致地方政府难以对区域内外的企业实施对等的国民待遇,另一方面致使难以出台规范的政策来引导辖区内正常的市场秩序的形成。

2.4.6　地方政府对资本市场的干预

在我国现行的财税制度和政绩考核制度下,如果某一区域的经济能够以更快的速度发展,既可以增加地方政府的财政收入,也可以提升地方政府官员的工作业绩。因此,地方政府一般对于外地企业的迁入采取鼓励的措施,而对于本地企业的迁出则通常采取种种阻挠手段,尤其体现在对本地上市公司的重组上。我国企业要做大做强就应该进行兼并和重组,但地方政府对资本市场的干预会加大企业通过资本市场实现跨地区扩张的难度。

主要参考文献

[1] 孙久文.中国区域经济实证研究[M].中国轻工出版社,1999.

[2] 王志凌、谢宝剑.我国区域协调发展:制度、政府与市场——兼论区域合作战略[J].贵州大学学报(社会科学版),2007(1).

[3] 殷风.区际关系中的政府干预与协调[J].云南社会科学,2002(2).

[4] 赵伟.区域开放:中国的独特模式及其未来发展趋势[J].浙江学刊,2001(2).

第3章

区域协调发展的市场机制

促进区域经济协调发展,不仅需要政府切实落地的宏观政策,更需要在完善市场机制上下功夫。要实现"公平"和"效率"兼顾的区域经济协调发展,政府的作用不可忽视,政府可以通过区域规划管理、宏观政策调整促进区域经济的协调发展。同时,需要进一步明确政府和市场的关系,应遵循的原则是在坚持发挥市场机制对资源配置起决定性作用的前提下,充分运用政府宏观调控并非逆市场规律而行。

3.1 区域协调发展中市场的功能定位

从市场角度判断区域是否协调发展,主要考察是否实现了因地制宜、区域经济资源的优化配置,是否建立全国统一的市场规则、健全的市场信用制度,是否要素在区际之间流通顺畅。在区域协调发展中,市场机制基础性作用主要反映在:

一是对资源配置起决定性作用。由于存在资源分布的差异,不同区域为形成互补或者协调发展的分工格局,通过市场的相对放开以吸纳外来资源就是一条必要的途径。以效率为原则的市场机制,应该成为配置资源的基本手段,同时辅之政府干预实现区域内外资源的有效配置。

二是实现区域比较优势的充分发挥。市场的逐利性会抹平同一种要素在不同区域的价格相对差异。在国际或国内分工的格局下,任何区域都不可能发展故步自封的经济,市场开放是维持可持续稳健发展的重要途径。实现资源在不同区域的自由流动,既能够提升资源的使用效率,也有助于不同区域更快地实现协调发展。

三是促使有序竞争正常进行。经济秩序的形成既需要政府的强制性安排,也需要市场的自我调节。目前我国实现区域协调发展的最大障碍是各级地方政府的干预,使得"上有政策、下有对策"的游戏盛行,在搅乱市场秩序的同时不利于我国统一大市场的实现。微观主体的各种行为,应该交由遵循优胜劣汰的市场原则去完成,进而在区域间形成有序的市场竞争。

四是校正政府干预的相对失灵。政府成为市场规则的制定者而非参与者,即成为裁判员而非运动员。然而,我国的政绩考核制度和地方财政收入制度等因素决定了地方政府在很大程度上会对区域经济运转进行干预,由此产生政府干预失灵。通过市场的反馈作用,能在一定程度上纠正政府干预不足或过头的情形。

3.2 区域协调发展市场作用机制

市场经济是通过市场配置资源的经济,具有巨大而明显的优越性。市场经济以企业为主体配置资源,有利于调动企业搞好资源配置的主观能动性,资源配置主体的自身状况,直接关系到资源配置的效率。计划经济资源配置的主体是政府,由政府直接承担资源配置任务。理应作为市场主体的企业,却是政府行政机构的附属物,是资源配置的被动的执行者,无资源配置的任何权力,这就完全扼杀了企业的主观能动性。在市场经济的条件下,企业是面向市场的独立决策的商品生产者和经营者,企业生产的扩张和收缩,决定资源的投向、投入量,这些涉及资源配置方面的权力,都由企业自行掌握,而不再由各级政府官员支配。这样,企业由原来的旧体制中的配置客体转化为配置资源的行为主体,自然激发出强烈的生机和活力,并由此完成了国民经济令人称奇的飞速发展。

关于市场机制以及政府调控将对未来我国的区域协调发展产生什么样的影响,学术界则有不同的看法。一种观点认为区域发展差距将是市场经济发展也即市场机制作用的必然结果;另一种观点认为是政府调控不当的结果。导致理论界看法不同的重要原因之一就是人们对"政府调控和市场机制关系"的看法不同。主流观点认为政府调控和市场机制之间是矛盾的、非统一关系;然而我们认为二者是正向的、统一的和互动的关系,在区域经济协调发展中应结合政府调控建立完善的市场机制。

3.2.1 完善的市场机制是实现区域经济协调发展的基础

由于我国区域发展差距拉大的事实,人们在市场机制的认识上往往存在三大误区,即市场机制只追求短期利益、市场机制不能实现共同富裕、市场机制不考虑整体利益。事实上,市场机制下短期利益和长期利益有差异也有统一。长期利益往往由一个个相互联系的短期利益组成。相对于非市场经济来讲,市场机制更注重长期利益和整体利益,而非短期利益。对于一个经济人来说,他不会只追求短期利益而忽视长期利益;恰恰相反,他常常会为了长期利益而忽视或放弃短期利益。实践证明,市场经济发达国家的区域差距都很小。老板致富并不抑制工人致富,城市富裕并不抑制乡村富裕,中心地区的发展并不抑制边远地区的发展,两者是正相关关系。市场机制就是要让能者上,庸者下,就是要破除超稳定状态。搞市场经济就是要搞完全的市场经济,而不是割裂的、残缺的市场经济。市场机制正是通过均等的机会让每一个人、每一个要素、每一个地区发挥潜能,追求利益最大化,从而使整体利益得到增加,因此充分完全的市场机制才能保证整体利益的最大化,市场机制是表面无序下的整体有序。

改革开放以来,我国区域发展差距拉大,从形式上看是由于市场化改革后市场机制发挥作用的结果,但从本质上看,则是除市场机制以外的包括政府调控在内的多种因素共同作用的结果。因此在分析我国区域差距时,首先要明确,我国区域经济内部存在的主要问题是没有独立的、统一的、完善的市场,资源使用效率还很低下,竞争尚未充分,特别是欠发达地区的市场仍没有充分发挥出应有的作用,而不存在市场发育完善后带来的所谓"市场失灵"的危机,区域差距拉大也并非是市场机制"有余"所致。一方面,一些发达地区之所以发达是因为市场机制相对完善,并利用了政府非均衡发展战略的优惠;另一方面,是因为欠发达地区的政府干预过多,市场机制也很不完善,导致了资源配置的低效率。这种源于政府和市场的共同作用而形成的差距,正是我们所关注的。因此要解决我国区域经济协调发展问题,就必须紧密结合我国国情,借鉴西方改革的经验,进一步强化市场在资源配置中的基础性地位。

凯恩斯在建立宏观经济体系时有一个暗含的假设,即市场经济的调节机制在正常发挥作用。战后许多国家运用凯恩斯的经济政策,其中美国取得显著成效,就在于美国市场机制的完善性;绝大部分国家不成功,究其原因,是许多国家还没有建立完善的市场经济体制,市场机制还没有充分发挥作用。凯恩斯在美国运用,以改善宏观环境,有助于民本经济的发展。中国的国情是国本经济,特别是欠发达区域,其国有经济成分比重更大,过多关注凯恩斯的政策有可能助长政府行为的扩张,抑制欠发达地区先天就不足的民本经济的发展,从而使区域差距拉得更大。当务之急是完善社会主义市场经济体制,在产权制度、银行制度、投资融资制度和政府管理制度等方面进行比较彻底的市场化改造。欠发达地区政府必须采取进一步提高企业竞争力和启动民间投资的经济政策,大力支持民间经济的发展,使民间经济能迅速填补国债撤走后的空间,放手发挥市场机制的作用,使其真正成为内在增长动力。从这种意义上说,当前中国促进区域经济协调发展最好的宏观经济政策是搞好微观经济的市场机制,培育市场力量,让市场真正对资源配置发挥基础性的调节作用。在经济发展初期,市场的作用通常会导致欠发达地区与发达地区之间的差距进一步扩大。改革开放以来,我国力图强化市场对资源配置的核心作用,尽管全国的统一市场并未建立,但市场的作用不断扩大已成为不争的事实,区域差距正是在市场作用日益增强并朝着形成统一市场的方向努力的前提下发生的。因此,单纯依靠市场的力量不能解决区域经济发展的差距,区际收入趋同趋势不会在市场自发作用下自动出现。我们要采取一些矫正措施,单纯依靠市场机制的确会使我国的地区差距持续扩大。所以,我们既不能因为市场机制是一种较有效的资源配置方式,就不承认市场机制已经并必将进一步导致我国的地区差距进一步扩大这一倾向,也不能因为担心市场机制将导致地区差距进一步扩大,就终止迄今为止已进行了二十多年的市场化改革。正确的思维应该是,一方面应坚持市场取向的改革,另一方面又应对市场机制导致地区差距拉大始终保持一份清醒的认识,并及时地借助政府调控加以纠正。

3.2.2 区域经济协调发展需要市场机制和政府调控的结合

自发竞争的市场机制和协调竞争的政府调控机制,从市场经济诞生的第一天起就始终是相伴相随的。割裂二者,无论哪种机制都无法单独有效地维护一种生产率最高、资源配置最优、市场主体行为约束最好的秩序。割裂二者,就相当于割断了东部发达地区资金技术的要素优势与中西部地区的资源优势的联系与互利,阻碍了区域经济发展的内生合作机制的形成和发达地区对落后地区的扩散效应或涓滴效应。我们看到,每当人们协调好市场和政府之间的矛盾关系时,社会经济就向前发展;每当这个矛盾趋于激化,把二者割裂开来时,社会经济发展就遇到麻烦。每当人们根据形势变化对矛盾双方的关系及时做出合理调整时,社会经济就顺畅发展;每当人们忽略了变化,矛盾双方的关系滞后于新的形势时,社会经济就面临新的危机。

若单纯利用市场机制来实施西部大开发、振兴东北等战略,其结果必然造成新的不公平、不平等,将加剧地区发展的"马太"效应。实施区域经济协调发展战略,必须要有整体综合规划的理念,使市场机制和政府调控有机结合。制度变迁从某种程度上讲,就是一个"帕累托改进"的过程。对资源进行重新配置,使得某些人的效用水平在其他人效用不变的情况下有所提高,这种"重新配置"就称为"帕累托改进"。因此,区域经济协调发展中,既要让发达地区更发达,同时也要让不发达地区摆脱贫困和落后,缩小区域发展差距。

从市场机制和政府调控的关系来看,双方也是正向互动的关系。一个没有市场机制发挥基础作用的社会,其区域经济协调发展只能是一句空话。计划经济时期的低效率区域均衡,由于不考虑市场机制下投资效率的地域差别,客观上阻碍了国民经济的发展,从本质上讲是损害了政府调控所追求的共同富裕目标。是不合理的政府调控造成了区域发展的"隐性差距"。人为的政府调控机制既否定了各地区初始资源拥有各经济主体的天赋能力,更否定了经济活动中各区域自身努力程度的差异性。自然的,经济主体便缺乏向生产活动提供稀缺资源的努力与积极性。所以只能是低水平下的绝对均衡。正是由于政府和市场在理论上的"矛盾性和非统一性假定",才导致了实践中我们对待市场机制和政府调控这两种手段时采取了非对称或非一致的态度。对于政府调控机制,往往将其置于主导地位上;而对于市场机制,将其置于政府指导之下的"基础"地位。

3.3 区域经济协调发展市场作用方式分析

我国经济体制改革的目的是要建立社会主义市场经济体制,经济市场化是大势所趋。因此,我们必须从经济体制转轨,从经济日益市场化这种大趋势去认识、寻找实现区域经济协调发展的方式。众所周知,经济市场化的最突出特点就是市场逐渐成为主导资源配置的基本方式。这一根本性的变化,对区域经济活动产生了多方面的、深刻而长远的影响。

随着经济的市场化,政府主导型的区域经济将逐步弱化,企业正在成为区域经济活动的主体。过去,受长期计划经济管理体制的影响,区域经济发展主要是由政府来推动的。在一个区域中,政府可以通过经济发展计划、规划、政策,以及对国有经济的直接控制而左右着整个区域的经济活动。因此,调控区域经济,在比较大的程度上可以通过对地方政府的经济行为的控制来实现。随着经济市场化进程的推进,政府虽然在区域经济活动中仍有着比较大的不可忽视的影响,但是其过去所具有的决定性作用在不断地削弱和淡化。究其原因:一方面是非国有经济的兴起。就全国来看,以工业为例,1978—1997年,国有工业占全国工业总产值的比重由 77.6% 下降到 26.5%。相反,非国有工业的比重则由 22.4% 上升到 73.5%。各个区域的变化趋势也大体相同,只是幅度有所不同而已。特别是经济越发达的区域,如东南沿海地区,非国有经济的发展速度越快。一般地,政府无论从产权,还是从人事等方面对非国有经济都缺乏直接控制权力。非国有经济更多的是在按照市场经济的要求和基本规则进行发展。因此,非国有经济在整个经济领域里所占份额的扩大,就意味着政府对经济领域的控制或干预空间在缩小。另一方面是国有经济在改革过程中出现了巨大的变化,如受体制束缚、债务负担、管理不善、技术结构老化等影响,在发展过程中遇到了重重困难,大部分企业竞争力下降,许多企业甚至陷入困境而难以自拔;有一部分国有企业,特别是中小企业通过改制、出让、兼并等方式而转化为非国有企业,国有企业在数量上也在减少;国有企业在改制过程中,经营自主权逐步扩大,企业为追求自身利益也在不断脱离政府的直接控制;国有经济在行业布局上的调整结果是在竞争性领域里的比重大幅度下降。所以,政府通过控制国有经济而对整个区域经济活动产生影响的空间和力度也在不断减弱。企业作为区域经济的主体，其行为是以追求利益最大化为导向的，因而，并不一定与区域经济发展的总体目标相对应。

市场经济运行有其特殊的要求。第一，市场经济是一种平等性经济。在市场经济中，各种经济活动主体是平等的，具有完全平等的权力和市场地位，排斥任何形式的特权，包括经济特权和政治特权。对于区域而言，理论上讲，各个区域都是平等的，区域之间不应该有主次之分，不应该以牺牲其他区域的经济利益来换取少数区域的经济增长或全国经济的增长。第二，市场经济是一种自主性经济。市场经济的各种经济活动主体是以自己的经济利益来决定经济行为，具有完全的自主决策权，是独立的经济实体自主决定所能够支配的资源的使用。它们的活动不应该受到来自外界，特别是行政的干预。在区域经济方面，每个区域的经济活动都将以本区域的经济利益为决策依据，独立安排本区域的经济发展，对来自上级行政部门的干预具有排斥性。第三，市场经济是一种竞争性经济，对经济利益的追求必然导致经济活动主体之间的竞争。竞争是价值规律的体现，只有竞争才能促进经济活动主体发展经济的积极性，才能实现发展机遇的均等。就区域经济而言，各个区域之间也是竞争关系。竞争给各个区域都提供了可能的发展机遇，同时，也使它们承受着相应的风险。在竞争中，每个区域都有可能获得发展，但是也要经受优胜劣汰的洗礼。不在竞争中生存、发展，就将会面临停止或衰落。所以，竞争成为推动区域经济发展的一种强制力量。第四，市场经济是一种开放性经济。市场经济中的各种经济活动是开放的。由于经济活动之间的分工越来越细，相互之间依赖程度也就不断地加深，任何一种经济活动离开其他相关经济活动都会遇到发展甚至是生存的危险。只有对外开放，才能加快发展。因为，开放能够获得本身所不具备的某些要素，如物质要素、劳动力、技术和管理经验等，取他人之长，补己之短。同时，出于对自己多方面的利益的追求和获得外部发展条件、发展空间的需要，各经济活动也会要求其他相关经济活动对自己开放，以发挥自己的优势，创造发展机会。所以，开放既是来自内部的驱动，也是来自对外扩张的需要。在区域经济发展方面同样如此。我国改革开放实践已经很清楚地证明，越是开放的区域，经济发展就越快；相反，越是封闭的区域，经济发展就越慢。这就是为什么沿海地区比内陆地区经济发展快的重要原因之一。区域开放的另一层重要意义是，开放能够使区域之间实现资源的优化配置，是提高全国资源配置效率的一个必要前提。第五，市场经济是一种法制经济。虽然，市场经济强调自主性和竞争性，但是，市场经济也强调必须使各个经济活动在有关法律规定的框架内进行。这个法律框架是以市场规律和基本的市场规则为基础的，是市场经济平等性和开放性的保障，也是合理的自主性和公平的竞争性的实现前提。只有在法律规范之下才能使市场经济有序地进行。法制的建立和执行为政府介入经济活动提供了理由，政府的科学管理才能保障市场经济正常的秩序，区域经济的运行也必须有相应的法律来进行规范，政府对区域经济完全有必要进行管理。

从上述对我国经济市场化进程中政府对区域经济影响的变化，市场经济基本特征在区域经济方面的体现等的分析，我们可以得到以下几点认识：

一是政府对区域经济的直接干预的可能性、程度及效果都在趋向减弱。因此，政府必须从传统的计划经济管理思维中走出来，对区域经济发展应该更多地采取间接管理的方式。

二是随着企业在区域经济发展中的主体地位的逐步确立，政府实施区域经济协调发展战略就需要根据这个大趋势来设计相应的政策手段，引导和利用企业的行为去推进区域经济协调发展。例如，企业的跨区域投资或扩张，就可以比较有效地突破地区封锁，消除地方保护主义所设置的藩篱，加强区域之间的交流。这样，政府就完全可以从政策上支持企业的跨区域发展，从这个方面达到推动区域之间经济协调发展的目的。

三是区域经济发展将会越来越追求各个区域之间的平等，以及在发展决策上的自主性。每个区域都将首先以维护和增大自身的利益作为决策的最基本准则，而不会过多地关注其他区域的利益，而且在决策中受中央政府的约束可能会逐渐减少。那么，中央政府作为区域经济协调发展的推动者，就不得不在设计和实施有关的政策时要尊重各个区域在经济发展方面的平等权利，不应该像过去那样采取以牺牲某些区域的经济发展来换取少数区域的高速增长的做法，而是要考虑到尽量给每个区域公平的发展机会。中央政府要想办法设计出一些新的政策手段去引导各个区域参与到区域经济协调发展这项重大的发展计划之中，并且使它们认识到在这个过程中都能够有所收获，才不至于在实施区域经济协调发展战略时受到来自某些区域的阻力，单靠行政要求而没有符合区域的经济利益的政策手段的推动是不可能真正调动或保持每个区域参与经济协调发展的积极性和主动性的。

四是在选择区域经济协调发展的方式时,必须承认区域之间在经济发展方面进行竞争的必然性和合理性,而不能简单地以过去"全国一盘棋"、区域之间要在全国经济利益的前提下进行由中央政府所确定的分工协作的观念去设想推动区域经济协调发展的途径。如果是按照后面的想法来选择促进区域经济协调发展的方式,在现实中就很可能行不通。区域之间既然存在经济发展方面的竞争,并且竞争是区域之间经济关系的主流,那么,中央政府就需要从这个角度去认识各个区域可能产生的经济行为,采取有针对性的措施来防止竞争性行为对区域经济协调发展可能带来的不利影响。

五是区域经济发展自身所具有的开放性,使得中央政府在选择区域经济协调发展的方式时有一个可利用的切入点。区域经济的开放性说明各个区域之间在发展上具有一定的相互依赖性,开放是区域获得快速发展的重要条件之一,相互开放也是每个区域在经济向外扩张时的基本要求。中央政府完全可以利用区域经济的开放性来推进区域之间经济上的相互交流与融合,使它们在发展上能够联系起来,形成一种关联互动的关系。一旦出现这样的局面,那么,区域之间也有可能实现协调发展。

六是区域经济发展需要法律规范,因此,中央政府就可以选择、制定有针对性的政策和法律来维持区域之间的正常经济秩序,促进区域经济协调发展,而不应该靠行政命令来使有关的区域服从中央的安排。后一种做法在计划经济时期是有效的,但是在市场经济条件下可能只会在短期内有一定的效果,长期来看是不可能真正实现区域之间的经济发展平衡的。

所有这些认识,都为我们选择促进区域经济协调发展的方式提供了参考和指导。但是,我们也应看到,真正能够选择到符合市场经济基本要求的区域经济协调发展方式目前仍然是一个有待深入探讨的问题。

3.4 区域协调发展中的政府和市场的关系

促进我国区域协调发展,是全面建成小康社会、加快推进社会主义现代化建设的重大战略任务,不仅关系到全国各族人民共享改革发展成果、逐步实现共同富裕,而且关系到国家长治久安和中华民族伟大复兴,具有重大的现实意义和深远的历史意义。近年来,我国区域发展的协调性明显增强,区域经济增长极的引领作用不断增强,对特殊地区发展的扶持力度显著加大,区域合作广度深度也持续拓展。但我国的区域协调发展还存在很多挑战,区域发展的绝对差距仍在拉大,区域协调发展的促进机制还不完善。因此,必须按照党的十八大对区域协调发展的要求,在资源环境承载能力范围内,充分发挥自身潜力,逐步形成主体功能定位清晰、东中西良性互动、公共服务和人民生活水平差距不断缩小的区域协调发展格局。

3.4.1 政府主导的市场经济在转型初期效应分析

在明确由计划经济向市场经济转型的目标后,我国市场经济的建设是在"顶层设计"的引导下进行的;中央政府设定基本制度框架,地方政府、国有企业、民营部门同时在这个框架内进行了制度创新,通过试错机制在明确由计划经济向市场经济转型的目标后,我国市场机制的建设是在"顶层设计"的引导下进行的:中央政府设定基本制度框架,地方政府、国有企业、民营部门同时在这个框架内进行制度创新,通过试错机制,形成市场经济运行的基本秩序。

在改革开放初期,中央一方面通过价格的"双轨制",放宽了国有企业生产和销售的限制,解决了基础生产资料生产的瓶颈;另一方面开始允许民间资本进行投资、生产,充分调动了国内资本的积极性,降低了商品市场和要素市场的流动壁垒。并且,在以 GDP 为主要政绩衡量标准的行政体系内,地方政府执政目标与当地各类型经济主体利润的牟取存在制度上的激励相容。各级地方政府招商引资和吸引外国直接投资也成为构建其政绩的重要内容和手段,这种"锦标赛"式的地方竞争,为中国经济发展提供了巨大推动力。虽然存在普遍的低效配置问题,但地方政府所主导的大规模基础设施建设,为市场的高效运行提供了必要的公共品,这对市场而言是一种有力的补充,有效地降低了经济运行所需要的整体交易费用。

就宏观经济整体而言,中央政府对要素市场的制度创新具有十分重要的意义。商业银行体系的建立,使得银行系统由专门为经济计划配置储蓄资本的角色,转化为具有一定自主经营权的融资角色。证券市场的设立和发展也为金融多元化创造了条件。虽然整体来说,我国金融服务实体经济的作用并没有体现出较高的效率,但在改革开放初期,这种资本融通形式的创立,为经济发展的"制度红利"发端打下了基础。随着高考的恢复和人口迁移流动限制的制度性放松,我国劳动力市场在较大范围内实现了资源整合和质量的提升,尤其在加入WTO以后,农民工大量涌入城市,"人口红利"保证了近十年来经济增长的要素供给。

1997年开始的国企改制,以及1998年伊始的房地产市场改革,是对现有资本利用效率的显著提升。国企改制前,虽然在民营部门和外资的迅速发展下,国有资本运作的低效率和对金融资源的占用,并没有对经济增长造成明显的"拖后腿"现象,但随着国有资本转化为民营资本的经营模式的变化,这部分市场化了的运营资本的效率确实得到了提高。房地产市场的改革为资本市场提供了更大的资源,揭开了德·索托所谓的"资本的秘密",使得民间财富得以转化为资本投入。

3.4.2 政府干预对市场经济的扭曲

虽然改革开放以来我国经济呈现了突飞猛进的发展,但是随着市场经济制度的逐步建立,经济体制改革的结构性扭曲所蕴含的弊端也逐渐显现。政府和市场两重力量作用于经济体的运行,但二者的分工并未得到有效合理的划分。在改革开放前期,政府在建设市场机制方面有着重要的制度贡献,但这种制度设计中依然存在十分浓重的计划色彩,具体而言,政府不仅是市场秩序、规则的制定者,而且通过权力与国有资本的联合,直接参与到了市场游戏之中。

随着市场经济秩序的建立,金融业在整体经济发展中的重要性逐步显现,但在现实中,银行、证券市场对实体经济部门的服务作用并没有随之快速提升。作为地方政府的主要税收来源,国有资本和大型民营资本享受了更多的金融服务。但市场经济的发展归根结底需要各种规模、类型的企业进行异质性竞争。对于中小企业以及微型企业而言,金融服务的可得性更为重要。政府庇护下的企业往往享有与生产技术和管理水平等无关的政策性成本优势,不利于市场竞争的充分展开,也阻碍了企业效率的提升。

我国经济的下一轮增长动力,在于城市化进程的推进。城市化不仅意味着农村人口向城市的迁移,或者农村人口就地变为城市户口,关键还是要实现这部分人口的市民化。在城乡二元经济的巨大差距之下,农村人口的迁移是一个必然现象,中西部地区不少地方政府通过政策推动本地人口外出打工。但要实现农村移民的市民化,就需要各地方政府提供充足、公平的公共服务。户籍制度所带来的社会保障、居住权利等方面的分割,使得农村人口在城市生活的成本过高。此外,与城市化相伴随的城市房地产开发,虽然为经济增长提供了重要的投资动力,但随着城市住房价格的高企以及如教育、医疗等具有公共品的服务价格的提高,农民所面临的巨大潜在成本将阻碍城市化的快速推进。

从各种类型所有制经济发展的角度来说,1997年开始的国企改革"抓大放小",确实造就了一批具有巨大资金规模的国有企业,这些国有企业的资本扩张也对民营部门造成了负面影响。具有行政垄断性质的央企和国企,利润往往来自政策优势,从整个经济体利益分配的角度来看,其利润实质是从一般消费者和民营企业的利润中挤占出来的。这在国有资本处于产业链上游的情况下尤为明显,上游原材料和中间产品的价格加成,通过流通转变为下游企业的成本,挤占了下游企业的利润空间。同时,地方政府对于本地税基的保护,也导致钢铁、机械、水泥等产业出现大规模重复建设,产能过剩现象突出;对于一些规模效应比较明显的行业,企业间的兼并重组也受到地方政府的限制,无法深入发掘潜在效率。

3.4.3 区域协调发展需要市场与服务型政府共同作用

过去我国采取粗放型的要素驱动式增长,这种增长模式是建立在要素价格扭曲的基础上的,我国也因此积累起最初经济起飞需要的资本,取得了改革开放至今三十多年的经济快速增长。随着要素资源的愈发稀缺,为实现社会进一步发展和经济可持续增长,我们亟待转向效率驱动甚至是创新驱动的发展模式,这就要求由市场机制来找准要素价格,并在此基础上提高要素生产率,政府的职能则是尽可能减少对市场的干预,减少腐败和寻租行为,并逐步摸索出在市场中的作用,发挥后发优势。等时机成熟,最终实现创新驱动。创新驱动不仅需要人才和技术,还需要政府和制度对人才、技术的保护和激励,更需要政府不断加强自身建设和维护市场机制的能力。

政府转型的关键,在于分清市场和政府的界限,明确政府职能。在市场机制能够解决问题的领域,政府应当退出;在当前机制、制度无法解决,但是通过完善市场机制能够解决问题的领域,政府也应当逐渐退出;政府的主要职能,是为市场参与主体提供公平的游戏规则,弥补市场机制配置资源时的不足。鉴于此,政府应当在以下方面改变当前所扮演的角色:

其一,应处理好国有经济和民营经济的关系。对于外部性很强的自然垄断行业、关系国家安全和经济命脉的行业,政府"有形之手"可以纠正市场的失灵,并发挥资源配置的作用。而对于一般竞争性行业,政府不应设置门槛限制民营经济的进入,而应鼓励民营经济在这些行业的发展,更大程度地促进竞争。

其二,应逐渐退出要素市场,让市场机制在要素配置过程中发挥重要作用。在土地市场,应界定好土地的产权结构,让市场决定各类土地的价格,使之得到最优的配置。在信贷市场,还存在着对民营部门的歧视,金融资源难以在国有部门和民营部门之间实现优化配置,需要鼓励民间资本进入金融行业,参与金融行业的竞争。

其三,应在公共服务领域发挥更大作用。公共产品存在着社会边际收益与个体边际收益、社会边际成本与个体边际成本不一致的情况,市场的资源配置功能在公共服务领域中显得捉襟见肘,此时更需要政府的介入以实现公共产品的最优供给规模。目前,我国亟须建立起全国统一的、无差异的基本公共产品市场,实现基本公共产品的国家化、标准化,减轻区域间、城乡之间资源配置的不均衡程度。这也是从另一种途径降低大城市户籍的含金量,从而有利于扭转劳动力空间配置上的扭曲,避免福利性迁移。在一定意义上,公共产品均等化到来之时,就是全国统一劳动力市场建立之日。市场机制会产生马太效应,因此需要政府通过财税制度来解决收入分配不平等问题。现有研究表明,我国收入不平等程度已经处于较高水平,这是市场机制运行所导致的必然结果,因为优胜劣汰是支配市场经济的法则。但是,经济发展的最终目的是提高全体人民的福祉,是实现共同富裕,因此,政府在维护结果公平、收入与贡献相符的同时,还需要通过收入再分配将市场机制导致的收入差距维持在合理的范围。

其四,减少对企业的干预,调动企业自主创新的积极性。政府应当引导而不是规定企业的投资领域和范围,应当建立一个有利于企业自主创新的市场环境,尊重市场规律和企业自身发展规律,使企业真正成为自主创新的主体。市场本身就具有激发创新的机制,它给予企业创新的补贴便是超额利润。

主要参考文献

[1] 柳庆刚、姚洋. 地方政府竞争和结构失衡[J]. 世界经济,2012(12).

[2] 杨海水. 地方政府竞争理论的发展述评[J]. 经济学动态,2004(10).

[3] 钟昌标. 转型期中国区域性市场对国际竞争力影响研究[M]. 上海人民出版社,2005年.

[4] 汤玉刚、苑程浩. 不完全税权、政府竞争与税收增长[J]. 经济学季刊,2011(1).

[5] 付强、乔岳. 政府竞争如何促进了中国经济快速增长:市场分割与经济增长关系再探讨[J]. 世界经济,2011(7).

[6] 赵曦、司林杰. 城市群内部"积极竞争"与"消极合作"行为分析——基于晋升博弈模型的实证研究[J]. 经济评论,2013(5).

[7] 王东琪. 经济转型过程中的地方政府行为博弈[J]. 东北财经大学学报,2012(1).

第4章

区域协调发展中公平与效率的制度分析

4.1 制度的公平与效率的理论基础

4.1.1 制度引入

制度经济学家赋予"制度"一词至少三种不同但相互联系的含义,为了区分新制度经济学家提出的三种制度含义或定义,将经济过程比喻成博弈可能是合适的,因为博弈论是制度分析的重要工具。通过将经济过程类比为博弈过程,不同的经济学家分别将制度看作博弈的参与人、博弈规则和博弈过程中参与人的均衡策略。将制度看作博弈的参与人的经济学家沿袭康芒斯的思路,将制度等同于博弈的特定参与人,如格鲁奇认为"制度是构成统一整体的各个项目相互依存或相互影响的综合体或图式的经济制度被当作包括各个参加者按照规章和规制从事商品和服务的生产、分配和消费的组织安排的综合体",制度可以是社会现象如家庭、国家、工会等。将制度视为博弈规则的学者包括诺思、舒尔茨和赫尔维茨等人。舒尔茨将制度定义为"一种行为规则,这些规则涉及社会、政治及经济行为"。诺思将制度定义为"社会的博弈规则,或者更规范地说,它们是一些人为设计的、形塑人们互动关系的约束"。赫尔维茨虽然认为制度是博弈规则,但其侧重于规则的实施问题,他认为规则必须是可实施的,或者是"可执行的",唯有对人类行动的一组人为的和可实施的限定才构成一项制度,他运用纳什均衡概念使可实施性这个概念形式化,如果在别人遵从所设定的策略的前提下,没有任何一个参与人有偏离其选择策略的动机,此时参与人的策略组合便被称为纳什均衡。赫尔维茨对制度的理解已经接近于第三种观点。第三种观点认为制度是博弈的均衡,其代表人物有 Andrew Schotter、Greif、Barry R. Weingast、Allyn Young 和青木昌彦。青木昌彦将制度定义为"参与人主观博弈模型中显明和共同的因素,即关于博弈实际进行方式的共有信念"。这种共有的信念是"博弈参与人的策略是互动内生的,存在于参与人的意识中,并且是可自我实施的,这就如同均衡博弈论者所认为的那样","制度对应着(几乎所有)参与人共享的那部分均衡信念"。基于此定义,那些被人们设计出来的,却不被人们所遵守的成文法和政府规制等不构成制度,只有当(几乎所有)参与人相信它时才能成为制度。

4.1.1.1 制度的分类

制度可以从两个纬度进行分类,一是从起源的方式看,制度可以分为内在制度和外在制度;二是从惩罚方式看,制度可以分为正式制度和非正式制度。外在制度被定义为外在地设计出来的并靠政治行动由上面强加于社会的规则,外在制度的实施是以国家暴力机器作为后盾。内在制度被定义为群体内随经验而演化的规则,"社会内在运转所产生的制度不出自任何人的设计,而是源于千百万人的互动"(柯武刚和史漫飞,2000),内在制度由个体的经验转化而来,因此内在制度的形成必定是一个长期的过程,它的形成过程类似于生物的演化过程。内在制度不像外在制度一样,由外部主体强加的规则来约束,而是行动主体自发产生的,因此它不存在政治意志和强制力,而总是被"横向地运用于平等的主体之间"(柯武刚和史漫飞,2000)。从惩罚方式来看,制度可以分为正式制度和非正式制度。柯武刚和史漫飞(2000)认为,制度的非正式性和正式性的区分与实施惩罚的方式有关,即与惩罚究竟是自发地发生的还是有组织地发生有关。正式制度中,对惩罚的规定和实施都要通过有组织的机制,可借用法治社会的国家机器,如军队、警察、司法机关等强制实施。在非正式制度中,对违背社会预期的行为施加的惩罚不能通过有组织的方式来定义和运用,它们都是自发产生的,如丧失群体成员的信任、社会名誉受到损失等,如见死不救虽然不受到法律的惩罚,但却受到社会舆论的谴责。新制度经济学代表人物诺思(2008)也认为制度包括正式制度和非正式制度,正式制度是指人们设计出来的一些成文的规定,包括国家中央和地方的法律、法规、规章、契约等;非正式规则是文化传承的一部分,是文化和传统长期延续性的结果,它代表社会主流的意识形态,是群体成员公开认同的行为规范。由于诺思在学术界不可动摇的地位,他对制度的二分法成为学术界普遍接受的制度分类。

4.1.1.1.2 制度的层级

制度有层次之分。诺思认为,制度共包括三类,即宪法秩序、宪法安排(即在宪法秩序框架内创立的操作规则,包括法律、规章和合同)、规范性行为准则。奥斯特罗姆将规则的层次分为宪法的规则、集体选择的规则和操作的规则,每一层次的规则都受制于上一层次规则并在上一层次的规则指导下对下一层次规则进行指导,每一层次规则的变更,是在较之更高层次上的一套"固定"规则中发生的(见图4.1)。

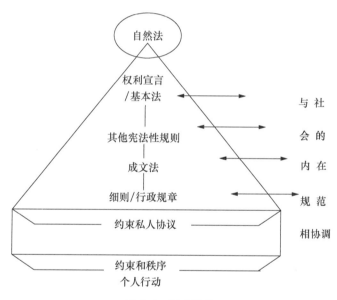

图4.1 制度层约

理论上,规则越是细化,规则所规范的行为的交易费用就越小,当规则细化到人们日常生活的每一方面时,人们的行为都像机械操作一样有章可循,不会发生犹豫、猜疑、争吵和诉讼,机械流水线式的行为大大降低了交易成本。传统的主流经济学也正是在这种假设下无限演绎着经济模型;换言之,规则总是被假设完善地外置于模型中。但现实中交易费用是正的,规则的制定费用、实施费用、监督费用高昂到足以让人望而却步,随着规则的层级细化,规则的执行成本也随之提高。

4.1.2 制度的效率

考察制度对社会整体经济效率的影响,是站在全社会的角度,假设社会的目标是力图最大化整体社会的经济效率——我们将整体社会的经济效率理解为最大化社会的金钱收益——整个社会的一切行为都将纳入到市场交易中。这正是奥地利学派罗斯巴德在《权力与市场》中所提到的连政府也不必存在的真正的自由市场,也可以按 Karl Polanyi(1971)的说法称为"市场社会"。在市场社会中人们一切关系都可以通过市场的自愿交易实现,在自愿基础上的交易使每个人的效用都达到了最大化,整个社会的效用也达到了最大化。正如罗斯巴德所说:"我们必须声明,自由市场是一个所有交换自愿进行的社会。它可以被想象为没有任何人侵犯他人的人身和财产权利的情形。在这种情形下,很明显,所有人的效用在自由市场上实现了最大化。""纯粹自由市场使社会效用最大化,因为市场的每一个参与者都从自己的自愿参与中得益。"

一个真正完全的自由市场固然使社会经济效率得到了最大化的发挥,这样的社会也将不会存在着强制的交易,不会存在政府所控制的资源,自愿协商取代了强制,奴役被压缩到一个最小的空间,甚至被根除。然而一个真实的社会必然是存在着政府的社会,存在着公权力代理和运用的社会。政府被认为是不得已而存在的必要的"恶"。不论政府的功能怎样,在这样的社会中,政府支配的资源越多,公权力涉猎的范围越广,自由市场受到的干扰就越大,经济效率就越低。如果一个社会完全实行以私有制为基础的自由市场经济,腐败也就失去了其运行的空间,因为在完全自由的市场经济中,不存在公权力对资源配置的介入,政府仅仅有布坎南意义上的"保护型政府"功能,强制执行那些经自由意志签订的契约,所有的资源配置都遵循了资源所有者自愿原则。

然而,政府并不仅仅承接保护契约的功能,还承担着正义的生产,政府拥有大小不等的对资源配置的能力,而且现代政府拥有的权力已经远超保护契约和生产正义所必需的程度。正是国家权力的无限扩张,才导致了诺斯"国家悖论"的产生:一方面国家权力构成有效产权安排和经济发展的一个必要条件,没有国家就没有产权;另一方面,国家权利介入产权安排和产权交易又是对个人财产安全的限制和侵害,就会造成所有权的残缺导致无效的产权安排和经济的衰落。经济社会广泛存在着制度,区域协调发展就直接涉及市场经济、财税金融、对外开放、区域合作、法律法规、区域规划、生态环境等多领域政策,这些制度的差异是引起区域经济发展差异的根源。那么,如何去评价国家所颁布的制度的效率特性呢,或者评价一项国家制度的效率标准应是什么,这一标准的选择将直接关系到政策的制定。我们认为,使私人收益与社会收益接近是衡量制度安排效率的终极标准。"有效率的组织需要在制度上做出安排和确立所有权以便造成一种刺激,将个人的经济努力变成私人收益率接近于社会收益率的活动",这里的"有效率的组织"是指一套制度,这套制度会使私人收益率接近社会收益率,换句话说,就是主流经济学中的私人活动的正的外部性,要解决这个问题,首要的是明确产权,产权一旦明晰,正的外部性问题即私人收益与社会收益率一致的问题就迎刃而解。

4.1.3 制度的公平

自由的市场更有利于效率的增进,但是,一个有活力的社会,各种关系的网络必须建立在人的动机和人的利益的广阔基础上,物质所得和经济收入仅仅是推动人类活动的众多动机之一,物质利益的成功仅仅是成功的一个方面。任何一个社会都拒绝把自身变成一台支付一定量钱币就可以换取一切东西的巨型售货机,这个社会需要公平和正义,由正义保障的权利不受制于政治的交易或社会利益的权衡。讨论公平问题主要有四种思路,一是寻求个人初始资源禀赋公平分配的原则,即参与市场竞争时的初始资源占有状态。这主要是政治学家和社会学家研究的范畴,罗尔斯的《正义论》、森的《正义的理念》具有代表性。二是寻求公平分配的原则,即给定待分配的一组物品,假定每人都有平等的权利来享受此物品,合理的标准应是什么,标准的设定关系到机制的设计。三是以社会福利函数的名义,寻求最优分配的理论解。经济学上,不同的公平观反映在不同的社会福利函数上,主要存在功利主义、市场精英主义和罗尔斯主义三种福利函数。四是直接校正市场结果的再分配理论,包括有关贫困和弱势群体的理论,都会考虑到再分配对效率的影响,在效率与公平之间寻求某种平衡。

尽管在理论上,关于功利主义、市场精英主义和罗尔斯主义存在着争论,大部分人或许都会认同,社会应该把一些权利普遍地、平等地授予所有公民,不允许标上价格的标签。这些基本权利可被视为一种抗衡于市场支配的保护力量,正如罗尔斯所言"在一个正义的社会里,基本的自由被看作理所当然的,由正义保障的权利不受制于政治的交易或社会利益的权衡"。除了赋予民众普遍平等的权利外,收入再分配在社会公平和正义中的角色也占据着非常重要的位置。现代西方经济学家在分析收入分配的内容之时,考虑的范围已经不仅仅局限于收入或者商品了,还包括自由、权利、能力等非收入和非商品信息。因此从区域协调发展的角度看,中央政府对地方政府的再分配并不仅仅表现在税收的分配上,也体现在事权的划分上,同时,也应该体现在能力的培育上。

4.1.4 区域协调发展的制度内涵

区域经济协调发展的目标根据国情、期望值、基础条件等不同,协调发展制度的内涵也就不尽相同。我们认为区域经济协调发展制度是为在不同区域之间以及区域内部实现人口、资源、环境的动态平衡而实施的一系列规则。这一系列规则在市场经济、财税金融、对外开放、区域合作、法律法规、区域规划、生态环境等多领域广泛应用,促使多目标、多因素、多层次的复杂社会体系达成一致行动,实现区域的相互促进、共同增长、持续发展。像我国这样幅员辽阔的国度,不同区域之间地理地质条件、资源禀赋不同,历史基础、人文传统也有较大的差别,省或自治区尽管是一个行政区的概念,但在表征区域经济方面却常常是合适的,因为经济发展更多地取决于制度和政策,而制度和政策往往是以行政区为单位实施,随着时间的积累,行政区与经济区在一定程度上趋于吻合,区域差异很大程度上表现在行政区之间的差异。我们对区域发展失调的分析,也主要着眼于行政区之间的发展失调。

区域协调发展的制度至少应该包括四个方面内容:一是促进区域内部人均GDP差距保持在适度范围内。人均GDP是衡量区域内部发展差距的重要指标,一定程度上可以反映区域经济发展的协调性。区域经济协调发展制度的一项首要任务,就是通过鼓励人的自由流动、区域之间优势互补和共同发展以及建立适当的财政转移支付制度等方式,有效遏制区域内部人均GDP扩大的趋势,并努力使之保持在一个合理的区间内。二是提供均等化的基本公共服务。它主要包括公共卫生、促进就业、义务教育、公共安全、公共文化、社会保障、防灾减灾等方面内容,这些都是政府义不容辞的责任。区域经济协调发展制度通过改善教育、卫生、文化等设施条件,建立健全社会保障等制度措施,切实改善区域内的生产生活条件,实现这类服务不因地区的不同、人群的不同而有明显的差异。三是挖掘和发挥区域内部的比较优势。区域内部不同地区都有各自的比较优势,关键看能不能把它们挖掘出来。只有充分发挥区域内部不同地区的比较优势,才能实现区域整体利益的最大化。区域经济协调发展制度通过合理有效发挥不同地区的比较优势,消除区域之间的利益冲突,实现优势互补、互利互惠,提高区域整体国民经济的效率和发展质量。四是实现区域内人与自然和谐共处。区域经济协调发展制度是以不破坏生态环境为前提,在充分考虑区域资源环境承载能力的基础上,促进区域内欠发达地区的经济发展。区域经济协调发展制度在促进缩小区域经济差距的同时做到了开发有度、开发有序、开发可持续,切实保护好生态环境,真正达到人口、经济、资源环境相协调的状态。

4.2 我国区域发展失调的表现

4.2.1 区域经济发展的失调

区域协调发展水平更多地受发展水平差异的影响,发展水平是制约协调发展水平的首要因素,也只有通过发展才能切实增强发展协调性。我国区域失调很大程度上是经济发展水平差异过大,这不但造成不同区域之间民众生活水平差距过大,损害社会公平,而且影响了区域之间的合作分工,制约了全国经济社会的协调发展。

第一,我国各区域经济发展水平差距较大,区域发展不平衡问题突出。地区生产总值第一的广东省 2013 年达 6.21 万亿元(1 万亿美元),超越世界第 16 大经济体印度尼西亚(0.87 万亿美元),而西藏仅为 808 亿元(131 亿美元),相当于排名世界第 122 位的阿尔巴尼亚(129 亿美元)的水平。从人均来看,2013 年天津、北京、上海、江苏、内蒙古人均 GDP 已超过世界平均水平(人均 1.06 万美元左右),而贵州仅为 22 922 元(3724 美元),不及世界第 110 位的佛得角(3 785 美元)的水平。

第二,各地区基础设施建设严重不均衡。西部地区公路、铁路网密度远远落后于东部地区。2013 年,山东、上海、河南、重庆、江苏等省份公路网密度已高于 140 公里/百平方公里,接近西欧水平,而西藏和青海仍不及发达地区的十分之一。京、津、沪三个直辖市的铁路网密度已超过 5 公里/百平方公里,与欧盟水平相当。新疆、青海、西藏三地区铁路网密度仅分别为每百平方公里 0.29 公里、0.26 公里和 0.04 公里。各地区之间民航发展水平差距也非常明显。2013 年,北京民航人均年旅客运输量达 3.09 人次,已超过世界第一美国的人均每年 2.35 人次的水平,而安徽和河北两省人均年旅客运输量均为 0.04 人次,仅为北京的百分之一。通信方面,我国整体水平已好于世界平均及中等收入国家水平,但东、西部地区之间仍存在一定差距。2013 年,北京、上海、广东、福建四地互联网普及率均超过 60%,百人拥有电话(含手机)数量达到 130 部以上,已接近发达国家平均水平,而中西部地区互联网普及率和百人电话拥有量仅相当于中等收入国家水平。

第三,各区域财政、金融水平差异较大。北京、上海的地方财税实力明显高于其他地区。东部的广东、浙江、江苏、上海和北京五地的金融业增加值合计占全国金融业增加值的 49%,形成了"沿海金融高地";西部地区借助国家政策扶持及资源优势,金融发展程度次之,资本市场甚至出现"东边不亮西边亮"的态势;中部和东北地区金融发展较弱,导致出现"马太效应",排名靠后省份的金融业增加值占比甚至出现不同程度的下降;保险业发展程度整体偏低。

第四,城乡居民收入差距仍然显著。改革开放三十多年来,中国居民收入大幅增长,但分配失衡的问题也日益凸显。中国社科院数据表明,1980 年以来,我国城乡收入差距只有少数年份有所反复,如 1980—1983 年是城乡收入差距急剧缩小的几年,1994—1997 年是收入差距小幅缩小的阶段,其他绝大多数年份城乡收入差距在不断拉大。尤其是自 2002 年以来,城乡收入差距均在 3 倍以上,2010 年该数据为 3.23 倍。发达国家的城乡收入差距在 1.5 倍左右,发展中国家略高一些,为 2 倍左右,该倍数为基本平衡的程度。超过 3 倍以上,则说明收入差距过大,结构失衡[①]。2014 年城镇居民人均可支配收入中位数为 26 635 元,农村居民人均可支配收入中位数为 9 497 元,差距虽然有所缩小,但仍达到 2.8 倍。

---

① 该数据来自社科院 2013 年 12 月 26 日发布的《社会蓝皮书》。

4.2.2 区域基本公共服务的失调

改革开放以来特别是进入21世纪以来,我国政府的基本公共服务意识和能力不断提高,不仅提供的基本公共服务总量不断增加,而且质量不断上升,越来越注重基本公共服务的均等化。但是,长期以来,因为受制于经济发展水平,加上人们的思想认识不到位,我国基本公共服务不仅供给总量不足,不能满足人民群众对公共服务的需求,而且基本公共服务的供给结构不合理、分配不均等。可以说,总量不足、分配不均等是我国基本公共服务方面存在的两个最主要的问题。

一是基本公共服务总量不足。近年来,我国不断加大财政对基本公共服务的投入,以增加基本公共服务的总量,但是,由于历史欠账太多,以及政府职能转变不到位,财政支出中用于公共服务的比重仍然偏低。以2008年为例,我国财政支出中用于教育、文化、体育、社会保障和就业、医疗卫生等公共服务的支出为19 667.28亿元,占当年财政总支出的31.42%。纵向比,我国财政用于公共服务的总量和比重都有了很大的增长。但是,横向比,也就是同其他国家或地区相比,我国财政用于公共服务的比重就明显偏低了。许多国家财政支出中用于公共服务的比重高达60%—70%,有些国家甚至接近80%。正是因为我国财政用于公共服务的投入严重不足,不仅低于世界中等收入国家甚至低于低收入国家的平均水平,也没有达到政府承诺的标准,所以基本公共服务的供给总量同人民日益增长的公共服务需求之间的矛盾越来越凸显。

二是基本公共服务分配不均等。表现为制度供给不均和财政供给不均。制度供给不均主要表现为公共服务制度的城乡二元化。虽然科学发展观强调统筹城乡协调发展,但长期以来的"重城轻农"现象继续存在,在义务教育、社会保障、基础设施、环境卫生以及公共服务人员和设施配备等方面依然存在城乡二元格局,有些地区因为贫富差距的拉大而更加严重。制度的不均等直接导致公共服务质量不均等,比如在义务教育方面,突出的表现是城乡教师素质的差异明显,农村学校高素质教师短缺,直接影响农村教育质量的提高。财政供给不均主要体现为地方财政辖区内分配不均以及中央与地方对基本公共服务财政支出分担比例失衡。地方财政辖区内分配不均会拉大城乡及不同社会群体之间差距,加剧社会不公。中央与地方对基本公共服务支出分担比例失衡造成中央与地方的财权和事权不统一,中央拥有大部分的财权而对基本公共服务所承担的责任却很少,相反,地方政府缺乏足够的财权却承担大部分的基本公共服务责任。2012年,地方政府负担的事权责任高达85%,而获得的相应财权仅有62%;中央政府获得的财权为38%,但直接承担的事权责任仅为15%。严重的权责不一,增加了地方供给基本公共服务的难度,影响了地方基本公共服务的公平性。

4.2.3 区域分工合作的失调

一是产业同构现象严重。产业同构是指在经济发展过程表现出的区域间的产业组成类型、数量比例、空间分布、关联方式等方面演进变化趋于一致,结构差异逐步缩小的现象。产业同构抹杀了不同区域的比较优势,这使得不同区域分工与互补的可能性逐步减少,从而使地方政府之间失去了合作的动力基础。各个地区严重的产业同构使得不同地区忽略自己的比较利益,阻碍了区域专业化的形成,限制了区域之间的分工与合作,使区域之间的互补性和贸易机会减少,造成的结果是相同的产业布局使进入同一产业的企业一起争夺发展所需的稀缺资源;而地方政府为保护自身利益,纷纷以行政手段制造区域壁垒,相互封锁,干预商品和生产要素的合理流动,人为地破坏了市场经济规则,从而导致区域产业结构趋同。同时,本来成本导向的企业行为在追求地方利益的政府短期行为的干扰下,影响了产业链的分工和合作关系,导致地区的产业结构非正常趋同。

二是产业联动能力不足。产业链是带动区域经济发展的重要纽带,有产业链的地方,区域经济联动就会十分活跃。由于价值链各环节所要求的生产要素差异很大,而各地区所具有的生产要素禀赋并不相同,因此只有将价值链各环节放到具有与其最相匹配的生产要素的地区,这样各地区比较优势才能得到最大限度地发挥。然而,产业结构的趋同使得区域内企业之间的联系不是靠产业特性相联系,通过上下游之间的关系,形成完整的产业链,而是单打独斗,自我完善,甚至不惜组建新的企业以满足自己的需求。其结果是,区域资源不能有效配置,区域产业链不能有效衔接,区域产业联系不够紧密,难以形成紧密的分工协作关系。由于产业定位缺乏差异化,区域内产业链残缺,市场机制在产业集群的形成和发展过程中发挥的资源引导、资源优化配置以及打造产业链、完善产业配套服务环节等方面发挥的作用明显不足。由于产业集群发展不充分,区域创新链、产业价值链尚未在区域内实现闭合,科技创新优势无法通过构建完善的产业创新链或价值链在区域内的其他城市或产业聚集区转化为产业优势。

三是产业合作关系不顺。经济利益是地方利益的基础,而产业发展又是经济利益的集中表现。地方政府通过产业规划、财政支持等发展相关产业,这些产业不仅能提供相关工业产品和居民消费品,而且解决了该地区的劳动力就业问题,为地方政府上缴财政税收。因此,地方利益与产业发展息息相关,为了追求较高的经济效益,地方政府往往不顾自身资源禀赋而争相发展高投资回报率的产业,区域内围绕着产业分工与合作的矛盾冲突也日趋激烈。此外,在合作分工中,不同区域之间缺乏相应的补偿机制。我国区域之间由于资源禀赋的不同,各区域在产业链分工中角色也不一样,中西部地区往往处于产业链的低端环节,为东部发达地区提供经济发展所必需的能源、原材料、劳动力等,但是这些经济要素的流动并非完全遵循市场规律,而是响应政府的宏观调控和政策干预进行的,要素的价格并不能真正反映其在市场上的真实价值。无论是横向的政府经济补偿还是纵向的财政转移支付,都不足以弥补中西部地区为东部地区经济发展所付出的代价。

4.2.4 区域可持续发展的失调

一是生态环境形势依然严峻。人与自然关系反映的是人类文明与自然演化的相互作用。人类的生存发展依赖于自然,同时也影响着自然的结构、功能与演化过程。人与自然的关系体现在两个方面:一方面,人类对自然的影响与作用,包括从自然界索取资源与空间,享受生态系统提供的服务功能,向环境排放废弃物;另一方面,自然对人类的影响与反作用,包括资源环境对人类生存发展的制约,自然灾害、环境污染与生态污染对人类的负面影响。随着人类社会生产力的不断发展,人类开发利用自然的能力不断提高,人与自然的关系也不断遇到新的挑战,这些挑战影响了一个地区、国家乃至全球经济发展的可持续性。在发展方式尚未转变的条件下,随着经济总量的不断增加,环境问题日益突出,严重制约了经济社会发展的可持续性。

近年来,我国在资源综合利用和环境保护方面取得了一定的成就,但经济发展与环境保护的矛盾依然存在并且较为突出,环境形势严峻的状况仍然没有改变。主要污染物排放量已经超过环境承载能力,流经城市的河段普遍被污染,许多城市空气污染严重。生态破坏呈加剧之势,水土流失量大面广,草原退化,生物多样性减少。我国生态环境问题与经济结构和发展的粗放方式分不开,中西部地区长期以来资源型产业占主导,环境问题更为突出。从单位 GDP 工业废水产生量来看,中西部地区的废水排放量较高,前十位中除广东外,均为中西部省份,粗放型的发展模式在中西部地区依然较为普遍,不利于创建集约型社会。

二是科技创新实力整体不足,产业可持续性堪忧。尽管我国各个产业的技术水平和自主创新能力有了不同程度的提高,个别产业在国际上也具备了一定的竞争力,但总体来看,产业自主创新能力仍然较弱,与发达国家相比还有相当差距,多数产业处于国际产业价值链末端,技术水平、劳动生产率和工业增加值率都还比较低,产品附加值也很低。引进消化再创新能力薄弱,引进技术没有与自主创新和提高产业竞争力结合起来。以企业为主体、产学研结合的技术创新体系尚未形成。中西部地区与东部地区在科技与创新能力上差距明显,在人才培养、经费投入、成果转换方面均呈现"东部高,西部低"的"逆地形"现象,制约了当地产业技术水平的提高。

4.3 我国区域协调发展中制度的效率审视

4.3.1 市场制度与区域经济的效率

前面已经指出,一个真正的完全的自由市场固然使社会经济效率得到了最大化的发挥。福利经济学第一定理告诉我们:不管初始资源配置怎样,分散化的竞争市场可以通过个人自利的交易行为达到瓦尔拉斯均衡,而这个均衡一定是帕累托有效的配置。真正的自由市场中,各类经济要素和人口在不同的区域和产业部门自由流动,不同的区域和部门的利润率趋于平均化。尽管价格、偏好、技术以及偶然性事件的发生可能打破均衡,在累积循环因果关系下逐步扩大,在部门与区域之间制造差距,但是,这些自由市场所制造的差距相对于由制度固化和放大的差距要小得多。正如卢梭所言:"自然状态中的人差别是多么小,而社会状态中不同等级的人差别是多么大,由于教育和生活方式的不同,人类在自然上的不平等被社会制度所造成的不平等加深得多么厉害。"因此考察区域发展失调的原因,应首先从市场制度入手。区域发展的差距,有资源禀赋的原因,有历史基础的原因,有宏观调控的原因,但归根到底是市场的原因,是区域内各类经济要素效率是否得到充分发挥的问题,是由于市场机制没有完全确立的结果。

林毅夫等认为,传统体制下的以扭曲要素和产品价格为特征的宏观经济政策是导致中国地区间收入差距拉大的主要原因,致使现在的价格体系所形成的地区比较优势与该地区的资源禀赋相背离。他们指出,必须理顺宏观政策环境,建立全国统一的市场体系,保证价格体系真实反映要素的实际收益,从而有效地解决收入差距拉大的问题。这样的市场体系要具备产品和要素能够自由流动、没有人为的抑价和抬价、在市场的供需变动中表现出它们的相对稀缺程度等特征。王小鲁、樊纲通过实证得出,导致地区之间经济差距的一个重要因素是地区之间市场化程度的差异。在改革期间,中西部地区与东部地区之间差距的扩大,与前者在市场化改革中相对滞后有密切关系。加速推进欠发达地区的市场化改革进程,对于缩小地区之间的经济差距将有重要的意义。

4.3.2 我国市场制度的效率问题

改革开放三十多年来,我国虽然已经建立了社会主义市场经济体制的基本框架,但在市场秩序建设、要素市场发育、国有企业改革、民营经济发展等市场经济体制建设的很多领域,仍然存在制约我国区域经济协调发展的问题。

一是市场秩序建设亟待加强。我国尚未建立统一开放、竞争有序的市场体系,区域与区域之间的市场壁垒仍然存在,这影响了实现区域经济协调发展的资源配置的效率和公平。我国存在地方保护、垄断等妨碍全国统一市场和公平竞争的各种规定和做法,需要进一步改进市场监管体系。全国统一的社会信用体系尚未建立健全,市场主体的行为缺乏有效的信用监管。

二是要素市场发展严重滞后。首先,劳动力市场发育不健全。中国的劳动力市场是一个典型的"二元"劳动力市场,由于不完善的户籍制度、人事制度、经济体制等制度层面上的原因,劳动力市场被分割成高级劳动力市场(如大城市、经济发达地区等)和低级劳动力市场(如农村、经济欠发达地区等)。两类市场之间难以流动,即使流动也是成本十分高昂,这就是厉以宁指出的"社会阶层凝固化"和"职业世袭化"。劳动力市场的价格决定也由于制度性障碍而出现了扭曲,就业歧视和分配不公现象严重。其中又以户籍制度造成的身份歧视尤为严重,其受害者主要包括农民工和没有本地户口的"蚁族"。其次,资本市场功能不完善。长期以来,我国的利率水平低于正常的市场利率水平,导致对资本的过度需求。由于利率水平远远低于房地产和实物投资的预期回报率,这种差异是造成过度投资和房地产投机的根本动力。此外,利率偏低还导致了资本使用效率的下降,各种各样的重复建设现象十分严重。最后,土地市场仍不规范。我国土地市场是一个典型的卖方垄断市场,离真正的市场化目标相距甚远。由于土地的国有制,其供给量往往取决于政府的偏好,地方财政体制严重依赖于土地的出让金,即一种典型的"土地财政"。在农村,农民承包土地的经营权、农民宅基地的使用权、农民在宅基地之上自建住房的房产权未被允许流转,导致农民缺乏资产性收入。正是由于要素市场发育的不健全,厉以宁指出,中国双重转型中最重要的问题是重新构造微观经济基础。

三是国有企业改革尚未真正建立现代企业制度。我国国有企业不仅存在于非竞争和非排他性的公共产品生产领域,在竞争性领域也仍然大量存在,且存在产权不清晰、企业运行机制不适应、布局和结构不合理、经济效益不高、技术创新能力不强、市场竞争能力较差、收入分配制度不合理等问题。一定程度上限制了区域经济的发展活力和发展潜力的挖掘。

四是对民营经济仍存在歧视。我国对民营经济发展的偏见和在市场准入、银行信贷、上市发债等方面设定各种形式的不合理规定,都限制了民营企业在促进经济增长、推进创新、扩大就业、增加税收等方面发挥促进区域经济协调发展的作用。即使中央政府对非公经济表示极大的支持,近年又先后出台了非公"36条"和新"36条",但现实中非公经济的发展却受到一定限制。

4.4 区域协调发展中制度的公平性审视

4.4.1 财税制度的公平性

1994年以来,我国实施了税收制度和分税制改革,主要包括分权定支出、分税定收入、分机构建征管体系,建立了转移支付制度和税收返还制度,由此形成了我国新的财政制度框架。这种财政制度框架的建立为调动中央和地方两个积极性、促进区域经济协调发展发挥了一定的作用,尤其是通过一系列财政政策和制度创新,加大中央财政转移支付力度,着力保障改善民生,有力地促进了老、少、边、穷等欠发达地区的发展,为区域经济协调发展奠定了制度基础和物质基础。但是,随着经济社会的不断发展,我国财税制度存在的问题也日益显现。

一是纵向财政分配趋向集中化,但事权与支出责任划分不明确。我国实施新的税收制度和分税制改革后,中央财政收入占全国财政收入的比重不断提高,财政收入分配逐步向中央政府集中。在各省也出现财政收入分配向上一级政府集中的趋势。这种财政收入向上级政府转移集中的趋势,直接加剧了县、乡镇一级政府财力出现急剧下降的状况。然而,在提高中央政府在财政收入中的比重的同时,中央政府与地方政府之间的事权与支出责任却未划分清晰、予以明确。跨区域、跨流域的大江大河治理和保护等一些本应由中央政府负责的事务交给了地方政府承担,一些农林水利微小项目投资管理等适宜地方政府负责管理事务,但中央政府直接管理并承担了支出责任。同时,中央政府与地方政府在职责分工方面还存在交叉重叠,在农业发展、基础设施建设、社会保障、教育文化、医疗卫生等方面没有具体、明确的责任划分,且存在执行不规范、随意调整、越权越位等现象。2013年,OECD成员中央财政本级支出平均占国家整体财政支出的46%,我国这个数字仅为14.6%,专项转移支付项目比重过大、规模过大、资金分散,容易造成地方事权被不适当干预的现象。这种在各级政府之间不固定事权的归属,且不断向省级及省级以下政府集中的趋势,造成了事权与财权不匹配、不对称的错位现象,加重了地方政府特别是欠发达地区政府的负担,影响了保障民生和发展经济的能力,不利于基本公共服务均等化的推进。

二是税收制度不尽完善。税收制度和分税制改革存在税收优惠政策过多过滥的问题,如外资企业与内资企业实行过两套不同的税制等政策,这些碎片化、随意化、区域化的税收政策影响了公平竞争和统一市场的建设。地方主体税种建设滞后,缺乏稳定收入来源,存在非税收入占比过高等情况,导致欠发达地区市场环境进一步恶化,降低了企业投资的积极性,加重了部分基层财政困难。中央和地方按来源地分成增值税的办法,一定程度助推了追求数量型经济的增长，使得经济快速增长的发达地区得到比经济增长较慢的欠发达地区更多的税收返还，从而加剧了地区之间财力分配的不平衡，影响了欠发达地区政府提供基本公共服务的能力。在调节收入分配功能方面，税收制度和分税制改革仍然较弱，如个人所得税实行的是分类征收，征收的主要来源为工资收入，对高收入者的调解作用较小，难以体现量能负担的原则，加重了低收入群体的税负负担。同时，反映要素稀缺、供求关系、环境损害程度的环境保护税制度还没建立，资源税主要是从量计征，存在征收范围较窄的问题，不利于资源节约和生态保护。

三是预算管理制度存在不透明、不规范等弊端。在财政支出、项目安排、资金预留、超收资金使用等方面仍然不够透明，公开程度不够。预算编制、审批、执行、监督等缺乏制衡，存在预算约束刚性不足，且预算支出的碎片化影响了预算的统筹协调功能。预算控制方式存在偏重收入等不合理情况，致使有的地方特别是欠发达地区为保证预算目标的实现，解决财政收入紧缺问题，采取"以支定收"办法，盲目追加税收收入任务，出现征收过头税等现象。这既造成了经济发展虚假繁荣现象，也加重了企业的负担，造成了税源的萎缩和税收经济的恶性循环。而且由于税源充足，发达地区组织用于支出的财政收入只需要较低的税收比例便可以完成，企业实际上承担了很低的税收任务。欠发达地区由于税源较少则不得不加重单个企业的税收负担，从而形成了发达地区"放水养鱼"、欠发达地区"杀鸡取卵"两种制度环境，导致了企业更加倾向选择落户发达地区，而欠发达地区的企业还没得到发展壮大就在地方高税收政策下萎缩。

4.4.2 对外开放制度的公平性

受地理区位、资源禀赋、发展基础等因素影响，我国对外开放总体呈现东快西慢、海强陆弱格局。从改革开放初期设立经济特区，1984年开放14个沿海城市，到1990年以后实施沿海沿江沿边全方位开放战略，我国对外开放采取由沿海向内地逐步推进的梯度开发战略。1979年，我国实行改革开放政策，加快东部沿海地区对外开放步伐，特别是在深圳、珠海、汕头、厦门设立四个经济特区，给予"特殊政策、灵活措施"，明确要求突破计划经济体制的束缚，为我国社会主义现代化建设先行探路，发挥开路先锋、窗口、试验田和示范作用。东部沿海地区充分发挥先走一步的对外开放政策优势，不断利用海外资源，拓展海外市场，吸引了大批中外合资、中外合作、外商独资等外商直接投资企业。在外商直接投资企业的帮助、促进下,东部沿海地区不断转变思想观念,加快推进制度变迁,逐步培育、完善了市场主体、市场体系和市场机制。这种制度环境的改善、市场化程度的提高和政府行政效率的提升,进一步强化了本地区吸引外商直接投资的综合优势,促进外商直接投资企业加速流入本地区,加大投资和布局力度,扩大进出口贸易,最终形成了对外开放制度变迁与外商直接投资相互促进、相互强化的良性循环。我国中西部地区比东部地区对外开放时间晚,且在经济实力、制度环境、区位条件、人才管理等方面存在差距,在吸引外商直接投资方面就处于劣势地位,外商直接投资的企业数量、资金投入等长期低于东部地区,一定程度上降低了中西部地区加快制度变迁的有效动力。对外开放制度变迁与外商直接投资相互作用、相互强化的关系,使得吸引外商直接投资的初始条件相对落后的中西部地区,在制度变迁中进一步滞后,而滞后的制度变迁又限制和弱化了对外商直接投资的吸引力,以至于中西部地区陷入了外商直接投资弱—制度变迁僵化—外商直接投资的吸引力下降—经济发展动力不足—制度变迁缓慢的恶性循环,从而阻碍了中西部地区的经济发展,进一步扩大了区域经济发展的差距。

4.4.3 金融制度的公平性

经济发展离不开金融"血液"的支撑。由于金融资源具有较强流动性的特征,我国金融产业在空间分布上存在明显的层次性和非均衡性,金融资源的供给与需求在不同地区存在较大差异性。《2012年中国区域金融运行报告》显示,2012年年末,我国银行业金融机构网点个数、从业人员和资产总额在东部地区的占比居全国首位,银行业资产总额在广东、北京、江苏、上海、浙江、山东六省份合计占了全国近一半的比重;东部地区本外币存款余额在全国的比例中超过一半,本外币贷款余额和增量在本外币各项贷款余额和增量中的占比均高于其他地区;东部地区境内上市公司数量占全国的比重为65.0%,保持60%以上的境内和境外上市公司数量,且近三年占比逐年提高;江苏、广东仍为我国主要的资金融入地区,净融入资金合计24.2万亿元[①]。

---

① 中国人民银行.2012年中国区域金融运行报告[R].中国人民银行,2013.

由于我国金融系统执行的是统一的金融政策,存在"一刀切"的金融调控政策,且以五大国有银行为主体的金融机构在全国占据绝对优势地位,总行与分行之间属于上下级隶属关系,只有总行一个法人机构,这种主导优势和管理机制又进一步强化了大一统的金融体制。我国区域经济发展水平、金融市场发育程度的差异较大,金融资源的逐利性和便捷流动性天然偏向将金融产业和金融资本投向带来资本回报率更高的东部地区。因此,这种统一的金融制度无形中成为偏向东部发达地区的差异政策,导致中西部欠发达地区本就不富裕的金融资源向发达地区流出。东部发达地区的企业通过银行贷款、上市融资等渠道获得大量低成本的资金得以加速发展,中西部欠发达地区的企业则相反。这导致区域经济发展差距进一步扩大,市场环境进一步分化。

4.4.4 户籍管理制度的公平性

我国现行户籍法律制度的依据是户口登记条例及有关户籍政策,其基本内容是把人口划分为城镇户口和农村户口两大主要户口类型,并据以实行相应的社会福利待遇。城乡户籍管理制度存在三大弊端:一是城市和农村户口的二元化管理;二是迁徙不自由;三是户籍和政治、经济、文化教育等权利挂钩,被人为赋予了太多的"附加值"。户籍制度成为城乡社会的藩篱,严重阻碍了作为经济要素的人口的流动,阻碍了城乡统一市场的形成,扩大了自由市场下工业化产生的城乡差距。城乡户籍制度制定并形成于我国的计划经济时期,被认定为是"二元经济结构"的最显著标志之一。城乡户籍管理制度是一种城市对农村居民的歧视性制度,是在一个国度的范围内对城市居民和农村居民实施不同的国民待遇标准,由此制造的城乡失调是我国区域经济失调的重要表现形式。

我国现有人口主要按照户籍管理的办法,人为限制了人口的自由流动,并且因户籍制度制定了大量社保、就业、迁移等歧视性政策。我国尚未形成全国统一的社保管理体制,低端生产的劳动力由于就业单位和就业地点的不稳定,经常出现辞工就退保的现象,而现有社保制度对退保所做的安排是只能退回个人部分,单位缴纳部分沉淀在当地社保部门,无形中对发达地区财政予以补贴而损害了流动人口的养老权益,使得低端生产的劳动力将青壮年的宝贵青春奉献给发达地区,而不得不将养老留在欠发达地区的出生地。因为人口户籍制度的限制,低端生产的劳动力的子女往往不能在就业地上学或无法获取优质教育资源,进一步限制了低端生产的劳动力的子女改变自身命运的机会,增加了成功实现命运改变的机会成本。同时,发达地区在人口迁入方面制定了严格的准入门槛,重点吸引接受过良好教育、年轻力壮、具有一技之长的劳动力。这种选择性迁移落户进一步造成了发达地区从欠发达地区吸收优秀人口,并将其所拥有的资本、信息、技术、管理、文化、思想用于本地区的经济发展。而且当这些优秀人口成功由欠发达地区流向发达地区、从农村流向城市,他们会带动其家人、亲属、朋友依次实现迁移,进一步加剧了欠发达地区人才的流失,扩大了区域经济发展的差距。

4.5 兼顾公平与效率的区域协调发展

4.5.1 与效率相融的公平

从经济学的视角来看,经济效率具有实质性价值,是最基本的目的性价值。经济效率高意味着以低成本生产优质的产品和提供优质服务,更好地满足人们的物质需要。经济效率的提高是根本的,一切道德评价的最终标准应当服从于它。然而,从伦理学的视角来看,经济效率仅仅是一个工具性的概念,属于人类经济生活,仅仅是人类生活价值的一部分,仅仅是实现人类的全面自由的发展的一种手段,是为更高目的:人的幸福、全面自由发展——服务的手段性的善。提高经济效率的手段必须受人的目的限制,服从于人的全面自由发展这一最高目的。

在经济学中,经济公平不是一种基本的目的性价值,而主要是一种工具性价值。它的价值在于能够提高经济效率。但从伦理学的视角来看,经济公平不仅具有经济学意义上的工具性价值,而且内在地具有某种目的性价值。其目的性价值的主要表现是:经济公平是人在一定程度上摆脱了外在的剥削、压迫、奴役获得自由解放的一种表征,蕴涵着对人们的物质和精神上的满足。正如罗尔斯所言:"在一个正义的社会里,基本的自由被看作理所当然的,由正义保障的权利不受制于政治的交易或社会利益的权衡。""某些制度,不管它们如何有效率和有条理,只要它们不正义,就必须加以改造或废除。"

公平具有其本身的重要性,公平具有"建构性"功能——公平是发展的重要目的。在判断经济发展时,仅仅看到国民生产总值或者其他某些反映总体经济扩展的指标的增长是不恰当的。我们还必须看社会公平、正义对公民的生活及其可行能力的影响,即公平和正义能够全面提升公民的生活及其可行能力,而且对政府产生一种强烈的约束和激励的机制。阿马蒂亚·森曾指出,"考察以政治权利和公民权利为一方,以防止重大灾难(例如饥荒)为另一方,二者之间的联系、政治和公民权利能够有力地唤起人们对普遍性需要的关注,并要求恰当的公共行动。对于人们的深切痛苦,政府的反应通常取决于对政府的压力,这正是行使政治权利(投票、批评、抗议等等)可以造成重大区别的地方。这是民主和政治自由的'工具性作用'的一部分"。

实际上,相当一部分的经济效率与经济公平是相互影响、相互促进的,两者之间未必产生对立、冲突。经济效率是实现经济公平的前提、起点。经济效率越高,经济公平达到的水平就越高,较高水平的结果公平就越有物质保障;而经济公平不仅有助于提高经济效率,而且是经济效率实现的重要保证。并非所有的公共政策必然导致效率损失,如基础教育、国民健康等基本公共服务,是人力资本的投资,不但不损害效率而且会增进效率。在经济增长的份额中,有一部分的效率是由于分配机制和分配结果的作用,由于人力资源品质的优化,带来了投入资源本身的变化,从而提高了劳动生产率。如果不能给各经济主体以公平的待遇,不仅会严重挫伤各主体的积极性和创造性,损害经济效率,而且还可能诱发社会的不稳定因素。可以说,没有经济公平的经济效率不能持久;没有经济效率的经济公平没有保障,它们谁也离不开谁,两者之间应该是一种相融的共生关系。

4.5.2 与效率冲突的公平:"度"的把握

在对社会和政治权利领域的考察中,社会至少在原则上把平等的优先权置于经济效率之上,但当转入市场和其他经济制度时,效率获得了优先权,而大量的不平等却被认可。正如罗尔斯主张将优先权交给平等,而弗里德曼主张将优先权交给效率一样,不同的学者在效率和公平方面的优先权问题上各持己见,少许能同时增加经济效率和平等的光明前景是重要却又是十分有限的。如果平等和效率双方都有价值,而且其中一方对另一方没有绝对的优先权,那么在它们冲突的方面就应该达成妥协。这时,为了效率就要牺牲某些公平,并且为了公平就要牺牲某些效率。效率和公平往往不可兼得,国家在政策层面的任何一个选择都将影响全体民众的福祉,国家在政策层面应如何把握这个转换的"度"呢,或者,国家到底应该以什么代价用平等来交换效率呢?

就某一经济主体来看,经济效率与经济公平可能是统一的,但从整个国家来看,如果听任市场机制的作用,就可能导致资金、人才、技术向善于经营管理的经济主体、基础设施好的地区流动,出现经济学上的回波效应,导致富者愈富,穷者愈穷。贫富两极分化最终使人们所追求的自由、平等的价值目标成为空谈。经济制度的正当合法性需要以经济效率和经济公平两者同时来证明。经济制度的低效率或无效率既无合理性,也无道德正当性,是人们不可能接受和持久的。判断经济制度正当合法性的另一伦理价值维度是经济公平,没有经济公平的经济制度也有损于人的自由、平等等基本权利。经济效率与经济公平是衡量一切经济制度的两大价值目标,这两个价值目标不能相互归并或替代,一种价值的缺失也不能用另一种价值来弥补。

市场经济必然导致市场主体之间的相互竞争。从某种程度上说,这种竞争是经济效率之源,是经济发展的动力,同时为个人的全面自由发展提供了物质条件和运作载体。但并非所有的竞争都能带来经济效益,只有公平的竞争才能产生真正的经济效益。市场垄断、地方保护主义是不公平的竞争,损害效率;过度的血拼式竞争也导致社会资源的严重浪费。从中外经济发展史来看,先富并不会自然而然地发展到共同富裕。社会竞争遵循的规律和轨迹是从先富到贫富分化,贫富分化到极端就会产生社会对立,甚至通过暴力手段实现均贫富。正如萨缪尔森指出:竞争市场的结果,即使是有效率时,也不是社会值得向往的,竞争市场本身并不必然保证符合于收入和消费公平分配的理想社会的后果。在经济运行过程中,经济效率与经济公平之间常常不可避免地产生对立、冲突,不能兼得。不仅如此,有时还出现失业率高、通货膨胀率高、增长率低等现象,即市场失灵。为弥补市场缺陷,纠正市场失灵,客观上需要政府积极作为:制定一系列法律和政策,协调各个经济主体之间、各地区之间的利益关系,以便提高经济效率、维护经济公平。政府适当干预市场,协调经济效率与经济公平的对立与冲突已成为学术界的共识。我国作为一个后发的发展中国家,面临着与西方发达国家实现工业化初期完全不同的国际环境,这就决定了我国的经济发展过程必然带有较强的政府目的性。如果政府对经济发展采取放任自由的政策,则只会导致各种矛盾更加尖锐化,引起社会动荡和不安。政府作为一个非市场组织,作为公共权力的拥有者,它不以营利为目的,旨在为经济主体提供一个良好的环境,为宏观经济发展提供必要的制度安排、秩序保障,维护和实现经济和社会公平。从理论上看,它可以超越个别企业和利益集团的局部利益,在各市场主体之间保持公正和中立,对所有的市场主体一视同仁。随着现代信息、统计、管理等科学技术的发展,公务员科学素养的提高,政府能够站在全局的战略高度,对宏观经济运行中出现的问题进行合理的预测、调控,避免社会经济发展产生大起大落、严重的经济危机,保障经济的可持续发展。政府的特殊身份和地位,使它成为协调经济效率与经济公平的最理想的角色。

综上所述,政府有必要使经济效率与经济公平协调一致,使贫富差距不至于过分悬殊,把经济不公平控制在公众所能接受的范围内。也就是说政府对经济效率与经济公平的协调行为(主要是行政直接干预,行政立法、制订行政政策等行为)具有道德合理性。但政府协调只是经济效率与经济公平兼得的必要条件,而不是充分必要条件,即政府协调行为可能失灵。正如美国学者詹姆斯·布坎南所说,市场的缺陷并不是把问题转交给政府处理的充分条件。阿瑟·奥肯在《平等与效率》指出:(1) 平等与效率必须兼顾;(2) 兼顾的关键在于"度","真正的问题常常在于程度,国家以什么代价用平等来交换效率",也就是要恰到好处地增进平等;(3) 多数收入不平等的根源是机会不均等"大部分对不平等来源的关注反映出一种信念:源于机会不均等的经济不平等,比机会均等时出现的经济不平等,更加令人不能忍受";(4) 社会应当采取协调平等和效率的政策措施。

4.5.3 区域协调发展制度的矫正

4.5.3.1 明确政府与市场的边界

前面已经指出,发展水平是制约协调发展的首要因素,也只有通过发展才能切实增强区域发展协调性。一个接近于完全自由的市场会使社会经济效率得到最大化的发挥,充分、完全的竞争体制是经济发展的最好制度。然而,政府适当干预市场,协调经济效率与经济公平的对立与冲突已成为学术界的共识。德国经济学家路德维希·艾哈德说:一个现代的而且有责任感的国家决不能倒退回去充当守夜人的角色。卡尔斯·弗里曼也有相似的观点,他指出,在战后的黄金年代里我们增长最快、最繁荣的时期正是国家干预和管理在国内和国际上达到顶峰的时期。政府作为一个非市场组织,作为公共权力的拥有者,它不以盈利为目的,旨在为经济主体提供一个良好的环境,为宏观经济发展提供必要的制度安排、秩序保障,维护和实现经济和社会公平。然而,政府的边界应该在哪里?

政府公权力的边界,一直是西方经济学界所讨论的热点话题之一,很难从理论上判断边界的合理与否,也不能确定西方社会在政府与市场之间是否恰到好处。然而几乎可以确定的是,在中国社会政府公权力所涉及的领域之广,是西方主流社会所不能比拟的。我国政府除了承担保护型政府的责任外,还强力介入各类生产和非生产领域,不但承担着公共物品的供给的责任,主导着意识形态和建设文化以及荣誉的"生产",还承担着经济增长的职责。政府掌控着庞大的经济和非经济资源,强力介入到经济生活领域,严重地影响经济发展的效率和公平。因此正确处理政府和市场的关系,厘清政府的边界,必须明确政府公权力的边界。

首先,公权力保护的领域不能过宽。公权力的存在意味着集体的行动,集体的行动可能是"民主"的,也可能是"集中"的。无论是前者还是后者,都意味着公共资源要么是遵照平等的原则配置,要么是在非经济竞争的秩序下配置。在平等的原则下,个人的决策对公共资源的运用没有决定性的影响,选民的"理性无知"——对"美德"的表达是免费的,对错误决策的责任是微不足道的——加上情感的认同和意识形态的偏差,将导致公共资源被低效率地配置。公共资源被"集中"运用时更难代表"公共意志",所损失的效率可能更甚于"民主"决策。集体行动"民主"和"集中"尚且存在这么多的缺陷,将过多的私权交由公权力,将原本在私权领域运用得很好的资源交由集体行动将导致效率的损失和公意被扭曲。公权力一旦越出其固有的公共品性质的非经济领域而染指经济竞争领域,不但会抑制市场领域赖以存在的私权,而且会扼杀价格机制的灵活性,造成经济领域效率的严重损失。公权力的边界过宽表现为将一部分经济活动纳入了公权力的范畴,原本这些经济活动由私权行使最能促进社会整体利益的增进,现在公权力将这些活动纳入其职责范畴,政府承担着经济发展的责任,造成经济资源大量地被集中于公权力部门。要求构建一种没有自由裁量权的配置标准几乎是不可能的,相反要求公权力代理人在配置资源时审时度势,它意味着公权力代理人对经济资源的配置拥有极大的自主权,这容易衍生潜规则、腐败。

其次,公权力保护的领域不能过窄。公权力的边界不能过窄是指公权力必须能确保社会成员的基本权利,保障非经济竞争法则的合理有序运行,保护社会的多元化。公共权力是全体组织成员共有、共享、共治的权力,保护社会的公平、正义,保证所有人的人权、自由、幸福是公权力的基本职能。思想、言论、信仰、受警察保护、享受义务教育、选举、婚姻等被认为是保障社会成员自由、幸福的基本权利,将这些权利赋予社会每一个成员,是社会正义的要求。罗尔斯在《正义论》中详细论述了社会正义,他认为,作为公平的正义包含着两个原则,第一个原则是,对每个人都赋予最广泛的基本自由和平等的权利;第二原则是,社会和经济的不平等应能给最少受惠者带来补偿利益(差别原则),并且地位和职务向所有人开放(机会的公正平等原则)。第一个原则是有关公民的政治权利部分,第二个原则是有关社会和经济利益的部分,第一个原则优先于第二个原则。作为公平的正义意味着,仅仅效率原则本身不可能成为一种正义观,它必须以某种方式得到补充。效率的原则必须受到某些制度背景的约束,只有在这些制度背景下,有效率的分配才被承认是正义的。因此,社会正义要求,必须承认自由和基本权利相对于社会经济利益的绝对重要性。如果公权力无法提供这些基本权利而是交由市场去调节,这些权利便会被贴上价格的标签,有钱的人就能获得更多选票、获得基本教育、获得警察保护,贫穷的人将丧失选举、受教育和受保护的权利,这会将大部分的社会成员置于贫困、愚昧、受威胁、受歧视的危险境地,它将蚕食着国家赖以存在的基础,腐蚀着社会的正义。

政府在区域协调发展中应该起主导作用,其作用范围主要是提供公共服务与公共产品,弥补市场失灵,维护法律秩序,推进生态环境保护工作,体现社会公众以及为区域经济开发提供规划、指导和协调。协调发展应遵循的原则是在坚持发挥市场机制对资源配置基础性作用的前提下,充分运用政府宏观调控并非逆市场规律而行,而是对市场机制的调节,对结果起促进或延缓作用,借此影响市场主体行为,实现政府战略意图。因此,未来政府一定要逐步从一般性竞争领域退出,更多地鼓励民营企业发展,还富于民。同时,政府一定要转变行政作风与方法,改善服务水平,减少行政审批,由低效率向高效服务型发展。最后,政府的重心应该放在社会保障、教育科研与基础设施建设等公共事业和公共服务领域,大力推进公共服务均等化进程。

4.5.3.2 完善区域协调发展体系

一是继续做好区域协调发展立法工作。区域协调发展是一种强调坚持均衡发展与非均衡发展相结合的动态协调发展战略。区域协调发展不能只是体现在规划和政策上,更应该通过法律以制度的形式确立下来。在推动区域协调发展过程中,法律手段以其权威性和持久性具有其他行政手段不可替代的地位和作用。研究制定《促进区域协调发展条例》和《区域规划管理办法》。规定区域协调发展的总体目标,明确实现区域协调发展的具体途径,通过法律的形式,打破区域壁垒,破除地方保护主义,禁止不同形式的妨碍市场竞争的行为,建设全国统一大市场。

二是设立区域协调发展的专门机构。在国家层面,中央政府要在促进区域经济协调发展工作中发挥主导作用,成立专门的管理机构,统筹负责领导、组织、协调涉及区域经济协调发展的产业政策、发展规划、基础设施、社会保障、生态环保等事项,并监督相关政策实行,确保区域开发和援助计划的顺利实施。在地方层面,鼓励在国际、地区间、城市间建立多层级、多形式、多目标的区域合作组织,逐步健全区域合作组织的规章制度,发挥区域合作组织在沟通协商、组织协调等方面的优势作用。各级政府要健全负责区域合作交流组织机构,建立负责日常联络和组织的协调机制,搭建区域内各行政区在首长及相关层面之间的沟通交流联系平台,建立定期协商交流的机制,推动区域内自协调系统的形成,及时解决突出矛盾和谋划推进重大事项。

三是完善区域协调发展制度。梳理总结实施区域发展总体战略实践,研究促进区域协调发展的规划体系、政策体系和管理体制,积极完善市场机制、合作机制、互助机制和扶持机制,推动建立健全符合新时期发展要求的区域管理体制与利益调节机制。创新协调管理制度,建立多部门、多层级的联席会议机制,调动各方面的积极性,加强区域行政管理体制创新,推动行政区和经济区融合,促进资源要素在跨行政区范围调动、配置和流动。推动建立多层次的区际合作协调机制,促进在重大区域问题上的协商解决,推进重大跨地区项目的合作共建。推动形成区际的对口协作和发达地区对欠发达地区的对口帮扶机制,促进地区间一体发展和共同富裕。

4.5.3.3 深化财税体制改革

十八大报告提出:加快改革财税体制,健全中央和地方财力与事权相匹配的体制,完善促进基本公共服务均等化和主体功能区建设的公共财政体系,构建地方税体系,形成有利于结构优化、社会公平的税收制度。十八届三中全会又进一步提出要完善立法、明确事权、改革税制、稳定税负、透明预算、提高效率,建立现代财政制度,发挥中央和地方两个积极性。要改进预算管理制度,完善税收制度,建立事权和支出责任相适应的制度。结合区域协调发展的要求和十八大、十八届三中全会的会议精神,深化财税体制改革应该从以下几方面着手:

首先,合理划分中央和地方事权财权。一是合理划分中央和地方事权。调整中央和地方政府间财政关系,在保持中央和地方收入格局大体稳定的前提下,进一步理顺中央和地方事权,合理划分政府间事权和支出责任,促进权力和责任、办事和花钱相统一,建立事权和支出责任相适应的制度。二是完善税权划分制度。在税制统一的前提之下,中央政府通过授权、委托等方面适当给予地方政府在税种调整、税收减免、税率调整等税收管理权限,充分调动地方政府的积极性,因地制宜地调节本地区经济发展。一方面保证欠发达地区的财税收入的组织能力,减少"西税东移""地税上移"等现象发生;另一方面降低地方以费代税等冲动,维护地方良好的营商环境。三是在中央与地方的共享税分成比例和共享税目方面给予适当调整。按照地方公共财政支出和地区之间经济发展平衡的需要,适当提高地方政府在共享税中所占比例。四是进一步完善税收征管机制。建立税源有效监控系统,及时掌握纳税人生产经营、财务收入、纳税申报等情况,减少漏征漏管和偷税漏税的发生。建立个人信用管理体系,其中纳税人是否依法纳税作为重要指标,强化纳税人主动纳税、不敢偷税、偷税可耻的意识。

其次,规范财政转移制度。一是为财政转移支付制度立法,提高法律层次。现行转移支付制度缺少高阶位的法律依据,执行力被严重削弱,需要通过法律规范明确财政转移支付的当事人的法律地位、审批程序、测算依据等内容。二是优化财政转移支付结构。从根本上说,一般性转移支付和专项转移支付的比例确定取决于对均等化和实现国家政策意图目标的权重。从经济社会发展看,均等化目标已经成为当前的重要目标,一般性转移支付要占有相当比重。从历史和国情看,实现国家政策意图对于增强国家凝聚力,加强中央对地方的领导和管理等方面意义重大,要通过专项转移支付的使用分配来实现,这就要求两个目标是并重的,决定了一般性财政转移支付和专项转移支付的比重各占50%左右。三是规范专项转移支付。专项转移支付的项目要体现国家政策意图,资金项目的设置要根据每年的宏观调控政策变化和突发事件进行调整,每年的专项转移支付的科目和发放地区要有所不同,不能使专项转移支付成为地方的既得利益。对于历史上形成的、长期固定不变的项目应划归一般性转移支付。专项转移支付要重点突出,发挥好专项资金集中力量办大事的重要作用,避免资金被分散为若干地区的小项目,确保通过专项转移支付的实施,每年都集中解决经济发展、民生领域的大事,实现宏观调控目标。四是探索建立横向财政转移支付模式。纵向财政转移支付增加中央政府的压力,加剧了中央和地方政府间的利益冲突。在具备一定的条件和范围下,可以借鉴德国模式,寻找地方政府间互通有无和经济合作的利益点,探索横向财政转移支付模式。

4.5.3.4 促进基本公共服务区域均等化

一是建立城乡一体化的市场体系。首先,加快消除制约城乡协调发展的体制性障碍,促进公共资源在城乡之间均衡配置、生产要素在城乡之间自由流动。统筹城乡发展规划,促进城乡基础设施、公共服务、社会管理一体化。其次,形成城乡统一的生产要素市场。加快建立城乡统一的人力资源市场,形成城乡劳动者平等的就业制度,在准入上赋予农民工在城市平等就业和享受基本公共服务的权利。实行同工同酬,农民工获得同等劳动报酬权,建立市场化的工资形成机制。推进流动就业人员基本养老保险关系顺畅转移接续和城乡居民养老保险制度间的顺畅衔接。加快推进农村土地产权制度改革,明确赋予农民承包土地的经营权、农民宅基地的使用权、农民在宅基地之上自建住房的房产权,"三权"的合理流转。

二是推进户籍制度改革。户籍管理制度是制造城乡二元经济的关键制度。改革二元化户籍管理制度就是要通过建立以人口自由迁移为最终目标的户籍管理制度,消除农民工进城的制度障碍,努力消除城市和农村的失调现象。但是,单纯地放开城市户籍管制无助于真正解决城乡失调问题,户籍管理制度的改革必须结合基本权利推进。要对城乡的社会保障和福利制度进行均等化改革,缩小附着于户籍背后的各种利益差别,赋予农民工平等获得城市公共资源和公共服务的权利,使农村居民在进行户口转移时不再单纯以提高福利待遇为出发点,而是以其进入城市能否生存立足和获得更好的发展机会为出发点。

三是加大对中西部地区财政支持力度,促进全国基本公共服务均等化。建立以促进基本公共服务均等化为目的的公共财政体系,加大对中、西部地区的财政转移支付,增强地方政府提供公共服务的能力,缩小中、西部地区与东部地区在享有公共服务方面的差距。支持中西部地区的欠发达地区,尤其是西部地区的贫困人口、落后农村和老少边穷地区。重点加快义务教育、公共卫生和基本医疗、基本社会保障等领域基本公共服务均等化的步伐;巩固现有基本公共服务建设成果,在逐步扩大覆盖面的基础上,确保服务质量的提升。从长远发展来看,要通过构建无空间差异的基本公共服务供给平台,为人口在区域间的自由流动消除障碍,使无论居住在何地的居民,都能够享受到大致均等的基本公共服务水平。

主要参考文献

[1] 奥斯特罗姆著,余逊达等译.公共事物的治理之道[M].上海译文出版社,2012.
[2] 道·诺斯.经济史中的结构与变迁[M].上海三联书店,1991.
[3] 傅殷才.制度经济学派[M].武汉出版社,1996.
[4] 卡普兰著,刘艳红译.理性选民的神话[M].上海人民出版社,2010.
[5] 罗尔斯著,何怀宏等译.正义论[M].中国社会科学出版社,1988.
[6] 罗斯巴德著,刘云鹏等译.权力与市场[M].新星出版社,2007.
[7] 卢梭著,高修娟译.论人类不平等的起源[M].上海三联书店,2009.
[8] 厉以宁.中国经济双重转型之路[M].中国人民大学出版社,2013.
[9] 刘银.中国区域经济协调发展制度研究[D],吉林大学,2014.
[10] 林毅夫、蔡昉、李周.中国经济转轨时期的地区差距分析[J].经济研究,1998(6).
[11] 诺思.制度、制度变迁与经济绩效[M].格致出版社,上海三联书店,2008.
[12] 诺思著,厉以平等译.西方世界的兴起[M].华夏出版社,2009.
[13] 青木昌彦.比较制度分析[M].上海远东出版社,2001.
[14] 舒尔茨.制度与人的经济价值的不断提高.载财产权利与制度变迁——产权学派与新制度经济学译文集[M].上海三联书店,1994.
[15] 王小鲁、樊纲.中国地区差距的变动趋势和影响因素[J].经济研究,2004(1).

第 5 章

区域协调发展与要素流动的关系

区域协调发展的一个重要标志是全国统一市场的建立,各种要素在全国范围内能够自由流动,显示最佳配置。经典经济理论都是假定在一国范围内要素是自由流动的,只有国际之间才存在流动壁垒。由于自然、社会历史基础的差异,我国各个地方从自身的利益出发,地方保护主义长期存在,影响了国内要素的流动。改革开放以来我国东西部地区人均 GDP 差距的不断扩大,东部沿海地区经济的迅猛发展,对西部地区产生有利的扩散效应和回荡效应。这种现象已经引起了许多学者的注意,他们大多用翔实的数据资料说明了差距的扩大,并对其成因做出了具体的分析。

5.1 要素流动对区域协调的作用

要素流动对区域经济协调发展有着重要的作用,归纳起来主要有五个方面:

第一,区域要素的流动产生组合效应。各种经济活动在空间上是分散的,要素流动使它们组合为一个整体,通过迁移、流动、交换等作用过程,分散的人群和活动便被吸收和组织在一个统一的系统中,从而使经济社会逐渐秩序化。

第二,区域要素流动使得具有比较优势的要素可以超越本地的市场,进一步以广大的区际市场为对象从事生产。市场的扩大又促使企业分工,促进区域内部的分化,加强劳动的地域分工,提高劳动生产率,促进区域经济发展。

第三，通过自由的流动，利用本区的比较优势与其他地区的交换，得到本地区所稀缺的资源，同时要素的流动，意味着竞争机制的引进，适度的竞争使企业致力于不断改善其产品的质量，降低产品价格，使得资源得到最有效的配置。

第四，区域要素的流动表明了各地区的相对优势是可以改变的，今天所具有的优势明天也许就会丧失，各地区都有机会根据资源变化情况，在不同的方面强化、发展各自的相对优势，形成区域特色经济。

第五，从某种意义上说，生产要素流动可以在一定程度上改变一个地区的要素禀赋状况。生产要素长期的、充分的流动，尤其是资本和劳动力的跨区域流动，密切了一国之内的各区域之间的贸易联系和经济合作关系，增强了各要素间的互补性，使要素得到最优配置，促进各区域的要素利用效率并提高实际收入水平，从而为区域经济一体化的实现提供了条件。

随着时间的推移，区域间人均 GDP 差距将如何变化，对于这个问题，经济学家之中大致有三种观点，即新古典经济学的观点、激进（或左派）经济学的观点、以米尔达尔为代表的注重制度调整的发展经济学的观点。新古典经济学在这个问题上的基本观点是认为在长期中，通过劳动要素及资本要素（尤其是后者）的跨区域流动，以及产品的跨区域流动，最终将使不同区域的人均 GDP 趋于均等化，起码是使劳动工资均等化，资本利息均等化，不同区域自然条件的差异仅仅反映在各种租金的差异上。美国经济学家克拉克在 1899 年出版的《财富的分配》一书中，较早地（是否是最早尚有待进一步考查）明确表达了这一思想。瑞典经济学家赫克谢尔与俄林提出的要素禀赋论，则从另一角度，即国际贸易或商品流动的角度，说明即便在要素流动受到限制的条件下，自由贸易也将在长期中使各区域的实际工资和利率趋于均等化。

另外，一些第三世界的经济学家及继承马克思主义分析传统的经济学家，如拉丁美洲的普雷维什、埃及的阿明、原籍希腊的法国经济学家伊曼纽尔，分别提出了不同于新古典经济学的观点。他们大都根据第二次世界大战以后发达国家与发展中国家的经济发展情况，从不同角度否认发达国家的经济发展会带动发展中国家的经济。相反，他们认为存在着两极分化的趋势。

诺贝尔经济学奖获得者、瑞典经济学家米尔达尔，作为从制度角度研究发展经济学的先驱，则认为先进区域的经济发展对后进区域会产生扩散效应与回荡效应两种效应。前者会带动后进区域一起发展，缩小两个区域的人均 GDP

差距;后者则会起相反作用,使两区的差距更加扩大。第二次世界大战以来的史实证实了两种效应同时存在,部分新兴国家是扩散效应的典范,同时也有不少国家不幸证实了回荡效应的存在。

不同区域具有不同的人均 GDP,如果人均 GDP 的这种差距随时间的推移而不断缩小,那么这不会引起什么问题。但若某些区域人均 GDP 不断上升,而同时另一些区域的人均 GDP 只能缓慢增长或停滞不前,甚至下降,那就会引起许多问题。这种情况若发生在不同国家之间,就会成为国际关系中的不稳定因素;若发生在同一国家内部的不同地区之间,将不利于该国的稳定发展及政治统一。

5.2 要素流动与区域人均 GDP 差距的变化

要素流动理论是认识区域经济形成原因、运行机制和发展趋势的基础理论[①]。可以此探索区域协调发展战略。经济发展水平不同的区域之间由于生产要素的流动,先进地区的经济增长对后进地区具有扩散效应与回荡效应两种可能,它取决于要素在两区域增长的相对比较、技术进步在两区域的相对比较、产出结构在两区域的差异、规模报酬的性质在两区域的差异等。有不同生产函数的两区域在市场机制作用下,存在一个均衡的人均 GDP 差距,为缩小地区均衡差距的政府干预的代价将可能是减少总产出的增长。

5.2.1 简单模型

设有甲、乙两个地区,甲区先进而乙区后进。短期中两区的要素总量既定,即一区要素的增加要以另一区要素的同量减少为前提。在短期中两区的技术也既定。设两区之间不存在产品流动,只存在要素流动,但这种流动完全是自发的,没有政府运用非经济手段进行要素存量的再分配。设甲、乙两区各有规模报酬不变的柯布-道格拉斯生产函数:

甲区: $Q_A = A K_A^\alpha L_A^{1-\alpha}$ (5-1)

乙区: $Q_B = A K_B^\alpha L_B^{1-\alpha}$ 其中, $A > B, 0 < \alpha < 1$ (5-2)

[①] 关于要素流动与人均 GDP 的关系内容感谢张旭昆教授的指导,他提供了基本素材和思路。

在要素未发生流动时,两区的人均产量、资本边际生产力和劳动边际生产力,以及它们之间的关系分别由以下诸式给出:

$$\text{人均产量}: \frac{Q_A}{L_A} = A\left(\frac{K_A}{L_A}\right)^\alpha > B\left(\frac{K_B}{L_B}\right)^\alpha = \frac{Q_B}{L_B} \tag{5-3}$$

$$\text{资本边际生产力}: \frac{\partial Q_A}{\partial K_A} = \alpha A\left(\frac{L_A}{K_A}\right)^{1-\alpha} > \alpha B\left(\frac{L_B}{K_B}\right)^{1-\alpha} = \frac{\partial Q_B}{\partial K_B} \tag{5-4}$$

$$\text{劳动边际生产力}: \frac{\partial Q_A}{\partial L_A} = (1-\alpha) A\left(\frac{K_A}{L_A}\right)^\alpha > \frac{\partial Q_B}{\partial L_B} = (1-\alpha) B\left(\frac{K_B}{L_B}\right)^\alpha \tag{5-5}$$

由式(5-4)和式(5-5)可知,在要素所有者追求收入最大化的目标假设下,将出现劳动要素和资本要素由乙区向甲区的流动。为简化分析,先假定资本未发生流动,但有 L 量的劳动由乙区流向甲区。则现在甲区的总产量、人均产量、资本边际生产力和劳动边际生产力分别为:

$$Q_A' = AK_A^\alpha (L_A + 1)^{1-\alpha} > Q_A \tag{5-6}$$

$$\text{人均产量}: \frac{Q_A'}{L_A + 1} = A\left(\frac{K_A}{L_A + 1}\right) < \frac{Q_A}{L_A} \tag{5-7}$$

$$\text{资本边际生产力}: \frac{\partial Q_A'}{\partial K_A} = \alpha A\left(\frac{L_A + 1}{K_A}\right)^{1-\alpha} > \frac{\partial Q_A}{\partial K_A} \tag{5-8}$$

$$\text{劳动生产力}: \frac{\partial Q_A'}{\partial (L_A + 1)} = (1-\alpha) A\left(\frac{K_A}{L_A + 1}\right)^\alpha < \frac{\partial Q_A}{\partial L_A} \tag{5-9}$$

乙区的情况则为:

$$\text{总产量}: Q_B' = BK_B^\alpha (L_A - 1)^{1-\alpha} < Q_B \tag{5-10}$$

$$\text{人均产量}: \frac{Q_B'}{L_B - 1} = B\left(\frac{K_B}{L_B - 1}\right)^\alpha > \frac{Q_B}{L_B} \tag{5-11}$$

$$\text{资本边际生产力}: \frac{\partial Q_B'}{\partial K_B} = \alpha B\left(\frac{L_B - 1}{K_B}\right)^{1-\alpha} < \frac{\partial Q_B}{\partial K_B} \tag{5-12}$$

$$\text{劳动边际生产力}: \left(\frac{\partial Q_B'}{\partial L_B - 1}\right) = (1-\alpha) B\left(\frac{K_B}{L_B - 1}\right)^\alpha > \frac{\partial Q_B}{\partial L_B} \tag{5-13}$$

由式(5-6)至式(5-13)可得如下结论,若资本不流动,只是劳动从后进的乙区流向先进的甲区,则总产量在甲区上升而在乙区下降,但人均产量在甲区下降而在乙区上升;资本边际生产力在甲区上升而在乙区下降,但劳动边际生产力在甲区下降而在乙区上升。若实际工资取决于劳动的边际生产力,则意味着两地的工资趋于相等。但两地的利率差距进一步扩大。

现反过来假定劳动不发生流动,但有 k 量资本由乙区流向甲区,则现在甲区的总产量、人均产量、资本边际生产力和劳动边际生产力分别为:

总产量:$Q_A'' = A(K_A + k)^\alpha L_A^{1-\alpha} > Q_A$ (5-14)

人均产量:$\dfrac{Q_A''}{L_A} = A\left(\dfrac{K_A' + k}{L_A}\right)^\alpha > \dfrac{Q_A}{L_A}$ (5-15)

资本边际生产力:$\left(\dfrac{\partial Q_A''}{\partial K_A + k}\right) = \alpha A\left(\dfrac{L_A}{K_A + k}\right)^{1-\alpha} < \dfrac{\partial Q_A}{\partial K_A}$ (5-16)

劳动边际生产力:$\left(\dfrac{\partial Q_A''}{\partial K_A + k}\right) = \alpha A\left(\dfrac{L_A}{K_A + k}\right)^{1-\alpha} < \dfrac{\partial Q_A}{\partial K_A}$ (5-17)

乙区的情况为:

总产量:$Q_B'' = B(K_B - k)^\alpha L_B^{1-\alpha} < Q_B$ (5-18)

人均产量:$\dfrac{Q_B''}{L_B} = B\left(\dfrac{K_B - k}{L_B}\right)^\alpha < \dfrac{Q_B}{L_B}$ (5-19)

资本边际生产力:$\left(\dfrac{\partial Q_B''}{\partial K_B - k}\right) = \alpha B\left(\dfrac{L_B}{K_B - k}\right)^{1-\alpha} > \dfrac{\partial Q_B}{\partial K_B}$ (5-20)

劳动边际生产力:$\dfrac{\partial Q_B''}{\partial L_B} = (1-\alpha)B\left(\dfrac{K_B - k}{L_B}\right)^\alpha < \dfrac{\partial Q_B}{\partial L_B}$ (5-21)

由式(5-14)至式(5-21)可得下述结论:若劳动不流动,只有资本从后进的乙区流向先进的甲区,则总产量在甲区上升而在乙区下降,人均产量也是在甲区上升而在乙区下降;资本边际生产力在甲区下降而在乙区上升,但劳动边际生产力在甲区上升而在乙区下降。即利率在两区趋向相等,但工资差距在两区趋向扩大。

上述分析的一个简单的政策结论是,若以缩小先进地区和落后地区的人均产出差距和工资差距为目标,则应当鼓励后进地区的劳动流出而限制资本流出。

上述分析假定只有一种要素可以流动,这不太符合实际。接下来假定两种要素都可以流动。在不受任何人为干预的条件下,这种流动最终将使两区的人均资本的边际生产力相等,有:

$$\left(\frac{\partial Q_A/L_A}{\partial K_A/L_A}\right) = \alpha A\left(\frac{K_A}{L_A}\right)^{\alpha-1} = \alpha B\left(\frac{K_B}{L_B}\right)^{\alpha-1} = \left(\frac{\partial Q_B/L_B}{\partial K_B/L_B}\right) 或 \tag{5-22}$$

$$\frac{A}{B} = \left(\frac{K_A/L_A}{K_B/L_B}\right)^{1-\alpha}, 两端同乘\left(\frac{K_A/L_A}{K_B/L_B}\right)^{\alpha} 或 \tag{5-22'}$$

$$\frac{A}{B}\left(\frac{K_A/L_A}{K_B/L_B}\right) = \frac{Q_A/L_A}{Q_B/L_B} = \frac{K_A/L_A}{K_B/L_B} \tag{5-22''}$$

式中的 K_A、L_A、K_B、L_B 都不再是初始的资本和劳动,而是流动至均衡(即资本边际生产力两区相等)时各区的资本和劳动。式(5-22″)表明均衡时两区的人均产出之比正好等于两区的人均资本之比。上述均衡条件还蕴含均衡时两区人均产出的替代率等于1。对式(5-22)取倒数:

$$\left(\frac{\partial K_A/L_A}{\partial Q_A/L_A}\right) = \left(\frac{\partial K_B/L_B}{\partial Q_B/L_B}\right) \tag{5-22'''}$$

式(5-22‴)表明两区单位人均产出所用的人均资本相等。因此均衡时,从一区减少1单位人均产出,所节约下来的资本投入另一区,将在另一区增产1单位人均产出。

由于两区劳动和资本的总量既定,故要素流动将引起两区人均资本的消长变化,如图 5.1 所示,图中 K_{AB} 曲线是两区人均资本消长曲线,其方程推导如下:设 T 为两区的总人均资本,则:

$$T = \frac{K_A + K_B}{L_A + L_B} = \left(\frac{K_B/L_B L_{B+}}{L_B/K_B K_{B+}}\right)\left(\frac{K_A/L_A L_A}{L_A/K_A K_A}\right) \tag{5-23}$$

移项得:

$$\frac{K_B}{L_B}L_{B+}\frac{K_A}{L_A}L_A = T\left(\frac{L_B}{K_B}K_{B+}\frac{L_A}{K_A}K_A\right) \tag{5-23'}$$

除以 L_A 并移项:

$$\frac{K_A}{L_A} = T\left(1 + \frac{L_B}{L_A}\right) - \frac{L_B}{L_A} \cdot \frac{K_B}{L_B} \tag{5-24}$$

式(5-24)表明甲区人均资本 K_A/L_A 是乙区人均资本 K_B/L_B 的线性函数,该函数的斜率为 $-L_B/L_A$,截距为 $T\{1+L_B/L_A\}$。随劳动要素流动程度的不同,L_B/L_A 会取不同的值,因此若不对 L_B 和 L_A 进行限定的话,式(5-24)实际上代表了一簇直线。但现在限定 L_B 和 L_A 为满足式(5-22′)的两个值,于是便得到唯一的一条两区人均资本消长曲线 K_{AB}。

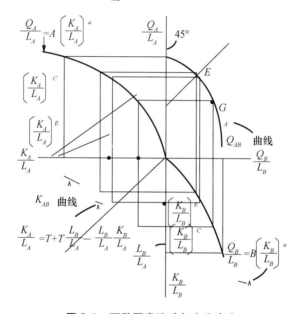

图 5.1 两种要素流动与人均产出

由式(5-24)给出的 K_{AB} 函数,及式(5-3)给出的两区人均产出函数,可推出两区人均产出消长函数(记为 Q_{AB} 函数):把式(5-24)代入甲区的人均产出函数有:

$$\frac{Q_A}{L_A} = A\left(\frac{K_A}{L_A}\right)^\alpha = A\left[T\left(1+\frac{L_B}{L_A}\right) - \frac{L_B}{L_A} \cdot \frac{K_B}{L_B}\right]^\alpha \tag{5-25}$$

乙区人均产出函数的反函数为:

$$\frac{K_B}{L_B} = \sqrt[\alpha]{\frac{1}{B} \cdot \frac{Q_B}{L_B}}, \tag{5-26}$$

代入式(5-25)有:

$$\frac{Q_A}{L_A} = A\left[T\left(1 + \frac{L_B}{L_A}\right) - \frac{L_B}{L_A} \cdot B^{-\frac{1}{\alpha}} \cdot \left(\frac{Q_B}{L_B}\right)^{\frac{1}{\alpha}} \right] \tag{5-27}$$

其一阶导数为：

$$\left(\frac{\partial Q_A/L_A}{\partial Q_B/L_B}\right) = \frac{A}{\sqrt[\alpha]{B}} \cdot \frac{L_B}{L_A} \cdot \left(\frac{Q_B}{L_B}\right)^{\frac{1}{\alpha}-1} \cdot \left[T\left(1 + \frac{L_B}{L_A}\right) - \frac{L_B}{L_A} \cdot B^{-\frac{1}{\alpha}} \cdot \left(\frac{Q_B}{L_B}\right)^{\frac{1}{\alpha}} \right]^{\alpha-1} < 0$$

$$\tag{5-28}$$

式(5-27)便是 Q_{AB} 函数，其斜率为负，表明要素总量一定、技术一定时，两区人均产出的消长关系。它是非线性的，表明两区人均产出的替代比率并不固定。当替代率为1时，两区加总的人均产出达到最大化。当要素的流动使两区人均产出替代率为1时，就实现了要素流动的均衡。该均衡可用图5.1表示：图中第一象限和第四象限分别为甲区和乙区的人均产出函数，两者的位置表明在相同的人均资本条件下，甲区比乙区有更高的人均产出，第三象限为两区人均资本消长曲线 K_{AB}；第二象限为两区人均产出消长曲线 Q_{AB}。均衡点为 E，与之相对应的甲区人均资本和乙区人均资本分别为 $\left(\frac{K_A}{L_A}\right)^E$ 和 $\left(\frac{K_B}{L_B}\right)^E$。则对应的产量组合为第一象限中的 G 点。G 点的斜率绝对值大于1，表明乙区人均产出减少1单位将使甲区人均产出增加超过1单位。因为这时资本的边际生产力在甲区大于乙区，即由式(5-3)给出的两区人均产出函数可得：

$$\frac{dQ_A/L_A/dK_A/L_A}{dQ_B/L_B/dK_B/L_B} = \frac{\alpha A K_A/L_A^{\alpha-1}}{\alpha B K_B/L_B^{\alpha-1}} > 1 \tag{5-29}$$

于是将出现资本由乙区向甲区的流动，流动的结果将使产出组合由 G 点趋向 E 点，实现均衡。当然在实际的过程中，劳动也会由乙区流向甲区，但由于劳动的流动性低于资本，故资本会以更大的规模和比例流出，由此方能造成人均资本在乙区的下降和在甲区的上升。若初始的产量组合位于 E 点的左边，人均资本在甲区大于 $\left(\frac{K_A}{L_A}\right)^E$ 而在乙区小于 $\left(\frac{K_B}{L_B}\right)^E$，则资本和劳动将反过来由甲区流向乙区，最终仍将实现均衡。

在产量组合从右边趋于 E 点的过程中，两区总合的产量会不断增加，但两区人均产出的差距也在不断扩大。另外，当产量组合从左边趋向 E 点的过程中,虽然两区总合的产量也会不断增加,但同时两区人均产出的差距也将不断缩小。当达到均衡的产出组合 E 点时,两区的人均产出差距依然存在,这一差距可称为均衡差距。由原点向 E 点作一射线 OE,其斜率为均衡时甲区与乙区人均产出之比,可称作均衡的相对差距。

由上述分析可得如下结论:在要素总量既定的短期中,只要两区的生产函数有差异,人均产出将出现均衡的差距。若初始的实际差距偏离均衡差距,将出现要素的流动。这种流动一方面将在实际差距趋向均衡差距的过程中提高两区总合的产量水平,另一方面将以要素流出区的人均产出的下降为代价来提高要素流入区的人均产出。若要素是由后进区流向先进区,则两区初始的人均产出差距将进一步扩大;若是由先进区流向后进区,则两区初始的人均产出差距将有幸减少。然而在实际生活中出现后一种情况的概率似乎较小(但不能说一点没有),其原因此处暂不探讨。当出现前一种情况时,就是出现了米尔达尔所说的回荡效应,但这种回荡效应只能称作短期(要素总量不变)静态(技术水平不变从而生产函数既定)回荡效应。由以上分析还可以看出,各种人为阻碍要素流动或改变流向的做法,使实际差距持续在右方偏离均衡差距的做法,包括政府采取的某些措施,虽然有可能缩小两区的差距,但其代价将是两区总合的人均产出低于均衡差距时的水平。

当然上述结论是在许多假设条件下推导出来的,这些假设有许多是远离现实的。下面的分析主要是探讨在逐步放松这些假设的情况,会出现哪些结果。

首先考察要素总量出现增长时的情况。假定从第一期到第二期的瞬间,出现要素增长,而单独一个期间中要素总量保持不变。假定第一期结束时处于均衡差距状况,即产量组合为 E 点。下面分几种情况进行考察。

第一种情况,资本和劳动在第二期在两区都按相同的倍数($m>1$)增长,从而两种要素总量也都增长 m 倍。这种增长由式(5-24)可知,既不改变 K_{AB} 曲线的斜率,也不改变其截距,故 Q_{AB} 曲线的形状和位置也不会发生变化。均衡点仍为 E 点。均衡时两区人均产出不变,其相对差距也不变化。当然现在产出在两区都增加了。

第二种情况,第二期的劳动要素未变,但资本要素在两区都增长了相同的倍数 m。于是 K_{AB} 曲线的斜率 L_B/L_A 不变,而其截距 $\left[T\left(1+\dfrac{L_B}{L_A}\right)\right]$ 增加了 m 倍。

截距增长的结果,将使 Q_{AB} 曲线平行地向右上方移动,新的均衡点 E' 将落在从原点出发经过 E 点的射线(简称 OE 线)上,并在 E 的右上方。这意味着两区人均产出都增加了,但两区人均产出的相对差距保持不变。如果两区劳动也按相同倍数(n)增长,但 $n < m$,则结果与此相类似。

第三种情况,第二期的资本未变,但劳动要素按相同比例 n 在两区都增长了。于是 K_{AB} 曲线的斜率 L_B/L_A 依然不变,而其截距下降了 $1/n$ 倍,为 $\frac{1}{n}T\left(1+\frac{L_B}{L_A}\right)$。这将使 Q_{AB} 曲线向左下方平移,新的均衡点 E'' 将落在 OE 线上,位于 E 点的左下方。这意味着两区人均产出都下降了,但其相对差距保持不变。若两区资本也按相同倍数 m 增长,但 $m < n$,则结果与此类似。

上述三种情况表明,只要同一种要素的增长倍数在两区是相同的,那么人均产出的相对差距就将保持不变。

第四种情况,第二期的劳动不变,但资本在甲区增长 m_A 倍,在乙区增长 m_B 倍,且 $m_A > m_B > 1$。这时 K_{AB} 曲线的斜率 L_B/L_A 依然不变,其截距 $\left[T\left(1+\frac{L_B}{L_A}\right)\right]$ 将增长,从而 Q_{AB} 曲线向右上方平移,均衡点 E''' 仍将位于 OE 线上 E 点的右上方。同时,由于资本增加倍数不同,第二期初始的人均产出组合将位于第二期的人均产出消长曲线上 E''' 点的左端,或 OE 线的左边。因为第二期初始的人均产出比为:

$$\frac{Q_{A2}/L_{A2}}{Q_{B2}/L_{B2}} = \frac{A}{B}\left(\frac{K_A m_A/L_A^\alpha}{K_B m_B/L_B^\alpha}\right) = \frac{A}{B}\left(\frac{K_A/L_A}{K_B/L_B}\right)^\alpha \left(\frac{m_A}{m_B}\right)^\alpha > \frac{1}{B}\left(\frac{K_A/L_A}{K_B/L_B}\right)^\alpha \tag{5-30}$$

式中等号右端 $\frac{A}{B}\left(\frac{K_A/L_A}{K_B/L_B}\right)^\alpha$ 为第一期均衡时的人均产出比,因 $\frac{m_A}{m_B} > 1$ 故由式(5-30)可知,第二期初始的人均产出比大于第一期均衡时的人均产出比,从而也就大于第二期均衡时的人均产出比(即 E''' 点对应的人均产出比)。于是将出现资本由甲区向乙区的流动,通过流动达到新的均衡点 E'''。

第五种情况,第二期的资本不变,但劳动在甲区增加 n_A 倍,在乙区增加 n_B 倍,且 $n_A, n_B > 1, n_A < n_B$。这时,K_{AB} 曲线的斜率将增大,而其截距将变小。关于截距将变小的证明用反证法,设截距增大,即新截距大于原来的截距,由式(5-24)可得:

$$\frac{K_A+K_B}{L_A n_A+L_B n_B}\left(1+\frac{L_B n_B}{L_A n_A}\right) > \frac{K_A+K_B}{L_A+L_B}\left(1+\frac{L_B}{L_A}\right),\text{或}$$

$$\frac{L_A+L_B}{L_A n_A+L_B n_B} > \frac{(L_A+L_B)/L_A}{(L_A n_A+L_B n_B)/L_A n_A} = \frac{(L_A+L_B)n_A}{L_A n_A+L_B n_B} \quad (5\text{-}31)$$

即 $1 > n_A$

而这个结果与前述假设 $n_A > 1$ 不符,故新截距只能是变小。K_{AB} 曲线斜率增大截距降低的结果,将使 Q_{AB} 曲线向原点移动,且水平方向的移动幅度将大于垂直方向的移动幅度,于是新的均衡点 E^{IV} 将位于 OE 线的左边。这意味着新的均衡差距大于第一期的均衡差距。同时,由于劳动增加倍数不同,第二期初始的人均产出组合也将位于第二期人均产出消长曲线上 E^{IV} 点的左端,或 OE 线的左端,因为如式(5-32)所示,第二期初始的人均产出比大于第一期均衡的人均产出比:

$$\frac{Q_{A2}/L_{A2}}{Q_{B2}/L_{B2}} = \frac{A}{B}\left(\frac{K_A/L_A n_A}{K_B/L_B n_B}\right)^\alpha = \frac{A}{B}\left(\frac{K_A/L_A}{K_B/L_B}\right)^\alpha \left(\frac{n_A}{n_B}\right)^\alpha > \frac{A}{B}\left(\frac{K_A/L_A}{K_B/L_B}\right)^\alpha \quad (5\text{-}32)$$

若初始人均产出比大于均衡的人均产出比,即初始人均产出组合位于 E^{IV} 点左端,则仍将出现要素从甲区向乙区的流动;若初始人均产出比小于均衡的人均产出比,即初始人均产出组合位于 E^{IV} 点右端,则要素将从乙区流向甲区。若不考虑从一期的均衡走向二期的均衡的路径,单纯比较两期的均衡差距,则可以说,从一期到二期,随着劳动要素不同倍数的增长,在两区的人均产出均下降的同时,两区原有的人均产出差距更加扩大了。

实际上像第四和第五种情况这类只有一种要素增长的现象是不可能出现的,通常是两种要素同时增长,虽然倍数各有不同。若两区资本总量增长大于劳动总量增长,且两区劳动增长倍数相近,即

$$\frac{K_A m_A + K_B m_B}{L_B n_B + L_A n_A} > \frac{K_A+K_B}{L_A+L_B}, \quad n_A \approx n_B \quad (5\text{-}33)$$

则由式(5-24)可推知 K_{AB} 曲线的截距将上升,这通常将导致 Q_{AB} 曲线向右上方移动。若两区劳动增长倍数 $\{n_A, n_B\}$ 的不同改变了 K_{AB} 曲线的斜率,通常将导致 Q_{AB} 曲线在垂直方向和水平方向的不同移动幅度。若是 $n_A < n_B$,则斜率增大,Q_{AB} 曲线的垂直移动幅度大于水平移动,新均衡点 E^{IV} 位于 OE 线的左方,两区人均产出的相对差距趋于扩大,出现长期(要素增加)静态(技术不变)增长中的回荡效应。若 E^{IV} 点虽然位于 OE 线的左方,但仍处于 E 点到横轴的垂线的右

方,则意味着乙区的人均产出还是增加了,虽然幅度低于甲区。这可以称作相对的回荡效应。若E^{IV}不幸落在上述垂线的左方,则意味着乙区的人均产出下降了,而甲区的人均产出上升了。这可以称作绝对的回荡效应。若是$n_A > n_B$,则斜率减小,Q_{AB}曲线的垂直移动幅度小于水平移动,新均衡点E^{IV}位于OE线的右方,两区人均产出的相对差距趋于缩小,出现长期(要素增加)静态(技术不变)增长中的扩散效应。

上述分析的几种情况可用图 5.2 表示。同时,由上述分析可推出如下结论:在技术不变要素增长的条件下,只要资本总量增加快于劳动总量,一般(但并非绝对如此)会引起两区总合的人均产出上升,与此同时是出现扩散效应还是回荡效应,则取决于劳动要素在两区的增长比较。若$n_B > n_A$,则将出现回荡效应,包括相对回荡效应甚至绝对回荡效应;若$n_B < n_A$,则将出现扩散效应。同时,通过人为的干预要素的流动(包括政府干预),有可能在同时提高两区人均产出的条件下(这与短期情况不同),缩小它们之间的差距。如有可能使实际的产出组合落在图 5.2 中的 e 点。但这种干预,只要使实际的组合偏离了均衡的组合,其代价总归是要损失部分总产出。

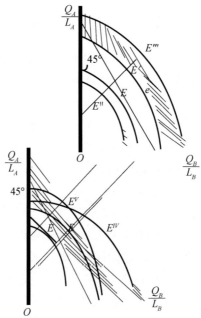

图 5.2　要素增长与区域产出差距

以上分析的是在生产函数既定条件下,要素增长对两区人均产出差距的影响。下面分析生产函数变化造成的影响。为简化分析,先假定要素不变。生产函数的变化,首先考虑 A 和 B 这两个数值的变化。通常把它们看作反映技术状况的参数。这里先暂不涉及它们的性质,而是首先单纯分析它们的变化对两区人均产出差距及要素流动会造成什么影响。

为简化分析,假定乙区生产函数中的 B 不变,而甲区生产函数中的 A 变为 A', $A' = aA$, $a > 1$。则由式(5-27)可知,当 A 变为 A' 后,对应每一种 $\frac{Q_B}{L_B}$, $\frac{Q_{A'}}{L_{A'}}$ 都比 $\frac{Q_A}{L_A}$ 增大 a 倍。Q_{AB} 曲线变为 $Q_{A'B'}$ 曲线,位于右上方,且垂直方向的移动幅度大于水平方向的移动,故新的均衡点 E^A 将落在 OE 线的左端,如图 5.3 所示。同时,由式(5-22)可知,若对应于原先的均衡点 E 点的要素分布不变,则 A 增加为 A' 后,将出现:

$$\alpha A' \left(\frac{K_A}{L_A}\right)^{\alpha-1} > \alpha B \left(\frac{K_B}{L_B}\right)^{\alpha-1} \tag{5-34}$$

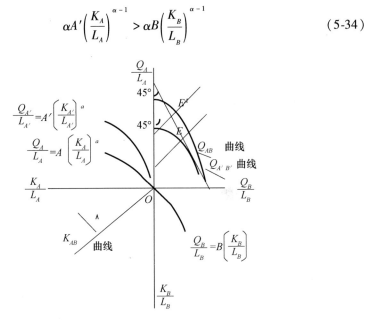

图 5.3 要素流动与区域产出变化

于是要素将在两区间移动。在要素总量不变的假定下,移动的结果将使甲区的人均资本增加为 $\dfrac{K_{A'}}{L_{A'}}$，从而其边际生产力下降；使乙区的人均资本减少为 $\dfrac{K'_B}{L'_B}$，从而其边际生产力上升，于是再次达到均衡，即满足条件

$$\alpha A'\left(\dfrac{K_{A'}}{L_{A'}}\right)^{\alpha-1} = \alpha B\left(\dfrac{K'_B}{L'_B}\right)^{\alpha-1} \tag{5-35}$$

由此可知，单纯 A 的增大，将引起两区人均产出相对差距的扩大，而且在要素总量不变的前提下，这种扩大还伴随着乙区人均资本从而人均产出的下降。即使在要素增加的情况下，虽然乙区的人均资本从而人均产出也可能上升，但其幅度将低于甲区，即新均衡点 E^A 仍将位于 OE 线的左端。当 E^A 落在 E 点与横轴之间垂线的右端时，出现动态条件下的相对回荡效应；当 E^A 落在垂线的左端时，出现动态条件下的绝对回荡效应。

若两区生产函数中的 A 和 B 都增长为 A' 和 B'，且 $A'=aA, B'=bB, a>b>1$，则将出现与上述情况类似的结果。

反之，若 A 不变而 B 增大，或 A 虽然增大但其倍数低于 B，则新的均衡点 E^B 将位于 OE 线的右端，两区的相对差距将通过要素的流动而趋于缩小。由此可知，除了要素的变化之外，决定两区人均产出差距如何变化的又一重要因素是 A 与 B 哪个增加得更快。

下面简要说明 A、B 变化的经济内容。第一，A、B 的变化会反映人们通常所说的技术进步，这意味着两个地区不同的技术进步率对两区人均产出差距的变化有重要影响。若甲区的技术进步率始终快于乙区，则无论要素如何增加，如何流动，要缩小两区差距都将非常困难。

第二，A、B 的变化在偏好变化的条件下实际上还反映了产业结构、产品结构的变化。考虑到这一点，现在需改变本文最初的假设之一，即两区之间不存在商品流动的假设，假设它们之间存在商品流动，且进一步假设先进的甲区的产品收入弹性高于后进的乙区，且产出结构的改善快于乙区，则随着两区总合的人均收入的提高，甲区的产品将一直得到不断扩张的需求，而乙区的产品则始终受到停滞不变乃至不断萎缩的需求。于是甲区产品价格上扬而乙区产品价格不振。这反映到生产函数上，便是 A 值比 B 值有更快的增长。因为即使实

物产出不变,价格的变化也会在两区的生产函数上反映为人均产出的变化。

第三,A、B 的差异和增长速度的不同还可能反映了两地制度条件的不同和制度改善速度的不同。后进地区之所以后进,其原因未必全在资源条件和技术水平上,制度当是一个不可忽略的因素。落后的制度、缓慢改进的制度也是导致差距扩大的重要因素。因篇幅所限,对此只能简单提及。

下面再对有关生产函数的假定做两点重要修订:一是承认在现实中,两个地区的要素产出弹性不会相同,即柯布-道格拉斯生产函数中的指数在两区不会相同。一般说来先进地区的要素产出弹性较大而后进区的要素产出弹性较小。即对于甲乙两区的生产函数来说,有:

$$Q_A = AK_A^{\alpha_A}L_A^{1-\alpha_A}, \quad Q_B = BK_B^{\alpha_B}L_B^{1-\alpha_B}, \quad \alpha_A > \alpha_B \tag{5-36}$$

这意味着同样的人均资本,在甲乙两区,不仅会因为 A、B 的差别造成不同的人均产出,而且还会由于 α_A 和 α_B 的不同造成不同的人均产出。而且 α_A 和 α_B 的差别造成的影响一般不会因 α_A 和 α_B 的差而变化,因为一般说来 $A > B$ 和 $\alpha_A > \alpha_B$ 是同时出现的。同此,这一修订不会改变前述分析的结论。

二是考虑到现实中,生产函数往往是规模报酬递增的,即

$$Q_A = AK_A^{\alpha_A}L_A^{\beta_A}, \quad Q_B = BK_B^{\alpha_B}L_B^{\beta_B}, \quad \begin{matrix}\alpha_A + \beta_A > 1 \\ \alpha_B + \beta_B > 1\end{matrix} \tag{5-37}$$

其人均生产函数分别为:

$$\frac{Q_A}{L_A} = AK_A^{\alpha_A}L_A^{\beta_A-1}, \quad \frac{Q_B}{L_B} = BK_B^{\alpha_B}L_B^{\beta_B-1} \tag{5-38}$$

现在要素全部增加相同倍数(t)后,以甲区为例,人均产出的增加为 $t^{\alpha+\beta-1}$ 倍,大于 t 倍,即

$$A(tK_A)^{\alpha_A}(tL_A)^{\beta_A-1} = At^{\alpha+\beta-1}K_A^{\alpha_A}L_A^{\beta_A-1} = \frac{Q_A}{L_A} \cdot t^{\alpha+\beta-1} \tag{5-39}$$

由式(5-39)可知,在考虑到规模报酬递增的情况下,全部要素同比例增加的效果类似于 A 值的增加,从图形上看,意味着生产函数曲线位置的上升。因此,前面关于 A 值变化的有关结论这里也完全适用,即由规模报酬不变改为规模报酬递增,不改变前面的分析结论。值得指出的只是在规模报酬不变时,要素同比例变化不改变人均产出;而规模报酬递增时,会引起人均产出的变化。因此,当要素由乙区流向甲区时,在规模报酬递增的条件下,两区的人均产出相

对差距的扩大有可能比规模报酬不变时更甚。规模报酬递增也许是造成现实生活中发达地区日益发达而后进地区持续后进的马太效应的主要因素。尤其是当规模报酬递增现象发生在甲区所专用的中间产品上时,要素从乙区向甲区的流动或甲区自身要素的增长,就格外不利于缩小甲乙两区人均产出的差距。与规模报酬不变的情况相比,规模报酬递增条件下,通过要素流动来缩小两区人均产出差距的条件将更加严酷。

5.2.2 模型意义

第一,模型表明先进地区的经济增长对后进地区既可能产生扩散效应也可能产生回荡效应。认为只存在一种效应的无论哪种观点都是片面的。

第二,究竟出现扩散效应还是出现回荡效应,取决于:要素在两区增长的相对比较,这种增长既包括内生的增长也包括跨区域的流动;技术进步在两区的相对比较;产出结构在两区的差异;规模报酬的性质在两区的差异;其他影响生产函数中的诸参数的各种因素。

第三,只要两区具有不同的生产函数(指参数不同),那么在市场自发作用机制下,两区的人均 GDP 就存在一个均衡的差距(绝对的和相对的)。市场力量将使实际差距趋向均衡差距。在短期静态条件下,政府干预可以使实际差距低于均衡差距,其代价是降低总产出的水平。在长期动态条件下,纯粹的市场力量未必使均衡差距一定趋于缩小(当然也不能排除这种可能)。因此,通过政府干预,可以在继续维持总产出增长的同时,以减少总产出的增长为代价来缩小差距至均衡差距以下。当自发趋势是扩大均衡差距的条件下(当然也可能出现相反趋势),政府面临的选择是牺牲一些总产出的增长来缩小区域差距,或者牺牲区域间的平等来实现总产出的最大限度增长。平等与效率的冲突再次出现。

第四,后进地区欲缩小差距,一方面应引进资本(在一国之内可通过政府财政政策,在国与国之间只能通过引进外资),输出劳动;但更重要的是设法提高技术进步率,改善产出结构,争取发展高收入弹性的产品,规模报酬递增的产品;还有就是应当设法改善自己的制度,如果制度是导致生产函数与先进地区不同的主要因素的话。

5.3 地区间要素流动不畅的表现

5.3.1 对产品的保护与封锁

地方政府对产品的保护,主要表现在利用种种非市场手段保护本地产品在本地市场的地位,防止外地产品进入本地市场影响本地产品的生产和销售。这是地方市场分割的最常见形式。具体表现为:(1)设法不让外地对本地有冲击的产品进入本地市场。如汽车、摩托车的生产地对外地车不予上牌照、加收各种附加费等,以防止外地车对本地车的冲击。(2)强令本地消费者消费本地产品。(3)不准本地商业机构经销外地的某些产品,一旦发现则没收并加以罚款。比如,江西省到2003年年底之前基本不准产自浙江省的大红鹰、利群香烟进入本地市场。(4)阻止本地资源流向外地,如近年来各地出现的"资源大战"即是例证,屡禁不止的小煤窑、小棉纺、小水泥、小钢铁也是资源封锁的结果。(5)动用价格杠杆,通过提高外地商品的价格,削弱外地产品在本地市场的竞争力;通过价格补贴,减低本地产品的价格,提高本地产品的竞争力。(6)用一些超经济手段,如以加强市场管理和质量监督为名,控制外地产品流入本地。个别地方还以打击假冒伪劣商品为名,动用当地宣传媒介做不符合实际的广告宣传,压外抬内,将外地质量正常的商品搞"臭",达到让其自动退出本地市场的目的。

5.3.2 对企业的保护与封锁

地方政府对本地企业采取各种干预,一是对优势企业的限制,阻碍其向外地投资,只能在本地发展扩张;二是对本地国有企业采取父爱式的关怀,如使用财政杠杆,实施力度很大的减免税或税收返还政策;三是对劣势企业的保护,制造兼并陷阱,把包袱甩给外来企业,一旦亏损企业有所起色,又对外来的合作方予以刁难排挤;四是对生产假冒伪劣商品的企业听之任之。一方面,地方保护主义公开或暗地、直接或间接地支持假冒伪劣商品的生产、加工、制造活动,以增加本地产值,扩大就业门路,开辟财源、增加税收。另一方面,用行政力量推销伪劣商品、保护伪劣商品市场。有的地方为了保持工业生产的增长速度、减轻积压产品的负担,对一些质次价高的商品采用行政干预的办法指令地方国营商业部门帮助工业企业"泻肚子"。有的地方甚至采用强制推销的办法,规定各单位购买企业无销路的产品。这种通过行政权力的保护,使地方市场呈现高度割据性的垄断状态。

5.3.3 资本市场方面的保护

中国的证券市场已从地区性试点,发展成为全国性市场,市场的规范性正逐步提高。但中国证券市场是相对独立的、非统一的市场。证券交易所归属地方政府和中央证券主管部门双重管理。不同的证券交易场所有不同的制度、办法和运作规则,是一种封闭式的、地方割据的市场。不少上市公司和中介机构在信息披露和规范运作方面违反有关规定,证监会人手严重不足,疲于查堵。地方政府出于局部利益,在接受证监会委托调查案件时,有时先于证监会悄悄地处理案件。结果,影响了公开、公平、公正原则的实施,损害了投资者利益,市场意见很大。有些地方为维护本地上市公司形象,不断用行政的力量对上市公司重组,这就严重束缚了市场机制的"自发性"作用,很不利于市场的发育。

就产权市场而言,目前全国统一产权市场体系尚未形成,不合理的行政干预制约了产权市场的发展,企业跨地区兼并收购面临很多困难和问题,目前的企业兼并与产权转让具有浓厚的区域性色彩。1998年以政府职能转换为核心的政府体制改革,使政府脱离了直接管理企业的体制,国有企业的自主权空前扩大。但同时,地方政府职能转换改革滞后,并且更以资产所有者的身份去干预企业,从发展战略、日常经营上把企业控制在自己手中,使得国有企业的经营自主权实际上没有得到有效落实。在企业并购与产权重组过程中,地方政府不合理的行政干预主要表现为两个方面:其一,企业并购中地方保护较为严重,跨地区、跨行业的企业兼并往往受到当地政府的干预和限制。其二,企业并购往往只是从单纯的摆脱政府行政负担的目的出发,"拉郎配"式兼并或"杀富济贫"式兼并破坏了产权流动的市场规划,其结果往往是优势企业被拖垮。更有甚者,在企业产权交易和资产重组中,有的地方政府搞假破产真逃债,市场交易行为被扭曲。

就国有资产管理而言,中国多年来对企业实行多头管理,国有资产人人有份、人人不负责,造成了国有产权主体的缺位,在进行股份制改组以后,这种状况依然没有得到转变。目前不少地方建立了国有资产管理部门,国有股权管理收到了一定成效。但应看到,国有资产管理部门作为一个新的管理部门,本身没有按照经济的要求进行股份制管理,依然是按照行政区划来设立,易形成资金的割据和地方保护主义,难以发挥资金的规模效益。

5.3.4 对生产资源保护与封锁

在生产资源配置上,无视国家产业政策和生产力的合理布局,甚至有关制度和法规都为地方保护主义服务,成为市场分割的一大顽症。

产业政策是国家站在宏观经济高度,从全局的长远利益出发,对整个国家产业布局的规划,以实现全社会各产业的协调发展,各地和各部门都应自觉地贯彻实施。但由于改革开放以来,多元利益结构的形成和发展,各地区和部门往往不是从全局利益出发,服从国家产业政策的调控,而是一味追求自身局部的近期利益,对投资少、见效快、价高利大的项目争着上,盲目布点、盲目投资,以致重复建设、重复引进、一哄而上、一哄而散的现象相当普遍。各地未充分利用自己的比较优势,地区结构趋同化的现象非常突出。例如早些年常发生的在家用电器、轻纺产品等生产和建设上的恶性竞争,汽车制造业也是一个典型例子,一哄而上,导致一百多家整车生产厂家出现。近年来又在机场、港口、高速公路、开发区、旅游度假区甚至大型市场设施和商场等领域内不顾市场容量和经济回报盲目投资、攀比建设。

另外,重复引进和盲目引进的现象也是许多地区非常普遍的事情,有些产品或生产线即使知道国内技术水平可以达到国外标准,但由于地区利益作怪依然要去国外引进,从而导致中国工业布局过于分散和许多引进生产线的生产能力大量闲置。

又如,由于行政区在组织和管理地区经济活动中的主导地位,许多地区万事不求人,以自成体系为目标追求大而全和小而全,导致地区产业结构趋同,缺乏地区之间专业化分工和协作关系,形不成地区特色产业体系。尽管中国幅员辽阔,东、中、西部地区资源和经济技术条件差别很大,但据有关资料,目前中国有23个省份生产洗衣机,29个省份生产电视机,23个省份生产电冰箱,27个省份生产汽车,其他诸如摩托车、化纤、纺织、塑料、自行车等轻工业产品也都遍及全国各地。这种趋势还在加强,各地在制定2010年远景目标规划中,仍不顾市场拥挤,有22个省份把汽车列为支柱产业,24个省份把电子列为支柱产业,16个省份把机械、化工列为支柱产业,14个省份把冶金列为支柱产业,再次出现重复建设和结构趋同的苗头。

还有,地区利益至上对全国经济布局的形成带来许多消极影响。一般来讲,沿主要河流和重要交通干线地区以及中心城市具有比较好的区位条件和发展基础,国家依托这些地区来展开重大生产力布局有利于吸引国内外资金和提高投资效率,并带动周围地区发展,借此形成比较合理的区域经济格局。但是,由于沿河流及重要交通干线地区一般都要跨越不同的行政区划,在行政区主导区域经济发展方式的影响下,河流的上下游之间、湖泊的周边地区之间、铁路的上下线之间和中心城市与所在地行政区之间都很难建立起良好的产业分工和合作关系。相邻行政区交界地区经常发生不合理开发利用矿产资源和相互转嫁环境污染的以邻为壑的现象,如近些年来在晋陕蒙接壤地区、太湖流域地区、淮河流域地区等出现的此类事件,使得原本就很难解决的诸如资源浪费和生态环境破坏等问题变得更加严重和复杂化。

值得注意的是,随着能源和原材料的瓶颈制约缓解,绝大部分产品从短缺变为过剩。在此背景下,资源产品的争夺转化为最终产品市场的争夺,从而以初级农产品和工业原材料为主的限制流出逐步淡化,而以保护本地产品和市场为主的限制流入凸显出来。随着要素市场化的推进,要素的跨地区流动也随之发展。涉及的产品范围也越来越多,过去主要集中在某几种原材料的限制,现在演变为凡当地能生产的产品都在保护之列,保护涉及的面比以前拓展了,保护的手段不断增加。传统的保护手段:一是统一收购,卡住源头;二是行政分配,不经过相应的审批手续就不能外流;三是在对外运输线路上设置关卡,严格检查,堵住出口。

区域要素流通不畅呈现以下新形式:

一是地方保护成为"正式化的"制度安排。过去的保护表现为一事一议、就事论事的随机措施,而目前越来越演变为"正式化的"制度安排。比如一些地方正式制定了"优先使用地方名优产品制度",对优先使用本地产的原材料等产品做出硬性规定。还有一些地方,实行"保护地方产品的考评制度",在明确地方名优产品销售指标和市场占有率上进行规定,并把任务量化,"分解"到基层组织的基础上,每年以政府文件的形式下达考核指标,形成了一套自上而下的考评体制。其考评十分严格,坚持一季度一考评,年终总评,以政府的形式进行通报,并根据考评结果奖优罚劣。只要完成上面下达任务的70%的销售量,就可以获得相应的奖励。若使用外地的产品,则要受处罚。为了及时交流情况,推广经验,一些地方还建立了"工作通报制度",编发简报,推荐所谓的成功经验,在当地的广播、电视等媒体上发布销售实绩排行榜。

二是组织化程度提高。过去地方保护措施主要由相关的几个部门分头实施,而对这些部门来讲也仅仅是附带性的事情,不是专职业务范围内的工作,组织化程度低。现在一些地方为此专门建立了一支专职的队伍,从工商局、税务局、城建局、技术监督局等部门抽调人员集中办公,有分管领导,有专人办事,形成了一套完整的组织体系。

三是越来越为地方保护做法打造"合法性"外衣。过去一般采用红头文件的方式规定购买本地产品,使用本地产品。这种方法显然与市场经济规则相违背,不具有合法性。现在更多的是套用市场规则,成立"合法性"机构,假借整顿市场秩序之名,行地方保护之实。

四是构筑非费率措施的贸易壁垒。这与国际贸易壁垒的发展趋势类似,地方政府一改过去主要通过对外省产品收取各种费用使区内、外产品在本地市场上具有不同的竞争地位。现在更多地采用质量、技术、环保、安全等一系列标准为手段,将外地产品拒绝在门外。

五是利用中国处于体制变革过程中,新旧体制接轨的某些"真空",打"擦边球",钻法律的空子。

六是借助司法手段实行地方保护。由于中国至今在跨地区的经济纠纷判决与执行上,往往存在司法上的"主客场"。这就为地方保护主义存在提供了"法律"的基础。

5.4 劳动力流动与区域经济协调发展

5.4.1 劳动力流动与区域经济协调发展的关系

关于劳动力流动对区域经济协调发展的影响,有以下几种不同的观点:

李新安(2003)分析了劳动力区际流动的利益变动。其分析如下:区际劳动力流动将改变流出区域和流入区域的劳动力供求状况。劳动力的价格主要由劳动力市场的供求决定。假定需求不变,供给量增加,意味着劳动力价格将下降;供给量减少,其价格上升。这样,劳动力流出区域,由于供给减少,劳动力的价格上升;而劳动力流入区域,则由于供给量增加,其价格下降。李新安(2003)通过构建两个区域的劳动力市场,分别为发达地区的劳动力市场和欠发达地区的劳动力市场,在利益驱动下,欠发达地区的劳动力向发达地区流动,对流入地区带来了厂商收益的增加和原有劳动者工资水平的下降,但厂商的收益大于地区原有劳动者的损失,劳动要素的流动对发达地区产生了纯收益;另外,对于劳动力流出地区,李新安(2003)认为中国劳动力的区域流动属于临时性流动,这一类劳动力的收益的一部分通过消费留在了经济发达地区,而剩余的主要部分属于区域欠发达地区,不发达区域的劳动力流出,并没有产生利益上的损失。

区际劳动力流动,会提高整个国家的资源利用效率,产生了很大的纯收益,然而新增收益主要为劳动力流入区域,即发达地区所获得。如果考虑欠发达地区的劳动力到发达地区工作学到了知识,培养了技能,接受了新的思想和观念,学到了发达地区先进的管理经验,那么这些劳动力返回欠发达地区后,有助于提高欠发达地区优势产业的竞争能力,因此劳动力区际流动,使欠发达地区获得了非直接经济利益。

根据王德等的研究,人口迁移对中国的区域差异存在均衡效果:他们得到的研究结果如表5.1所示。在假定人口不发生迁移的情况下,3个时期末[①]的基尼系数分别为0.213、0.248和0.267,均高于发生人口迁移后的0.209、0.244和0.247。1985—1990年,由于人口迁移使得区域经济不均衡基尼系数从0.213降到0.209,降幅为1.9%。1990—1995年,降幅为1.6%,比前5年有所缩小。到1995—2000年,降幅达到8.1%,从不发生迁移时的0.267降到发生迁移后的0.247,由此可见,人口迁移在15年的期间内对缩小区域经济差距一直在起作用,而1995—2000年的5年,均衡作用的效果最明显。根据他们的研究,人口迁移对区域经济发展差距的均衡效果相当于提高了落后地区的GDP总量。经测算,1985—1990年人口发生迁移前后,基尼系数由0.213减小为0.209,减幅为0.04,这一差值相当于使1990年人均GDP下位11个省份,如贵

---

① 分别指1985—1990年年末、1990—1995年年末、1995—2000年年末。

州、湖南等各增加1.5%的GDP总值。同样，对1995年下位15个省份和2000年下位14个省份各增加1.5%和9%的GDP值。从均衡效果的发展过程来看，2000年为最大，说明人口迁移的均衡效果越来越显著，对地区经济不平衡的作用机制正在越来越重要地发挥作用。由以上分析可知，省际人口迁移在1985—2000年对我国区域经济不均衡的发展的确起到减缓作用。

表5.1 各时期人口迁移前后基尼系数变化

时间	不发生迁移	发生迁移	变化	变化率(%)
1985—1990年	0.213	0.209	0.004	1.90
1990—1995年	0.248	0.244	0.004	1.60
1995—2000年	0.267	0.247	0.020	8.10

资料来源：王德、朱玮、叶晖，《1985—2000年我国人口迁移对区域经济差异的均衡作用研究》，《人口与经济》，2003(6)。

文建东(2004)认为，中国东部地区的发展是在西部劳动要素向东部流动的过程中展开的，要素的流动规律和经济地理有关，并影响着西部地区的经济发展。存在着两类要素向东部地区的流动，一类是专业技术人员向东部地区的迁移，构成持久的移民。他们或者是西部地区产业部门或事业机关的骨干，更多的是高校毕业生。高校毕业生或者是在西部地区高校毕业后到了东部地区寻找工作，或者是高中毕业就考入东部高校，主要是上海和北京高校，然后不再回西部地区。另一类要素流动是民工的移动，规模庞大，但属于候鸟式的，可以称之为半流动。其中民工的流动对西部地区的经济发展应该是有积极作用的，因为这类人口仅仅是暂时的迁移，其居住地并没有移动，其根仍然留在自己的出生地。这样，他们在劳务输出时，收入汇回到西部地区，为西部地区的物质资本积累做出了贡献。

值得分析的是专业技术人员的流动对西部地区的影响。表面上看，如果受过良好教育的劳动力迁出西部地区对西部地区的经济发展极其不利，事实上，考虑到教育成本的来源和教育收益的地区差别，熟练工人或专业技术人员的东迁对西部地区并无不良影响。知识外流如果有不良影响，主要在于公共财政对教育的补贴会随着专业技术人员的外流而被带走，这发生在教育市场扭曲的环境中。向东部地区迁移的专业技术人员都接受了高等教育，而不管是在外地接受高等教育还是在本地接受，所在高等院校的经费绝大部分都来自中央财政，经教育部之手拨出。更何况私人教育开支在教育成本中所占比重越来越大,这突出表现在高校学费的逐年上涨上。另外,因为市场完善程度与东部地区相比有很大差距,西部地区劳动市场上的专业技术人员和熟练工人定价并不合理,专业人员的技能与所从事工作的技术往往并不匹配,此时他们在西部地区的边际生产力低于其在东部地区的边际生产力,知识人才的迁移可以提高东西部地区总体经济效率。不迁移而停留在西部地区反而是资源浪费,对西部地区而言是教育过度。因为是国内地区之间的人才流动,国家还可以以中央财政的名义对西部地区进行教育补贴。

更重要的是,这种知识流动会促进西部地区进一步的人力投资,改善当地人力资本存量和平均教育水平。在存在东西部地区工资差距和东部地区劳动市场对西部地区开放的前提下,东部地区表现出更高的接受教育、进行人力投资的倾向。

张敦富提出劳动力的跨区域流动,对流入和流出区域的经济发展都具有一定的影响。一般认为,劳动力的区域间流动可以缩小区域间的劳动工资差别,提高劳动力资源的整体配置效益,促进区域整体经济效益的提高。其经济效应可以用图5.4来表示。

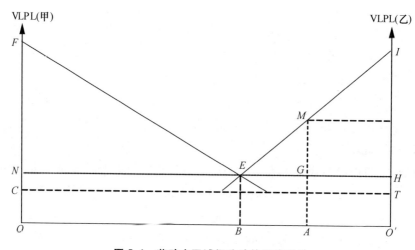

图 5.4 劳动力区域间移动的经济效益

图5.4中,横轴代表劳动力的供给,OA为甲区域的供给量,O′A为乙区域的供给量;纵轴表示劳动力的边际生产率,VLPL为边际劳动产品价值线,即每

增加一个劳动力的单位投入,其边际产品就会有一定量的减少,在自由竞争条件下,它们也表示两区域劳动力的实际工资线。在发生劳动力的区际流动以前,甲区域劳动力总量为 OA,工资为 OC,总产量为 OF—GA;乙区域劳动力总量为 O'A,工资为 O'H,总产量为 O'JMA。当 AB 量的劳动力由甲区域流到乙区域,甲乙两区域的工资水平达到均衡状态,这时甲区域的总产量由 OFGA 缩小为 OFEB,而乙区域的总产量由 O'JMA 扩大到 O'JEB。显然,乙区域增加的产量要大于甲区域减少的产量,超过部分为 EMG。因此,劳动力的区际流动会使区域的总产值增加,实现资源的优化配置。

事实上,劳动力的区域间流动有时并不一定能够引起劳动力流入地区工资水平的降低和流出区域工资水平的提高。劳动力的区域间流动所带来的最直接的经济效益,是可以调剂劳动力的区域间余缺,更好地满足区域经济发展对劳动力的需求。劳动力的区域间流动对区域经济发展的不利影响是,劳动力的区域间流动与区域经济发展的要求有时不相适应。如果不加以引导,就会加大区域经济的发展差距。发展中国家大量的高级技术和专门人才大量流向发达国家,在促进发达国家经济发展的同时,更加剧了发展中国家人才的紧缺,制约了发展中国家经济的发展。对于各国家内部劳动力的流动也常常存在流出人口与流入人口在质量要求上的不一致及经济欠发达地区向经济发达地区人才流失的问题。为了吸引人才留在经济欠发达地区,通常需制定一套优惠政策与措施,鼓励人才迁入,减少人才外流。以上各种观点分析问题的角度各有不同,得出的结论也不尽相同,但综合分析,我们可以得出以下结论:(1) 劳动力流动对整个国家、流入地区和流出地区都具有增进利益的作用。劳动力流动可以提高国家的资源利用效率,为发达地区提供所需的劳动力资源(或人力资本)进而促进经济增长和社会福利的增加,也可以使落后地区获得直接(提高边际劳动生产力、资金回流等)或间接(先进的思想观念、先进的技术和管理经验、教育补贴等)的利益。(2) 劳动力自由流动在一定程度上使得区域经济差距扩大,但只要使得区域差距保持在适度的范围内即可,这也是中国区域经济协调发展的应有之义。中国区域经济协调发展并不是要求各地均衡发展,而是要在市场机制的引导下,使各种资源能够得到有效配置。(3) 政府要合理引导劳动力流动,控制劳动力的流量和流速,保持劳动力供求总量的动态平衡和结构的相对合理。加强对劳动力市场的监督和管理,维护市场秩序,制止欺诈行为,保证劳动力市场的正常运行。

5.4.2 中国的区际劳动力流动

中国劳动力流动的空间格局从20世纪80年代发生急剧变化。人口迁移与劳动力流动日趋活跃、社会组织形态及生活方式日益多样化。每年约有1.2亿的劳动力大军在异地流动,我国正在经历和平时期最频繁的人口大流动。对就业型迁移流向来说,人口迁移的流向基本上能反映劳动力的流向。20世纪80年代以来我国人口迁移的就业型特征十分明显,因此我们根据人口迁移流向来分析劳动力的地区流向。

20世纪80年代以来,我国人口迁移和流动的地区流向以向沿海地区和大城市的集聚型迁移为主。从1985—1990年的情况来看,人口净迁入的省份主要是沿海省份,包括北京、上海、天津、广东以及辽宁、江苏、福建、山东、海南等;中部地区仅有山西、湖北为净迁入省份;西部地区的青海、宁夏、新疆三省份为净迁入。进入20世纪90年代以后,人口继续向沿海地区流动,据1995年1%人口抽样调查的资料,1990—1995年,沿海地区原有的9个人口净迁入省份继续是人口净迁入的,此外还增加了河北,达到10个;中部的湖北变为净迁出省份;西部地区仅有新疆保持人口净迁入的趋势。其显著特征是中西部人口密集的农业省份全部成为净迁出省份,形成连片迁出地区,如安徽、江西、河南、湖北、湖南、四川等,而向沿海地区迁移的集中程度则更加明显。

1995—2000年,北京、天津、辽宁、上海、江苏、浙江、福建、山东、广东、海南等沿海省份继续成为净迁入区,仅广西等省份是净迁出区,而中部地区除山西外基本上全部是净迁出区,西部地区省份如云南、西藏、宁夏、新疆等也是净迁入区,形成东、西部迁入,中部迁出的新格局(见表5.2)。从主要的人口净迁出省份可以发现一些共同的特点,这些地区多是老工业基地,或者是农业主产区,在沿海和沿边开放中处于相对不利的区位位置上(见图5.5)。

表 5.2 1995—2000 年各地人口净迁移状况

省份	净迁移人数（人）	占总人口之比（%）	省份	净迁移人数（人）	占总人口之比（%）
北京	167 250	12.31	河南	-185 871	-2.04
天津	39 330	3.99	湖北	-155 415	-2.61
河北	-9 435	-0.14	湖南	-285 500	-4.51
山西	6 437	0.22	广东	1 083 001	12.72
内蒙古	-9 839	-0.41	广西	-155 224	-3.50
辽宁	39 161	0.94	海南	10 451	1.38
吉林	-26 830	-1.00	重庆	-101 459	-3.32
黑龙江	-62 626	-1.73	四川	-347 688	-4.21
上海	198 100	12.07	贵州	-98 221	-2.29
江苏	74 210	1.02	云南	36 459	0.86
浙江	176 298	3.80	西藏	3 855	1.47
安徽	-260 124	-4.40	陕西	-28 383	-0.81
福建	73 258	2.15	甘肃	-35 625	-1.44
江西	-242 120	-6.02	青海	-4 155	-0.86
山东	2 802	0.03	宁夏	4 719	0.86

注：本表根据占总人口 10% 的数据计算，表中的净迁移人数和总人口数均为实际人口数。
资料来源：国家统计局，《2000 年全国人口普查资料》，中国统计出版社，2000。

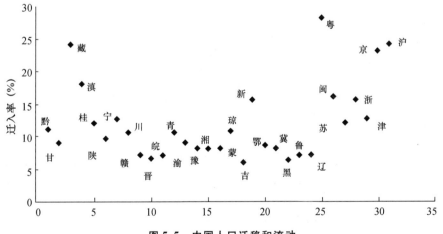

图 5.5 中国人口迁移和流动

沿海地区由于良好的区位条件、雄厚的发展基础以及相对宽松的地方发展环境,仍然将成为中国发展最快的地区。长江三角洲地区的产业质量相对较高,自然环境容量相对较大,而且长江三角洲地区作为发达的都市区还有继续向外延伸的可能,从而成为迁移人口最多的都市区;珠江三角洲地区对外来劳动力需求仍然呈现增长的趋势,同时实现劳动力技术结构的升级。京津塘地区对外来劳动力需求的扩张也有所减缓。京津塘都市区经济增长潜力巨大,但是,受到自然环境限制,特别是用水的制约,应该对该地区的城市扩张进行约束,除了建立节约型经济体系以外,还需要设置城市发展的边界,强制限制城市外延的扩张,都市区外来人口增长的速度也将有所减缓。

中部地区仍然是中国流动人口的主要迁出地。中部地区经济发展的整体速度和就业扩张能力将仍然低于沿海地区,同时,中部地区劳动力供给呈现较快增长趋势,加上携带家眷流动的比例大幅度增加,共同导致中部地区人口仍然将较大规模地向沿海地区及东北地区流动。中部地区武汉城市群、中原城市群、长株潭城市群、长江沿岸城市群、合肥城市群和南昌城市群、太原城市群都将有较大幅度的发展,从而成为接受中部地区中程迁移和远程迁移的主要空间载体。

西部地区人口向外部迁移的规模和速度将有所增加:一是随着中国沿海、东北和中部地区的发展,对西部地区劳动力的吸纳能力增强;二是随着西部大开发的深入,西部地区基础设施网络已经初步建立,西部地区与全国其他地区的信息交流日益增加,西部地区居民,特别是新一代青年对中国发展充满着渴望,他们将能够比上一代更加积极地参与到中国工业化和城市化进程中来;三是中国西部地区人口是中国人口规模控制较弱的地区,从而成为新增劳动力增长最快的地区,成为就业压力不断增加的地区,成为人口迁移推力最大的地区。进入21世纪以来,中国人口增长的区域分布格局已经发生重大变化,西部地区已经成为中国人口增长绝对量最大的地区,2000—2006年西部地区人口增长1652万,超过中部地区1510万的增长规模。

5.4.3 资本流动与区域经济协调发展

5.4.3.1 资本流动与区域经济协调发展的关系

区域资本的流动是生产要素区域流动的重要部分,与区域经济发展呈现密

切的关系。关于资本流动对区域经济协调发展的影响,主要有以下几种观点:

贺瑞、杜跃平(2005)认为,大规模资本流动有助于减少地区间经济差异。新古典理论假设自由竞争的存在和生产要素能够充分流动,认为资本在区域间的流动会自动调节并且达到均衡状态,从而使各个地区资本的边际效率相等,并最终使地区间的经济差异消除。我国部分学者倾向于认为,资本在我国地区间的自由流动,在改革开放初期会引发两地间经济差距扩大,而随着改革的深入进行,以及外溢效应的发生,资本会出现由东部地区向中西部地区回流的现象,进而两地间经济差距会有所减小。改革开放政策的实施,国家给予东部地区较大的政策倾斜,而且东部地区本身的技术、人才优势较西部地区更为明显。因此,该地区经济迅猛发展,资本的边际产出增加,资本在该地区的投入能够取得相对较高的回报率,大量的中西部地区资本出现向东部地区流动的现象,东西部地区经济差异加大。随着改革深入开展,东部地区劳动力成本和土地成本上升,引起资本边际产出下降,资本存量减少,同时,国家采取西部开发战略,将政策支持逐渐引向西部地区,而且东部地区的技术、信息产生外溢效应,使中西部地区生产力水平提高,资本的边际产出水平也相应增长,资本回流现象出现,此时,与东部地区相比较而言,中西部地区的土地、劳动力边际产出上升,人民生活获得改善,与东部地区经济差异减小。

刘友芝、罗楚亮(2002)认为资本的区际流动反映了资本在空间的优化配置过程。通常认为,市场经济中资金的流动具有"马太效应",即越是发达的地区所聚集的资金越多,越是落后的地区越难以集聚资金。因而资本从低报酬率的地方流向高报酬率的地方,往往表现为从落后地区向发达地区流动。这种流动增加了发达地区的资金供应,加剧了落后地区的资金稀缺程度,结果使得地区差距不断扩大。

资本流动中长期投资的变化与短期资本流动对经济发展的效应有所差异。长期投资由于固定资本形成后资产专用性影响,对一个地区经济发展的影响也是长远的,如果发生失误将难以立即纠正。而短期资本在地区间的过分流动则无疑会导致泡沫经济,加剧金融风险,东南亚金融危机即为一例。

李新安(2003)认为区际资本的逆向流动可能由两方面的原因造成:一是中央政府的制度安排,如改革开放后,中央政府为沿海地区的发展制定了一系列优惠政策,导致沿海地区的资本收益率高于中西部地区,在利益驱动下,中西部地区的资本流向沿海地区；二是区域间发展差距过大，使得落后地区的优势，如因劳动力价格低、资源开采成本低等所获得的收益，往往补偿不了因其投资环境差所引致的成本增加，将促使资本拥有者把资本转移到发达地区。

假定在资本逆向流动前，发达地区的专业化生产部门为资本密集型产业，落后地区的专业化生产部门为劳动密集型产业，发达地区向落后地区输出资本密集型产品，同时从落后地区输入劳动密集型产品。

资本的逆向流动，对发达地区来讲，资本的流入，增加了区内的资本供给量，其相对价格较低，因而平均收益率下降，对区内资本密集型产业和劳动密集型产业的发展都有利。由于资本密集型产业更多地使用价格下降的资源，因而资本流入，给资本密集型产业带来的利益要大于劳动密集型产业。对于劳动力来讲，资本的流入，一方面提高了劳动力的稀缺性，其平均价格上升；另一方面创造了就业机会，使劳动力总的收益增加。由于劳动力的净收益大于原有资本的净损失，因而发达地区获得净收益。

对于欠发达地区来讲，资本的流出使原本稀缺的资本更加稀缺，区内的资本、劳动力比率下降，资本替代劳动的机会成本提高，虽然对劳动密集型产业和资本密集型产业的发展都产生负面影响，但对资本密集型产业的负面效应要大于劳动密集型产业。但与此同时，劳动力的价格下降，失业和不充分就业的劳动力增加，因而劳动力的总收益减少，而且劳动力的净损失大于资本的净收益，欠发达地区的总收益减少。总的来讲，资本的逆向流动，不能使双方受益，经济发达地区收益净增加是以欠发达地区收益减少为代价的。

资本的逆向流动，弱化了欠发达地区劳动密集型产业的竞争优势和发达地区劳动密集型产业的竞争劣势，强化了欠发达地区资本密集型产业的竞争劣势和发达地区资本密集型产业的竞争优势。因此资本逆向流动的结果是，欠发达地区对发达地区资本密集型产品的依赖性更强，而发达地区对欠发达地区劳动密集型产品的依赖性相对减弱。

综上分析，我们认为：(1) 在分析资本流动与区域经济差距的关系时，我们首先要分析引起区域间资本流动的条件。在市场经济的条件下，区域资本流动及其变化过程也是由市场经济机制决定的，也就是说地区间的资本流动的方向和规模是由各地区间资本利润率的差异决定的。当资本转移收益的差额抵偿了全部转移费用之后还有较大的剩余时，就发生了资本存量的空间转移。资本的正向流动有利于区域经济协调发展,逆向流动使得经济发达地区收益净增加以落后地区收益减少为代价,不利于区域经济协调发展。(2)目前在我国,区域间的资本流动导致大量资本在东部地区集中,一方面造成区域差距继续拉大,另一方面使投资过分追求数量和速度。然而,在投资规模递减规律的作用下,东部沿海地区新兴工业基地的边际投资效益显著下降,其投资有效性的降低尤其明显。因此,东部地区的持续增长要求其进行投资结构调整,重点关注投资的科技水平,大规模地扩大技术研发投资和教育等人力资本投资,提高经济增长质量,加速增长方式的转型;对中西部地区,目前的关键仍是加快地区经济增长速度,缩小日益扩大的区域差距,而这又需要有大量的资金支持,也要求中央政府在中西部地区自身资本积累不足的情况下,将财政资金和国家信贷资金向中西部地区基础设施建设倾斜,改善其投资环境,同时理顺价格,给予中西部地区更加显著的投资税收优惠等政策,为西部地区以资源开发或粗加工为主的工业创造出相对较高的资金收益率,增强其对外部资本的吸引力,从而逆转区域资本向东部流动的基本趋势。

5.4.3.2 地区之间资本流动

从东中西部地区的资本形成总额的绝对数来看,1991—2006年各地区的资本形成总额均有很大程度的提高:2006年与1991年相比,东部地区的资本形成总额是1991年的14.37倍;中部地区2006年的资本形成总额是1991年的13.43倍;西部地区2006年的资本形成总额是1991年的14.11倍(见表5.3)。

表5.3 全国固定资产投资总额　　　　　　　　　　　单位:亿元

年份	东部地区	中部地区	西部地区	年份	东部地区	中部地区	西部地区
1991	4 368	1 933	1 588	2000	24 635	9 635	6 941
1993	9 295	3 357	3 118	2001	25 840	10 427	8 111
1995	15 715	5 012	4 534	2002	29 270	11 553	9 303
1996	17 989	6 883	4 694	2003	36 613	13 206	11 742
1997	19 777	7 974	5 571	2004	46 212	17 151	14 789
1998	21 836	8 934	6 329	2005	54 354	22 854	18 027
1999	22 523	9 009	5 432	2006	62 571	25 987	21 689

资料来源:国家统计局,《中国统计年鉴》(历年),中国统计出版社。

从各地区的发展来看,东部地区的资本形成总额占据全国资本形成总额的绝大部分比重,而且从1991年到2006年东部地区的资本形成总额增长的幅度在三个地区中也是最大的;中部地区资本形成总额占全国资本形成总额的比重相对比较稳定,在1/4左右,而且中部地区资本形成总额的增长幅度在三个地区中是最小的;西部地区资本形成总额的增长幅度在三个地区中居中,但是西部地区的资本形成总额所占的份额是最低的,最多也仅约20%。

尽管从总量上来讲,各地区的资本形成总额都有不同程度的提高,但是从各地区资本形成总额所占的比重看,却是有涨有落。东部地区所占的份额有所提高,但中西部地区呈现出下降的趋势。

全社会固定资产投资在不同区域间的分配不同,从1998年起,我国的资本存量、人均资本在各地区分布的总量有着较大的差别,而且也呈现出不同的增长速度。如1998年东部地区基本占据了全国资本存量的60%以上,而整个中西部地区合起来也不到40%,排名前五位的省份分别是广东、江苏、山东、上海、浙江;而居于后五位的分别是贵州、海南、青海、宁夏、西藏。我国固定资产投资的主体包括国家、企业和个人等多重主体。改革开放以来,无论是基本建设投资还是全社会固定资产投资都是向东部地区倾斜。从20世纪80年代至今,国家基本建设及贷款投资总量的60%以上都是在东部地区完成的,西部地区不足20%(见表5.4)。

表5.4 东中西部地区实际固定资产投资总额及结构

年份	东部地区 (亿元)	比重 (%)	中部地区 (亿元)	比重 (%)	西部地区 (亿元)	比重 (%)
1998	12 217	57.1	5 196	34.3	3 958	18.6
1999	13 470	55.5	6 001	24.3	5 004	20.2
2000	14 525	55.3	6 247	24.0	5 368	20.7
2001	21 589	59.7	8 562	23.7	5 999	16.9
2002	24 588	62.0	10 044	23.9	7 057	16.8
2003	33 565	61.0	12 759	23.6	7 774	14.4
2004	41 648	61.4	16 917	24.8	9 582	14.0
2005	50 126	60.2	20 658	24.8	11 258	13.8
2006	55 695	57.9	24 895	25.8	15 967	16.5

资料来源:国家统计局,《中国统计年鉴》(历年),中国统计出版社。

改革开放以来,我国资本的流动更多地体现着市场经济的需求,但政府在资本配置中仍然有着较强的控制能力。目前我国中西部地区还处于经济快速增长的起步阶段,在资本形成的过程中,政府作用的重要性仍然比较突出。就区域内资本形成总额在政府和私人部门之间的分布状况来看,中西部地区区域内资本形成的1/3以上是由政府实现的,而在东部地区只略多于1/4的区域内资本形成是由政府实现的(见表5.5)。

表5.5 东中西地区的中央财政转移支付 单位:亿元

年份	东部地区	中部地区	西部地区	年份	东部地区	中部地区	西部地区
1992	98	76	135	2000	1 654	1 503	1 478
1993	207	46	89	2001	1 672	1 928	1 728
1994	135	108	148	2002	2 278	2 355	2 132
1995	247	72	101	2003	2 638	2 574	2 146
1996	620	429	518	2004	2 854	3 140	2 512
1997	860	905	701	2005	3 358	3 879	3 018
1998	957	936	763	2006	3 716	4 427	3 643
1999	1 151	1 139	887				

资料来源:国家统计局,《中国统计年鉴》(历年),中国统计出版社。

从表5.5可以看出,1995—2000年东中西部地区获得的中央财政转移支付的水平基本持平,如1996年东中西部地区获得的财政转移支付分别为882.96亿元、936.35亿元、763.84亿元,到1997年之后,东部地区获得的财政转移支付略高于中部地区和西部地区,但总体水平仍然呈现均衡的态势。但是,由于我国东部地区每年上缴的税收要远高于中部和西部地区,相对而言,东部地区对中央财政的贡献要大于中部和西部地区。1994年实行分税制后,虽然各地区的财政支出都大于其收入,地区财政缺口主要由中央税收返还来弥补。但我国中西部地区每年都接受大量的中央财政补贴,并且呈逐年增大的趋势,有些省份,如西藏、宁夏、内蒙古、青海、新疆等财政自给率还不到50%,几乎全靠中央财政补贴来维持。所以,实际上中西部地区名义的中央财政补贴要远高于东部地区。从这个角度来看,东部地区的资金以中央财政转移支付的形式向西部和中部流动。

从货币资金的角度看,计划体制弱化以后对资金流动的管制放松,促进了银行资金在不同地区间的流动,1996年开始运行的全国银行间同业拆借市场,也给金融机构提供了一个大额资金流动的渠道,使资金流动变得更为频繁和顺畅。

银行资金在不同区域间的分配主要表现在金融机构的存贷款总量的分布,银行资金在不同区域的流动主要表现为存贷差、银行间同业拆入和拆出以及银行资金的汇入和汇出。由于获得的资料有限,这里主要分析银行存贷款资金存量和存贷差的变化。

第一,东中西部地区的存款分布不平衡,东部地区的存款远远大于中西部地区,而且不同省份存款的绝对额差异也非常大。2002年中西部地区的存款总额合计为50 292亿元,东部地区的存款为76 124亿元,是中西部地区存款总量的1.5倍;而具体到各个省份之间这种差距更为明显,贵州的人均各项存款为2 830元,上海、北京的人均各项存款分别为74 901元、70 825元,约为贵州的26倍。1991—2002年,从整体来看,东部地区的存款约占全国存款的60%以上,而中西部地区的存款总共占据约40%的份额。仅从2002年来看,东部地区国家银行各项存款占国家银行各项存款的60.22%,分别是中西部地区的2.80倍和3.31倍。从各个地区存款的增长速度来看,1991—2002年,东中西部地区存款年均增长率分别为22.63%、21.50%、24.61%,三个地区的存款都保持了较高的增长速度,其中西部地区存款的增长速度最快,高于东中部地区2—3个百分点(见表5.6)。

表5.6 东中西部地区国家银行存款

年份	东部地区		中部地区		西部地区	
	金额(亿元)	比重(%)	金额(亿元)	比重(%)	金额(亿元)	比重(%)
2002	76 124	60	27 323	21.6	22 969	18.2
2001	71 421	60.8	23 476	19.4	22 592	19.0
2000	61 558	60.1	20 208	20.0	19 124	18.9
1999	53 962	60.3	19 800	22.1	15 277	17.6
1998	45 944	62.2	14 121	19.4	13 701	18.6
1997	39 358	61.9	12 344	19.6	11 763	18.5
1996	31 435	61.3	10 651	20.8	9 117	17.8
1995	24 402	61.8	8 288	21.0	6 765	17.1
1994	18 363	61.5	6 311	21.2	5 170	17.3

(续表)

年份	东部地区		中部地区		西部地区	
	金额（亿元）	比重（%）	金额（亿元）	比重（%）	金额（亿元）	比重（%）
1993	13 718	60.0	5 015	22.1	3 989	17.6
1992	11 271	60.3	4 107	22.0	3 294	17.6
1991	8 512	61.3	3 327	24.0	2 057	14.8

资料来源:《新中国50年统计资料汇编》,1999年以后的数据来自各地金融年鉴。

第二,东中西部地区贷款的分布也不平衡,和存款在各地区的分布相同,贷款资金在区域间的分布也呈现出东部地区高、中西部地区低的分布特征。1991年东部地区国家银行各项贷款为9 124亿元,占国家银行贷款的55.13%,分别为中西部地区的1.8倍和3.88倍。2002年我国金融机构各项贷款余额为96 941亿元,其中,东中西部地区贷款余额所占的比重分别为57.4%、23.1%、19.5%,东部地区分别是中西部地区的2.48倍和2.95倍;从人均拥有量上看,东中西部地区的人均拥有贷款分别为11 542元、5 263元和5 137元,东部地区分别是中西部地区的2.1倍和2.2倍(见表5.7)。

表5.7 东中西部地区国家银行贷款

年份	东部地区		中部地区		西部地区	
	金额（亿元）	比重（%）	金额（亿元）	比重（%）	金额（亿元）	比重（%）
2002	55 670	57.4	22 420	23.1	18 851	19.5
2001	52 101	57.7	20 811	23.0	17 348	19.2
2000	45 388	56.7	19 303	23.9	15 650	19.4
1999	40 600	55.1	18 383	24.7	14 743	20.0
1998	35 650	54.3	16 201	25.5	13 779	20.9
1997	31 011	53.2	14 877	27.0	9 784	21.0
1996	24 233	52.0	12 563	27.1	7 508	19.8
1995	20 189	53.2	10 282	27.3	5 996	19.5
1994	16 418	53.3	8 416	27.9	4 797	18.6
1993	13 660	53.4	7 126	28.4	3 856	18.5
1992	11 006	53.1	5 880	30.0	2 455	15.0
1991	9 124	55.1	4 971	30.0	1 969	14.4

资料来源:《新中国50年统计资料汇编》,1999年以后的数据来自各地金融年鉴。

从长期看,各个地区贷款分布没有出现两极分化的趋势,在政府出台了中央金融机构的再贷款向西部地区倾斜的政策之后,国家银行在贷款上更多地考虑了向中西部地区的资金投入。西部地区贷款的增长速度总体上要高于东中部地区,1991—2002年东中西部地区贷款的年增长速度分别为17.99%、15.21%、20.71%。

虽然从一般理论上讲,在我国银行的资金管理体制下,银行贷款马上或通过一定的转化会增加银行存款,也就是说存贷款之间有很强的相关关系。但从历年东中西部地区的存贷款增长率的关系看,中西部地区相当部分的银行贷款资金并没有留在当地,而是流向了东部地区,出现了地区间资本的回流。由于东部地区的投资利润率高,投资者出于盈利的考虑,中西部地区的资本通过商品贸易或直接投资等方式又回流到东部地区。另外,商业银行的内部调度也促使银行资本由中西部地区向东部地区转移。由于目前我国银行实行的是总分行制度,在东中西部地区投资利润率存在差距的情况下,总行出于利益驱动,在本行系统内调动各分支行的资金,以各种形式"虹吸"中西部地区的资金,投入到发达的东部地区,造成原本资金就短缺的中西部地区面临更严重的资金短缺。

第三,区域间资本流动总量及流向分析。由于统计资料不完全和部分资料难以获得,从各投资主体和资本流动的渠道直接解释各地区的资本流动只能做一些定性描述,很难从定量角度进行加总,进而从总体上判断资本流动的规模(见表5.8)。

表5.8 1993—2004年东中西部地区的资本流动　　　　　　单位:亿元

年份	东部地区	中部地区	西部地区	年份	东部地区	中部地区	西部地区
1993	6 157.0	-1 066.0	-553.0	1999	999.4	166.9	-928.9
1994	692.0	-39.6	-537.1	2000	2 320.4	298.2	-1 320.6
1995	74.5	93.2	-579.7	2001	2 408.2	315.2	-1 456.5
1996	748.1	2.7	-539.6	2002	2 511.6	250.2	-1 879.6
1997	-267.7	-45.2	-701.3	2003	2 189.0	446.0	-2 740.3
1998	-458.6	24.7	-992.6	2004	2 666.0	427.3	-3 286.3

资料来源:国家统计局,《中国统计年鉴》(历年),中国统计出版社。

表5.8中的计算结果为各地区商品和服务净流出的总额,也就是资本净流

入的总额。根据计算结果可知,1993—2004年,东部地区基本上是资本流入,仅仅是在1997年、1998年出现了资本流出,该期间东部地区累计流入资本达20 024.97亿元;中部地区除了1993年、1994年和1997年以外均为资本流入,但是相对而言中部地区的资本流动规模不是很大,该期间累计流入资本966.49亿元;西部地区基本上都是资本流出,而且资本流出的规模有逐年扩大的趋势,从1993年流出的553.0亿元增加到2004年流出的3 286.3亿元,增加了5.94倍,并且在1993—2004年,累计流出资金达15 495.06亿元。

需要指出的是,从理论上讲东中西部地区资本流量的总和应该为零,即将一个国家作为整体,其内部各地区间的资本流量总和应该是零。但这跟最终推算结果是有一定的差异的,导致该结果的原因一方面可能是由于计算的偏差,另一方面可能是由于资料的局限性,在将东中西部地区各省份的商品流量合并得到东中西部地区资本流动的总量规模和方向时,没有考虑对东中西部地区区域内的资本流动进行扣除。但是该计算结果也能从一定程度上说明我国东中西部地区资本流动的方向和规模。

5.4.4 技术扩散与区域经济协调发展

新增长理论奠定了技术在经济增长中的特殊地位和作用。就一个地区而言,技术存量的多寡决定着该地区的经济增长。一个地区技术存量的增加不仅取决于本地区的技术创新程度,也依赖于其他地区先进技术的获得。技术扩散作为地区技术进步的重要外部路径,对于技术创新能力薄弱的欠发达地区尤为重要。

5.4.4.1 技术扩散的概念及其特征

技术扩散是技术创新扩散的同义词,对于它的含义的理解,国内外尚无定论。技术创新理论的鼻祖熊彼特把技术创新的大面积或大规模的"模仿"视为技术创新扩散。

要对技术扩散的概念有比较深入的了解,首先必须要区分技术扩散和技术转移这两个概念。它们之间的联系表现在:两者都是指技术通过一定的渠道发生不同领域或地域之间的移动。它们之间的区别主要有:(1)技术转移主要是指一种有目的的主观经济行为,参与技术转移的双方都抱有明确的目的,虽然目的有所不同;技术扩散既包括有意识的技术转移,又包括无意识的技术传播,但更强调后者。(2) 技术转移的受方一般来说只有一个,而且是明确的对象;技术扩散的受方一般不止一个而是多个,而且以潜在采用者为主。从供方来看,技术扩散存在一个扩散源。

再来看看技术开发与技术扩散这两个相互联系非常紧密的概念。技术开发强调的是首次应用新技术,并且应用的范围是局部的和有限的。技术扩散是在首次应用新技术后,该项技术在相关领域和更大的地域空间范围的应用推广。从地理角度看,技术扩散是技术在空间上的流动和转移,它是由新技术的供方、受方、传递渠道组成。新技术供方是新技术的发源地,受方是技术的引进者。技术扩散能够发生,是因为两个因素的存在。从外部条件来说,是因为技术差距的存在。因为供方和受方的技术水平不一致,所以才有技术扩散发生的可能性;从内部条件来看,企业生产的目的就是获得最大程度的利润,这是企业生产的动力。在追求利润的过程中,企业会使用新的技术,提高生产率,技术扩散因此发生了。

5.4.4.2 技术扩散与区域经济协调发展的关系

随着人类社会分工的不断加深,技术在经济发展中的作用在不断加大,各国各地区对技术进步也非常重视。技术的区域流动对区域经济的发展起到非常重要的作用。

技术扩散可以帮助技术输出区域尽快收回科研投资,延长技术生命周期并扩大技术效用。通过技术的区域流动特别是技术贸易,可以获取一定的技术转让费用,同时,对于一些在本区域已经处于成熟阶段的技术,转移到还需要这种技术的地区,让这些技术继续发挥作用,这样就等于延长了某项技术的生命,即延长了依靠该技术获取利润和报酬的期限。技术出让方同时还可以获得更新技术的时间和空间,优化产业结构,发展新兴产业,从而促进技术的不断更新和发展。出于以技术换市场原因而引起的区域间技术流动,还能够为流出区域提供更大的市场空间,带动其他生产要素的流动和促进区域的商品出口。

技术扩散对欠发达地区的作用主要体现在以下几个方面:

一是技术扩散既包括有意识的技术转移,也包括无意识的技术传播。发达地区的先进技术通过贸易、直接投资、专利引用等渠道转移和扩散到欠发达地区,促进这些地区进行二次创新,从而形成自主的研发能力和核心技术。欠发达地区借助于区际贸易,主要是中间品进口和区际技术贸易两大途径来获取先进技术。欠发达地区厂商可以直接将中间品所包含的专业技术知识和相应的研发成果运用到本地区的生产过程,从而促进生产力水平的提高。区际技术贸易作为技术转让的主要形式之一,对提高欠发达地区的技术能力、改善创新诱导的反应机制都有重要的作用,并最终影响到欠发达地区技术创新的能力和水平。直接投资则通过两个层面产生技术溢出:首先是发达地区企业的子公司获得国际先进技术;其次由其将所获得技术扩散到欠发达地区的经济体中。技术进步还可以通过专利引用产生"知识外溢"而取得。

二是优化产业结构。欠发达地区通过技术扩散获取了先进技术,加快了这些新兴产业的发展速度。技术扩散也使成长期产业的技术迅速发展并日趋成熟,缩短了这些产业向成熟期过渡的时间。对处于成熟期和衰退期的产业也有积极影响,特别是对于欠发达地区而言,由于种种原因经济增长主要依赖于一些传统产业,在新兴产业发展尚未成熟的时期,技术扩散促进了传统产业的改造,增加了其科技含量,提高了产业的整体素质。

技术扩散对产业生命周期的影响最终导致欠发达地区产业结构的升级,新兴产业得以迅速发展,产业更替速度加快,同时欠发达地区可以发挥"后发优势",实现产业结构的飞跃式升级。发达地区通过区际贸易和直接投资向欠发达地区转移具有垄断优势的产业,主要是资本密集型或技术密集型产业,由此大大加快了欠发达地区产业结构从资源密集型或劳动密集型向资本密集型和技术密集型升级的步伐。

5.4.4.3　欠发达地区利用技术扩散的制约因素

技术扩散为欠发达地区赶超发达地区提供了可能性,但就现状来看,大多数欠发达地区还不能充分利用技术扩散来推动自身的技术进步,形成自主的研发创新能力。

外部制约因素看,发达地区为维持在技术上的垄断优势,采取技术壁垒等严密的高新技术保密措施,导致欠发达地区无法获取某些核心技术,与发达地区的技术差距继续扩大。此外,发达地区的出口商一旦发现进口地区同类产品生产商成为潜在的低成本竞争者时,出于市场份额等多方面因素的考虑,通常也会采取积极的措施尽可能降低技术扩散的程度和速度。

内部制约因素看,大多数欠发达地区的市场体系很不发达,市场机制也长期处于无法有效运作的状态之中,加上欠发达地区存在的二元社会经济结构、经济制度僵化、刚性,导致无法通过市场有效地实现技术引进、扩散、创新的良性循环。此外,市场体制的完善程度也是对外开放度的重要决定因素之一,在欠发达地区不断完善市场经济体制的过程中,势必有利于其对外开放度的提高;但是就目前而言,欠发达地区尚不具备充分利用区际贸易和直接投资这两大技术扩散路径的市场基础。

当前,知识产权制度的变革与发展已经进入一个空前活跃的时期,知识产权保护在经济、科技和贸易中的地位得到了提升。发达地区利用《与贸易有关的知识产权协议》规定的知识产权保护对象和标准,要求欠发达地区强化知识产权保护。欠发达地区保护知识产权的意识薄弱,缺乏有效的保护技术创新成果的制度,很多欠发达地区的专利制度不健全或者执行力度不够。从短期来看,加强知识产权保护会增加欠发达地区使用区外技术的成本;但从长期来看,欠发达地区知识产权保护薄弱却阻碍了专利申请的流入,同时也影响了当地厂商对外国专利引用的积极性,从而减少了二次创新的机会。

技术扩散的效率最终取决于欠发达地区的吸收能力。在吸收能力上,欠发达地区存在着以下两个层面的问题。

一是人力资本水平低。从国际比较来看,欠发达地区在人力资本上的投资与发达地区的差距显著。尽管欠发达地区人力资本的潜在投资回报率远远高于实物资本的投资回报率,还高于发达地区的教育投资回报率,但这似乎并没有引起足够的重视。由于欠发达地区普遍存在着的这种偏颇的投资策略,严重阻碍了人力资本水平的提升,致使其不能充分吸收和消化技术扩散效应。此外,人力资本还通过其对赶超速率的影响决定着全要素生产率的增长率。最后,人力资本水平也决定着欠发达地区从模仿向创新转变的能力。

二是欠发达地区研发投入不足。欠发达地区研发投入的不足阻碍了其对引进技术的消化和吸收,滞缓了自主研发能力的形成,降低了创新速度。此外,欠发达地区研发投入不足也产生了一种"副产品"。由于欠发达地区缺乏及时了解和掌握先进技术发展最新动态的能力,难以对引进技术做出客观评价,往往引进一些行将淘汰的技术,结果使其陷入恶性循环。

技术扩散并不只是技术本身的转移,它是"技术文化"的转移,既包括技术器物(设备、产品)的转移,又包括技术制度(管理体制等)和技术观念(价值)的转移。其中,前者因其(效用)普遍性而使其转移超前;后两者因其(区域文化)

特殊性而使其转移滞后,并由此导致文化摩擦,影响技术转移的有效实施。就欠发达地区而言,恶劣的气候风土环境,历史悠久但发展相对落后的区域文化,使该地区的管理体制、运行机制和价值观念相对滞后并根深蒂固,它将和外来发达技术、文化发生摩擦。例如,外来的技术器物不适应欠发达地区的气候风土环境,致使其效用降低;外来的技术主体(人才)不适于欠发达传统文化价值观念,彼此产生矛盾,影响其相互合作;外来的管理创新体制和创新管理机制将与欠发达地区传统的管理体制和运行机制发生矛盾,降低技术转移的效率。同时,也可能会使技术人才难以适应本区域的文化风土环境而再次流失。

主要参考文献

[1] 贺瑞、杜跃平.地区间资本流动的分析与我国区域经济协调发展[J].商场现代化,2005(12).

[2] 李新安.中国区域利益冲突及经济协调发展问题研究[D].南京,河海大学博士学位论文,2003.

[3] 刘友芝、罗楚亮.我国地区经济差距的要素区际流动分析[J].江汉论坛,2002(2).

[4] 王德、朱玮、叶晖.1985—2000年我国人口迁移对区域经济差异的均衡作用研究[J].人口与经济,2003(6).

[5] 文建东.要素流动对东西部地区经济发展的影响[J].上海行政学院学报,2004(11).

第 6 章

区域协调发展中资源配置的最优选择

本章首先建立一个理论模型对比市场与政府配置资源的效率。进一步分析现实经济中的资源在不同区域之间进行调配的实现机制。最后,在市场机制运行导致公平和效率不可兼得约束条件下,分析通过政府资源再配置实现社会效用最大化的最优选择。

6.1 市场与政府配置效率对比

在经济包含不确定因素的情况下,政府的资源再配置功能确实能够在提升居民效用方面做得更好。参照 Acemoglu 和 Golosov 等(2008)对政府和市场配置资源的效率进行对比。模型表明,政府由于掌握了居民更为全面的信息,能够根据这些信息在居民之间进行资源再配置,而市场只能在确定的居民类型之后,根据居民效用最大化的原则配置资源,在这种情况下,由政府配置资源居民可能会获得更高的效用水平。对模型的模拟结果显示,政府配置资源在分散风险和平滑消费两个方面都比市场做得更好。即使政府可能会利用信息优势和公权力为自身谋利,导致政策性扭曲和寻租,如果能够对政府进行有效监管,降低政策性扭曲和寻租带来的福利损失,居民仍然会选择政府配置资源的方式。以下对政府配置资源与市场配置资源带来的整体社会效用进行比较。

6.1.1 市场配置资源

在市场配置资源的情况下,市场没有居民的历史信息,无法将风险在居民之间进行分散,居民在每个时期都要消费所有产出:$c_t^i = l_t^i$。在跨期可分性效用函数设定下,各个类型为 $\theta \in \Theta$ 的个体在时期 t 效用函数的最大化,就产生了市场的均衡:

$$\max_{c,l} u(c,l \mid \theta)$$
$$\text{s.t} \quad c = l \tag{6-1}$$

在这个均衡中,类型为 θ 的个体在时期 t 都会选择等于劳动供给量的消费:

$$\bar{c}(\theta) = \bar{l}(\theta) : u_c(\bar{c}(\theta), \bar{l}(\theta) \mid \theta) = -u_l(\bar{c}(\theta), \bar{l}(\theta) \mid \theta) \tag{6-2}$$

如果居民效用函数为拟线性效用函数,那么在市场均衡中,不但劳动供应量的消费 $\bar{c}(\theta) = \bar{l}(\theta)$,而且两者关系满足以下条件:

$$\frac{1}{\theta} g'\left(\frac{\bar{l}(\theta)}{\theta}\right) = 1 \tag{6-3}$$

这个条件的成立与效用函数 u 无关,也就是说,居民的消费决策不受收入效应影响,劳动供应量与风险厌恶水平无关。相比之下,在可分效用函数的设定下,居民风险厌恶水平提高将促使居民增加劳动的供给。

为了对比市场配置资源和政府配置资源的效率,我们加总市场配置资源下居民将获得的效用水平,表示为 U^{AM}。令 $u(\theta)$ 为类型为 θ 的居民的效用,那么整体居民福利水平 U^{AM} 为:

$$U^{AM} = \int_{\Theta} u(\theta) \mathrm{d}G(\theta) \tag{6-4}$$

6.1.2 政府配置资源

在政府配置资源的情况下,某个政府机构会被委托分配资源,该政府机构拥有强制力以及居民的偏好和禀赋信息。政府官员的自利性意味着居民需要对其进行激励以防止他们损害社会整体福利。假定政府官员在时期 t 的效用函数为:

$$\sum_{s=0}^{\infty} \delta^s v(x_{t+s}) \tag{6-5}$$

其中,x 表示政府官员的消费;$v: R_+ \to R$ 是政府官员的瞬时效用函数。政府官员的贴现因子 δ 可能与居民的贴现因子 β 不同。为了简化分析,假定政府官员从不参与生产,政府官员的效用 v 具有二阶可导性质,并对于所有的 $x \in R_+$ 都满足 $v'(x) > 0$ 和 $v''(x) < 0$,且 $\delta \in (0,1)$。

为了简化分析,我们主要分析个体类型和历史信息都是私人信息的情况,这将使得我们可以集中讨论政府基于全部私人信息配置资源产生的效果。同时,这一设定可以使我们聚焦于分析政府官员行为对政府配置资源的影响。

在个体类型和历史信息都是私人信息的设定下,我们可以以 $\{c_t(\theta), l_t(\theta)\}_{\theta \in \Theta}$ 序列代表政府配置资源产生的结果。函数 c_t 定义了从消费水平映射到劳动供给的函数:如果类型为 $\theta \in \Theta$ 居民供应了 $l_t(\theta)$ 单位的劳动,那么该居民的消费量是 $c_t(\theta)$。在这一规则下,居民有足够的动力坦白自身类型,选择与社会计划者期望一致的劳动供给量:

$$u(c_t(\theta), l_t(\theta) \mid \theta) \geq u(c_t(\hat{\theta}), l_t(\hat{\theta}) \mid \theta) \tag{6-6}$$

式(6-6)对于所有的类型 $\hat{\theta} \in \Theta$、$\theta \in \Theta$ 和时期 t 都成立。由于每个时期都存在着 θ 不变的分布函数 $G(\theta)$,当以上约束得到满足时,总的劳动供给为 $L_t = \int_\Theta l_t(\theta) dG(\theta)$,总的消费需求为 $C_t = \int_\Theta c_t(\theta) dG(\theta)$。

在市场配置资源的机制下,各个市场主体的决策顺序为:首先,个体做出劳动供应决策,劳动供给量为 $[l_t^i]_{i \in I}$,其中 $l_t^i \geq 0$,此时产出为 $Y_t = \int_{i \in I} l_t^i di$。然后,政府官员选择消费 $c_t : [0, \bar{L}] \to R_+$,对于给定的居民劳动供给,政府官员会选定一个消费水平,同时决定了寻租数量 x_t。假定 x_t 不能超过 ηY,其中 $\eta \in (0,1]$,系数 η 衡量对政府官员寻租的限制程度。此时,政府官员的预算约束是:

$$C_t + x_t \leq Y_t \tag{6-7}$$

其中 $C_t = \int_{i \in I} c_t(l_t^i) di$ 是总消费。最后,居民联合进行选举,决定是否替换政府官员,由参数 $\rho \in \{0,1\}$ 进行刻画,其中 $\rho_t = 1$ 表示决定替换政府官员,替换政府官员不会产生任何成本。

在上述政府配置资源的设定下,居民可以获得的效用水平为:

$$U^{SM} = \max_{\{c_t(\theta), l_t(\theta), x_t, \bar{x}_0\}} E\left[\sum_{t=0}^{\infty} \beta^t u(c_t(\theta), l_t(\theta) \mid \theta_t)\right] \tag{6-8}$$

资源约束条件为:

$$\int c_t(\theta) dG(\theta) + x_t \leq \int l_t(\theta) d(\theta) \tag{6-9}$$

式(6-9)为类型为 $\theta \in \Theta$ 消费者在时期 t 的激励相容约束,此时,政府官员

面临的约束条件为:

$$\sum_{s=0}^{\infty} \delta^s v(x_{t+s}) \geqslant v\left(\eta \int l_t(\theta) dG(\theta)\right) \tag{6-10}$$

6.1.3 市场配置资源与政府配置资源的对比

我们采取数值模拟的方法来对比政府配置资源的效率和市场配置资源的效率。此处考虑了两种不同的效用函数,第一种是拟线性效用函数:

$$u(c,l) = \frac{1}{1-\sigma}\left(c - \frac{l^\phi}{\phi}\right)^{1-\sigma} \tag{6-11}$$

在此函数设定下,劳动供应水平不受风险厌恶的影响。为了便于处理,此处将效用函数设定为具有固定替代弹性。第二种效用函数是在宏观经济和政府财政研究中常用的具有可分性的效用函数,我们也将该效用函数设定为固定替代弹性:

$$u(c,l) = \frac{c^{1-\sigma}}{1-\sigma} - \frac{l^\phi}{\phi} \tag{6-12}$$

式中,σ 是相对风险厌恶系数,$1/(\phi-1)$ 是劳动供给弹性。我们将个体的折旧因子设为 $\beta=0.9$,相对风险厌恶系数设定为 $\sigma=1/2$,同时选择一个劳动供给弹性的中间水平 $\phi=2$。

假定政府官员的效用函数为:

$$v(x) = \frac{x^{1-\sigma_g}}{1-\sigma_g} \tag{6-13}$$

政府官员效用函数的形式与消费者效用函数相同。其中,σ_g 是跨期替代弹性的倒数,我们设定 $\sigma_g=1/2$、$\delta=0.9$,与居民保持一致,制度对政府官员的约束系数设定为 $\eta=1$。

假定居民的技术分布在区间 $\Theta=[\theta_l,\theta_h]$ 的 $N=10$ 个档次的水平,不同的技术水平具有同样的出现概率。在基准的分析中,设定 $\theta_l=0.38$、$\theta_h=0.84$,θ_l 和 θ_h 的设定值的确定主要是为了便于计算,提高技术水平分类数量,不会对结果产生太大的影响。

不同技能水平的居民面临的税收水平存在差异。在 Mirrlees(1971) 的框架中,消费的边际效用和劳动的边际负效用之间存在着一个隐含税收楔子,公式为:

$$\tau(\theta) = 1 + \frac{u_l(c(\theta),l(\theta))/\theta}{u_c(c(\theta),l(\theta))} \tag{6-14}$$

上述不同技能水平居民面临的税收差异就组成了税收体系。

6.1.4 政府与市场资源配置效率对比

在以下的对比中,我们主要聚焦于分析政府配置资源与完全匿名的市场配置资源给居民带来的福利差异:

$$\Delta = U^{SM} - U^{AM} \tag{6-15}$$

其中,U^{SM}是政府配置资源的机制下,整个社会能够获得的效用;U^{AM}是市场配置机制下,整个社会能够获得的效用。以下分别是两种不同的效用函数设定下,居民的风险厌恶系数所决定的政府与市场配置资源的效率差异。

图 6.1 显示了拟线性效用函数设定下,政府配置资源和市场配置资源的差异,在非常低的风险厌恶水平下,市场配置资源的效率高于政府,当风险厌恶水平继续上升时,政府配置资源的效率高于市场。出现这一现象的原因在于,在市场配置资源、收入效用不存在的情形下,劳动供给和产出独立于风险厌恶水平,政府配置资源由于可以在个体之间进行风险分散,为个体带来的效用水平高于市场配置资源的情形。

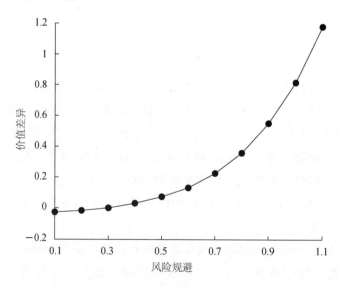

图 6.1 拟线性效用函数下不同风险厌恶因子对政府与市场资源配置效率的影响

图 6.2 显示,在更一般的效用水平设定下,由于收入效应的存在,这一单调关系不再成立。在可分性效用函数中,收入增加将产生两种效果。首先,收入增加导致政府官员获得更高的寻租,降低了政府配置资源的吸引力;其次,当风险厌恶水平更高时,更高的收入将在市场配置资源的设定下扮演自我保险的角色。这都会导致单调关系不成立。从图 6.2 可以看出,当风险厌恶增加时,对于保险的需求也增加了,政府配置资源的效率高于市场。然而,当风险厌恶进一步增加时,市场配置资源的效率开始进一步高于政府配置资源的效率,因此,政府和市场配置资源的效率差异呈现倒 U 形关系。

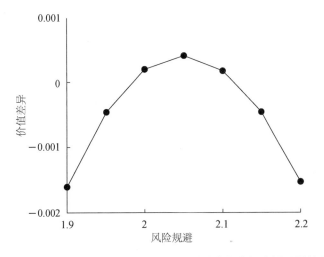

图 6.2 可分性效用函数下不同风险厌恶因子对政府与市场资源配置效率的影响

从本节的分析可以看出,政府配置资源和市场配置资源效率的差异主要决定于收入效应对居民的效用函数是否有影响,以及居民风险厌恶系数的大小。在收入效应对居民的效用没有影响的情况下,由政府配置资源带来的社会效用一般都大于由市场配置资源带来的社会效用,居民的风险厌恶系数越高,这个差异越明显;另外,在收入效应影响居民效用的情况下,政府配置资源的效率在处于中间水平的风险厌恶水平下高于市场配置资源的效率。因此,我们的结论是,如果经济的不确定性很强,政府配置资源会带来社会福利的改进。在现实的经济生活中,并不存在完全由政府或市场进行资源配置的情况,一般都是在市场进行基础性资源配置的基础上,政府对于市场失灵产生的弊端通过资源再配置进行弥补。以下我们分析现实经济中的政府资源再配置的实现机制。

6.2　区域资源配置的机制分析

在现实的经济中,区域之间的资源再配置一般是区域政治力量进行博弈后获得的一个均衡结果。在这一部分,我们利用一个经济机制设计模型分析现实中以政治压力均衡为目标的资源配置实现机制。

由于经济发展水平的不同,一个经济体不同的区域对公平与效率偏好不同。较为发达的地区更偏好效率,欠发达的地区更偏好公平,资源在两个区域之间的再配置体现了效率和公平之间的取舍。两个区域对资源在区域间的转移数量进行讨价还价,并对中央政府的财政转移政策发出自己的信号,在两者政治压力均等情况下达到资源在区域间再配置的均衡点。我们参考 Hurwicz 和 Reiter(2006),对现实经济中国的资源配置决定机制进行分析。

假定一个负责管理国家资源调配的政府机构具体决定资源在区域间的转移量。我们利用一个该政府机构控制的变量来表示资源转移的技术参数,令政府控制的变量为 $\lambda \in [0,1]$,表示经过标准化的资源再配置数量,$\lambda = 0$ 表示没有任何资源在两个区域进行转移,而 $\lambda = 1$ 表示发达地区的资源完全转移到欠发达地区。

图 6.3 表示资产转移集合。其中的线性曲线是通过函数 $\phi:[0,1] \rightarrow R_+^2$ 形成的单位区间映像,且 $\phi(\lambda) = (\phi_1(\lambda), \phi_2(\lambda))$,$\phi_1(\lambda)$ 表示资源转移为 λ 的公平量,$\phi_2(\lambda)$ 表示资源转移为 λ 的效率量。

为了简化分析,我们假定曲线 $\phi([0,1])$ 是分段连续的线性函数。图 6.3 中的点 P 和点 Q 是曲线 $\phi([0,1])$ 的导数的不连续点,与点 P 和 Q 对应的 λ 值为 $\lambda = \lambda_1$ 和 $\lambda = \lambda_2$。获益于资源转移的包括欠发达地区的政府、劳动者。获益于资源转移的人们希望获得更多的资源转移。

同时,资源移出地的人们尽管也从资源转移带来的社会公平中获益,但还是希望减少资源转移的数量。我们假设两个区域的人们对于资源转移有着截然相反的偏好。

简单起见,假定存在着政治经济代言人 1 和代言人 2。代言人 1 代表欠发达地区的人群,代言人 2 代表发达地区的人群。代言人 1 知道,发达地区的人群都不支持鼓励更多资源转移的政治行动,自己未来能从发达地区人群中获得

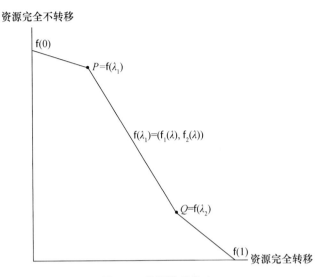

图 6.3 资源转移集合

的支持程度取决于容许资源转移的 λ 值。若 λ=0 是提议的资源转移量或现行的资源转移量,发达地区的人群不愿意付出更多的努力遏制资源的转移;若 λ=1,发达地区的人群就愿意付出更多的努力减少资源的转移。

类似的,代言人2知道,函数 $P_2:[0,1] \to R$ 的值是代言人2预期通过资源转移量 λ 形成的政治压力。函数 P_i 称为政治行动函数或简称 p-函数。我们能简单地将 p-函数作为初始已知的函数。我们直接对 p-函数做两个假定。首先,假定函数 P_i 在区间 $[\tau_{\min}^i, \tau_{\max}^i]$ 的取值,$i=1,2$。区间的端点对应于代言人能够承受的最小政治压力和最大政治压力。假定函数 P_1 在 0 处取得最大值、在区间 [0,1] 严格递减,而 P_2 在 0 处取最小值、在区间 [0,1] 严格递增。其次,假定每个函数都是分段连续的线性函数;与 φ 图的三个线段相对应的三个线段形成函数 P_i。于是,代言人1的一个可能的 p-函数 P_1 通过代言人1在以下四个点的取值完全确定:

$$\lambda = 0, \quad \lambda = \lambda_1, \quad \lambda = \lambda_2, \quad \lambda = 1 \qquad (6-16)$$

具体可以设想:

$$\tau_{\max}^1 = P_1(0), \quad a_1 = P_1(\lambda_1), \quad a_2 = P_1(\lambda_2), \quad \tau_{\min}^1 = P_1(1) \quad (6-17)$$

对于 P_2,可类似得到:

$$\tau_{\max}^2 = P_2(0), \quad b_1 = P_2(\lambda_1), \quad b_2 = P_2(\lambda_2), \quad \tau_{\min}^2 = P_2(1) \quad (6-18)$$

根据上述符号,三个线段组成 P_1 的图,其端点分别是 $((0,\tau_{max}^1),(\lambda_1,a_1))$,$((\lambda_1,a_1),(\lambda_2,a_2))$ 和 $((\lambda_2,a_2),(1,\tau_{min}^1))$。$\tau_{max}^1 > a_1 > a_2 > \tau_{min}^1$ 的要求表示 P_1 在 0 处取最大值和在 1 处取最小值的严格单调假定。中间线段的两个端点对应于 φ 图的两个转折点。类似地,构成 P_2 的三个线段的端点分别是 $((0,\tau_{min}^2),(\lambda_1,b_1))$,$((\lambda_1,b_1),(\lambda_2,b_2))$ 和 $((\lambda_2,b_2),(1,\tau_{max}^1))$,其中 $\tau_{min}^2 < b_1 < b_2 < \tau_{max}^2$。具体的图示参见图 6.4。

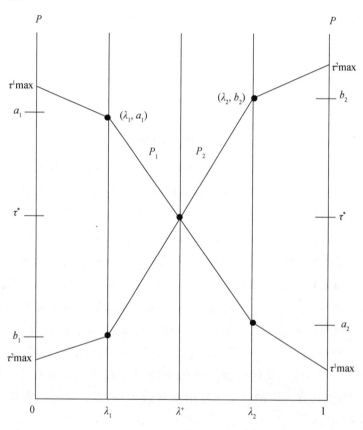

图 6.4　区域资源转移均衡示意图

假定函数 φ 的形式固定不变,且每个代言人都知道函数 φ 的形式。因此,λ_1 和 λ_2 的值是每个经济人都知道的常数。为进一步简化问题,假定考虑的所有函数 P_1 都具有相同的最大值和最小值,所有函数 P_2 也都有相同的最大值和最小值。τ_{max}^1、τ_{min}^1、τ_{min}^2 和 τ_{max}^2 是每个代言人都知道的常数。于是,p-函数 P_1 仅

通过 a_1 和 a_2 两个参数唯一确定。

类似的,通过 b_1 和 b_2 等两个参数刻画 P_2。因此,可能的环境组合 (P_1,P_2) 构成通过四个参数 $\theta=(a_1,a_2,b_1,b_2)$ 加以具体设定的环境。环境集 $\Theta=\Theta^1\times\Theta^2$ 是所有满足

$$\tau_{\max}^1 > a_1 > a_2 > \tau_{\min}^1 \tag{6-19}$$

$$\tau_{\min}^2 < b_1 < b_2 < \tau_{\max}^2 \tag{6-20}$$

的 (θ^1,θ^2) 构成的集合。因此,存在

$$\Theta^1 = \{(a_1,a_2):\tau_{\max}^1 > a_1 > a_2 > \tau_{\min}^1\} \tag{6-21}$$

$$\Theta^2 = \{(b_1,b_2):\tau_{\min}^2 < b_1 < b_2 < \tau_{\max}^2\} \tag{6-22}$$

令 $a=\{a_1,a_2\}$ 和 $b=\{b_1,b_2\}$,必要时可将对应参数 a 和 b 的函数表示成 $P_1(\cdot,a)$ 和 $P_2(\cdot,b)$。

政府机构的职责就是要确定资源转移的数量,相当于选择 λ 值。政府知道函数 φ 而不知道函数 P_i,$i=1,2$。也就是说,政府不知道目前的环境,即

$$\theta=(a_1,a_2,b_1,b_2)=(a,b) \tag{6-23}$$

政府必须根据某种一致性的原则正当化自己的决策。对于每种可能的环境 θ,可以正式地利用与理想资源转移水平 $\lambda=F(\theta)$ 相联系的目标函数表示一个或多个的一致性原则。

资源转移的目标函数的决定可能取决于以下几个方面的问题:第一,整个经济体的状态;第二,政府可能偏好某个群体,希望有利于该群体;第三,政府可能希望最小化或限制政治冲突的程度。政府可能在没有考虑给政治代言人的政治压力的情况下决定允许转移的资源数量。假设政府的决策考虑或者必须考虑政治压力,目标函数就应该反映政治压力的因素。尽管可能的目标函数的集合相当大,但为尽可能简化问题,我们假定政府的目标是平衡政治压力。具体而言,我们假定政府希望选择使得代言人1和代言人2都承受相同政治压力的资源转移量。解释了这种情形,点 (λ^*,τ^*) 表示代言人都承受相同政治压力的政治经济环境。

为付诸实施,政府还必须以某种方式获得环境信息,从而可以解释或正当化其决策。政府必须设计系统的机制或过程,使得自己能够在每个可能的环境进行理想的决策。

现实中的实现机制是,经济人(代言人 1 和 2)不断通过对话形式向中央政府发送信息。这就意味着存在离散时间的信息交换或调整的动态过程。

在 t 期,中央政府宣布暂行资源转移方案 $\lambda(t) \in [0,1]$。代言人 i 回应信息 $p_i(t) = P_i(\lambda(t), \theta^i)$, $i = 1, 2$。在 $t+1$ 期,中央政府计算

$$\Delta(\lambda(t)) = P_1(\lambda(t), a) - P_2(\lambda(t), b) \tag{6-24}$$

并根据规则

$$\lambda(t+1) = \lambda(t) + \eta(\Delta(\lambda(t))) \tag{6-25}$$

调整 $\lambda(t)$ 的值,其中 η 是满足 $\eta(0) = 0$ 的 Δ 的函数。根据上述过程,中央政府提出资源转移方案,每个代言人都向中央政府回应一个信息,告诉中央政府自己可以施加的政治压力大小。如果欠发达地区施加的政治压力大于发达地区的压力,中央政府就采取更高的转移支付;如果欠发达企业施加的压力小于发达地区的压力,中央政府就采取更低的转移支付。两者的压力相等时,中央政府宣布自己的决策。

对函数 $P_i(i=1,2)$ 施加的假定保证了存在满足条件 $\Delta(\lambda^*) = 0$ 的唯一资源转移率 λ^*,且定义的调整过程收敛于资源转移率 λ^*。不过,部分环境的函数 $P_i(i=1,2)$ 并不满足我们的假定条件,此时中央政府对政治压力的反应可能导致更为复杂的调整和不同的结果。

现在我们集中讨论均衡的情况,我们可用验证想定实现与我们仅注意的动态过程的稳定点或均衡一致相同的结果。根据验证设定的规则,中央政府发布(发送给每个代言人)一个信息;代言人 1 和代言人 2 都获得中央政府发布的这个信息,每个人只回答"是"或"否"。这里假定两个代言人都如实回答。若两个代言人都回答"是",中央政府就根据所谓结果函数的固定规则将自己发布的信息转化为资源转移率。现实中各个地区部门之间的沟通显然非常复杂和冗长。因此,实现目标函数的机制使用尽可能少的信息。

这一资源再配置机制在现实生活中具有非常好的可行性。若中央政府发布四维向量 (a_1, a_2, b_1, b_2) 的信息,且代言人 1 和 2 都回答"是",则仅就均衡而言,这种情形恰好相当于每个代言人都将自己的参数告诉中央政府。因此,此时的信息是 $m = (a_1, a_2, b_1, b_2; x)$,其中 $x \in \{是,否\} \times \{是,否\}$ 代表两个人的回答。

无论中央政府发布的信息具有何种性质,处于验证想定的代言人可能给出

相同的回复信息的集合。因此,希望最小化信息量的我们可以忽略代言人的答复信息 x,而集中关心中央政府发布的信息。在知道所有代言人都回答"是"时,中央政府便可基于大家一致认可的信息计算结果函数的值,并确定结果函数的值为资源转移数量。若该机制选择使用正确的结果函数,该机制就实现了目标函数。明显正确的结果函数是:

$$h(m) = h(a_1, a_2, b_1, b_2) = F(a_1, a_2, b_1, b_2) \tag{6-26}$$

因为在只知道自己的参数而不知道其他人参数的情况下,每个人都可以决定是否回答"是",以上描述的机制具有隐私保障的性质。因为中央政府知道自己发布的信息和结果函数,进而将代言人的回答转化成一个结果,形成了现实经济中的资源转移决策机制。

以上是现实生活中,以不同地区政治压力均衡为目标的资源转移数量实现机制。在这一机制下,资源转移数量的目标是双方政治压力相等,因此,这一转移数量对于社会整体福利来说可能并不是最优的。以下,我们在社会福利最大化的目标函数下,讨论以基础设施投入为手段的最优资源再配置数量。

6.3 区域协调发展中资源配置的最优选择

中国区域间的资源再配置中,相当大一部分是通过向不同区域基础设施投入实现的,例如,西部大开发的一个重要内容就是基础设施的大量投入,而经济体的基础设施状况会显著影响经济发展绩效(Bank,1994)。本节在新经济地理学的框架下,讨论在整体社会效用最大化目标下,政府以基础设施投资为手段的资源再配置最优决策。

Calderón 和 Servén(2004)强调,基础设施主要从经济增长和收入不平等两个方面对经济体产生影响。经济增长方面,很多研究发现基础设施建设会促进经济增长。Aschauer(1989)一系列研究都发现,基础设施对全要素生产率有着显著的促进作用。后续研究对其实证结果进行了质疑,但总体上 Aschauer(1989)的结论仍然是成立的(Gramlich,1994)。特别是,Calderon 和 Servén(2003)细致分析了三种基础设施(通信、交通和能源)对产出的不同影响,显示出基础设施资本存量对经济的影响显著高于其他物资资本。然而,基础设施与长期经济增长的关系少有人关注。在仅有的研究中,Easterly 和 Rebelo(1993)

发现交通和通信的公共资本支出将会有利于经济增长。Sanchez-Robles(1998)关于物资基础设施以及 Easterly(2001)、Loayza 和 Fajnzylber(2005)关于通信(电话密度)的研究证实了这一点。另外,有研究发现,无效的公共基础设施供给甚至可能阻碍经济的增长(Devarajan,Swaroop 等,1996;Esfahani 和 Ramírez,2003)。

由于公共基础设施对不同水平收入的劳动者具有非对称的影响,公共基础设施也会影响收入不平等(Ferranti,Perry 等,2003)。Brenneman 和 Kerf(2002)发现,公共基础设施对于低收入者的帮助更大。原因在于,基础设施建设有助于人力资本的积累:更安全的公路将提升儿童入学率,电力的供应延长了学习的时间,清洁水资源的可获得性降低了儿童的死亡率。良好的基础设施也能将欠发达地区与发达地区连接起来,进而提高欠发达劳动者的工作机会(Estache,2003)。最后,欠发达地区基础设施改善降低生产和运输的成本(Gannon 和 Liu,1997),缩小了不同区域的差距。可以看出,基础设施建设对于经济增长和收入不平等都至关重要,具体影响取决于基础设施的种类。现有研究取得的共识是,基础设施是经济增长的必要非充分条件,适宜基础设施的有效供给(物质上和制度上的)比单纯的扩张性财政政策更为重要(Sugolov,Dodonov 等,2003)。

本节在新经济地理学的理论框架下,讨论由政府决定的在不同区域进行基础设施投入对区域均衡和经济增长的影响,进而分析以公平与效率组成的社会效用函数最大化条件下的最优资源再配置数量。新经济地理学的理论认为,经济体区域经济发展失衡主要源于不同区域经济密度外部性差异循环累计的优势自我强化结果。在区域经济密度分布的决定机制中,商品和要素能否顺利流动至关重要,而这在相当大程度上取决于基础设施的效率。本节首先分析能够提升货物流通效率(运输成本)和信息流通效率(沟通成本)的基础设施对经济增长及经济集聚的影响,模型从新经济地理学视角提供了一个分析基础设施、经济增长和集聚经济三者关系的统一框架。模型结果表明,提升发达的核心区域的基础设施,同时有利于经济集聚和经济增长。这也意味着,经济增长与地区均衡发展两者不可兼得。此外,改善连接两个区域的基础设施,会导致区域间不平等状况恶化而不是改善。在获得以上由市场机制产生的约束条件基础上,我们设定了由公平和效率组成的社会效用函数,分析政府在不同区域以公共基础设施投入为手段的最优资源配置。

6.3.1 理论模型

参考 Martin 和 Ottaviano(2001)模型,建立一个经济增长由产品创新和知识溢出共同驱动的模型,对比政府不同的公共资源投资决策对经济的影响。模型将经济体划分为两个区域,以下分别称之为西部地区和东部地区,两个地区的劳动力数量都为 Q 且不可流动,每个劳动者供应一单位劳动。在此设定下,劳动力的数量 Q 衡量了地区的劳动力禀赋。两个地区都具有同样的初始知识资本 K_0,知识资本由以追求利润最大化的知识资本生产部门生产,生产知识资本的企业可以在区域间自由流动。知识资本生产部门在完全竞争的跨区域债券市场发售债券为生产活动融资,债券回报率为 $r(t)$。由于西部和东部地区情况类似,我们以东部地区为例进行分析。

6.3.1.1 消费者

消费者效用取决于基准商品 Y 和多样化商品 D 两种商品的消费量。效用函数表达式为:

$$U = \int_{t=0}^{\infty} \log[D(t)^a Y(t)^{1-a}] e^{-\rho t} dt \tag{6-27}$$

其中

$$D(t) = \left[\int_{i=0}^{N(t)} D_i(t)^{1-1/\sigma} di\right]^{1/(1-1/\sigma)}, \quad \sigma > 1 \tag{6-28}$$

式(6-28)是一个商品 D 之间具有固定替代弹性函数的消费篮子。$D_i(t)$ 是对 i 种商品的消费量,$N(t)$ 是经济中多样化商品的数量。效用最大化条件下,每个时期消费者总支出 $E(t)$ 中对多样化商品的消费支出份额为 α,对基准商品消费支出份额为 $1-\alpha$。对多样化商品的支出总量为 $\alpha E(t)$,花费在各商品的数量取决于商品的价格。其中,对商品 i 的需求为:

$$D_i(t) = \frac{p_i(t)^{-\sigma}}{P(t)^{1-\sigma}} \alpha E(t) \tag{6-29}$$

式(6-29)中

$$P(t) = \left[\int_{i=0}^{N(t)} p_i(t)^{1-\sigma} di\right]^{1/(1-\sigma)} \tag{6-30}$$

式(6-30)是与一篮子消费品相对应的价格指数,σ 为各类商品之间的替代弹性。跨期效用函数最大化,决定了消费者支出的增长方程:

$$\frac{\dot{E}(t)}{E(t)} = r(t) - \rho \qquad (6\text{-}31)$$

在式(6-31)的推导中我们利用了式(6-27)中的跨期替代弹性为 ρ 的条件。

6.3.1.2 企业

传统产品的生产处于完全竞争环境下,使用劳动作为唯一的投入品,生产函数具有固定的规模报酬。我们将单位投入品设定为1,利润最大化条件下,Y 的价格等于劳动者的工资,这意味着两个区域的价格和工资相等,将商品 Y 设为基准商品,那么工资也被标准化为1。

多样化商品的生产处于垄断竞争环境下,生产过程需要固定和可变两种投入品,并具有递增的规模报酬。其中,固定成本为知识资本,单位多样化商品消耗一单位知识资本,可变成本为劳动投入,单位多样化商品消耗 β 单位劳动。在上述设定下,知识资本存量 $K^w(t)$ 决定了经济体中的产品种类。均衡条件下,每种商品仅由一个企业生产,因此 $K^w(t)$ 也决定了企业的总体数量。由于知识资本能够自由流动,多样化商品在哪个地区生产取决于企业的进入决策,此处假定东部地区企业数量为 $n(t)$。在任意时刻,都有大量潜在进入企业对知识资本展开竞争。由于资本供给是固定的,进入企业对于知识资本的竞争导致所有利润都为知识资本拥有者所有。

多样化产品的交易受到交通运输成本的影响。交通运输成本在模型中被表示为能消耗运输商品一部分的冰山形式,$\tau_E > 1$ 和 $\tau_R > 1$ 分别为东部地区企业将产品运往本地区和西部地区对产品的消耗,$\tau_W > 1$ 和 $\tau_R > 1$ 为西部地区生产者将产品运往本地区和东部地区对产品的消耗。τ 越大,表明交通基础设施越落后。假定区域内部的交通成本小于区域之间的交通成本,并且东部地区内部的交通成本更小:

$$\tau_E < \tau_W < \tau_R \qquad (6\text{-}32)$$

式(6-32)对区域交通成本大小的设定决定了东部地区为发达的"核心"地区,西部地区为不发达的"外围"地区。在模型的商品需求函数与生产函数设定下,所有的企业都面临着同样的需求弹性 σ 和边际生产成本 β。因此,利润最大化条件下,产出价格等于边际产出的固定加成:

$$p = \frac{\sigma}{\sigma-1}\beta \tag{6-33}$$

消费者的购买价格包含了产品的运输成本:

$$p_E = p\tau_E, \quad p_W = p\tau_W, \quad p_R = p\tau_R \tag{6-34}$$

相应的,企业利润为:

$$\pi(t) = \frac{\beta x(t)}{\sigma-1} \tag{6-35}$$

其中,$x(t)$ 是企业产出规模。

最后,在式(6-34)的设定下,价格指数式(6-30)可以写为:

$$P(t) = pN(t)^{\frac{1}{1-\sigma}}[\delta_E \gamma(t) + \delta_R(1-\gamma(t))]^{\frac{1}{1-\sigma}} \tag{6-36}$$

其中,$\gamma(t) = n(t)/N(t)$ 是东部地区企业占总体企业的比例;$N(t) = K^w(t)$ 同时代表着企业数量和知识资本存量;参数 $\delta_E = (\tau_E)^{1-\sigma}$($\delta_W = (\tau_W)^{1-\sigma}$)和 $\delta_R = (\tau_R)^{1-\sigma}$ 表示区域内和区域间交通成本,取值在 0 到 1 之间,并且有 $\delta_E > \delta_W > \delta_R$。

6.3.1.3 创新

知识资本 $K^w(t)$ 由追求利润最大化的知识资本生产部门生产,生产函数具有固定规模报酬,产品处于完全竞争的市场。Martin 和 Ottaviano(1999,2001)强调了经济集聚将通过本地知识溢出和中间商业服务影响知识资本的生产效率。以下形式的知识资本生产函数同时体现了这两种作用渠道:

$$\dot{K}(t) = A(t)\left[\frac{D(t)}{\varepsilon}\right]^{\varepsilon}\left[\frac{Q_I(t)}{1-\varepsilon}\right]^{1-\varepsilon} \tag{6-37}$$

其中,$\dot{K}(t) = dK(t)/dt$ 是时期 t 创造的知识,$Q_I(t)$ 是知识资本生产中投入的劳动量,$D(t)$ 是一篮子中间商业服务投入。为了便于分析,该投入被假定为与消费篮子相同。$0 < \varepsilon < 1$ 是知识资本生产活动中商业服务投入的份额。$A(t)$ 表示知识资本生产的全要素生产率。由于知识资本生产效率受到知识溢出的影响,我们假定

$$A(t) = AK^w(t)^{\mu}[\omega_E \gamma + \omega_R(1-\gamma)]^{\mu} \tag{6-38}$$

其中,A 是常数项;$A(t)$ 是知识资本存量 $K^w(t)$ 的增函数;系数 μ 为知识溢出的程度,符号为正。知识扩散受到沟通成本 ω 的影响,ω 的符号为正并且小于 1。ω_N 衡量了知识从东部地区扩散到西部地区产生的耗散,ω_R 衡量了知识从西部地区扩散到东部地区产生的耗散,ω 越大,意味着电信基础设施越好。参照对

交通成本的设定,假定地区内部的通信成本小于地区之间的通信成本:

$$\omega_E < \omega_W < \omega_R$$

式(6-37)中知识资本生产的边际成本为:

$$F(t) = \frac{P(t)^\varepsilon w^{1-\varepsilon}}{A(t)}$$

$$= \frac{\eta}{N(t)[\omega_E \gamma(t) + \omega_R(1-\gamma(t))]^{1-\frac{\varepsilon}{\sigma-1}}[\delta_E \gamma(t) + \delta_R(1-\gamma(t))]^{\frac{\varepsilon}{\sigma-1}}} \quad (6-39)$$

我们利用式(6-36),以及均衡工资等于1的条件推导出式(6-39),其中 $\eta = p^\varepsilon/A$,为正的常数。令 $\mu + \varepsilon/(\sigma-1) = 1$,以保证经济在长期内沿着均衡速度增长,同时确保创新边际成本的下降速度与其受益于新进入企业影响而产生的增长速度一致,使得生产知识资本投资有利可图。

由于东部地区具有更好的交通基础设施,东部地区具有更大的市场需求。在 ω 和 δ 的设定条件下,式(6-39)意味着东部地区进行创新的边际成本更低,因此,经济的长期增长完全由东部地区的创新驱动。与此同时,创新活动的融资同时源于西部地区和东部地区的劳动者,这意味着在均衡中,单位知识资本价值 $v(t)$ 满足:

$$r(t) = \frac{\dot{v}(t)}{v(t)} + \frac{\pi(t)}{v(t)} \quad (6-40)$$

式(6-40)表明,为知识资本融资的债券回报率 $r(t)$ 等于投资于知识资本生产的回报率,其中,投资于知识资本生产的回报包括资本所得 $\dot{v}(t)/v(t)$ 以及分红的所得 $\pi(t)/v(t)$。在完全竞争条件下,知识资本生产部门的利润最大化意味着知识资本的价格等于边际成本,即 $v(t) = F(t)$。

6.3.1.4 经济增长对企业选址的影响

均衡条件下,式(6-40)意味着所有企业获得同样的利润,并且企业利润与企业选址无关。式(6-34)表明所有企业都需要达到同样的产出规模,$x(t)$ 独立于企业所处地区。相应的,从式(6-29)和式(6-34)可以推导出,东部地区和西部地区的市场出清条件为:

$$x(t) = \frac{p^{-\sigma}\delta_E}{P(t)^{1-\sigma}}[\alpha E(t)Q + \varepsilon F(t)\dot{N}(t)] + \frac{p^{-\sigma}\delta_R}{P^*(t)^{1-\sigma}}\alpha E^*(t)Q$$

$$x^*(t) = \frac{p^{-\sigma}\delta_W}{P^*(t)^{1-\sigma}}\alpha E^*(t)Q + \frac{p^{-\sigma}\delta_R}{P(t)^{1-\sigma}}[\alpha E(t)Q + \varepsilon F(t)\dot{N}(t)] \quad (6-41)$$

式(6-41)中,带星号的变量表示西部地区企业。两个条件的差异在于,知识资本只在西部地区进行生产,东部地区生产知识资本的活动需要中间服务品投入,需求增加了中间支出 $\varepsilon F(t) \dot{N}(t)$。

从这里开始,我们将知识资本增长率定义为

$$g = \dot{K}^w(t)/K^w(t) = \dot{N}(t)/N(t) \tag{6-42}$$

为简洁起见,以下的分析都将忽略时间变量。结合式(6-33)和式(6-36),可以从市场出清条件式(6-41)推导出企业产出规模为:

$$x = \frac{\sigma-1}{\beta\sigma}\frac{2\alpha EQ + \varepsilon FNg}{N} \tag{6-43}$$

企业在两个区域的分布为:

$$\gamma = \frac{1}{2} + \frac{1}{2}\frac{\delta_R(\delta_E - \delta_W)}{(\delta_E - \delta_R)(\delta_W - \delta_R)} + \frac{\delta_E\delta_W - \delta_R^2}{(\delta_E - \delta_R)(\delta_W - \delta_R)}\left(\theta - \frac{1}{2}\right) \tag{6-44}$$

其中

$$\theta = \frac{\alpha EQ + \varepsilon FNg}{2\alpha EQ + \varepsilon FNg} \tag{6-45}$$

是对多样化商品的支出。因为两个地区具有同样的初始禀赋,我们设 $E = E^*$。式(6-44)显示出东部地区由于需求更大($\varepsilon FNg > 0$ 意味着 $\theta > 1/2$),并且具有更好的内部交通基础设施($\delta_E > \delta_W$),从而聚集了更多的企业。区域间更好的交通基础设施会同时强化这两种效应。

从以上的分析中,我们得到以下结果:首先,对于一个给定的增长速度,市场较大的地区将吸引更多的企业。任何改善区域基础设施状况的措施都将强化这一效应。其次,对于既定的经济增长速度,企业将被吸引到基础设施更好的区域。任何改善区域间交通基础设施的措施都将强化这一效应。

进一步,由于 θ 是 g 的增函数,我们也可以获得如下结果:由于消费支出需求一定,更快的经济增长将促使企业迁移至市场更大的地区,任何对于区域间交通基础设施的改善将增强这一效应。这显示出,经济增长将会影响企业选址,并且经济的集聚是经济增长的增函数。

6.3.1.5 企业选址对经济增长的影响

为了刻画经济的长期增长,我们主要分析消费支出和经济增长率都为常数的均衡增长路径。在消费支出固定($\dot{E}=0$)的情况下,从式(6-31)可以推导出 $r=\rho$。另外,通过式(6-39)和式(6-44)可以推导出 FN 和 γ 是常数,知识资本增长取决于知识资本生产活动边际成本变化,即 $\dot{v}/v = \dot{F}/F = -g$,该式显示了知识资本生产的边际成本($F$)和边际收益($v$)以同样的固定速度下降。那么,在式(6-35)和式(6-43)的条件下,式(6-40)可以写为:

$$\rho = -g + \frac{2\alpha EQ + \varepsilon FNg}{\sigma FN} = \frac{2\alpha EQ}{\sigma FN} - g\left(\frac{\sigma - \varepsilon}{\sigma}\right) \quad (6-46)$$

这样,我们可以通过劳动力市场出清条件获得模型的闭式解。劳动力总量中,由知识资本生产活动雇佣的劳动力为 $Q_I = (1-\varepsilon)FNg$,多样化商品生产活动使用的劳动力数量为 $Q_D = [(\sigma-1)/\sigma][2\alpha EQ + \varepsilon FNg]$,传统商品生产使用的劳动力数量为 $Q_Y = 2(1-\alpha)EQ$。通过简化,我们可以获得如下劳动力市场出清条件:

$$2Q = \frac{\sigma - \varepsilon}{\sigma}FNg + 2\frac{\sigma - \alpha}{\sigma}EQ \quad (6-47)$$

结合式(6-46)和式(6-47)可以推导出,均衡条件下,消费支出等于收入:

$$2EQ = 2Q + \rho FN \quad (6-48)$$

其中,$2Q$ 是劳动者收入,ρFN 为从知识资本中获得的收入。式(6-48)的右式两个部分都是两个区域的加总。

从式(6-46)和式(6-47)可以推出经济增长率为:

$$g = \frac{\alpha}{\sigma - \varepsilon}\frac{2Q}{FN} - \rho\frac{\sigma - \alpha}{\sigma - \varepsilon} \quad (6-49)$$

式(6-49)显示了企业选址如何通过影响创新成本 FN 进而影响经济增长。特别的,给定式(6-39),东部地区的企业集聚降低了创新成本,进而获得更快的增长速度,更快的增长速度将进一步改善东部地区内部的基础设施相对于区域间的基础设施。我们可以得到以下结论:核心区域的经济集聚,会改善区域内交通和电信基础设施,进而带来更快的经济增长。

进一步,式(6-49)表明经济增长率 g 是 ε 的函数,ε 是衡量知识资本生产过程中商业服务投入品与劳动投入品相对重要性的变量。ε 的增长对于经济增长具有三种影响,其中两种影响会直接提升经济增长速度,第三种影响通过创新成本产生间接作用,影响方向不确定。第一种影响,如果知识资本生产中,商业服务投入比劳动投入更为密集,那么对于商品服务投入需求增加,这将提升企业利润。在均衡增长路径中,经济增长率 g 将逐步上升至使资本市场保持均衡的水平。第二种影响,从劳动力市场的均衡来看,当 ε 上升时,经济增长率 g 需要随之上升,以保证多样化商品生产部门完全吸纳知识资本生产部门的失业者。第三种影响,如果商业服务投入对于知识资本生产变得更为重要,那么创新成本会上升,或者并不取决于通信相对于交通的效率。因此,更大的 ε 对于经济增长 g 的影响是不确定的。

6.3.1.6 基础设施、经济集聚和经济增长

式(6-39)至式(6-49)是模型的均衡条件,刻画了企业选址($\Delta\gamma$)和增长(Δg)通过消费支出(ΔE)以及研发成本(ΔFN)产生的复杂互动关系。

式(6-45)反映了经济增长、知识资本生产成本以及消费支出对企业选址的影响,其中,东部地区内部以及地区之间的电信基础设施($\Delta\omega_E, \Delta\omega_R$)对于知识的扩散($\Delta FN$)具有正的影响。原因在于,东部地区以及两个地区之间的电信基础设施降低了创新的成本($\Delta FN < 0$)、促进了经济增长($\Delta g > 0$)。因为没有知识资本生产活动,西部地区的电信基础设施($\Delta\omega_S$)变化与经济增长无关。然而,任何对于西部地区交通基础设施的改善($\Delta\delta_W > 0$)将吸引企业选址于西部地区($\Delta\gamma < 0$),进而提高创新的成本($\Delta FN > 0$),降低经济增长速度($\Delta g < 0$)。另外,东部地区内部和两个区域间的交通基础设施改善将吸引企业选址于东部地区($\Delta\gamma > 0$),这将降低创新成本($\Delta FN < 0$),促进经济的增长($\Delta g > 0$)。将式(6-39)代入式(6-49)可以看出企业选址与经济增长之间的关系:

$$g = \frac{\alpha}{\sigma - \varepsilon} \frac{2Q}{\eta} \left[\omega_E \gamma + \omega_R (1 - \gamma) \right]^{1 - \frac{1}{\sigma - 1}}$$
$$\cdot \left[\delta_E \gamma + \delta_R (1 - \gamma) \right]^{\frac{\varepsilon}{\sigma - 1}} - \rho \frac{\sigma - \alpha}{\sigma - \varepsilon} \quad (6\text{-}50)$$

式(6-45)意味着创新成本的变化(ΔFN),经济增长的变化(Δg)以及消费支出的变化(ΔE)会影响到东部需求的份额($\Delta\theta$),因此影响到企业选址($\Delta\gamma$)。特别的,利用式(6-48)和式(6-49),可将东部地区需求式(6-45)变为:

$$\theta = \frac{1}{2} + \frac{1}{2} \frac{\varepsilon}{\sigma} \frac{g}{g + \rho} \quad (6\text{-}51)$$

同样,式(6-44)可变为:

$$\gamma = \frac{1}{2} + \frac{1}{2}\frac{\delta_R(\delta_E - \delta_W)}{(\delta_E - \delta_R)(\delta_W - \delta_R)} + \frac{1}{2}\frac{\delta_E\delta_W - \delta_R^2}{(\delta_E - \delta_R)(\delta_W - \delta_R)}\frac{\varepsilon}{\sigma}\frac{g}{g+\rho}$$
(6-52)

式(6-52)显示,企业选址通过影响消费支出份额成为经济增长率的函数。由此可以得到的结论是:集聚和增长之间具有循环促进关系,在增长促进集聚(更大的 γ)的同时,集聚也反过来促进着增长(更大的 g),政策制定者面临着促进经济增长和调整区域不平衡的困境。改善区域之间以及核心区域内部基础设施的政策,将进一步促使企业向核心区域集聚、促进整体经济增长;改善外围地区基础设施的政策会促进企业从核心区域向外围区域流动,进而降低经济增长速度。

式(6-52)显示,当知识资本生产活动更依赖于商业服务(更大的 ε)时,经济增长对于经济集聚的影响会增强。式(6-50)显示,ε 对集聚和增长的影响是不确定的。

总的来说,式(6-50)和式(6-52)间接确定了 γ 和 g 在均衡增长路径的均衡值。由于这两个表达式具有高度的非线性特征,我们无法获得两者的解析解。在这种情况下,可以通过分别分析 Martin 和 Ottaviano(1999)考虑的两种情形来进一步探察。这两种情形分别为创新只受交通成本($\varepsilon = 0$)的影响,或者只受沟通成本($\varepsilon = \sigma - 1$)的影响。

6.3.2 效率与公平约束下的最优政府资源再配置方式分析

为了方便进一步分析,我们分别讨论创新活动只受通信成本影响和只受交通成本影响的两种情形。

6.3.2.1 创新活动只受通信成本影响

当 $\varepsilon = 0$ 时,知识资本的生产活动不再需要中间服务投入品,因此,交通成本不再影响知识资本的生产。式(6-40)可以简化为:

$$FN = \frac{\eta}{\omega_E\gamma + \omega_R(1-\gamma)}$$
(6-53)

由于两个地区的消费需求相等同,企业选址不再受到经济增长率的影响:

$$\gamma = \frac{1}{2} + \frac{1}{2}\frac{\delta_R(\delta_E - \delta_W)}{(\delta_E - \delta_R)(\delta_W - \delta_R)}$$
(6-54)

式(6-54)受到条件 $\delta_E/(\delta_E-\delta_R)>\delta_R/(\delta_W-\delta_R)$ 的约束,从而保证了至少有一部分企业会选址于西部地区。

相应的,经济增长率也不会受到企业选址的影响,结合式(6-53)和式(6-54),可以得到:

$$g = \frac{\alpha}{\sigma}\frac{Q}{\eta}\left[(\omega_E+\omega_R)+(\omega_W-\omega_R)\frac{\delta_R(\delta_E-\delta_W)}{(\delta_E-\delta_R)(\delta_W-\delta_R)}\right]-\rho\frac{\sigma-\alpha}{\sigma} \tag{6-55}$$

从式(6-55)中可以看出,当创新成本只受到沟通成本影响时,改善核心地区电信基础设施将会促进增长,但对于经济集聚没有影响,改善区域间的电信基础设施也会达到同样的效果。不同的是,由于西部地区没有知识资本生产活动,改善西部地区电信基础设施对经济增长不会有任何影响。交通基础设施的变化会影响企业选址,但对于经济增长没有影响。

从上述分析中可以看出,在任何情况下,经济增长与经济平衡都存在着此消彼长的线性关系。社会效用函数同时包含着经济效率 g 与经济公平 $e(e=1-\gamma)$ 的情况下,我们可以通过求解约束条件下的效用最大化问题,分析政府的最优资源配置决策。社会效用函数为:

$$\max_{\delta_E,\delta_W,\delta_S} U = ge \tag{6-56}$$

在知识资本生产只受到沟通成本影响的情况下,约束条件为:

$$g+2(\omega_E-\omega_R)e = \frac{\alpha}{\sigma}\frac{Q}{\eta}(3\omega_E-\omega_R)-\rho\frac{\sigma-\alpha}{\sigma} \tag{6-57}$$

此时,我们获得的经济增长与区域协调发展的组合为:

$$g = \frac{1}{2}\left[\frac{\alpha}{\sigma}\frac{Q}{\eta}(3\omega_E-\omega_R)-\rho\frac{\sigma-\alpha}{\sigma}\right] \tag{6-58}$$

$$e = (\omega_E-\omega_R)\left[\frac{\alpha}{\sigma}\frac{Q}{\eta}(3\omega_E-\omega_R)-\rho\frac{\sigma-\alpha}{\sigma}\right] \tag{6-59}$$

从式(6-58)和式(6-59)可以看出,在知识资本只受到沟通成本影响的情况下,西部地区的通信基础设施的投资对于区域协调和经济增长没有影响,影响区域协调发展和经济增长的主要因素是东部地区和区域间的通信基础设施差异,因此政府可以通过降低东部地区和区域间的通信基础设施差异来降低区域间的失衡程度。

6.3.2.2 创新活动只受交通成本影响

当 $\varepsilon = \sigma - 1$ 时,知识资本生产成本会受到交通成本的影响,但不会受到沟通成本的影响。此时,由于两个区域的知识资本生产部门同等受益于整体知识资本存量,与企业所在地区无关,式(6-39)和式(6-51)可以简化为:

$$FN = \frac{\eta}{\delta_E \gamma + \delta_R (1-\gamma)} \qquad (6\text{-}60)$$

$$\gamma = \frac{1}{2} + \frac{1}{2} \frac{\delta_R(\delta_E - \delta_W)}{(\delta_E - \delta_R)(\delta_W - \delta_R)} + \frac{1}{2} \frac{\delta_E \delta_W - \delta_R^2}{(\delta_E - \delta_R)(\delta_W - \delta_R)} \frac{\sigma - 1}{\sigma} \frac{g}{g + \rho} \qquad (6\text{-}61)$$

式(6-61)显示出,在知识资本存量对两个地区具有同样的溢出效应情况下,由于知识资本生产活动会使用中间商业服务投入,经济增长仍然会影响企业选址。另外,式(6-50)的设定 $\varepsilon = \sigma - 1$ 也显示出选址影响增长:

$$g = \alpha \frac{2Q}{\eta} [\delta_E \gamma + \delta_R (1-\gamma)] - \rho(\sigma - \alpha) \qquad (6\text{-}62)$$

式(6-61)和式(6-62)可以分别视为将 g 映射到 γ 的凸函数和线性函数。为了更清楚地看到这一点,我们可以通过变换式(6-62),将 γ 表示为 g 的方程:

$$\gamma = \frac{g + \rho(\sigma - \alpha)}{2\frac{\alpha}{\eta} Q(\delta_E - \delta_R)} - \frac{\delta_R}{\delta_E - \delta_R} \qquad (6\text{-}63)$$

因为西部地区并没有知识资本生产活动,所以 δ_S 的增长对于式(6-63)没有影响。相反,δ_S 的增长降低了式(6-61)的值,不利于经济集聚和经济增长。我们在一般情况下证明的情形也适用于这种知识资本生产不受沟通成本影响的情况:δ_N 和 δ_R 的增长将会同时促进经济集聚和经济增长。因此,我们得到以下结论:当知识资本生产成本只受交通基础设施影响时,提高核心区域和区域间的交通基础设施将促进经济集聚和经济增长,而改善外围区域交通基础设施的措施将阻碍经济集聚和经济增长,电信基础设施的变化对经济的集聚和增长都没有影响。

在约束条件式(6-62)和式(6-63)下,我们可以以社会效用最大化为目标,分析政府的最优资源配置决策。社会效用函数为:

$$\max U = ge \qquad (6\text{-}64)$$

在知识资本生产只受到交通成本的影响下,约束条件为:

$$g + (\delta_R - \delta_E)e = \alpha\delta_E \frac{2Q}{\eta} - \rho(\sigma - \alpha) \qquad (6-65)$$

在知识资本生产只受到交通成本影响的情况下,我们可以获得的经济增长和区域协调发展的组合为:

$$g = \frac{1}{2}\left[\alpha\delta_E \frac{2Q}{\eta} - \rho(\sigma - \alpha)\right] \qquad (6-66)$$

$$e = (\delta_E - \delta_R)\left[\alpha\delta_E \frac{2Q}{\eta} - \rho(\sigma - \alpha)\right] \qquad (6-67)$$

从式(6.66)和式(6.67)可以看出,在知识资本只受到交通成本影响的情况下,西部地区的交通基础设施的投资对于区域协调和经济增长没有影响,影响区域协调发展和经济增长的主要因素是东部地区和区域间的交通基础设施差异,因此政府可以通过降低东部地区和区域间的交通基础设施差异来降低区域间的失衡程度。

主要参考文献

[1] Acemoglu, D., M. Golosov and A. Tsyvinski, Markets versus governments, *Journal of Monetary Economics*, 2008, 55(1): 159—189.

[2] Aschauer, D. A., Is public expenditure productive?, *Journal of monetary economics*, 1989, 23(2): 177—200.

[3] Bank, W. *World development report 1994: Infrastructure for development*, Oxford University Press, Incorporated, 1994.

[4] Brenneman, A. and M. Kerf, Infrastructure & Poverty Linkages, *A Literature Review*, The World Bank, Washington, DC, 2002.

[5] Calderón, C. and L. Servén. The effects of infrastructure development on growth and income distribution, World Bank Publications, 2004.

[6] Calderon, C. and L. Servén, The output cost of Latin America's infrastructure gap, The Limits of Stabilization: Infrastructure, Public Deficits, and Growth in Latin America, 2003: 95—118.

[7] Devarajan, S., V. Swaroop and H.-f. Zou, The composition of public expenditure and economic growth, *Journal of monetary economics*, 1996, 37(2): 313—344.

[8] Easterly, W., The lost decades: developing countries' stagnation in spite of policy reform 1980—1998, *Journal of Economic Growth*, 2001, 6(2): 135—157.

[9] Easterly, W. and S. Rebelo, Fiscal policy and economic growth, *Journal of monetary economics*, 1993, 32(3): 417—458.

[10] Esfahani, H. S. and M. a. T. Ramírez, Institutions, infrastructure, and economic growth, *Journal of development Economics*, 2003, 70(2): 443—477.

[11] Estache, A., On Latin America's Infrastructure Privatization and its Distributional Effects, Available at SSRN 411942, 2003.

[12] Ferranti, D. D., G. Perry, F. etc., Inequality in Latin America and the Caribbean: breaking with history, World Bank Report, 2003.

[13] Gannon, C. A. and Z. Liu, Poverty and transport.

[14] Gramlich, E. M., Infrastructure investment: A review essay, *Journal of economic literature*, 1994: 1176—1196.

[15] Hurwicz, L. and S. Reiter. *Designing economic mechanisms*, Cambridge University Press, 2006.

[16] Loayza, N. and P. Fajnzylber. Economic growth in Latin America and the Caribbean: stylized facts, explanations, and forecasts, World Bank Publications, 2005.

[17] Martin, P. and G. I. Ottaviano, Growing locations: Industry location in a model of endogenous growth, *European Economic Review*, 1999, 43(2): 281—302.

[18] Martin, P. and G. I. Ottaviano, Growth and agglomeration, *International Economic Review*, 2001, 42(4): 947—968.

[19] Sanchez Robles, B., Infrastructure investment and growth: Some empirical evidence, *Contemporary economic policy*, 1998, 16(1): 98—108.

[20] Sugolov, P., B. Dodonov and C. von Hirschhausen, Infrastructure policies and economic development in East European transition countries: First evidence, DIW Berlin WP-PSM-02, 2003.

第7章

兼顾公平与效率的区域协调增长

经济增长是解决贫困和区域协调问题最有效的手段,但仅是必要条件,而非充分条件,还存在诸多影响因素,如经济发展阶段和收入分配制度。适宜的收入差距有利于经济增长和贫困缓解,扩大的收入差距则有悖于公平和社会和谐。兼顾公平与效率的增长强调并依赖发展成果的分享机制,只有高增长伴随高福利才能实现增长包容,并且包容性增长依赖于包容性经济制度和包容性政治制度。

7.1 区域经济增长差距测度

判断区域是否协调发展的一个比较好观察的指标是经济增长的差距。对现实的一个相对比较客观的了解是评价的基础。

7.1.1 变量说明与数据来源

7.1.1.1 $Poverty_{it}$

我们分别以农村恩格尔系数(REC)和城镇恩格尔系数(UEC)表示各省份贫困的度量。恩格尔系数与基尼系数分别度量了食物支出占家庭总支出的比例,是国际上通用的衡量居民生活水平高低的一项重要指标,而基尼系数定量测定收入分配的差异程度,前者体现了居民的生活水平,后者体现了收入分配差距,鉴于数据可得性和本文的省级面板计量设计的需要,本文采用恩格尔系数作为被解释变量,改革开放以来,随着经济的高速增长,我国城镇和农村恩格尔系数均逐步下降,但农村高于城市。

7.1.1.2 兼顾公平与效率的增长

兼顾公平与效率的增长涉及经济增长与制度包容两个方面,为体现增长和包容的福利含义,我们采用中国统计学会发布的《2013年地区发展与民生指数(DLI)报告》中的地区发展与民生指数(DLI)作为包容性增长测度的代理指标。该指标从经济发展(经济增长、结构优化、发展质量)、民生改善(收入分配、生活质量、劳动就业)、社会发展(公共服务支出、区域协调、文化教育、卫生健康、社会保障、社会安全)、生态建设(资源消耗、环境治理)、科技创新(科技投入、科技产出)和公众评价(公众满意)六个维度测量和反映了我国各省(自治区、直辖市)的经济发展与民生状况,为包容性增长提供了一个较好的参照物(见图7.1)。DLI数据来自上述报告。

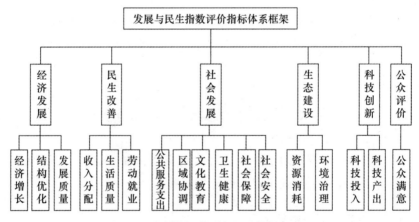

图 7.1 中国地区发展与民生指数(DLI)

7.1.1.3 自生能力

借用林毅夫等提出的企业自生能力(Viability)的概念,我们定义家庭和个体在开放、竞争环境中,只要努力劳动,就可以预期该家庭和个体能够在没有政府或其他外力扶持或保护的情况下,获得生存工资和收入。因此,我们的自生能力变量表达式为(工资性收入+家庭经营纯收入)/转移支付,以表示家庭和个体自生能力的度量,数据来自《中国统计年鉴》和作者整理。

7.1.1.4 财政分权(FID)

指标体系中未包含财政分权,而财政分权和财政竞争实际上可能导致公共支出结构的扭曲:加大基础设施上的财政投入,而忽视教育等公共物品的财政投入。财政分权不仅直接地影响了政府的财政支出结构和地方政府规模,也间接地影响地区间不平衡,扩大了城乡之间以及区域间差距。财政分权用地方人均财政支出/(地方人均财政支出+中央人均财政支出)来度量。数据来自《中国统计年鉴》和《中国财政统计年鉴》。

7.1.1.5 转移支付(TRP)

自生能力和初次分配是家庭收入的主要来源,而再分配主要通过各种转移支付来实现,如扶贫专项基金等,转移支付是再分配政策和发挥"涓流效应"的重要途径。我们用农村居民转移性收入和财产性收入总和作为转移支付的代理变量。数据来自《中国统计年鉴》。

7.1.1.6 信贷资金分配状况(CFA)

信贷资金分配状况好的地区,有利于减贫;而信贷资金分配状况不好的地区,不利于减贫。数据来自樊纲、王小鲁、朱恒鹏的《中国市场化指数——各地区市场化指数相对进程2011报告》。

7.1.1.7 外资效应(FOE)

Asiedu 注意到驱动 FDI 流动的因素主要是东道国市场规模(水平 FDI),而 Shatzand Venalbes 则认为是东道国原材料和廉价劳动力(垂直 FDI)。尽管这两种 FDI 的福利效应存在差异,但 FDI 对我国贫困减少有显著影响。因此,本文用 FDI 与 GDP 之比表示外资规模,以考察外资对贫困的影响。数据来自《中国统计年鉴》和各省份《统计年鉴》。

7.1.1.8 劳动力流动性(LAM)

劳动力是贫困家庭最重要也最丰富的经济资源,世界银行等多数国际组织都把促进发展中国家贫困劳动力就业作为最主要的减贫手段。受户籍制度、行业垄断、本地居民利益保护等因素的影响,中国劳动力市场发育仍显滞后,不利于农村劳动者。本文用劳动力流动来表示贫困劳动力就业难易度。

7.1.1.9 攫取之手(Grab)

地方政府行为是决定地区间减贫效果的重要因素,地方政府行为若由"援助之手"变成"攫取之手",则将会加剧地区间差距和不平等,从而不利于落后地区的减贫。本文用各地区的预算外收入与一般预算收入之比来度量地方政府对当地经济的攫取程度。鉴于数据的可得性,我们用预算外收入来代表地方政府的非正式收入,并用预算外收入与预算内收入之比来衡量"攫取之手"指标。数据来自《中国统计年鉴》和《中国财政统计年鉴》。

7.1.1.10 地区虚拟变量集

考虑到中国区域的差异性而引入了地区虚拟变量。为了区分东部、中部、西部和东北四个地区,需引入4个地区虚拟变量,分别是East、Middle、West和North,当某一省份属于东部时,East取1,否则取0;当某一省份属于东北地区的时候,North取1,否则取0;当某一省份属于中部地区的时候,Middle取1,否则取0;同样地,当某一省份属于西部地区的时候,West取1,否则取0。引入地区虚拟变量后,各地区经济增长(DLI)与农民贫困(REC)和城市贫困(UEC)的趋势如图7.2至图7.5所示。

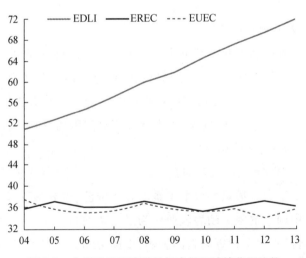

图7.2 东部地区经济增长与农村和城镇贫困趋势

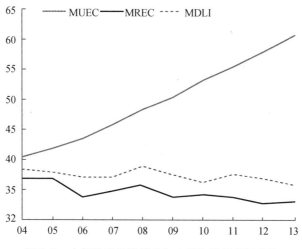

图 7.3 中部地区经济增长与农村和城镇贫困趋势

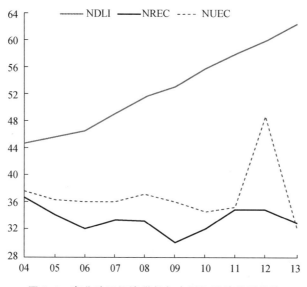

图 7.4 东北地区经济增长与农村和城镇贫困趋势

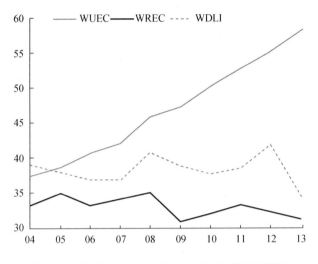

图7.5 西部地区经济增长与农村和城镇贫困趋势

从图7.2至图7.5可以看出:2004—2013年,各地区包容性增长与农村和城镇贫困呈反向关系,包容性增长趋势上升,农村和城市贫困趋势下降,符合上述命题一。但同时可以看出:(1)东部和东北地区包容性增长指数相对较大,其农村和城镇贫困程度相对较低,而中部和西部地区包容性增长指数相对较小,而农村和城镇贫困程度相对较高;(2)东部地区、东北地区和中部地区包容性增长在2004之前已经在农村和城镇贫困趋势线以上,形成最大"剪刀",而西部地区则是在2005年实现了穿越,形成了较小"剪刀"。可见,剪刀形成时间越早,形状越大说明了增长包容性越早,体现和增长包容程度越高,包容性增长与贫困的关系存在地域差异。

7.2 结果分析

省级面板包括全国31个省(自治区、直辖市),并分为东部、中部、西部和东北四个区域,其中东部地区包括北京、天津、河北、上海、江苏、浙江、福建、山东、广东和海南10省份;中部地区包括山西、安徽、江西、河南、湖北和湖南6省;西部地区包括内蒙古、广西、四川、重庆、贵州、云南、西藏、陕西、甘肃、青海、宁夏和新疆12省份;东北地区包括辽宁、吉林和黑龙江3省。面板数据时间跨度为

2004—2013 年。

7.2.1 基准回归结果

根据 Hausman 检验,农村模型(1)和城镇模型(1)均采用随机效应模型。表 7.1 和表 7.2 分别报告了模型(1)中农村模型和城镇模型的回归结果。

表 7.1 农村估计结果

	农村居民恩格尔系数(REC)					
	(1)	(2)	(3)	(4)	(5)	(6)
LDI	-0.411***	-0.343***	-0.351***	-0.255***	-0.375***	-0.342***
	(-15.81)	(-10.77)	(-8.08)	(-4.56)	(-5.86)	(-4.65)
Viab		-0.053***	-0.057***	-0.046***	-0.043***	-0.0381***
		(3.56)	(-3.18)	(2.99)	(2.87)	(2.51)
FID			-18.010***	-19.338***	-14.229***	-15.169***
			(2.67)	(-3.42)	(-2.49)	(-2.59)
TRP			0.003***	0.0027***	0.0021**	0.0015
			(2.67)	(2.56)	(2.05)	(1.36)
CFA				-0.2045***	-0.1235*	-0.0975
				(-2.72)	(-1.60)	(-1.24)
FOE					13.054***	14.153***
					(25.10)	(3.86)
LAM						-0.1846**
						(-1.74)
Grab						-0.366
						(-0.27)
Constant	64.416***	59.927***	67.625***	65.582***	67.128***	66.914***
	(41.82)	(30.33)	(26.08)	(24.32)	(25.10)	(18.77)
样本数	290	290	290	290	290	290
调整的 R^2	0.4796	0.5043	0.5437	0.5538	0.5711	0.5766
卡方值	249.90***	273.22***	315.34***	330.98***	358.14***	363.55***
回归方法	随机	随机	随机	随机	随机	随机

注:括号中的数字是标准误差,*** 表示 1% 的显著性水平,** 表示 5% 的显著性水平,* 表示 10% 的显著性水平。回归结果由软件 Stata12.0 给出。

从表 7.1 中我们发现:(1) 从回归方程(1)—(6),包容性增长(LDI)与农村贫困之间存在显著和稳定的负向关系,随着经济和社会的包容性增长,农村地区贫困程度在下降,说明2004—2013年我国经济和社会增长的包容性在各省份得到了体现。(2)自生能力(Viab)在回归方程(1)—(6)中同样显著,农村居民自己的努力在贫困缓解中起到了重要作用,农村贫困缓解表现出"造血"而不是纯粹"输血"的特征;劳动力流动(LAM)也是符号为负且显著,与农民工进城务工和"人口红利"的发展趋势吻合;转移支付(TRP)符号为正且显著,说明相比自生能力的"造血",转移支付的"输血"在短期内帮助了贫困地区和家庭但在一定程度上培养了"依赖"和"懒惰",不利于长期的贫困缓解。(3)财政分权(FID)和信贷资金分配(CFA)符号为负且均显著,说明1992年以来财政分权在一定程度上是有利于贫困缓解的,因为各省份在各自行政辖区具有更大的财政权力能够带来"县域竞争"和经济增长,而农村金融的深化同样促进了贫困缓解。(4)外资效应(FOE)符号为正且显著,表明外资对农村地区贫困缓解具有负向作用,即FDI流入不利于农村贫困的缓解。(5)"攫取之手"(Grab)系数为负但不显著,我们可以认为2006年废止《废止农业税条例》后,地方政府从农村居民手中获取的预算内收入和预算外收入均减少,所以地方政府预算内收入和预算外收入大部分来自城镇居民,对农村居民的"攫取"程度降低了,从而有利于农村居民贫困的缓解,农村居民还存在计划生育和超生罚款的问题,因此,"攫取之手"对农村居民贫困的缓解有利但不稳定和显著。

表7.2 城镇估计结果

	城镇居民恩格尔系数(UEC)					
	(1)	(2)	(3)	(4)	(5)	(6)
LDI	-0.1280***	-0.0250***	-0.0880**	-0.0860**	-0.0418	-0.0288
	(-6.46)	(-10.77)	(-2.54)	(-1.95)	(-0.81)	(-0.5)
Viab		0.0730	0.0040	0.0039	0.0052	0.0025
		(0.62)	(0.34)	(0.31)	(0.41)	(0.19)
FID			-3.1390	-3.140	-4.8672	-5.6136
			(0.74)	(-0.73)	(-1.10)	(-1.28)
TRP			-0.0010	-0.0009	-0.0007	-0.0011
			(-1.15)	(-1.15)	(-0.88)	(-1.19)
CFA				-0.0028	-0.0323	-0.0218
				(21.15)	(-0.51)	(-0.32)

(续表)

	城镇居民恩格尔系数(UEC)					
	(1)	(2)	(3)	(4)	(5)	(6)
FOE					−5.0760*	−3.9911
					(−1.76)	(−1.38)
LAM						−0.092
						(−1.04)
Grab						−0.376
						(−0.34)
Constant	42.387***	42.779***	42.988***	42.397***	42.324***	42.529***
	(38.88)	(28.90)	(21.96)	(21.15)	(20.42)	(16.04)
样本数	290	290	290	290	290	290
调整的 R^2	0.1478	0.1482	0.1494	0.1493	0.1691	0.1690
卡方值	41.80***	42.10***	43.10***	43.07***	46.67***	46.03***
回归方法	随机	随机	随机	随机	随机	随机

注:括号中的数字是标准误差,*** 表示1%的显著性水平,** 表示5%的显著性水平,* 表示10%的显著性水平。回归结果由软件Stata12.0给出。

从表7.2可以看出:(1)从回归方程(1)—(6),包容性增长(LDI)与城镇贫困之间存在显著和稳定的负向关系,与农村居民一样,增长的包容性得到了体现,但是城镇居民包容性系数(绝对值)明显比农村居民小,因此,经济和社会增长的包容性在农村居民家庭更为明显,同时自生能力(Viab)系数为正但不显著,说明城镇居民越是提高自生能力,反而提高了食物支出,这说明城镇地区居民或从农村流入城镇的新居民(比如大学生和农民工)随着工资性收入和家庭经营性收入的增长,却陷入更多的"城市贫困",但这符合2004年以来城镇房价和消费水平的提高而带来的更大生活压力和相对贫困。(2)其他各变量系数均为负且不显著,说明城镇居民的贫困与农村略有不同,尤其是外资效应(FOE)与农村正相反,FDI的流入给城镇带来了就业、税收和产品多样化,有利于城镇居民的贫困缓解。此外,转移支付(TRP)系数也为负,说明城镇居民比农村居民享受了更好更多的转移并且带来了更好的减贫效果(比如城市被拆迁户资产和收入的倍增)。

7.2.2 分区域回归

上述农村模型(1)和城镇模型(1)验证了命题一,即从全国和各省层面来看,无论是农村还是城镇,中国增长包容性均有利于贫困缓解,但无法说明这种包容性对贫困缓解的区域差异。因此我们采用加入地区虚拟变量的模型(2),进一步分析区域差异。鉴于城镇模型(2)估计结果的不显著性,下面仅给出农村模型(2)的估计结果(见表7.3)。

表7.3 农村模型估计结果

	农村居民恩格尔系数(REC)					
	(1)	(2)	(3)	(4)	(5)	(6)
LDI	-0.603***	-0.559***	-0.562***	-0.530***	-0.545***	-0.437***
	(-14.40)	(-11.09)	(-9.42)	(-6.86)	(-6.81)	(-5.44)
Viab		-0.228*	-0.029*	-0.027*	-0.028*	-0.031**
		(1.57)	(-1.91)	(1.81)	(1.86)	(2.02)
FID			-4.963	-5.332	-4.645	-17.407***
			(-0.69)	(-0.74)	(-0.64)	(-2.89)
TRP			0.0017*	0.0018*	0.0016	0.0015
			(1.66)	(1.66)	(1.59)	(1.39)
CFA				-0.0527	-0.0410	-0.0627
				(-0.66)	(-0.51)	(-0.78)
FOE					3.303	10.318***
					(0.73)	(2.61)
LAM						-0.1602
						(-1.50)
Grab						-1.234
						(-0.89)
East-LDI	-0.4360***	-0.4090***	-0.3665***	-0.3548***	-0.3319***	-0.1112***
	(7.61)	(6.88)	(5.72)	(5.33)	(4.51)	(2.78)
Middle-LDI	-0.00400	-0.00420	-0.00440	-0.00440	-0.00390	0.00045
	(-0.54)	(-0.58)	(-0.61)	(-0.61)	(-0.53)	(0.06)
West-LDI	0.3460	0.2590	0.2360	0.0240	0.0270	0.0467
	(0.55)	(0.41)	(0.37)	(0.39)	(0.43)	(1.13)
Constant	64.495***	62.485***	65.240***	64.549***	64.909***	70.107***
	(56.06)	(36.39)	(26.08)	(21.36)	(21.18)	(18.77)
样本数	290	290	290	290	290	290
调整的 R^2	0.5943	0.5982	0.6043	0.6049	0.6058	0.5917
F 值	94.11***	76.22***	55.41***	48.43***	43.03***	376.9***
回归方法	固定	固定	固定	固定	固定	固定

注:括号中的数字是标准误差,***表示1%的显著性水平,**表示5%的显著性水平,*表示10%的显著性水平。回归结果由软件Stata12.0给出。

从表 7.3 可以发现:(1) 包容性增长对各区域贫困缓解作用存在明显的区域差异性:对东部和东北地区的贫困缓解起到了积极作用,但东北地区的系数(绝对值)大于东部地区,东北地区是全国最重要的商品粮食生产基地、能源原材料基地、机械工业和医药工业基地,政策倾斜更多,而东部地区的市场经济和对外开放程度更高,自生能力相对更为突出,因此东北地区的增长包容对贫困缓解的效果表现更好。(2) 包容性增长对中部地区贫困的缓解作用并不显著,而且还不利于对西部贫困的缓解,这是因为中部和西部地区在地区发展与民生指数(DLI)指标体系中各项指标均落后于东部地区,并且是作为劳动力输出地,无法享受东部地区的社会福利,甚至也不能正常享受输出地的社会福利,比如子女教育(只能上农民工子弟学校)和医疗(没有城市医保)。

7.3 结　　论

通过我国 2004—2013 年省级面板数据的分析,我们发现:一是增长包容从全国和省层面均有利于农村和城镇的贫困缓解;二是增长包容对贫困缓解存在区域差异,经济增长在东部和东北地区效果明显,中部和西部地区则更依赖于自生能力。

我们还发现地区、城乡间收入差距难以缩小的重要原因,是转移支付"输血"式的增长共享性不利于培养自生能力,"造血"式增长包容性和户籍等制度阻碍了农村劳动力向城市工业部门的转移和福利贡献,因此,包容性增长和增长包容的关键不仅依赖于经济发展(经济增长、结构优化、发展质量)和民生改善(收入分配、生活质量、劳动就业)中的"转移支付",即从个体劳动收入(ILEs)到调整的家庭可支配收入(HADI)的转变,更为关键的是通过社会发展(公共服务支出、区域协调、文化教育、卫生健康、社会保障、社会安全)、生态建设(资源消耗、环境治理)和科技创新(科技投入、科技产出),提高个体和家庭自生能力。我国目前已不同于刘易斯的"二元结构",已经形成传统农业部门、农业工业部门和城市工业部门的"三元结构","三元结构"是中国国民经济结构转换的唯一选择,而"三农问题"的解决和统筹城乡发展的关键也在于"三元结构"中的农村工业部门发展和结构转换。转换的根本问题在于占中国 80%的农村局面现代化,农村工业部门由城市工业部门"释放式"转变为"带动式",

从而实现农村工业现代化,而要使城市工业部门对农村工业部门的带动呈现良性循环的势头,还有一个极为重要的问题,就是要使两部门在运营机制上逐步呈现相互协调的局面,这只能依赖于经济体制改革。

主要参考文献

[1] Asiedu,E.,On the Determinants of Foreign Direct Investment to Developing Countries:Is Africa Different? World Development,2002,30(1):107—119.

[2] Justin Yifu Lin and Guofu Tan,Policy Burdens,Accountability and the Soft Budget Constraint,*American Economic Review*,1999,89(2):426—431.

[3] Keen,Michael and Marchand,Maurice,Fiscal competition and the pattern of public spending,*Journal of Public Economics*,1997,66(1):33—53.

[4] Shatz,Howard J. And Venables,Anthony J. The geography of international investment,Policy Research Working Paper No.2338, WorldBank,2000.

[5] 蔡昉.农村剩余劳动力流动的制度性障碍分析——解释流动与差距同时扩大的悖论[J].经济学动态,2005(1).

[6] 陈抗、AryeL.Hillman、顾清扬.财政集权与地方政府行为变化——从援助之手到攫取之手[J].经济学(季刊),2002(4).

[7] 樊纲、王小鲁、朱恒鹏.中国市场化指数——各地区市场化相对进程2011年报告[M].经济科学出版社,2011.

[8] 林毅夫.自生能力、经济转型与新古典经济学的反思[J].经济研究,2002(12).

[9] 刘渝琳、林永强.FDI与中国贫困变动非线性关系研究[J].经济科学,2011(6).

[10] 张五常.中国的经济制度[M].中信出版社,2009.

第8章

中国区域协调发展的效果评价

20世纪90年代后期以来,我国采取了一系列旨在促进区域协调发展的措施,努力推进西部大开发建设、中部崛起战略、振兴东北老工业基地,取得了积极成效。对我国区域协调发展的现状进行科学的判断,是进一步促进区域协调发展的基础性工作。

8.1 区域协调发展评价体系设计

8.1.1 数据来源

在衡量区域协调发展效果时,综合考虑了经济、公共服务与生态环境三个系统层面,综合选取了12个指标,分别计算出1995—2012年全国(除重庆、西藏外)经济协调度、公共服务协调度、生态环境协调度和总体协调度,同时也进一步对东、中、西与东北四个地区的各项协调度进行了考察。数据主要来自1996—2013年《中国统计年鉴》及中经专网。

8.1.2 区域协调发展评价指标体系构建原则

一是理论全面性原则。区域协调发展指标体系是为了能够对中国区域间的协调发展水平与现状有一个客观全面的反映,应该遵循全面、系统并相互联系地评价研究对象。首先,指标体系应从不同角度对研究对象做出评价,要考虑到影响区域协调发展水平的各个主要方面；其次，指标体系还应考虑到各个指标项之间的系统性和关联性，考虑到各方面的协调性，并将指标按其属性联系进行安排。因此，区域协调发展指标体系的构建应在充分认识和系统研究的基础上，考虑理论上的完备性、科学性和正确性，保证指标体系完整、指标概念明确，且具有一定的科学内涵。

二是实用性与可操作性原则。实用性是指标体系对系统的分解方式和选取的指标应为大多数人所理解和接受，并常被政府机关、教育机构及科研单位所借鉴与采纳，否则就失去了意义。所谓可操作性，是指所选指标要具有可测性与可比性，定性指标也应有一定的量化手段与之相对应，定量指标均可以国家统计部门发布的数据为基础，应采用统一的数据处理方法进行计算。在设计指标体系时，应尽可能减少定性的或难以量化的数量。在实际调查和评价中，指标数据尽可能通过统计资料（基本可从各年鉴获取）整理或直接从有关部门获取，对一些难以衡量和量化的指标尽量予以避免，从而保证了研究中数据的可获得性。

三是区域性原则。由于不同区域的自然条件、社会经济和公共服务水平等方面的差异，各区域间协调发展水平也存在较大的地域差异性。因此，在对中国四大地带内的区域协调发展水平进行系统评价时，应遵循区域性原则，以便客观、准确地反映复合系统的发展状况。

四是动态与静态相结合的原则。区域协调发展是一个动态的过程，其指标体系不但要有能反映现状的静态指标，而且还要有反映其发展趋势的动态指标，做到动静结合，更好地反映复合系统协调发展的整个过程。

8.1.3　区域协调发展评价指标体系

依据每人全年可支配收入等在内的12项指标，建立了一个三层指标体系，如表8.1所示。经济系统选取人均GDP、农村居民家庭人均纯收入、城镇居民消费水平；公共服务系统选取每万人医疗机构床位数、每万人高校在校生人数、每万人拥有的医生数、普通高校生均教师数；生态环境系统选取万元GDP工业废水排放量、万元GDP工业固体废弃物产生量。

表 8.1 区域协调发展协调度指标体系

目标层	准则层	指标层
区域协调发展	经济系统	各地人均 GDP(元)
		农村居民家庭平均每人纯收入(元)
		城镇居民家庭平均每人全年可支配收入(元)
		农村居民消费水平(元)
		城市居民消费水平(元)
	公共服务系统	医疗机构床位数(张/万人)
		高校在校生人数(人/万人)
		拥有医生人数(人/万人)
		普通高等学校生均教师数(名)
	生态环境系统	GDP 工业废水排放量(吨/万元)
		GDP 工业废气排放量(立方米/万元)
		GDP 工业固体废弃物产生量(吨/万元)

8.1.4 四大区域划分标准

国家实施的区域发展战略把全国分为四大宏观区域,并对不同的区域采取了不同的区域政策。我们以中国总体(重庆、西藏除外)以及东部、中部、西部和东北四大地带的协调发展水平为研究对象。四大区域的具体划分如表 8.2 所示。

表 8.2 四大区域划分

区域	包含省份
东部地区	北京、天津、河北、上海、江苏、浙江、福建、山东、广东、海南
中部地区	山西、安徽、江西、河北、湖北、湖南
西部地区	内蒙古、广西、四川、贵州、云南、陕西、甘肃、青海、宁夏、新疆
东北地区	辽宁、吉林、黑龙江

8.2 区域协调发展的数学模型

8.2.1 测度区域发展水平差异的数学模型

分别从经济系统、公共服务系统和生态环境系统三个层面对全国 29 个省份发展水平差异做出定量分析。以经济系统为例,其发展差异的测度方法主要用锡尔系数。

8.2.1.1 衡量区域经济发展差异的锡尔系数

锡尔系数又称锡尔熵,最早是由锡尔(Theil)等人在1967年首先提出,因其可以分解为相互独立的组间差异和组内差异而被广泛用于衡量经济发展相对差距。锡尔系数 T 的计算公式为:

$$T = \sum_{i=1}^{n} x_i \log\left(\frac{x_i}{p_i}\right) \tag{8-1}$$

其中,n 为区域的个数,x_i 为 i 地区的某项经济指标占全部地区该项经济指标之和的份额,p_i 为 i 地区的人口数占人口总数的份额。锡尔系数越大,就表示各区域间经济发展水平差异越大。

8.2.1.2 锡尔系数的一次分解

对锡尔系数进行一次分解,可以将全国的总体差异分解成东部、中部、西部和东北四大地带间的差异和三大地带间的差异,从而便于研究总体差异的来源。分解公式为:

$$\begin{aligned} T &= \sum_{i=1}^{29} x_i \log \frac{x_i}{p_i} \\ &= \sum_{i=1}^{4} y_i \log \frac{y_i}{p_i} + \sum_{i=1}^{4} y_i \left[\sum_j y_{ij} \log \frac{y_{ij}}{p_{ij}} \right] \\ &= T_{BR} + T_{WRi} \end{aligned} \tag{8-2}$$

其中,T_{BR} 表示四大地带间的差异,T_{WRi} 表示第 i 个地带的省际差异。设 $f_1(t)$、$f_2(t)$、$f_3(t)$ 分别表示经济系统、公共服务系统和环境系统的差异指数,则区域发展的综合差异指数为:

$$F(t) = \sum_{i=1}^{3} \omega f_i(t) \tag{8-3}$$

式中权数 ω_i 是由相关系数法确定。其中,

$$f_1(t) = \sum_{i=1}^{5} a_{i,t} T_{i,t}$$

$$f_2(t) = \sum_{j=1}^{4} b_{j,t} T_{j,t}$$

$$f_3(t) = \sum_{k=1}^{3} c_{k,t} T_{k,t} \tag{8-4}$$

式中，$a_{i,t}$、$b_{j,t}$ 和 $c_{k,t}$ 分别为反映经济发展水平、公共服务发展水平和生态发展水平的各指标权重，由变异系数法确定。且有

$$\sum_{i=1}^{5} a_{i,t} = \sum_{j=1}^{4} b_{j,t} = \sum_{k=1}^{3} c_{k,t} = 1$$

$T_{i,t}$、$T_{j,t}$ 和 $T_{k,t}$ 分别是三个系统中第 i、j、k 个指标在第 l 年的锡尔系数。

8.2.2 评价区域协调发展水平的模型

8.2.2.1 发展度模型的构建

设 $f(x)$、$g(y)$、$h(z)$ 分别为经济、公共服务与生态环境的综合指数，其计算公式如式(8-5)—式(8-7)所示：

$$f(x) = \sum_{i=1}^{5} a_i x_i, \quad i = 1,2,3,4,5 \tag{8-5}$$

$$g(y) = \sum_{i=1}^{4} b_j y_j, \quad j = 1,2,3,4 \tag{8-6}$$

$$h(z) = \sum_{i=1}^{3} c_k z_k, \quad k = 1,2,3 \tag{8-7}$$

其中，a_i、b_j 与 c_k 由变异系数法确定。x_i、y_j 与 z_k 分别是对经济系统、公共服务系统与生态环境系统包含的12个小指标标准化后的指标，即：

$$x_i = \frac{x_{1i} - x_{1\min}}{x_{1\max} - x_{1\min}}, \quad y_j = \frac{x_{2j} - x_{2\min}}{x_{2\max} - x_{2\min}}, \quad z_k = \frac{x_{3\max} - x_{3k}}{x_{3\max} - x_{3\min}} \tag{8-8}$$

其中，$i=1,2,3,4,5$；$j=1,2,3,4$；$k=1,2,3$。

上述标准化后的指标均是效益型指标，某些指标越大，表明某系统发展水平越高。于是，在此基础上构建发展度函数如式(8-9)所示。

$$D = \alpha f(x) + \beta g(y) + \gamma h(z) \tag{8-9}$$

这里，α、β 与 γ 分别为经济系统、公共服务系统与生态环境系统的权重。随着我国经济的持续快速发展，人们对发展重心的关注，已经由经济领域逐步向政府有能力提供完善均等的公共服务与追求建立在良好生态环境基础上的高质量生活品质。综合权衡，决定赋予经济系统、公共服务系统与生态环境系统相等权重，即 $\alpha = \beta = \gamma = 1/3$，于是式(8-9)变为：

$$D = \frac{1}{3}(f(x) + g(y) + h(z)) \tag{8-10}$$

8.2.2.2 协调度模型的构建

可以考虑在锡尔系数的基础上建立协调度。由锡尔系数定义可知,锡尔系数越大,则各区域间发展水平差异越大。区域发展水平差异越大,则其协调程度越低。不难发现,协调度与锡尔系数成负向变动关系。设 $F_{i,t}$ 表示第 i 个地带第 t 年的综合发展差异指数,则第 i 个地带第 t 年的协调度可表示为:

$$C_{i,t} = 1 - F_{i,t} \tag{8-11}$$

8.2.2.3 协调发展度模型的构建

在上述分析的基础上,可知第 i 个地带第 t 年的协调发展度可表示为:

$$Cd_{i,t} = \sqrt{C_{i,t} \times D_{i,t}} \tag{8-12}$$

8.3 区域协调发展效果评价的实证分析

8.3.1 区域发展差异实证分析

根据式(8-1)—式(8-4)可以分别计算出全国范围以及四大区域内的三个系统的综合发展差异指数以及总体差异指数。

8.3.1.1 全国总体及四大地带经济系统发展差异实证分析

表 8.3 中的锡尔系数数值显示,1995—2012 年,全国四大区域内省际差异及地带间差异关系为:

$$T_{东部} > T_{四大地带间} > T_{西部} > T_{中部} > T_{东北}$$

即:在经济发展水平方面,东部地带省际差异最大,略大于四大地带间差异;四大地带间差异远大于西部地带省际差异;西部地带省际差异略大于中部地带省际差异;东北地区省际发展差异最小。

表 8.3 全国区域经济发展差异的综合发展差异指数

年份	四大地带	东部地带	中部地带	西部地带	东北地带	总差异
1995	0.1589	0.1993	0.0033	0.0239	0.0006	0.3860
1996	0.1529	0.1941	0.0032	0.0209	0.0005	0.3717
1997	0.1458	0.1932	0.0032	0.0139	0.0008	0.3569
1998	0.1596	0.2082	0.0031	0.0135	0.0016	0.3860
1999	0.1759	0.2246	0.0030	0.0114	0.0025	0.4174
2000	0.1837	0.2230	0.0030	0.0115	0.0025	0.4236

(续表)

年份	四大地带	东部地带	中部地带	西部地带	东北地带	总差异
2001	0.1790	0.2279	0.0024	0.0148	0.0020	0.4262
2002	0.2038	0.2416	0.0022	0.0132	0.0026	0.4634
2003	0.2132	0.2422	0.0021	0.0146	0.0017	0.4737
2004	0.2097	0.2394	0.0024	0.0137	0.0013	0.4665
2005	0.1963	0.2322	0.0022	0.0132	0.0014	0.4454
2006	0.1840	0.2219	0.0019	0.0178	0.0014	0.4271
2007	0.1721	0.2153	0.0018	0.0209	0.0015	0.4116
2008	0.1302	0.1867	0.0017	0.0275	0.0013	0.3474
2009	0.1249	0.1703	0.0017	0.0212	0.0016	0.3197
2010	0.1210	0.1678	0.0020	0.0197	0.0013	0.3119
2011	0.1175	0.1673	0.0014	0.0201	0.0012	0.3075
2012	0.1138	0.1644	0.0015	0.0193	0.0013	0.3002

考察历年区域经济总体差异的构成(见图8.1),不难发现,东部地带的省际差异对全国总体差异的贡献率保持在51%以上,四大地带间的差异对全国总体差异的贡献率基本上保持在40%以上,两者共占全国总体差异的90%以上。这说明我国区域经济差异的总体来自东部地带省际发展的不均衡与四大地带间经济发展差异。西部地带省际差异对总体差异的平均贡献仅为4.1%,中部地带及东北地带的总体差异最低,平均仅占总体差异的0.6%和0.4%。

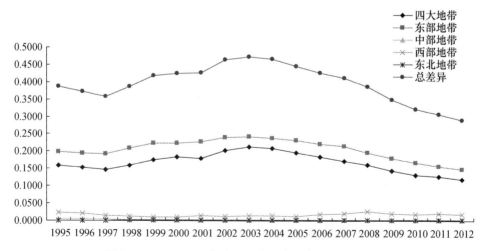

图8.1 1995—2012年全国区域经济系统总体差异构成

图 8.2 直观反映了 17 年间我国区域经济发展差异的变化趋势。可以看出,总体差异锡尔系数在 2002—2004 年最高,其中 2003 年达到峰值,为 0.4737。在 1995—2005 年,除了 1995—1997 年经济发展差异出现缩小外(于 1997 年达到最低点),其余年份都呈现扩大趋势。2004—2012 年,总体差异出现缩小趋势,其中 2009—2012 年趋势放缓,趋于平稳。东部地带省际差异、四大地带间差异变化趋势与全国总体差异趋势基本一致,均在 2003 年锡尔系数值最大,之后差异逐渐趋于缩小。西部地带省际差异在 1995—1999 年呈现不断缩小态势,并于 1999 年达到最低点,为 0.0114;1999—2004 年,差异水平呈现低位盘整状态;2004 年后,一路高歌猛进,差异呈现扩大态势。中部地带省际差异除 2003—2004 年出现扩大外,其余年份均呈现出缩小趋势。东北地区差异分三个阶段:1995—2000 年呈现不断扩大态势,2001 年出现一个波谷,2002 年又攀升至最大值 0.0026,之后基本呈现一路下跌态势。

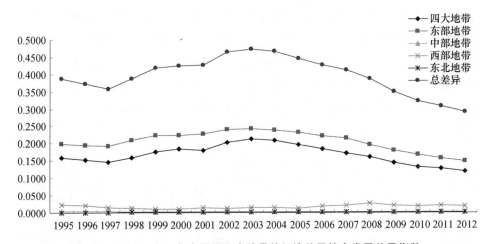

图 8.2 1995—2012 年全国及四大地带的经济差异综合发展差异指数

8.3.1.2 全国总体及四大地带公共服务系统发展差异实证分析

由表 8.4 中发展差异指数值来看,1995—2012 年,全国四大地带内省际差异及地带间差异关系:

$$T_{东部} > T_{西部} > T_{四大地带间} > T_{中部} > T_{东北} \tag{8-13}$$

即:在公共服务水平方面,东部地带省际差异最大,远大于西部地带省际差异;西部地带省际差异远大于四大地带间差异;四大地带间差异略大于中部地带省际差异;东北地区省际发展差异最小。

表 8.4 全国区域公共服务水平发展差异的综合发展差异指数

年份	四大地带	东部地带	中部地带	西部地带	东北地带	总差异
1995	0.0745	0.5007	0.0274	0.2062	0.0032	0.8121
1996	0.0749	0.4855	0.0234	0.1959	0.0035	0.7833
1997	0.0773	0.4854	0.0233	0.1792	0.0033	0.7686
1998	0.0745	0.4761	0.0257	0.1708	0.0039	0.7510
1999	0.1105	0.5850	0.0366	0.2014	0.0044	0.9380
2000	0.1005	0.5295	0.0440	0.1950	0.0046	0.8736
2001	0.0947	0.5150	0.0445	0.1876	0.0040	0.8458
2002	0.1010	0.4923	0.0420	0.1821	0.0039	0.8213
2003	0.0911	0.4563	0.0410	0.2101	0.0037	0.8023
2004	0.0857	0.4441	0.0412	0.1920	0.0031	0.7661
2005	0.0635	0.4253	0.0368	0.1463	0.0035	0.6755
2006	0.0601	0.3912	0.0341	0.1474	0.0037	0.6365
2007	0.0562	0.3801	0.0307	0.1314	0.0035	0.6018
2008	0.0489	0.3407	0.0330	0.1295	0.0024	0.5544
2009	0.0405	0.3503	0.0344	0.1231	0.0024	0.5507
2010	0.0410	0.3385	0.0315	0.1366	0.0026	0.5502
2011	0.0374	0.3319	0.0294	0.1630	0.0028	0.5645
2012	0.0359	0.3297	0.0279	0.1298	0.0029	0.5262

考察历年区域公共服务总体差异的构成(见图 8.3),不难发现,东部地带省际差异对全国总体差异的贡献率保持在 60% 左右,西部地带省际差异对全国总体差异的贡献率基本上保持在 23% 左右,两者共占全国总体差异的 82% 以上。这说明我国区域公共服务差异的总体来自东、西部地带发展的不均衡。四大地带间差异对总体差异的平均贡献仅为 9% 左右,中部地带及东北地带的总体差异最低,平均仅占总体差异的 4.6% 和 0.5%。

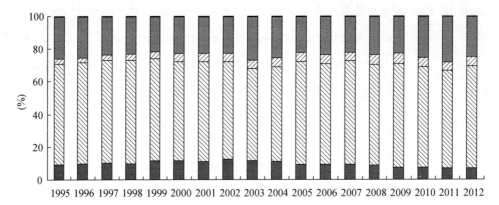

图 8.3　1995—2012 年全国区域公共服务系统总体差异构成

图 8.4 直观反映了 17 年间我国区域公共服务水平发展差异的变化趋势。可以看出，总体差异锡尔系数在 1995—1998 年略显缩小态势，1999 年达到峰值为 0.9380，之后差异不断缩小。东部地带省际差异、四大地带间差异变化趋势均与全国总体差异趋势基本一致，在 1999 年锡尔系数分别取得峰值 0.5850、0.1105，之后差异逐渐趋于缩小。西部地带省际差异变化趋势 1995—2012 年与东部地带省际差异变化趋势略有不同，西部地带省际差异分别在 2003 年、2011 年取得峰值 0.2101 和 0.1630，差异总体是在不断缩小。中部地带省际差

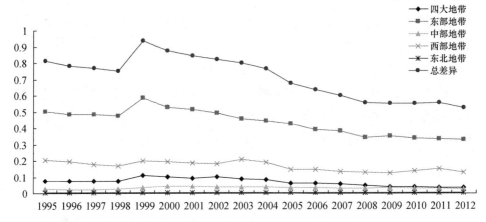

图 8.4　1995—2012 年全国及四大地带公共服务差异的综合发展差异指数

异分三个阶段:1995—2001年,差距基本上呈现不断扩大趋势;2001—2007年,总体上呈现缩小趋势;2007—2012年,差距出现波动,总体呈小幅下降。东北地区差异变化很不明显,基本上在0.0036的锡尔系数水平上做很小幅度的上下波动。

8.3.1.3 全国总体及四大地带生态环境系统发展差异实证分析

由表8.5中锡尔系数数值来看,1995—2012年,全国四大地带内省际差异及地带间差异关系为:

$$T_{东部} > T_{西部} > T_{四大地带间} > T_{东北} > T_{中部}$$

即:在生态环境方面,东部地带省际差异最大,大于西部地带省际差异;西部地带省际差异大于四大地带间差异;四大地带间差异略大于东北地带省际差异;中部地区省际发展差异最小。

表8.5 全国区域生态环境水平发展差异的综合发展差异指数

年份	四大地带	东部地带	中部地带	西部地带	东北地带	总差异
1995	0.0428	0.1682	0.0019	0.1202	0.0038	0.3368
1996	0.0421	0.1651	0.0011	0.1043	0.0051	0.3176
1997	0.0408	0.1635	0.0019	0.0723	0.0049	0.2834
1998	0.0360	0.1686	0.0055	0.0952	0.0044	0.3098
1999	0.0357	0.1724	0.0063	0.0868	0.0039	0.3051
2000	0.0312	0.1556	0.0041	0.0780	0.0037	0.2726
2001	0.0303	0.1642	0.0067	0.0793	0.0041	0.2845
2002	0.0325	0.1585	0.0049	0.0829	0.0038	0.2825
2003	0.0318	0.1549	0.0047	0.0876	0.0040	0.2831
2004	0.0278	0.1701	0.0037	0.0840	0.0042	0.2898
2005	0.0200	0.1622	0.0036	0.0607	0.0047	0.2511
2006	0.0208	0.1675	0.0042	0.0591	0.0054	0.2570
2007	0.0193	0.1650	0.0040	0.0587	0.0047	0.2517
2008	0.0185	0.1528	0.0039	0.0520	0.0062	0.2336
2009	0.0173	0.1501	0.0043	0.0511	0.0051	0.2279
2010	0.0166	0.1488	0.0039	0.0497	0.0048	0.2238
2011	0.0151	0.1319	0.0038	0.0430	0.0056	0.1994
2012	0.0139	0.1276	0.0036	0.0412	0.0045	0.1908

考察历年区域生态环境总体差异的构成(见图 8.5)可知,东、西部地带省际差异对全国总体差异的贡献率分别超过了 50% 和 25%,两者占总体差异的比重超过 83%。可见我国区域生态环境的总体差异主要来自东、西部地带省际发展的不均衡。四大地带间差异对总体差异的平均贡献仅为 10.7% 左右,东北地带及中部地带的省际差异最低,平均仅占总体差异的 1.6% 和 1.4%。

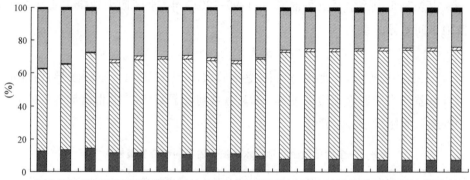

图 8.5　1995—2012 年全国区域生态环境系统总体差异构成

图 8.6 直观反映了 17 年间我国区域生态环境发展差异的变化趋势。可以看出,总体差异锡尔系数的变化趋势呈现明显的四个阶段:1995—1997 年,差异呈现不断缩小趋势;1997—2000 年,差异先是扩大然后又逐渐缩小;2000—2004 年,基本保持较小幅度的扩大态势;2004 年以后,差异基本上在逐渐缩小。东部地带省际差异在 1995—1999 年不断扩大,并于 1999 年取得峰值 0.1724;2000 年有所缩小,2001 年又扩大,2001—2003 年不断缩小;2004 年又取得一个极大值,之后出现回落趋势。西部地带省际差异变动趋势与总体差异变动趋势基本一致,1995—1997 年,差异不断缩小,其中 1995 年取得峰值 0.1202;1997—1998 年差异扩大;1998—2004 年做很小幅度回落;2004 年后,差异不断缩小。1995—2001 年,四大地带间的差异不断缩小,在 1995 年取得峰值 0.0428;2002 年略有扩大,之后又逐渐缩小。中部地区的省际差异在 1995—1996 年呈缩小趋势,1996—1999 年不断扩大,之后缩小,于 2000 年取得极小值 0.0041;2000—2001 年差异在增大,并在 2002 年取得极大值 0.0067;2002 年后,差异逐渐缩

小;在2009年出现峰值0.0043;之后差距不断缩小。对于东北地带而言,1995—2000年,其省际差异先是缩小然后扩大;2001—2006年,差异总体上不断扩大,2007年缩小,2008年又扩大,之后出现小幅波动。

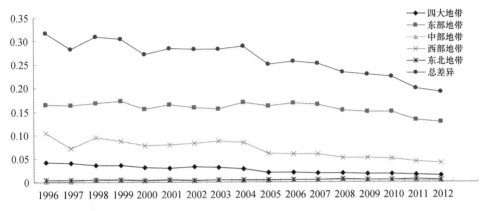

图 8.6　1995—2012年全国及四大地带生态环境差异的锡尔系数

8.3.1.4　全国区域总体发展差异的分析

由表8.6可知,1995—2008年全国四大地带内省际差异及地带间差异关系为:

$$T_{东部} > T_{四大地带间} > T_{西部} > T_{中部} > T_{东北}$$

总体来看,东部地带省际差异最大,远大于四大地带间差异;四大地带间差异略大于西部地带省际差异;西部地带省际差异略大于中部地带省际差异;东北地区省际发展差异最小。

表 8.6　全国区域总体发展差异的综合发展差异指数

年份	四大地带	东部地带	中部地带	西部地带	东北地带	总差异
1995	0.0941	0.2460	0.0082	0.0938	0.0025	0.4446
1996	0.0918	0.2395	0.0071	0.0857	0.0031	0.4272
1997	0.0895	0.2386	0.0073	0.0698	0.0030	0.4082
1998	0.0920	0.2469	0.0086	0.0735	0.0033	0.4243
1999	0.1084	0.2769	0.0112	0.0778	0.0035	0.4778
2000	0.1067	0.2620	0.0122	0.0740	0.0035	0.4584
2001	0.1030	0.2643	0.0127	0.0741	0.0033	0.4574
2002	0.1146	0.2669	0.0116	0.0729	0.0034	0.4694

(续表)

年份	四大地带	东部地带	中部地带	西部地带	东北地带	总差异
2003	0.1148	0.2599	0.0112	0.0817	0.0031	0.4707
2004	0.1106	0.2597	0.0112	0.0759	0.0029	0.4603
2005	0.0966	0.2503	0.0101	0.0583	0.0032	0.4185
2006	0.0914	0.2394	0.0095	0.0605	0.0035	0.4043
2007	0.0854	0.2330	0.0087	0.0580	0.0033	0.3884
2008	0.0678	0.2063	0.0091	0.0590	0.0035	0.3457
2009	0.0713	0.2079	0.0083	0.0545	0.0033	0.3453
2010	0.0656	0.1956	0.0077	0.0491	0.0038	0.3218
2011	0.0630	0.1883	0.0078	0.0474	0.0042	0.3107
2012	0.0614	0.1816	0.0080	0.0456	0.0044	0.3010

考察历年全国区域发展总体差异的构成(见图8.7)可知,东部地带省际差异对全国总体差异的贡献率基本上超过了55%,四大地带差异对全国总体差异的贡献率基本上超过了20%,西部地带省际差异占总差异的比重约为16.75%,三者占总体差异的比重超过96%。可见我国区域发展的总体差异主要来自东部地带、四大地带间和西部地带省际发展的不均衡。中部地带及东北地带的省际差异最低,平均仅占总体差异的2.29%和0.75%。

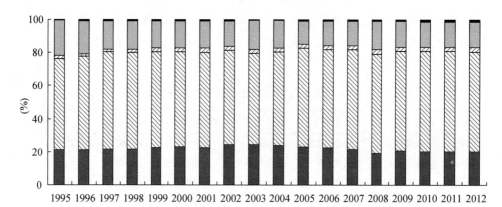

图8.7 全国区域发展总体差异构成

图 8.8 直观反映了 17 年间我国区域发展差异的变化趋势。可以看出，1995—1997 年，我国总体发展差异不断缩小，1997—1999 年，差异有所扩大，并在 1999 年达到峰值 0.4778；1999 年后，差异基本上呈现逐渐缩小的态势。东部地带省际总体差异在 1995—1999 年先是略有缩小，然后扩大，并在 1999 年达到峰值 0.2769；1999 年后，差异整体呈现不断缩小的态势。1995—1999 年，四大地带间差异先是略有缩小，然后不断扩大；1999—2001 年，差异趋向缩小，并于 2001 年达到极小值 0.1030；2001—2003 年，差异有所扩大，在 2003 年取得峰值 0.1148；2003 年后，差异不断缩小。对于西部地带省际差异而言，1995—1997 年，差异逐步缩小；1997—2002 年，差异先是逐渐扩大，然后渐渐缩小，并在 1999 年达到峰值 0.0778；2002—2003 年，差异扩大至 0.0817；2003 年后，差异总体上呈现逐步缩小趋势。中部地区省际差异在 1995—1996 年略有缩小；1996—2001 年不断扩大至峰值 0.0127；2001 后，总体上不断缩小；2011 年、2012 年呈现小幅扩大。东北地带的省际差异在 1995—2000 年不断扩大，并在 2000 年达到峰值 0.0035；2000—2004 年，差异缩小，极小值为 0.0029；2004—2006 年，差异逐渐扩大；2006—2008 年，差异值出现小幅波动；2008 年以后差异总体有所扩大。

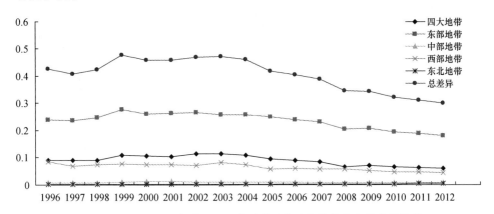

图 8.8　1995—2012 年全国及四大地带总体差异的综合发展差异指数

从经济系统、公共服务系统和生态环境系统考虑，则全国区域分系统锡尔系数及总体锡尔系数如图 8.9 所示：

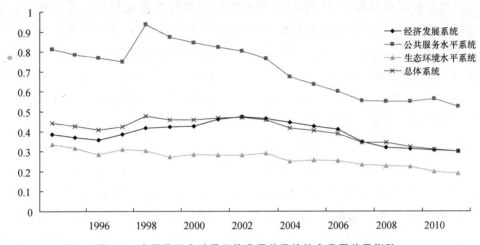

图 8.9　全国及四大地带总体发展差异的综合发展差异指数

由图 8.9 可知,除个别年份外,就区域发展总体而言,有如下关系:

$$T_{公共服务} > T_{总体} > T_{经济} > T_{生态环境}$$

横向来看,我国公共服务领域的发展水平差异是最显著的;总体差异和经济发展差异次之;生态环境领域的区域发展差异水平最低。纵向来看,1995—1998 年,公共服务系统的差异不断缩小;1998—1999 年,差异发展激增,由 0.7510 突然增长至 0.9380;1999 年后,其差异水平呈现不断缩小的态势,只在 2011 年出现小幅扩大。对于经济系统而言,1995—1997 年,其差异不断缩小,在 1997 年取得极小值 0.3569;1997—2003 年,差异呈现扩大趋势,并在 2003 年取得极大值 0.4737;2003 年以后,差异逐渐缩小;2009 年以后差距进一步缩小,趋于平稳。生态环境的区域差异在 1995—1997 年呈现逐渐缩小状态;1997—2000 年,差异先是略有扩大,然后又逐渐缩小;2000—2004 年,差异略有微小幅度的扩大;2004 年后,差异基本上在逐渐缩小。

总体来看,我国区域发展差异水平在 1995—1997 年逐渐缩小;1997—1999 年有所扩大,并在 1999 年达到峰值 0.4778;1999 年后,差异基本上是在不断缩小;2008 年以后差距进一步缩小,趋于平稳。

8.3.2　中国区域协调发展水平分析

我们可以计算出 1995—2012 年全国总体及四大地带的协调发展度,如表

8.7 和图 8.10 所示：

表 8.7　1995—2012 年全国总体及四大地带的协调发展度

年份	东部地带	中部地带	西部地带	东北地带	全国总体
1995	0.6476	0.5510	0.5124	0.6248	0.4687
1996	0.6589	0.5621	0.5236	0.6326	0.4832
1997	0.6556	0.5606	0.5155	0.6219	0.4858
1998	0.6540	0.5693	0.5163	0.6442	0.4833
1999	0.6310	0.5467	0.5032	0.6277	0.4501
2000	0.6394	0.5597	0.5242	0.6504	0.4671
2001	0.6338	0.5584	0.5207	0.6510	0.4650
2002	0.6354	0.5520	0.5212	0.6536	0.4602
2003	0.6413	0.5574	0.5198	0.6531	0.4615
2004	0.6415	0.5672	0.5132	0.6558	0.4657
2005	0.6495	0.5843	0.5221	0.6569	0.4882
2006	0.6574	0.5823	0.5183	0.6579	0.4944
2007	0.6635	0.5946	0.5197	0.6688	0.5050
2008	0.6815	0.6109	0.5442	0.6741	0.5338
2009	0.6893	0.6170	0.5367	0.6759	0.5394
2010	0.6941	0.6235	0.5233	0.6738	0.5360
2011	0.6996	0.6283	0.5364	0.6811	0.5512
2012	0.7049	0.6434	0.5271	0.6888	0.5694

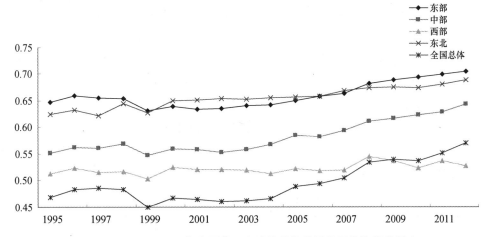

图 8.10　1995—2012 年全国及四大地带总体发展差异的协调发展度

由表 8.7 可知,全国总体与四大地带的协调发展程度总体关系为:

$$Cd_{东北} > Cd_{东部} > Cd_{中部} > Cd_{西部} > Cd_{全国总体}$$

总体看来,在四大地带中,东北地区和东部地区的协调发展水平最高,中部地区次之,西部最低。全国总体的协调发展水平更是不容乐观,它比西部地区的协调发展水平更低。由上一节我国区域发展差异分析可知,全国总体差异最大,其次是东部地带省际差异,它远大于西部省际差异,西部省际差异大于中部,东北最小。这表明就协调度而言,情况恰好是相反的,东北地带省际协调水平最高,中部次之,西部再次,东部地带协调水平更低,全国总体协调水平是最低的。再来考虑发展度,发展度是由经济、公共服务与生态系统综合指数加总而得。在计算中发现,全国总体及四大地带的发展水平有如下关系:

$$D_{东部} > D_{东北} > D_{全国总体} > D_{中部} > D_{西部}$$

图 8.10 直观地反映了我国总体及四大地带在 1995—2012 年的区域协调发展水平变动趋势。就东部地带而言,其协调发展水平在 1995—1999 年先是升高,然后不断降低,但始终在四大地带中保持最高水平;1999 年后,其协调发展水平被东北地带所超过,但总体上是在稳步提高,并于 2008 年反超东北地带,之后一直领先。1995—1999 年,东北地带的协调发展水平经历了两次起落,仅次于东部地带;1999 年后基本保持持续稳步提高,并成功超越东部地带。中西部地带以及全国总体协调发展水平变动趋势基本一致。它们同处于较低层次,1995—1998 年,中部地带和全国总体的协调发展水平略有上升,西部地带略有下降;1998—1999 年,它们的协调发展水平均在下降,跌至谷底;1999—2004 年,协调发展水平又均实现触底反弹和低位盘整;2005—2008 年后,协调发展水平均保持快速良好增长势头,不过在 2009 年以后又出现小幅的波动,总体呈下降趋势。

8.4　中国区域协调发展类型分析

考虑将区域协调发展水平分成三大类共 10 种情况,如表 8.8 所示:

表 8.8　中国区域协调发展度的评判标准及类型

大类	协调发展度	协调发展亚类
协调发展类	0.90—1.00	优质协调发展类
	0.80—0.89	良好协调发展类

(续表)

大类	协调发展度	协调发展亚类
亚协调发展类	0.70—0.79	中级协调发展类
	0.60—0.69	初级协调发展类
	0.50—0.59	勉强协调发展类
	0.40—0.49	濒临失调衰退类
失调衰退类	0.30—0.39	轻度失调衰退类
	0.20—0.29	中度失调衰退类
	0.10—0.19	严重失调衰退类
	0.00—0.09	极度失调衰退类

根据表8.8,对于1995—2012年中国整体及四大地带的协调发展水平就有了进一步的认识,如表8.9所示:

表8.9 1995—2012年中国总体及四大地带协调发展类型

年份	东部地带	中部地带	西部地带	东北地带	全国总体
1995	初级协展	勉强协展	勉强协展	初级协展	濒临失衰
1996	初级协展	勉强协展	勉强协展	初级协展	濒临失衰
1997	初级协展	勉强协展	勉强协展	初级协展	濒临失衰
1998	初级协展	勉强协展	勉强协展	初级协展	濒临失衰
1999	初级协展	勉强协展	勉强协展	初级协展	濒临失衰
2000	初级协展	勉强协展	勉强协展	初级协展	濒临失衰
2001	初级协展	勉强协展	勉强协展	初级协展	濒临失衰
2002	初级协展	勉强协展	勉强协展	初级协展	濒临失衰
2003	初级协展	勉强协展	勉强协展	初级协展	濒临失衰
2004	初级协展	勉强协展	勉强协展	初级协展	濒临失衰
2005	初级协展	勉强协展	勉强协展	初级协展	濒临失衰
2006	初级协展	勉强协展	勉强协展	初级协展	濒临失衰
2007	初级协展	勉强协展	勉强协展	初级协展	勉强协展
2008	初级协展	初级协展	勉强协展	初级协展	勉强协展
2009	初级协展	初级协展	勉强协展	初级协展	勉强协展
2010	初级协展	初级协展	勉强协展	初级协展	勉强协展
2011	初级协展	初级协展	勉强协展	初级协展	勉强协展
2012	中级协展	初级协展	勉强协展	初级协展	勉强协展

注:"初级协展"指"初级协调发展";"勉强协展"指"勉强协调发展";"濒临失衰"指"濒临失调衰退"。

由表 8.9 可知,在中国的四大区域中,东部地带和东北地区的协调发展程度在全国走在前列,一直处于初级协调发展阶段,并且其协调发展度总体趋势稳中有升。中西部地带的协调发展水平在全国处于较低层次,基本上均处于勉强协调发展阶段。不过近年来这种状态趋向好转,特别是中部地带,2008 年,其协调发展水平由勉强协调发展阶段迈进了初级协调发展阶段。总体来看,1995—2006 年,我国总体协调发展水平处于濒临失调衰退阶段,地区间发展差异问题较为严重;2006—2008 年,这种状况略有好转,总体协调发展水平处于勉强协调发展阶段。但总体而言,我国的区域协调发展水平还处于较低水平。

主要参考文献

[1] 覃成林. 区域协调机制体系研究[J]. 经济学家,2012(4).

[2] 孙海燕. 区域协调发展机制构建[J]. 经济地理,2012(5).

[3] 何龙娟等. 统筹区域协调发展背景下我国新农村建设模式的基本特征分析[J]. 经济问题探索,2013(6).

[4] 田新翠. 中国区域协调发展评价指标体系构建及其评价[J]. 现代工业经济和信息化,2013(12).

[5] 张佰瑞. 我国区域协调发展度的评价研究[J]. 工业技术经济,2007(9).

[6] 范剑勇、高人元、张雁. 空间效率与区域协调发展战略选择[J]. 世界经济,2010(2).

第 9 章

区域协调发展中政府的事权财权研究

1978年的改革开放,开始了国家与市场的分权,属于经济性分权;1994年分税制改革启动了向地方分权的改革,分税制一直稳定到现在,成效显著。作为国家治理的基础,财政嵌入国家治理结构的每一个维度的各个方面。从经济的维度看,财政与市场的关系是主脉,关键词是"效率";从社会维度看,财政与社会的关系是主脉,关键词是"公平";从中央与地方关系来看,集权与分权的关系是主脉,关键词是"适度"。财政贯穿到区域协调发展的各个方面。区域之间经济社会发展严重失衡问题,造成区域之间政府财政能力的巨大差异,在公共服务主要依靠地方政府自我供给的财政体制下,区域之间政府财政能力不均衡问题必然会导致公共服务的非均衡供给。

中央与地方事权的合理划分,是一个大问题,也是一个老问题。综观发达国家经验,中央政府对地方政府的转移支付对于缩小区域经济差距,促进区域公共服务均等化配置起着非常重要的作用。转移支付的重要作用,使得其在我国被寄予厚望,无论是学术界还是政府,在财政转移支付作用的认识上都比较一致,对于转移支付制度的改革方向也比较明确。但是,财政转移支付制度仅仅是财政税收制度的一个方面,财政转移支付牵涉到中央和地方政府的核心利益,财政转移支付制度的建立和完善牵涉到经济、政治等各项制度,这是一项系统的、综合的、复杂的制度。其中,转移支付制度的建立必须以政府间事权和财权的明确划分为基础,政府间事权和财权的合理划分,决定着中央和地方政府间财政转移支付制度的合理与否。事权和财权划分不清以及划分不合理,即使转移支付数量日益增加也无益于区域经济发展差距的缩小,公共服务不均等的现实也难以从制度上得到根本的扭转。长期以来,我国中央政府和地方政府之间事权和财权的划分备受诟病,在此基础上建立起来的财政转移支付制度不但在结构上存在缺陷,在实施效果上也一定程度地偏离了均等化的目标。中央政府对地方政府的转移支付缺乏制度化,地方政府为争夺中央财政资金不遗余力,不但容易产生寻租和腐败现象,更为重要的是,事权财权划分不合理、转移支付制度不完善,不但会违背公平和社会正义原则,损害弱势群体的利益,而且会进一步拉大区域之间经济社会发展的差距,影响社会稳定和谐发展,削弱中央政府的执政能力。

9.1 政府事权财权与区域协调发展的理论基础

厘清政府事权和财权的关系,确定中央政府与地方政府以及地方各级政府之间预算管理的职责权限和预算收支范围,是政府财政管理体制的基础性内容,也是财政制度的核心内容,因此,探讨政府事权财权关系对区域协调的影响,必须从财政体制的产生和作用入手。

9.1.1 制度与区域经济协调发展

影响区域经济运行的因素按其性质和功能分为自生性要素(自然、历史因素)、再生性要素(人力、资金、技术因素)、牵动性要素(市场)、制动性要素(经济制度、经济组织)。区域经济是具有特色的国民经济,之所以是特色,就在于每个区域的自然资源禀赋、历史基础这些自生性要素是迥异的,人力、资金、技术也存在差异,即使在一体化的市场下,这些要素的组织形式也大相径庭,影响这些要素组织的文化、传统制度等都各具特色,偶然性的因素在累积循环效应下被放大,进而将经济发展的道路锁定在某一路径上。特别是在制度方面,制度(包括宏观的经济政策、产业政策以及微观层面的企业组织、管理制度等)的差异是经济发展水平差异的根源,鲍威尔森认为"只有通过制度,才能有效地协调不同经济主体,使之合作得以顺利实施,从而普遍提高组织的经济效率和居民的生活水平",一个好的经济制度可以促进企业创新、产业结构升级,一个坏的制度可以掏空实体经济,使区域产业结构长期在低水平上徘徊,不幸的是,区域之间在制度方面也千差万别,它甚至是区域发展失调的主要原因。

制度的差异是我国经济发展出现失调的根本原因。厉以宁(2000)等学者质疑非均衡发展的国家区域经济政策,认为导致我国区域经济发展水平悬殊的主要原因是我国从改革开放以来所采用的非均衡发展战略。林毅夫、刘培林(2003)提出在结构不合理的赶超战略下,许多地区企业失去了自力更生的能力。由于地方政府补贴、扶持所造成的软预算约束问题严重制约了西部地区技术及整体经济水平的发展,因而,地方经济政策所导致的区域差异则直接促成了国家层面的区域经济协调发展政策的制定,如西部大开发、振兴东北老工业基地及中部崛起等。

区域经济不均衡不但影响区域参与全国乃至国际产业分工中的地位,同时,由于区域经济发展与地区的民众经济收入水平直接相关,区域经济发展严重不均衡会造成同一国度内的公众经济收入和福祉出现巨大差异,进而影响和谐社会的建设。因此,任何一个国家,都将国民经济的均衡协调发展作为宏观经济的目标。1965 年,威廉姆森(Jeffery G. Willamson)发表《区域不平衡与国家发展过程》一文,通过对经济增长的实证资料数据进行横向分析和以时间为序的纵向分析,提出了区域经济差距的倒 U 形曲线理论。随着国家经济发展,区域间增长差异呈"倒 U 形"变化。在国家经济发展的初期阶段,随着总体经济增长,区域差异逐渐扩大,然后区域差异保持稳定,但是经济进入成熟增长阶段后,区域差异将随着总体经济增长而逐渐下降。然而,区域经济发展差距的缩小并不是自动实现的,而是通过包括完善市场机制和加强宏观调控等手段达到的。其中,市场机制的完善是缩小差距的首要选择。

9.1.2 政府事权财权与区域协调发展

9.1.2.1 市场机制是促进区域协调发展的最好途径

实现一个国家的区域协调发展机制,通过什么样的对策来实现中国区域协调发展这一目标,有多种模式可以利用,解决这一问题的手段从大的方面无外乎两种模式:一种是完全市场型的区域协调模式,另外一种是完全政府型的区域协调模式。尽管自由的市场机制倾向于出现两极分化,但其前提是这个国家或地区已经建立起了完善的市场机制,否则区域发展的不平衡很难归咎于市场因素。从中国的实际看,区域之间的经济差异主要不是由市场的缺陷造成的,恰恰相反,是由市场机制的不完善造成的。不少学者,如樊纲,就认为一个良好的市场可以消除区域差距,人口的自由迁移、要素的自由流动等,决定中国未来经济社会和人口格局的改变和地区差距缩小愿望将在市场的逐步完善中得以实现。改革开放三十多年来,我国虽然已经建立了社会主义市场经济体制的基本框架,但在市场秩序建设、要素市场发育、国有企业改革、民营经济发展等市场经济体制建设的很多领域,仍然存在制约我国区域经济协调发展的问题。我国尚未建立统一开放、竞争有序的市场体系,区域与区域之间的市场壁垒仍然存在,这影响了实现区域经济协调发展的资源配置的效率和公平。我国存在地方保护、垄断等妨碍全国统一市场和公平竞争的各种规定和做法,需要进一步改进市场监管体系。我国梯度推进的开放开发战略赋予了东部地区更多的政策,使东部地区获得了先行的优势,放大了区位优势引致的发展差距;农村土地产权制度改革滞后,农村集体经营性建设用地在出让、租赁、入股等方面与国有土地不一致、土地增值收益分配机制不合理等问题,导致了城乡经济二元结构等问题。城乡户籍分隔制度在一定程度上制约了劳动力在不同区域之间的自由流动,加剧了城乡之间的发展差距。因此,现阶段缩小区域经济发展不平衡的首要任务就是完善市场机制,打破区域之间的藩篱和城乡的隔阂,建立统一的商品市场、资本市场和劳动力市场。

9.1.2.2 财政体制是影响区域协调发展的因素之一

关于区域协调发展的影响因素,目前学术界有很多解释。区域协调发展受到多种因素的共同影响,一个国家在某一个时期特定的区域发展格局,是多种因素在长期交互作用的积累下所形成的结果。各种影响区域协调发展的因素和区域发展格局之间实际上存在着"多因一果"的逻辑关系。自然环境因素、经济发展因素、历史文化因素、政策制度是影响区域协调发展的四大类因素,而财政体制仅是政策制度因素中的一部分。财政体制是中央与地方之间公共事务责权、财政支出责权、财政收入权划分关系的一种制度安排。在区域经济发展中,中央与地方的财政关系不仅代表着中央与地方之间的利益分配关系,也代表着不同区域主体之间的利益分配关系。财政责任和财政资源在中央与地方之间的分配,以及归属于中央的财政资源通过财政转移支付在各地区的地方政府之间进行再分配,都会影响不同地区的自我发展能力,从而会扩大或缩小区域发展差距。

通过完善市场机制来弥合区域发展的差距,其任务是艰巨的,其效果也是缓慢的,通过公共财政制度(特别是税收和财政转移支付制度)的干预能够迅速矫正政策所造成的差距。内生增长理论的代表人物之一 Barro(1990)建立了第一个有关公共支出对经济增长作用的内生模型。他所建立的 Barro 模型认为,生产性公共支出对经济增长的影响方向决定于公共支出规模的大小。在公共支出尚未达到最佳规模前,公共支出的增加有利于经济增长;当公共支出规模超过最佳规模后,税收的负面影响开始占主导地位,继续扩大公共支出不利于经济增长(见图9.1)。

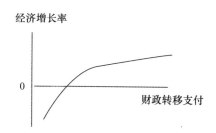

图9.1　财政转移支付与经济增长之间的关系

9.1.2.3　政府财政分权体制对区域协调发展的影响

财政分权体制是引发地方政府财政竞争的基本条件,在统收统支的中央财政集权情况下,中央几乎垄断了所有的财政经济资源,地方政府几乎没有自己独立的财政利益,也缺乏自主调节财政支出的权限。地方政府财政竞争因缺乏必要的制度环境与土壤而难以有效形成。在实行财政分权的情况下,中央对地方实行放权让利,地方政府在权责利等经济方面的独立性越来越强,并通过地区发展规划、区域政策制定、招商引资以及对当地基础设施的大量投入等行为来增加本辖区利益。地方政府成为推动本地区经济发展的重要力量,地方政府对本地经济活动的直接介入和间接干预形成了一种基于微观经济活动、以争夺流动性生产要素为目标的财政竞争关系。区域之间为争夺财政资源而展开的相互竞争,一方面促进了本地区经济发展,另一方面造成区域之间经济发展差距拉大,区域失调现象也较突出。但是,区域经济的不平衡发展并不能直接归咎于财政体制,区域经济发展不平衡的主要原因是资源和要素禀赋上的区域差异。循环累积因果论认为,区域经济发展差距的变动取决于市场机制中集聚效应和扩散效应两种力量的强弱对比。在一国经济发展的初级阶段,集聚效应占主导地位。初始条件较优越的地区能够吸引更多生产要素的流入,从而获得更快的经济发展,并逐渐拉大与那些先天条件较差地区的差距。发达地区发展到一定程度后,扩散效应开始显现与增强,从而带动落后地区的发展,这有助于区域发展差距的缩小。不可否认,包括财政体制在内的政府的各种制度和政策也是影响区域经济发展差距的重要因素。例如,财政分权所引起的地方政府收入与支出的区域差异可能加剧区域经济发展的不平衡程度,而财政转移支付制度则可以发挥区域财力平衡功能,进而缩小区域经济发展差距。但是,财政分权只能对原有的区域经济发展格局施加有限度的影响,而不可能从根本上改变由市场机制所决定的区域经济发展格局。

不能过度夸大财政分权体制对区域不平衡的调节作用,不能希冀于通过厘清政府事权和财权、增加对落后地区的财政转移支付、扩大对落后地区的财政投资、给予落后地区税收优惠来消除其与发达地区的经济发展差距。试图通过财政手段拉平区域经济差距实际上是违背市场经济条件和区域经济发展规律的,也难以做到。因此,要解决区域经济发展差距过大的问题,财政分权改革的作用主要是不断优化制度环境、促进区域公共服务均等化、合理引导市场行为、努力弥补市场缺陷。

在财政制度方面,西方发达国家或地区往往建立详细、明晰、透明的财政转移支付制度,通过采取大规模的财政转移支付手段,加大对欠发达地区在交通、信息、教育、产业、能源、水利、环保等方面的帮扶力度。并且,设置了"统一基金"、区域发展基金等区域经济协调发展基金,专项用于欠发达地区。在税收制度方面,这些国家或地区通过税收减免、比例分成、让渡权限、下拨分配等方式来弥补欠发达地区财政收入的不足,促进欠发达地区人均财政收入达到一定比例的全国平均水平,增强其提供社会基本公共服务的能力。

无论从理论层面还是从西方发达国家的实践层面,通过财政税收制度的调节以促进区域经济协调发展都是值得期待的。然而,财政制度对区域协调发展作用的有效发挥,是奠定在一个基本前提上的,即合理地、清晰地界定政府间尤其是中央和地方政府间的事权财权。明确各级政府间的支出责任,是确保政府财政转移支付制度化、透明化的基础。

9.2 中央与地方事权财权关系的发展历程及其特征

9.2.1 1949—1979 年:"统收统支"体制与区域协调

新中国成立后,为统筹安排国家财力、增强建设能力,构建了资源高度集中的"统收统支"的财政体制。随后,在第一个五年计划期间,为了调动地方政府参与建设的积极性,实行了"划分收支、分级管理"的财政体制,下放给地方政府一定的财政权限。直到 1979 年,这一时期都可以概括为"统收统支"模式。在传统的计划经济体制下,中央政府高度集权,承担了几乎全部的公共事务和经济事务,民众无法自主选择公共产品和服务,地方政府也几乎没有自主决策权。预算管理权和财政收入全部集中于中央政府,地方财政收支不挂钩,其支出由中央政府统一逐级拨付。

"统收统支"模式下,只有中央一级财政,财力与事权并没有在中央与地方政府间进行划分。中央虽然划给地方一定的财权,但是地方财政仍处于被中央支配的地位,中央政府通过严格的计划手段掌控着地方政府的经济活动。中央政府与地方政府在这一阶段实行的财税体制下,造成权力与利益分配的不平衡,遏制了地方的积极性和主动性。"统收统支"模式下,由中央根据战略的需要通过计划的手段赋予地方一定的财力,尽管区域之间的差距不大,但严重抑制了经济要素的流动。区域经济本身就是极具市场特色的名词,在区域经济中,如果缺乏市场的牵动,则区域经济便失去应有之义。实际上,在这一时期,个人、组织甚至地方政府都不过是国家机器的一个零部件,是中央计划经济系统中的一个执行单位,不但没有真正意义上的市场经济主体,也没有真正意义上的区域经济,区域经济的发展谈不上协调与不协调。

9.2.2 1980—1993 年:"财政包干"体制与区域协调

随着改革开放的不断深入,我国的经济形势发生了很大变化,高度集中的财税体制难以适应多种所有制情况。为了提升地方政府增加收入的热情,中央决定向地方下放权力,让地方获得更多的自主权和实惠。于是于 1980 年开始实行按照隶属关系明确划分中央和地方的财政收支范围,地方政府在中央政府的统一计划下拥有更多的财权。随后,1983—1984年的两年间分两步实行了利改税。1985年,在中央的统一领导下进行税种划分,税收收入原则上将税种设置划分为中央固定收入、地方固定收入和共享收入。对各级政府核定收支,给予地方政府分级包干的自主权。1988年实行"收入递增包干、总额分成、总额分成加增长分成、上解递增包干、定额包干、定额补助"等大包干体制,中央政府结合1979年各地财政收支的数额确定各地财政包干基数,给予地方政府一定的财政收入。同时,地方政府也代理中央行使一些事权,初步拥有相对独立的预算权,地方财政收支挂钩、自求平衡。

这一时期的财税体制统称为财政包干体制,这一体制下政府通过放权让利扩大地方政府的事权范围和税收征管权,调动了地方政府改革的积极性。地方政府为了实现自身利益竞相发展利润丰厚、税收高的产业,市场意义上的区域经济才逐步形成。市场具有促进区域经济协调发展的功能,区域经济最终走向均衡发展是市场机制作用的结果。在市场经济体系中,各经济个体只有在与其他个体的交易活动中才能实现自身的利益,各经济个体之间的交易活动也就是各自的经济利益要求相互摩擦、冲突的竞争过程。如果不同经济个体之间可以通过利益竞争达到均衡,这种利益平衡就是一种"自然平衡"。市场主导下的区域经济,不同的经济个体和经济组织乃至某个行政区域会在利益制衡的条件下获得各自的利益,换言之,经济个体、组织以及行政区域是在不直接损害他人利益的基础上达到了自身目标,区域不同的经济主体既相互竞争又相互制约,在走向力量的均衡中共享经济成果。当利益格局在竞争中达到平衡时,社会就会达到一种稳定状态,利益关系就趋于和谐,经济组织和区域经济也趋于协调。也正因如此,尽管财政包干制使得全国的产业结构布局出现大量重复建设,区域经济也开始分化,但是区域经济的差异总体上是市场规律作用的结果。作为国家宏观调控的重要手段,财税体制应起着弥补市场造成的差距的作用,但是财政包干体制削弱了中央的宏观调控能力,不但对市场进行放任自流,还对区域经济的分化起着推波助澜的作用。

9.2.3 1994年分税制改革对区域协调发展的积极意义

1994年的财政分权体制改革是新中国成立以来调整利益格局最为明显、影响最为深远的一次财税改革,这次改革具有划时代和里程碑式的意义。为了使中央与地方的财税关系朝着均衡协调的方向发展,国务院从1994年1月1日起实行分税制改革。分税制改革包括三个方面的内容:第一,从制度层面上划分中央与地方事权及其支出责任;第二,以事权与财权相匹配为准则,将我国所有的税种划归为中央税、地方税和中央与地方共享税;第三,设立中央与地方两条税务管理系统分别征税。分税制实施以后,我国设立了中央和地方两条税务系统,各系统按照各自的职责分别征税。这一分设措施划清了中央和地方的征管权限和职责,不但使中央的财政收入得到保障,而且还激发了地方组织财政收入的热情。

分税制在推动地方经济高速增长、市场经济体制不断完善的同时,调动了中央与地方政府的积极性,保证了各级政府尤其是中央财政收入的持续增长,中央宏观调控能力也随之逐步增强。

第一,中央政府的财政收入大幅增长,增强了中央政府宏观调控能力。分税制下中央的税收收入主要来自税源较集中、税基宽广的主体税种,中央财政在财力分配中的主导地位得以巩固。分税制实施以后中央财政收入大幅度增加,地方财政收入回落下来。随着中央政府财力的不断充实,中央对地方政府更加具有领导力,对地方基础设施和经济建设更具有影响力。

第二,调动了地方政府增加财政收入的积极性,推动地方经济高速增长、市场经济体制不断完善。分税制体制在制度层面上对中央与地方政府的财政收入来源进行了划分,而且税种的划分也是在市场经济条件下为了适应经济的发展做出的决策,一方面,税种的划分,大大地激发了地方政府增加收入的热情;另一方面,地方税收必须以地方经济发展为前提,分税制改革使得地方政府明确了自身的职责,公共服务意识被唤醒,激发了地方政府发展地方经济增加收入的热情。

第三,践行了财政制衡原则。分税制财税体制依据"一级财政、一级事权、一级预算"的思想理念,促使各级政府自主发展,调动了各级政府的积极性。为了促进经济发展和平衡区域发展的需要,中央通过转移支付制度向地方各级政府划拨资金,逐渐构建起公平、规范的分配模式,在分税制下通过转移支付的形式践行了财政制衡原则,保证了中央政府的主导地位。

然而,分税制涉及财政的方方面面,并不能一步到位。在运行实践过程中问题也会逐渐凸显,需要不断完善。这次改革明确界定了中央与地方的财政收入范围,但对于事权范围并没有做明晰的划分,导致政府在履行公共职能时出现"缺位"、"越位"现象,不利于实现公共产品供给的帕累托最优状态。而且,随着社会的发展,税收规模大为增加,税收种类更为复杂,政府职能也出现了较大的变化,尽管政府也做了一定的调整,但是仍存在较大的问题,其中各级地方政府的财力与事权不匹配导致区域经济失调的问题尤其值得关注。

9.3 分税制后我国政府事权财权与区域协调发展

预算管理体制是确定中央政府与地方政府以及地方各级政府之间各级预算管理的职责权限和预算收支范围的一项根本制度,它是财政管理体制的重要组成部分。财税制度对区域协调促进作用的发挥,必须以各级政府之间的事权财权得到明确的划分为基础,又必须以事权与财权的匹配为保障。

中央和地方之间的关系主要表现在事权和财权的分配上,所谓事权,就是各级政府必须履行的提供公共服务的责任,财权是政府在取得和管理财政收入方面的权限。事权的确定是理清中央和地方关系、明确各级政府之间职责的前提。事权是第一性的,财权是基于事权确定后第二性的。财权和事权的匹配是各级地方政府开展工作的前提,也是调动各级地方政府发展经济和提供公共服务的积极性的关键,因此,财权和事权的匹配直接关系到区域之间的经济社会的协调发展。

9.3.1 分税制后我国政府间事权财权匹配情况的考察

1994年实施的分税制是在市场经济国家中广泛推行的一种财政管理体制,也顺应我国市场经济发展的潮流。随着经济体制的不断完善和发展,分税制的内容也进行着渐进式的改革,但现行分税制仍存在很多不足,政府事权和财权的匹配度有待进一步提高。

(1) 事权的划分。各级政府间财权和事权的明确划分是转移支付制度得以顺利实施的前提。在我国的语境中,政府事权财权更多的是指中央和地方之间的事权财权的划分。中央级、地方级财政的实际事权可以通过其各年公共财政支出分别得以体现,目前我国的分税制财政管理体制在中央和地方政府事权的划分上基本沿用传统体制下的划分方法,1994年的分税制改革也没有对各级政府的事权进行明确划分,存在交叉、重叠、模糊,上下级政府之间责任不清,常常发生缺位或者越位,一些应该由中央承担的项目常由地方政府执行,一些应该由地方承担的项目也常由中央代替。这种格局造成目前中央财政本级支出只占15%,地方实际支出占85%,中央通过大量专项转移支付对地方进行补助,客观上会不同程度地干预地方事权,地方也无动力做好本不适于地方承担的事务,造成行政效率偏低,制约市场统一、司法公正和基本公共服务均等化。

(2)财权的划分。财权的实际分配情况则相对复杂。政府财权包括地方级财政财权和中央级财政财权。地方级财政的实际财权是指其能够自主支配的财政收入,反映在我国的财政体制中,主要包括地方本级收入、税收返还、均衡性转移支付、定额补助等。专项转移支付规定了使用用途,要么要求提供配套资金,这就使得地方政府并没有能够自主支配这些转移支付资金,因此不能计入到地方政府财权中。相应地,中央级财政的实际财权就是中央公共财政收入减去税收返还、均衡性转移支付、定额补助后的余额。

(3)事权和财权的匹配情况。中央地方事权财权不匹配的突出表现是政府间税权的划分没有建立在政府间事权和支出责任明确划分的基础上。中央政府的事权比重逐年下降而财权逐年上升,地方政府事权比重逐年增加而财权比重在逐年下降。2012年,地方政府负担的事权责任高达85%,而相应获得的财权仅有62%;中央政府获得的财权为38%,但直接承担的事权责任仅为15%[1]。从财权事权的错配可以看出,地方政府财政自主能力不强,提供地方公共产品服务的能力薄弱,地方政府很大比重的财政支出决策是由中央政府做出,而由地方政府去具体执行的,中央政府通过专项形式的转移支付提供财力支持。

中央、地方财权事权的不匹配还表现在税收权限高度集中于中央,地方收入自主权较弱。就我国目前的情况来说,中央政府拥有税收立法权、税收政策的制定权和征管权,中央政府也基本支配着税收收入的使用权。中央政府没有将税收立法权下放给地方,地方政府只有部分本级税税收行政法规制定权。地方政府缺乏相对自足的税权和完整的地方税体系,缺乏必要的地方举债权,等

---

[1] 胡祖铨:关于我国中央与地方财权事权问题的思考,http://www.sic.gov.cn/News/81/2969.htm2014-06-25。

等。税收立法权高度集中于中央就使得地方政府为了增加财政收入而另辟捷径,地方政府会通过征收各种费用来弥补税收来源少的缺口,以至于出现了费多于税的畸形状况,增加了人民负担。

9.3.2 政府事权财权不匹配对区域协调发展的影响

中央和地方之间事权的模糊,财权和事权不匹配严重影响了地方政府发展经济和供给公共服务的积极性,进一步放大了区域经济发展的差距。

9.3.2.1 政府事权范围过宽,损害区域经济效率,影响区域经济一体化进程

自改革开放以来,我国正逐步建立和完善市场经济体制,政府的职能也处于相应的转变之中,然而政府行政权力与市场机制的界限也并不明确。由于过去计划经济体制的影响,政企不分、政事不分、事企不分的现象还在一定范围内存在,政府不但承担了提供地区公共服务的职责,还承担着推动地区经济发展的责任。地方政府站在自身利益的角度实施自认为有利于经济效率的政策,经济资源被以非市场的方式进行配置,不但影响了资金投入的效率,也损害了其他市场主体的积极性。市场具有自我调节的功能,在市场的作用下,不同区域在经济发展上具有走向一体化的趋势,而地方政府为促进本区域经济发展,不但插手经济事务,还通过行政手段对经济要素的流动、产业结构的转移实施干预,严重制约了全国统一要素市场的形成,制约了区域一体化的进程。

9.3.2.2 事权模糊影响公共产品供给的热情,产能过剩与公共服务供给不足并存,加剧区域发展差距

地方政府事权的模糊主要表现是,在转型时期政府与市场的边界不清,政策方向上要求政府退出市场领域,而实际上政府仍然承担着推动地方经济增长的职责,地方政府有限的财政重点用于改善招商引资环境,培育促进市场发育的中介,鼓励了各级政府举办投资项目,致使各级政府在收入最大化的激励下争抢好税基、好税源,把本地、本级税基做大,将短期内无助于地区经济发展的支出项目压缩下来或干脆推出去。同时,由于地方政府在公共产品供给上缺乏热情,没有正常履行其职能,消极地应付民众日益增长的公共物品和公共服务的需求,对经济发展过程中出现的环境污染和生态破坏问题常常刻意回避。投资的冲动、产业结构的低水平、产能过剩、公共服务滞后等使欠发达地区经济社会发展中的问题进一步积累,加剧了欠发达地区与发达地区的差距。

9.3.2.3 基层政府财权不足影响公共产品供给能力,放任区域经济差距的扩

分税制改革之后,逐渐出现了收入不断向上级集中,而事权与支出责任不仅没有相应调整,还出现了逐层下移的趋势,造成中央与地方事权错位、地方各级政府之间相互错位,地方政府尤其是县乡政府事权过重、支出责任与收入能力不匹配。由于事权下放,50%以上的支出发生在市、县、乡三级,尤其是县、乡两级担负着相当沉重的支出责任,导致地方政府财政收入与支出失衡,县、乡财政普遍困难,隐性债务越来越重,在不同程度上直接或间接地影响了县、乡尤其是乡级政府的有效运作,严重地制约了地方政府提供基本公共产品和公共服务的供给能力。公共产品对区域经济发展具有基础性的作用,公共服务供给的不均衡进一步影响了区域经济发展的均衡,在累积因果循环作用下区域差距进一步拉大,对县域经济社会全面、协调、可持续发展,农村发展和社会稳定以及农村基础设施建设等产生了较大的影响。

9.3.2.4 支出责任与财力分配的不匹配,影响财政资金使用效率和区域发展的公平性

由于事权和财权划分的不合理、支出责任与财力分配的不匹配,有能力的省、市政府承担的责任比较小,而承担责任比较多的县、乡镇基层级政府财力十分有限,加上一些政府部门或领导人的急功近利倾向,导致公共服务供给的范围、程序与水准出现人为扭曲。应当由政府提供的公共服务或没有提供,或没有按照标准提供;应当优先提供的公共服务没有优先提供,可提供可不提供的却优先提供了不少。由于在公共服务及支出责任方面缺乏明确而规范的程序和标准,一方面出现大量奢华浪费的政绩工程等,同时可以得到经费的单位出现了严重的铺张浪费现象,资金不足与铺张浪费并存,重复建设、重复引进、盲目建设、盲目引进等问题依然存在,脱离经济发展阶段和财政承受能力的形象工程、政绩工程大量存在,财政资金使用缺乏有效制约和监督;另一方面,由于结构扭曲,致使一般公共服务的财力紧张,有些难以得到资金支持的公共服务领域经费十分紧张,基本公共服务难以有效提供。区域协调发展问题,归根到底是区域经济发展中"公平"与"效率"的关系问题,公平和效率的内涵都包含了资金是否用在最需要的地方,区域之间财力的不均衡,公共服务标准的不统一,浪费与紧缺并存不但加剧了不合理分工体系下的不平等,而且严重影响了和谐社会的建设。

9.3.2.5 地方政府对"土地财政"的依赖和宏观调控的失效

中央地方财权事权不匹配被称为是"财权与事权的倒挂",即中央财重而事少,地方事繁而财轻。地方政府又承担着发展地方经济和提供公共服务的双重职能,为了实现地方政府的政策和意图,如产业结构调整、房地产调控等,地方政府不得不依靠出让土地使用权的收入来维持地方财政支出。据国务院发展研究中心的一份调研报告显示,在一些地方,土地直接税收及城市扩张带来的间接税收占地方预算内收入的40%,而土地出让金净收入占政府预算外收入的60%以上。土地财政不但造成了社会资源过渡集中在房地产行业,挤压了其他行业的发展,使经济畸形发展且无持续性,同时造成了严重的社会问题,影响了国家宏观调控的效果。尤其值得关注的是,土地收入大多集中用于城市,城乡差距和地区差距,不仅没有缩小,反而更加扩大了。

9.3.2.6 地方债务问题日益严重,区域可持续发展问题堪忧

地方政府财权与事权不匹配除了依靠出让土地获得更多的财权外,还采取寅吃卯粮的方法,通过投资公司等融资平台大肆借债以维持地方财政支出。尽管《预算法》第28条明确规定"除法律和国务院另有规定外,地方政府不得发行地方政府债券",即地方政府没有举借任何形式的公债务的权力,但地方政府又积累了大量的债务,据审计署公布的数据,截止到2013年6月底,地方政府负有偿还责任的债务10.89万亿元,负有担保责任的债务2.67万亿元,可能承担一定救助责任的债务4.34万亿元,合计约17.9万亿元。欧债危机的恶化,引发国内对地方政府债务问题的担忧。

9.3.2.7 衍生"跑部进钱"与腐败问题

中央对地方的转移支付分为专项转移支付和均衡性转移支付。按照市场经济国家通行做法,地方事权的财力缺口通过均衡性转移支付,委托事务和共同事务通过专项转移支付解决。我国由于事权划分方面存在一系列问题使我国转移支付缺乏客观统一的标准,造成转移支付项目繁杂,无法确定专项转移支付和均衡性转移支付的具体支出项目,不少专项资金的分配使用缺乏事权依据,中央对地方的专项拨款数目可观,随意性大,2012年中央对地方政府的专项转移支付达18 804亿元,占转移支付总额的46.7%。我国专项补助从种类上说有很多,而且在适用范围方面缺失具体的要求及约束,因此哪个地方的官员跑得勤跑得快哪个地方得到的专项补助就多,从而滋生了腐败问题。

区域差距的拉大是在社会大变革时期出现的,其中虽然有其合理的成分,但也有一些不合理的因素推波助澜,既有经济发展基础的原因,也有国家开发战略的原因,既有区位因素、资源禀赋差异的原因,也有地区政府在发展战略和区域产业结构选择方面的原因。无论原因是什么,占有多少比重,一个不能否认的事实是,非市场因素的作用是区域差距不断扩大的主要原因。非市场因素加剧了地区经济的不平衡,中央和地方政府有责任通过财政干预逐步缩小区域发展差距。然而当前财政体制尤其是政府间事权和财权制度存在着较大的问题,客观效果不是促进了区域协调发展而是进一步加剧了地方经济发展不平衡。如果这些由不合理因素导致的区域差距的拉大长期得不到解决,会使不发达地区对现行政策的"公正"性认同感降低,致使其产生区域"被剥夺感"的社会心理。实际上,这种情况已经出现。近年来在区域倾斜发展战略和政策的论争中,近年来西部学者一再强调倾斜政策的不公平性,就已经明确地向人们表示了他们对现行发展战略和政策的疑惑和忧虑。各地区、各民族在利益关系上的失衡和不公平,是各地区、各民族间发生摩擦从而引发社会矛盾、民族矛盾的根源。没有稳定的社会环境,无论哪一类型的区域都不可能有持续且有效率的经济增长。

9.3.3 政府事权财权不匹配的制度根源

9.3.3.1 事权财权不匹配的制度原因

一是分税制改革中,地方税种大都缺乏增长性,中央对地方转移支付的财力补充性质不足,导致地方财权日益缩小。如消费税全部归中央,进口环节增值税、消费税全部归中央,国内增值税75%归中央,企业所得税、个人所得税60%归中央。地方税种只有营业税的增长性能较强,但随着"营改增"试点范围的扩大,地方财权将受到进一步的挑战。

二是共有事权划分不清晰,地方政府承担着共有事权的主要支出责任。共有事权怎样承担以及承担多大比例支出责任没有明确规定,实际上由地方政府长期承担了共有事权的主要支出责任。含糊不清的支出大多被分配给下级政府,明确归属中央或省级地方政府的事权,在实际执行中却发生了错位。如基础教育、基本医疗等都属于全国性公共服务,应当由中央政府提供,但实际供给责任却由县、乡政府以及村委会承担。对于义务教育工作,全国义务教育投入中,地方政府负担90%,中央政府只负担10%左右。

在中央与地方共同的事权中,比如在教育方面2012年地方政府财政支出为20 140.64亿元,而中央在该方面的支出仅为1 101.46亿元;在农林水利方面2012年地方政府财政支出为11 471.39亿元,中央在该方面的支出仅为502.49亿元;在其他领域,比如交通运输等领域中央也应当承担更高的支出比重。

共有事权划分不清晰的一个主要原因,就是政府层级过多。政府层级过多导致政府间事权界定模糊,职责存在交叉重叠。我国现在施行的是中央、省、市、县、乡镇五级政府的等级体制,而其他实行市场经济的国家大多采用三级架构,政府等级层次的增加使各级政府事权配置变得模糊和困难。

三是事权划分缺乏弹性,地方政府承担了没有事前界定清楚的支出责任。分税制改革后,政府间财政体制没有及时根据经济社会发展的变化,对一些新出现或原来划分不清晰的事权在政府间进行重新划分,增加了地方政府支出责任。比如社会保障,该事权主要压在了地方政府身上。

四是没有将政府间财政关系法制化,上级政策扩大了地方政府的支出责任。政府间财政关系缺乏法律依据,地方政府的支出责任经常受到中央政府政策的改变而不断扩大,"中央出政策,地方出钱"的现象屡屡发生。如调整工资的惠民政策,社会养老补助标准的提高,这些支出大部分由地方政府承担。中央和地方财政关系的法制化面临两方面的制约:一是主观上的法治动力不足,中国法治的道路是政府尤其是中央政府推进型的道路,而中央政府本身推动也存在动力不足的问题,财政关系的非法定化可能更有利于中央政府对时势的因应及其代理人对权力的宣示。二是转型时期制度的动态调整,目前我国正处于社会转型期,各项制度都在动态调整中,而弊端也在于制度的动态调整,使得确立的制度缺乏权威性。

9.3.3.2 政府事权财权制度背后的权力博弈

任何一项制度从其确立到有效实施,都脱离不开隐藏于制度背后的权力结构,与其说是制度规定了权力的范畴,不如说权力塑造了制度的形态。如果受制度影响的利益相关方在权力上不均衡,拥有较多权力的一方便会凭借权力侵蚀另一方的利益,即使制度在设计上已经充分包容了各方利益,也无法阻挡占优势的一方对另一方的剥夺。波普曾经说过:制度设计得再好,也不过是一座无人把守的城堡。制度就像城堡,设计得再好,如果没有守护它的士兵,没有人去保卫它，就什么作用也起不了。因此"制度"一定是与"人"在同一层次上的，它们相辅相成，其中"人"是关键，制度是实现"人"的利益的工具，人们有什么样的权力结构，就会有什么样的制度形态。出于权力占优势一方的觉悟与道德而设计出的良法，即使在最初具有平衡各方利益的作用，但始终不构成一个均衡的制度，随着时光的推移，强势的一方迟早会再度占据制度的主导地位，弱势的一方迟早会屈从于强势的一方，其表现在制度上，就是制度在实施上要么被突破，要么被强势的一方重新解释。反映权力结构的制度在实施过程中也会随着各方权力地位的变迁而演变，弱势的一方在屈从中逐渐积聚起抗衡的能量，当机遇一出现便提出修改制度的要求以获得与自身权力地位相称的利益。

中央和地方财权事权的关系，实际上反映了中央和地方在博弈结构中的权力地位。中央和地方财权事权的不匹配的问题，自1994年分税制改革伊始就存在，进入21世纪，无论是学术界还是政府，都充分认识到了中央和地方财权事权不匹配的现实及其造成的后果，特别是地方政府深受财权事权不匹配的困扰，对这一问题更关注，对财权的要求更迫切。中央政府也认识到这一问题，十七大报告更是明确地提出"深化预算制度改革，强化预算管理和监督，健全中央和地方财力与事权相匹配的体制，加快形成统一规范透明的财政转移支付制度，提高一般性转移支付规模和比例，加大公共服务领域投入"。十八大以来的重要的会议均提到了加快财税体制改革，如十八大报告指出"加快改革财税体制，健全中央和地方财力与事权相匹配的体制"。十八届二中全会提出减少专项转移支付的改革。十八届三中全会提出"要改进预算管理制度，完善税收制度，建立事权和支出责任相适应的制度"。《关于2014年深化经济体制改革重点任务的意见》提出，抓紧研究调整中央与地方事权和支出责任，进一步理顺中央和地方收入划分，提高一般性转移支付比例，清理、整合、规范专项转移支付项目，逐步取消竞争性领域专项和地方资金配套。2014年12月27日发布的《国务院关于改革和完善中央对地方转移支付制度的意见》进一步指出，合理划分中央和地方事权与支出责任，逐步推进转移支付制度改革，形成以均衡地区间基本财力、由地方政府统筹安排使用的一般性转移支付为主体，一般性转移支付和专项转移支付相结合的转移支付制度。

尽管中央和地方财权事权的问题在社会上日益受到关注，中央政府也表现出理顺中央和地方事权的坚定决心，然而这一问题目前仍然处于议而不决的状态。出现以上问题的根本原因是我国政治体制设计存在缺陷,中央和地方在博弈中权力结构的严重不均衡。我国属于单一制国家结构形式,国家管理结构中中央与地方政府间是单一制权力关系,中央政府对地方政府、上级政府对下级政府在行政、司法等多个方面都有领导权,可以通过行政命令、法律法规等影响事权的划分,上级政府在政治上对下级政府享有绝对的权威。下级地方政府要么屈从于中央政府的权威要么使其代理人退出权力的等级体系。在中央和地方权力不对称的条件下,中央和地方共有的事权中模糊的部分,地方政府承担着主要支出责任,在设计之初未界定清楚的支出责任,也必然被分派到地方政府头上,政府间财政关系法定化迟迟未推进有利于中央政府可以随时调整地方财权事权的机制。分税制财政管理体制下政府间税权和支出水平仍然由中央政府决定,这就使得中央政府可以根据自己的利益需要随意改变分配的规则。

9.3.4 促进财权事权相匹配的政策建议

既然在1994年分税制实施之时,就已经确定了要进一步推进中央与地方在支出责任和事权上划分的改革任务,而且相关改革的思路也一直较为明确,为什么20年过去了有关中央和地方事权划分的改革始终难如人意?这在很大程度上是因为"按照事项影响范围原则来推进中央和地方权限划分的改革"是一件"理论上简单、现实中复杂"的知易行难之事。

9.3.4.1 加快政府职能转变,明确政府间事权

把加快转变政府职能作为加快行政管理体制改革,加强政府自身建设的首要任务,要着眼建设服务型政府,健全政府职责体系,全面正确履行政府职能。在加强和改善经济调节、市场监管的同时,要更加注重社会管理和公共服务,把财力、物力等公共资源更多地向社会管理和公共服务倾斜,把领导精力更多地放在促进社会事业发展与和谐社会建设上。要按照十八大、十八届二中全会、十八届三中全会对财政体制改革的要求,抓紧研究调整中央与地方事权和支出责任,正确处理中央和地方政府关系,根据"定一级事权、定一级财权、增加中央政府事权、增加地方政府财权"的总体原则,依法规范中央和各级地方政府经济社会管理的职能和权限,理顺中央和地方政府的职责和分工,形成合理的政府层级体系。

9.3.4.2 理顺中央和地方收入划分,扩大地方税系,增加地方政府财权

保持现有中央和地方财力格局总体稳定,根据税种属性特点,遵循公平、便利和效率等原则,合理划分税种,将收入周期性波动较大、具有较强再分配作用、税基分布不均衡、税基流动性较大、易转嫁的税种划为中央税,或增加中央分成比例;将具有明显受益性和区域性特征、对宏观经济运行不产生直接重大影响的税种划为地方税,或增加地方分成比例,以充分调动两个积极性。通过逐步扩大地方税系,保证地方财政收入的来源和潜力,提高地方政府培植本地区财源的积极性。赋予地方政府一定的税收立法权,建立起以中央立法为主、省级立法为补充的两级相辅相成的税收立法体系。遵循循序渐进的原则,率先在有条件的部分省级政府做试点,积累一定的经验之后逐步给予地方政府一定的地方税实体法的立法权。在这一阶段,中央政府应着重加强对地方税布局的规划,在不违背国家税法统一、不影响中央政府的宏观调控、不妨碍全国统一市场的前提下,地方政府根据本行政区域内地方性税源分布和财政需要,由省级人大自行设立地方性税种,并报请全国人大常委会批准后实施。

9.3.4.3 引入司法调节推进中央与地方事权划分的法治化

政府之间事权的合理划分关键是要形成规范化、公开、稳定和可预期的规制和过程来对中央和地方事权关系进行动态化调整,逐步实现中央与地方权责关系法制化,用法律的形式确定中央与地方的事权,制定《中央与地方关系法》,适时修订《预算法》《税收征管法》等法律法规,将中央与地方在各方面的权限用法律制度确定下来,减少中央对地方事权财权调整的随意性,做到中央与地方的各种权利和职责划分有法可依,维护各种权限划分的权威性,将中央和地方的活动纳入法制化轨道。

9.3.4.4 因地制宜地积极推进政府层级架构的精简

我国现在施行的是中央、省、市、县、乡镇五级政府的等级体制,而其他实行市场经济的国家大多采用三级架构,政府等级层次过多,使政府间的事权配置显得模糊和困难。因此我国应配合税收制度改革,缩减政府层级。一方面对有条件的地方可以尝试推进只设省、县两级地方政府的改革,压缩行政层级;另一方面对缺乏条件或者不宜压缩的地方,在法律上明确市、乡两级政府事权的侧重点,减少事权的交叉重叠。以避免因政府层级过多而形成的层层集中模式,同时增强省级财政对市、县级财政的指导和协调功能,从而为规范省以下各级

政府之间的分配关系,建立结构合理、运行高效的分级、职能规范、分税财政体制奠定基础。

9.3.4.5 推进政治体制改革

中央与地方的权利结构没有解决好,就是中央和地方到底是什么关系不太明确,权力结构不清晰,带来利益结构不清晰,政治体制改革的核心是权力结构和制衡的改革。建立起中央和地方政府之间的权力制衡结构,就必须增加地方政府在与中央政府博弈中的议价能力,减少在行政活动中来自"上级"的干预。除了通过法制化确定中央政府和地方政府权责关系减少中央政府的随意性外,还必须进一步完善人民代表大会选举制度和监督制度,增加地方人民代表大会对地方领导人任免和重要决策的话语权,减少上级政府和上级行政领导对下级事务的直接干预。同时培育社会自治力量,增加社会各界对政府决策的参与权和监督权。

9.4 财政转移支付制度与区域协调发展

9.4.1 我国财政转移支付制度的结构

9.4.1.1 财政转移支付制度的结构

建立在中央事权财权基础上的财政转移支付制度对区域协调发展起着重要的作用。我国现行的财政转移支付制度是在1994年分税制改革的基础上形成的。按照转移支付理论我国转移支付的种类严格地讲有两种:一般性转移支付和专项转移支付。1995年建立的《过渡期财政转移支付办法》是我国一般性转移支付的开端,同时把1994年以前原有的财政预算支出项目作为专项转移支付,又把分税制财政体制中遗留的税收返还、原体制补助、结算补助都包括到转移支付中来,由此形成了我国目前事实上的转移支付五种类型的结构。虽然有五种类型,但严格来说只有一般性转移支付和专项转移支付,其余的不属于转移支付范畴,也不能真正发挥转移支付的作用。我国目前的转移支付由于结构层次简单难以适应新形势发展需要。

9.4.1.2 税收返还结构

税收返还是中国财政转移支付的主要形式,是地方政府财政收入的重要来源。因此,税收返还的设计合理与否决定了整个制度的合理与否。税收返还的结构包括三项,一是增值税、消费税返还,包括两税基数和两税增量返还;二是所得税基数返还;三是成品油价格和税费改革税收返还。

9.4.1.3 一般性转移支付结构

我国一般性转移支付的名称历经变迁,1995 年称"过渡期转移支付";2002 年改为"一般性转移支付",原来的"一般性转移支付"改称"财力性转移支付";2009 年改为"均衡性转移支付",原来"财力性转移支付"改为"一般性转移支付";2011 年财政部收支科目分类中又改为"一般性转移支付",原来的"一般性转移支付"改为"均衡性转移支付"。一般性转移支付的内容也在不断增加,截止到 2014 年,中央对地方的一般性转移支付增加到 20 多项。2009—2013 年一般性转移支付的结构主体依次是均衡性转移支付、调整工资转移支付、社会保障与就业转移支付、教育转移支付、农村税费改革转移支付、县级基本财力保障机制奖补、原体制补助支出共 7 项。

9.4.1.4 专项转移支付结构

专项转移支付是指中央政府为实现特定的宏观政策目标,以及对委托下级政府代理的一些事务进行补偿而设立的专项补助资金,重点用于各类事关民生的公共服务领域。地方财政需按规定用途使用资金。专项转移支付主要由一般预算安排的专项转移支付和国债资金安排的项目专项转移支付构成。由于项目转移支付不公开,这里分析的专项转移支付主要是一般预算安排的专项转移支付。专项转移支付的范围与中央财政预算支出的科目大致相同,共 22 项。2009—2013 年专项转移支付的结构主体依次是农林水事务、交通运输、节能环保、住房保障、社会保障与就业、教育、医疗卫生 7 个专项。

9.4.1.5 原体制补助结构

原体制补助(也称定额补助),是分税制改革时保留的财政包干制下的补助项目,补助办法是按原来核定的收支基数,支大于收的部分实行固定数额补助。实行补助的地区有 16 个,这些补助由于在分税制下继续进行,所以成为我国转移支付的类别之一。

9.4.1.6 结算补助结构

原体制下年终结算补助,包括地方政府对中央政府的体制上解和中央政府对地方政府的体制补助。2013 年原体制补助 1274.46 亿元,占一般性转移支付总额的 5.19%,原体制补助和结算补助两项合计占一般性转移支付 10% 左右。众所周知,原体制补助和结算补助是原来财政承包体制下的产物,使其成为转移支付结构主体的组成部分是不科学的。

从近年来公布的预算来看,一般性转移支付的占比已经在逐年调高。2012年,中央对地方一般性转移支付占转移支付总额的 53.3%;2013 年这一数据达到 57.1%;2014 年,已有 58.2% 的中央对地方拨款,不再指定用途。2015 年国务院《国务院关于改革和完善中央对地方转移支付制度的意见》发布,明确一般性转移支付在整个转移支付中的占比提高到 60% 以上。

9.4.2 财政转移支付在区域协调发展中的功能

财政转移支付制度是当代市场经济国家为缩小辖区内不同地区间的发展差异而推行的财政政策工具。包括中国和美国在内的大多数国家的行政体制都是由多级政府构成的,与此相对应的财政体制也是由中央财政和地方财政的分级财政体制构成。在分级财政体制下,政府间的财政收入统计和财政支出预算划分经常引起政府间的财力不平衡:当中央、省以及省以下的收支不匹配时就会产生纵向财力不平衡;当不同行政区域的地方政府间存在财力差距时,就会产生横向财力不平衡。为确保各级财政在各个地区能够提供均等的公共产品和公共服务,国家通过推行财政转移支付制度来消除上述的财力不平衡。中国是个历史悠久、人口众多的多民族统一国家,地域广阔,各地区之间自然条件、资源禀赋差异很大,经济发展水平不均衡、公共支出成本的差异也较大,中央对地方的财政转移支付是弥补区域不均衡,促进区域协调发展的重要制度。

从理论上看,财政转移支付制度对区域协调发展主要具有以下三点促进作用:

一是保障地方政府提供最基本的公共产品。不同的区域在公共产品供给能力方面存在差异,这种差异会影响基本公共服务的供给,而基本公共服务的供给不但会直接影响居民的收入水平,也会影响地区资源的配置,造成经济发展的差距拉大。转移支付均等化各地区的公共服务,不但有利于区域经济的协调发展,也促进了社会公平和正义。

二是调节区域之间的投资收益,促进经济要素向欠发达地区流动。自然环境、经济条件和社会条件不同会引起投资回报率的差异,在累积因果循环的作用下区域差距会不断扩大。通过转移支付,增加欠发达地区的基础设施投入,改善投资环境,培育经济增长点,能够有效提高欠发达地区投资回报率,进而带动市场要素向该地区流动,以政府+市场的方式促进区域经济的协调。

三是矫正地方政府活动在区域之间的外部效应。行政区域与经济区域的不一致、行政决策的集中性与经济影响的广泛性使得地方政府的决策对近邻区域或上下游区域产生了诸多的影响,而这些影响并不纳入原先决策主体的考虑范畴,结果地方政府行为产生了大量的负外部经济,损害了其他区域和国家的整体利益。通过强制性的政府间财政转移支付(包含了地区之间横向的转移支付和中央对地方的转移支付)能一定程度地促进地方政府考虑自身决策对外部造成的影响,减少地方政府经济活动的负外部性。

事实上,随着政府间财政转移支付政策的逐步实施,转移支付力度和数额的逐步加大,转移支付乘数效应的发挥,财政转移支付在帮助贫困地区、中西部地区,尤其是财政困难的少数民族地区,调节财力差距的同时,提高了公民的社会福利水平,促进了公共服务均等化理念的形成,规范了政府间的再分配关系,收到了良好的效果。财政转移支付在一定程度上缓解了中西部地区财力不足的矛盾,弥补了财政收支缺口,保证了地方各级政府正常履行职能的需要,促进了地区间基本公共服务均等化,对缩小东中西部地区原有的经济差距起到了积极作用。

9.4.3 财政转移支付制度在区域协调发展中的问题

我国地区间经济发展水平差异显著,需要中央政府通过转移支付对经济发展进行有力的调控。因此,转移支付的目标应该主要是弥补地方财政经常性收支缺口;缓解横向非均衡,实现中央政府的财政再分配功能;体现国家政策导向,实现经济稳定、协调发展。但是,我国的转移支付制度很不完善,主要存在以下问题:

9.4.3.1 财政转移支付体系不健全,横向转移支付对区域经济均衡发展的作用发挥不明显

转移支付的模式主要有三种,一是自上而下的纵向转移,二是横向转移,三是纵向与横向转移的混合。但我国目前主要是纵向转移支付,地方政府间的横向转移支付较少。现有的横向转移支付主要是在自然灾害后的临时性支援,如

汶川地震后,中东部地区19个省份对口支援四川。但是,对于一个地域广阔、经济发展极不平衡的大国而言,除了自然灾害后的临时性横向转移支付方案外,建立一种长效的横向转移支付制度,对平衡地区财政收入差异和实现经济平衡发展有重要的意义。地方政府之间的横向转移支付制度是我国转移支付制度体系的重要组成部分,在平衡各地区间经济发展水平及财力方面发挥着重要作用。但长期以来,我们只重视中央对地方的财政转移支付,忽略了省及省以下财政转移支付,作为平衡财力差距的省对地市的转移支付没能发挥应有的作用。目前,虽然有些省份已经认识到了这一问题,但由于缺乏总体规划,政策措施的效果并不理想。因此,转移支付体系特别是地方均等化转移支付体系亟待健全。

9.4.3.2 转移支付结构不合理,促进地区均衡发展作用不明显

我国在实行分税制以后,尽管对各种形式的转移支付之间的比例进行了调整,但在总体结构上仍然存在不合理之处。根据目前经济形势发展的轻重缓急,转移支付的任务一是保地方政府运转,二是宏观经济调控,三是发展其他事业。这就需要提高一般性转移支付的比重,但长期以来,我国一般性转移支付并没有获得主体地位,项目专项转移支付所占比重大。

表9.1 2009—2013年转移支付种类及结构构成   单位:亿元

年份	专项转移支付	一般性转移支付	税收返还	原体制补助	结算补助
2009	12 359.89	11 317.20	4 886.70	138.14	369.22
2010	14 112.06	13 235.66	4 993.37	140.14	435.35
2011	16 569.99	18 311.34	5 039.88	145.14	523.10
2012	18 791.52	21 471.18	5 120.77	1 158.75	1 220.81
2013	19 265.86	24 538.35	5 052.79	1 274.46	—
合计	81 098.85	88 873.73	25 093.51	2 856.63	3 822.94

资料来源:财政部2009—2013年税收返还和转移支付预决算表。

表9.1显示,在我国转移支付结构中,按分类每年的支付规模来看,2009—2010年专项转移支付(这里的专项转移支付只限于预算资金安排的专项,不包括国债资金安排的项目转移支付)居第一位,依次是一般性转移支付、税收返还、结算补助、原体制补助。自2011年开始排序发生了变化,居第一位的是一般性转移支付,依次是专项转移支付、税收返还、结算补助、原体制补助。排序

的变化说明我国转移支付结构从2011年已经在逐渐调整,资金向一般性转移支付倾斜。但是这样的调整只局限在预算专项转移支付,没有包括庞大的项目专项转移支付,如果把这一部分专项支付包括进来,一般性转移支付的比重仍然较低,结构主次还没有达到合理的程度。转移支付的规模大、比重高、项目乱,主要是项目转移支付造成的,调整转移支付结构和比重仍然是一项重要的改革,其中项目专项转移支付是下一步调整的重点。

结构不合理,还体现在缺少对应科目上。如城乡基本公共服务均等化是改善民生的重要途径之一,是推进城镇化的重要措施,由于没有专门的转移支付科目,弱化了推进公共服务均等化的功能。虽然一般性转移支付也能在这方面发挥作用,但其重点主要在政府机构经费、人员工资等方面,目的是保障地方政府的正常运转。专项转移支付虽然也有提供公共服务和公共产品的功能,但提供的重点是跨区域的外溢性公共产品,不是地方政府辖区内的公共服务。

9.4.3.3 "一般性转移支付"肯定了地方的既得利益,加剧了各地经济发展不平衡

一般性转移支付因不指定特定用途,具有均衡效应,因此实现各地财政收支均衡在制度设计上应主要通过一般性转移支付来实现。国际上的通行做法是:一般性转移支付是中央或联邦政府向下级政府财政转移的主要形式,一般占到全部转移支付的50%左右或者更多。但在我国,仍然比较小,近年来一般性转移支付在总支付中所占的比重虽然有不少的提高,2014年一般性转移支付占中央转移支付的58%,但是若扣除税收返还、原体制补助和结算补助,2014年一般性转移支付占总转移支付的30%左右。目前属于一般性拨款的税收返还还是中央对地方转移支付的重要形式。税收返还制度的设计是否合理决定了整个转移支付制度的合理程度。然而,在具体实践中,现行的税收返还是以1993年的实际收入为基数,其分配数额主要采取"基数法"来确定,形成了一省一率、一省一额的非常不规范的财政转移支付制度,鼓励了地方讨价还价的行为。实践证明,一般性转移支付仍未打破原来的地方利益格局,非但没有在缩小地区间公共服务水平差异、协调区域经济发展中起到作用,相反在一定程度上肯定了地方的既得利益,加剧了各地经济发展的不平衡。

9.4.3.4 专项拨款不规范,难以体现中央政府的政策意图

专项转移支付的初始目标是加强中央政府对地方经济的宏观调控能力、支

援贫困地区发展、应对一些突发事件。理论上,专项转移支付具有均等化的积极效果。但是,由于以下问题的存在,大大降低了专项转移支付的政策效力,使得目标实现大打折扣,实际上产生了均等化负效应。

一是专项拨款分配方式不够规范。专项转移是有条件的拨款,其主要用途是鼓励地方政府提供具有效益外溢性的公共产品,或是保证某些公共产品的最低供应标准,而且采取配套拨款的形式。但是我国东中西部地区经济发展原本就不平衡,中西部地区地方政府财力有限,这导致中西部欠发达地区获得专项资金难度加大。东部地区情况恰恰相反,经济较发达还获得了大量的专项拨款。其结果是造成了富者越富、贫者越贫的马太效应,进一步拉大了地区差距。

二是专项拨款资金用途范围太宽,重点不突出,增加了中西部地区获得专项转移支付的难度。目前专项拨款几乎涉及财政支出所有范围,补助对象涉及各行各业,包括基本建设资金、企业挖潜改造资金、支援农业生产、文教科卫等。可见,专项拨款重点不突出。此外,项目设置的交叉重复、资金投入的零星分散,造成部分政府多头申请、重复要钱,部分项目与地方实际需要脱节,地方政府又无权力结合具体实际重新统筹安排,造成转移支付资金浪费多,效率不高,难以体现中央对地方财政支出的引导与调控意图。

9.4.4 财政转移支付制度的改革

财政转移支付制度改革的目标,就是要建立起以纵向转移支付和横向转移支付相交叉的十字形转移支付框架,以一般性转移支付为主、专项转移支付为副,均等化转移支付和特殊性转移支付为辅,结构多样化、多功能、复合型的转移支付体系。2014年12月27日发布的《国务院关于改革和完善中央对地方转移支付制度的意见》中也指出,要逐步推进转移支付制度改革,形成以均衡地区间基本财力、由地方政府统筹安排使用的一般性转移支付为主体,一般性转移支付和专项转移支付相结合的转移支付制度。

9.4.4.1 完善转移支付体系

鉴于我国转移支付结构单一,不能适应经济社会发展多样化的需求,难以发挥多元化的作用,与国外多样化、多功能的转移支付体系还有一定的差距,需要从以下方面加以弥补完善:

一是建立横向转移支付制度。横向转移支付是地方政府间的转移支付,即发达地区对欠发达地区的资金转移。横向转移支付主要解决地区间财力失衡的问题,对促进区域协调发展发挥着至关重要的作用。我国是单一式的纵向转移支付模式,虽然能够解决上下级政府间的财力失衡,但在调节地区间财力失衡问题上就显得乏力,应该尽快建立横向转移支付,弥补我国转移支付框架结构自身存在的缺陷。

二是建立均等性转移支付。公共服务均等化是城乡统筹发展的重要措施,也是公共财政的第一要务,应该设置一个专门的转移支付类型,推进城乡基本公共服务均等化的发展。均等性转移支付,主要包含公共服务均等化和民生方面的转移支付,可将一般性转移支付和专项转移支付中有关公共服务均等化的内容如文化、教育、社会保障与就业、医疗卫生、基础设施、住房保障等分离出来,建立均等性转移支付。均等性转移支付不隶属一般性转移支付,与一般性转移支付、专项转移支付并立。

9.4.4.2　强化转移支付的法制管理

力求转移支付的规范化、公平化、透明化必须强化转移支付的各项管理,使其走向法制化。首先必须加强转移支付的立法工作。转移支付制度是一项涉及面广、政策性强、影响因素复杂的系统工程,通过法律形式将转移支付的原则、形式、目标等规定下来,同时编制转移支付预算,建立完整的预算司法程序。西方发达国家一般都设有专门的转移支付机构,我国可以借鉴国外的经验,设立专门的机构,专门负责制定客观的测算方法,审查、研究转移支付的规模,监督制约转移支付的使用,一方面可以对转移支付产生一定的制衡作用,以确保转移支付的公正、合理;另一方面可以在地方政府与中央政府之间设立一个"缓冲区",减少中央和地方在财权配置上的矛盾。

9.4.4.3　取消税收返还,并入一般性转移支付

税收返还存在着多方面的不合理性。一是利益的取得不合理。这些既得利益是抵触分税制改革给中央施加压力得到的。二是保护既得利益不公平。这种既得利益者只是少数省份,对全国大多数省份是不公平的。三是返还的方法不科学。采取"基数法"进行税收返还难以做到科学合理。四是造成各地政府财政的不公平。税收返还是保护少数既得利益,又因"基数"产生严重的不公平,那些支持中央改革、实事求是的地方利益必然要受到伤害。五是扩大了地方政府间财力差距。税收返还在新体制下固化了原有财力不均的格局,与转移

支付的目标完全背离。六是扩大了地区之间的发展差距。税收返还造成越是发达地区得到的转移支付越多,加剧了地区间公共服务水平上的差距。直接取消税收返还,将其并入一般性转移支付,按照"因数法"进行分配,也最能体现公平和公正。财政部也考虑将税收返还变为一般性转移支付,作为平衡财力的用途,抑或直接作为地方财力,免除现有上划下拨的环节。

9.4.4.4 取消原体制补助和年终结算补助,并入一般性转移支付

体制补助是财政包干制的产物,补助标准五花八门,严重缺乏规范性,产生不公平的效果,妨碍转移支付制度规范化。"体制补助"是不规范的产物,为中国所特有,保持这些内容必然有碍转移支付的法制化和规范化。但从当时补助的范围来看,原体制补助的对象大都为当时经济欠发达地方和少数民族地区,对这些地区的补助在当时是合理的。但现在来看情况发生了变化,当时经济落后的地方现在已经发展很快,如内蒙古近几年 GDP 在全国名列前茅,像福建、陕西、湖北、四川等省已成为经济大省,继续给予补助有失公平。有关少数民族地区目前已经建立了"少数民族地区转移支付",原来旧财政体制下的补贴已没有必要。年终结算补助从规范性看,不符合财政部提出的财政管理科学化、精细化的要求。从内容上看,原来财政包干制的各种上解,随意性大,人为因素多,苦乐不均,没有存在的必要。因此,建议取消"原体制补助"和"年终结算补助",将其归并到一般性转移支付项目中,同时加大少数民族地区权重按因素法原则分配。

总之,税收返还、原体制性补助、年终结算补助,均属于旧体制的残余,与转移支付的目标不匹配,应该完全彻底取消,并入一般性转移支付。

9.4.4.5 缩减专项转移支付规模

目前专项转移支付项目多、规模大、比重高,对一般性转移支付产生了挤压效应,需要进行适当的压缩。

一是把预算专项转移支付的范围限制在宏观经济调控、全国性的公共服务和公共产品提供、具有外溢性公共产品提供范围之内。凡是不在此范围内的专项转移支付都应该进行压缩,改变专项转移支付的随意性和泛化趋向。

二是剥离不属于专项转移支付的项目。如具有普惠性质的、发挥公共服务均等化的教育、社会保障、就业、医疗卫生等专项,将其从目前专项转移支付中剥离出来。将这些项目在专项转移支付中取消,而且将专项转移支付中具有调

节政府间财力功能的专项尽可能都调整到一般性转移支付之中。

三是严格控制专项转移支付项目数量。严格控制专项转移支付项目数量是减少其规模和比重的最有效的措施。第一,严格控制专项转移支付项目的增量。提高项目的申报标准,申报的项目一定要符合国家宏观调控的目标,而且要有较高的质量,否则一律取消;第二,提高申报项目的门槛,坚决杜绝领导个人包揽审批权的独断专行做法,加强专项转移支付项目的监督。

9.4.4.6 扩大一般性转移支付总量

一般性补助没有给地方政府规定资金的具体使用方向,只是成为政府财力的一种补充,下级政府对这项资金有较大的支配权,主要目的是平衡地方预算,满足地方履行职能的基本开支需要,使地方达到起码的公共服务水平。因此,一般性转移支付更能体现公平。2014年,一般性转移支付占中央转移支付的58%。2015年2月2日,中国政府网公布的《关于改革和完善中央对地方转移支付制度的意见》中明确,逐步将一般性转移支付占比提高到60%以上。扩大一般性转移支付的途径:一是取消税收返还、原体制补助、原体制结算补助,将其资金全部并入一般性转移支付,这是扩大一般性转移支付的主要渠道;二是将预算专项转移支付中不属于专项性质的转移支付剥离出来,纳入一般性转移支付;三是适当减少预算专项转移支付规模,将专项转移支付中属于财力调节的专项、公共服务性的专项等并入一般性转移支付;四是建立一般性转移支付资金稳定增长机制,加大一般性转移支付预算资金分配的比重,实现逐年递增。与此同时,还需要调整现有的一般性转移支付的结构。按照一般性转移支付因素法分配、无偿转移、无条件使用的标准剥离属于专项转移支付的内容。

主要参考文献

[1] J. P. Powelson. *Centuries of Economic Endeavor*. MI University of Michigan Press, 1994.

[2] 高健.利益竞争均衡——转型期社会和谐的必要条件.探索,2005(6).

[3] 林毅夫、刘培林.中国的经济发展战略与地区收入差距[J].经济研究,2003(3).

[4] 孙开.政府间财政关系研究[M].东北财经大学出版社,1994.

[5] 张通.新中国财政60年的变迁与思考[J].财政研究,2009(11).

[6] 赵云旗:我国财政转移支付总体结构优化研究[J],经济研究参考,2013(67).

第10章

中国区域协调发展的产业分工基础与有序转移

促进区域协调发展的因素很多,但从市场机制看,产业分工是市场机制最可行的基础之一。一个国家尤其是像中国这样的大国,由于国内要素供给丰富,市场需求大和出于安全的考虑,有必要建立相对完整的产业体系。而区域则不同,不仅受要素供给规模、种类等的限制,不可能建立完整的产业体系,而且没有必要建立这种完整产业体系。一个地区只能在某些产业上形成专业化和规模化优势,参与全国统一大市场的产业分工。产业转移是企业的自发行为,受市场规律的支配,但政府可以科学地运用产业转移的规律,吸取国际产业转移的经验和教训,采取有效措施,引导产业有序转移,避免产业无序转移所造成的弊端,促进区域产业协调发展。

10.1 各省、自治区、直辖市产业分工的现状分析

各省份通过按比较优势的区域产业分工,可以提高区域经济福利水平,从而增强区际合作的动力,也可以进一步推动区域内产业部门不断分解,衍生出越来越多的新产业,结果,区际之间共同产品越来越少,差异性越来越大,继而创造出新的合作领域。总之,区域协调发展的产业基础在于因地制宜的分工,而区际产业分工将创造出比自给自足时更多的贸易依存度和更大的产业规模。

10.1.1 三大地带产业结构变化

从东、中、西三大地区看(见表10.1),经济发展水平差异明显,并且产业的专业分工程度低。改革开放以来,在地区比较优势和企业竞争优势的综合作用下,我国地区间产业分工格局也在发生变化。全国三次产业在国内生产总值中所占比例排序由1978年的"二、一、三"(一、二、三产业比为28.1∶48.2∶23.7)变为2001年的"二、三、一"(一、二、三产业比为15.2∶51.1∶33.6)构成,再到2013年的"二、三、一"(一、二、三产业比为9.0∶48.7∶42.3)。在第一产业中,东部地区在GDP的占比与中西部的占比之差逐步缩小,如1978年东部与中、西部之差依次是13.01%和12.56%,之后的变化不大;到了1996年,东部与中、西部相差9.58%和10.88%;到2001年,相差为7.3%和8.7%;2013年,东部比中部和西部分别少5.28%和5.65%。在第二产业中,1978年中部和西部所占的比重基本持平(46.85%与45.65%);到2001年,中部的第二产业比重比西部高4.4%,而东部从1978年的57.73%降到2001年的48.20%,一直占据着最高比例。1978—2013年,东部地区第二产业的年均下降幅度为0.473%,而中、西部地区第二产业有小幅上升,年均上升幅度分别为0.2087%和0.1413%,到2013年,东部地区第二产业占比中、西部分别少4.12%和1.63%。第三产业1978年东、西部的比例几乎相当(19.63%与19.14%),而中部地区较低,为17.50%;到1996年,东部第三产业的比重超过西部3.62个百分点,中部和西部的第三产业增长份额接近(中部增长11.78%,西部增长12.58%);但是到了2001年,中、西部与东部的差距分别达到5.0%和2.0%;2013年,东、中、西部第三产业比重均有大幅上升,东部第三产业所占比重比中、西部分别多出9.40%和7.29%。

表10.1 改革开放以来中国三大地带产业结构演变　　　　单位:%

年份	第一产业			第二产业			第三产业		
	东部	中部	西部	东部	中部	西部	东部	中部	西部
1978	22.64	35.65	35.20	57.73	46.85	45.85	19.63	17.50	19.14
1983	28.21	39.54	39.52	49.59	40.83	38.84	22.20	19.63	21.64
1988	24.30	32.33	33.82	49.70	42.55	41.03	26.00	25.22	25.14

(续表)

年份	第一产业			第二产业			第三产业		
	东部	中部	西部	东部	中部	西部	东部	中部	西部
1991	22.91	31.10	34.19	48.77	43.70	39.20	28.32	25.20	26.61
1996	16.12	25.69	26.99	48.55	45.03	41.30	35.34	29.28	31.72
1997	14.90	23.70	25.50	48.70	45.80	41.70	36.40	30.50	32.80
1998	14.10	22.80	24.30	48.30	45.40	42.00	37.60	31.80	33.70
1999	13.20	21.20	22.70	48.20	45.10	41.90	38.60	33.70	35.40
2000	12.05	19.50	21.30	48.70	45.90	42.50	39.30	34.60	36.20
2001	11.40	18.70	20.10	48.20	45.90	41.50	40.40	35.40	38.40
2002	10.66	26.26	19.23	48.44	51.32	42.18	40.90	35.48	38.60
2003	9.70	16.47	18.69	50.71	47.88	43.47	39.59	35.65	37.84
2004	9.60	17.13	18.80	52.39	49.16	44.58	38.01	33.72	36.62
2005	8.59	16.13	17.33	50.93	47.23	43.29	40.49	36.64	39.38
2006	7.96	14.83	15.76	51.45	48.85	45.72	40.59	36.31	38.52
2007	7.60	14.27	15.75	51.19	49.74	46.32	41.21	35.98	37.92
2008	7.52	14.17	15.47	51.60	51.23	47.80	40.88	34.60	36.72
2009	7.17	13.17	13.77	49.32	50.19	47.07	43.51	36.64	39.16
2010	6.90	12.56	13.18	49.62	52.40	49.55	43.48	35.05	37.27
2011	6.83	12.10	12.70	49.32	53.47	50.34	43.85	34.43	36.96
2012	6.79	12.04	12.60	48.21	52.39	49.48	44.99	35.57	37.91
2013	6.75	12.03	12.40	47.33	51.44	48.96	45.92	36.52	38.64

注：本章所提到的东部包括北京、天津、河北、辽宁、上海、江苏、浙江、福建、山东、广东、广西、海南；中部包括山西、内蒙古、吉林、黑龙江、安徽、江西、河南、湖北、湖南；西部包括重庆、四川、贵州、云南、西藏、陕西、甘肃、青海、宁夏、新疆。

资料来源：1978—1996年的数据来自刘楷的《中国地区产业结构调整及变动效益分析》，《中国工业经济》，1998年第1期；1997—2013年数据来自1998—2014年历年中国统计年鉴。

10.1.2 各省产业结构变化

具体到全国各省、自治区、直辖市，如表10.2所示，从静态的角度分析，2001年第三产业占GDP比重超过50%的省份有北京(60.5%)、上海(50.7%)两个，大部分省份为40%—50%，最低的河南省为31%。第二产业占GDP比重超过50%的省份包括山西(51.6%)、黑龙江(56.1%)、江苏(51.6%)、浙江(51.3%)、广东(50.2%)，第三产业占GDP比重最低的海南和西藏分别为20.4%

和23.2%。第一产业占GDP比重超过20%的省份包括内蒙古(23.2%)、吉林(20.1%)、安徽(22.8%)、江西(23.3%)、河南(21.9%)、湖南(20.7%)、广西(25.2%)、海南(37.0%)、四川(22.2%)、贵州(25.3%)、云南(21.7%)、西藏(29.0%)。2013年第三产业占GDP比重超过50%的省份包括北京(76.9%)、上海(62.2%)和西藏(53%),大部分省份为30%—50%,最低的河南省为32%。第二产业占GDP比重超过50%的有15个省份,大部分省份为55%—40%。其中占比前五的省份有青海(57.3%)、陕西(55.5%)、河南(55.4%)、安徽(54.6%)、内蒙古(54%)。第二产业占GDP比重最低的五位分别是北京(23.3%)、海南(27.7%)、西藏(36.3%)、上海(37.2%)、贵州(40.5%)。第一产业占GDP比重超过20%的省份只有海南(24%),相比较2001年12个省份超过20%,大幅度减少。第一产业占GDP比重在10%—20%的有15个省份,第一产业占GDP比重最少的省份有上海(0.6%)、北京(0.8%)、天津(1.3%)。

从动态变化看,2001年与1989年相比,第一产业在GDP中的比重几乎所有的省份都在下降,而且幅度明显。第二产业在GDP中所占比重除京、津、沪三市和东北三省下降外,其他大部分省份都有所增加,增幅前五位的依次是广东(9.9%)、河南(8.7%)、新疆(8.5%)、湖北(6.6%)和福建(5.2%)。第三产业比重各省份都在上升,增幅前五位的依次为北京(24.3%)、上海(21.9%)、湖北(20.7%)、天津(19.2%)和湖南(19.1%),后五位的依次为新疆(8.0%)、广东(7.5%)、黑龙江(7.4%)、甘肃(5.3%)和福建(2.3%)。2013年较2001年,第一产业在GDP中的比重除了黑龙江(6%)其他的省份都在下降,而且幅度明显。第二产业在GDP中所占比重黑龙江(-15.0%)、北京(-13.9%)、上海(-10.4%)三省份下降幅度较大,广东(-2.9%)、江苏(-2.4%)、浙江(-2.2%)、云南(-0.5%)略有下降,其他省份都有提高,且提高幅度最大的三个省份是江西(17.5%)、内蒙古(13.5%)、青海(13.4%)。第三产业比重大部分省份在上升,增幅前五位的依次为北京(16.4%)、上海(11.5%)、贵州(10.6%)、黑龙江(9.0%)和浙江(7.7%),少部分省份下降,降幅最大的三省依次为青海(-9.1%)、江西(-5.4%)和陕西(-5.3%)。

表10.2 各省份三次产业占GDP比重

单位:%

省份	1989年 一产	1989年 二产	1989年 三产	2001年 一产	2001年 二产	2001年 三产	2013年 一产	2013年 二产	2013年 三产	2001年与1989年比较 一产	2001年与1989年比较 二产	2001年与1989年比较 三产	2013年与2001年比较 一产	2013年与2001年比较 二产	2013年与2001年比较 三产
北京	8.5	55.3	36.2	3.3	36.2	60.5	0.8	22.3	76.9	-5.2	-19.1	24.3	-2.5	-13.9	16.4
天津	10.5	62.1	27.4	4.3	49.2	46.6	1.3	50.6	48.1	-6.2	-12.9	19.2	-3.0	1.4	1.5
河北	26.6	48.9	25.5	16.4	49.6	34	12.4	52.2	35.5	-10.2	0.7	8.5	-4.0	2.6	1.5
山西	18.1	53.7	28.2	9.6	51.6	38.8	6.1	53.9	40.0	-8.5	-2.1	10.6	-3.5	2.3	1.2
内蒙古	34.6	38.5	26.9	23.2	40.5	36.3	9.5	54.0	36.5	-11.4	2.0	9.4	-13.7	13.5	0.2
辽宁	15.4	59.2	25.4	10.8	48.5	40.7	8.6	52.7	38.7	-4.6	-10.7	15.3	-2.2	4.2	-2.0
吉林	27.5	49.0	23.5	20.1	43.3	36.5	11.6	52.8	35.5	-7.4	-5.7	13.0	-8.5	9.5	-1.0
黑龙江	16.0	59.0	25.0	11.5	56.1	32.4	17.5	41.1	41.4	-4.5	-2.9	7.4	6.0	-15.0	9.0
上海	4.3	66.9	28.8	1.7	47.6	50.7	0.6	37.2	62.2	-2.6	-19.3	21.9	-1.1	-10.4	11.5
江苏	26.4	53.4	20.2	11.4	51.6	37.0	6.2	49.2	44.7	-15.0	-1.8	16.8	-5.2	-2.4	7.7
浙江	26.7	48.9	24.4	10.3	51.3	38.4	4.8	49.1	46.1	-16.4	2.4	14.0	-5.5	-2.2	7.7
安徽	39.4	39.8	20.8	22.8	43.0	34.2	12.3	54.6	33.0	-16.6	3.2	13.4	-10.5	11.6	-1.2
福建	32.8	39.6	37.6	15.3	44.8	39.9	8.9	52.0	39.1	-17.5	5.2	2.3	-6.4	7.2	-0.8
江西	36.3	35.8	27.9	23.3	36.2	40.5	11.4	53.5	35.1	-13.0	0.4	17.2	-11.9	17.3	-5.4
山东	29.9	48.2	21.9	14.4	49.3	36.3	8.7	50.1	41.2	-15.5	1.1	11.7	-5.7	0.8	4.9
河南	35.1	38.4	26.5	21.9	47.1	31.0	12.6	55.4	32.0	-13.2	8.7	9.1	-9.3	8.3	1.0
湖北	34.2	43.0	22.8	14.8	49.6	35.5	12.6	49.3	38.1	-19.4	6.6	20.7	-2.2	-0.3	2.6

（续表）

省份	1989年 一产	1989年 二产	1989年 三产	2001年 一产	2001年 二产	2001年 三产	2013年 一产	2013年 二产	2013年 三产	2001年与1989年比较 一产	2001年与1989年比较 二产	2001年与1989年比较 三产	2013年与2001年比较 一产	2013年与2001年比较 二产	2013年与2001年比较 三产
湖南	36.6	37.1	26.3	20.7	39.5	39.8	12.6	47.0	40.3	-15.9	2.4	19.1	-8.1	7.5	0.5
广东	26.8	40.3	32.9	9.4	50.2	40.4	4.9	47.3	47.8	-17.4	9.9	7.5	-4.5	-2.9	7.4
广西	42.6	31.5	25.9	25.2	35.5	39.3	16.3	47.7	36.0	-17.4	4	13.4	-8.9	12.2	-3.3
海南	—	—	—	37.0	20.4	42.7	24.0	27.7	48.3	—	—	—	-13.0	7.3	5.6
重庆	—	—	—	16.7	41.6	41.7	8.0	50.5	41.4	—	—	—	-8.7	8.9	-0.3
四川	34.1	40.6	25.3	22.2	39.7	38.1	13.0	51.7	35.2	-11.9	-0.9	12.8	-9.2	12.0	-2.9
贵州	39.4	36.9	23.7	25.3	38.7	36.0	12.9	40.5	46.6	-14.1	1.8	10.7	-12.4	1.8	10.6
云南	37.8	43.8	18.4	21.7	42.5	35.8	16.2	42.0	41.8	-16.1	-1.3	17.4	-5.5	-0.5	6.0
西藏	—	—	—	29.0	23.2	49.8	10.7	36.3	53.0	—	—	—	-18.3	13.1	3.2
陕西	26.9	44.2	28.9	15.6	44.3	40.2	9.5	55.5	34.9	-11.3	0.1	11.3	-6.1	11.2	-5.3
甘肃	27.2	42.3	30.5	19.3	44.9	35.8	14.0	45.0	41.0	-7.9	2.6	5.3	-5.3	0.1	5.2
青海	26.0	41.9	32.1	14.2	43.9	41.9	9.9	57.3	32.8	-11.8	2.0	9.8	-4.3	13.4	-9.1
宁夏	26.9	47.6	25.5	16.6	45.0	38.4	8.7	49.3	42.0	-10.3	-2.6	12.5	-7.9	4.3	3.6
新疆	35.9	33.9	30.2	19.4	42.4	38.2	17.6	45.0	37.4	-16.5	8.5	8.0	-1.8	2.6	-0.8

资料来源：历年中国统计年鉴。

10.1.3 各省份就业结构变化

与产业结构相对应,如表 10.3 所示,西藏、北京、海南三个省份第一产业就业人口比例较小,第三产业就业比例最高。在第一产业就业人口比例中,新疆和黑龙江第一产业就业人口比例较其他省份高很多,分别为 17.74% 和 17.08%。江苏、福建、浙江、广东的第二产业就业人口比例较高,分别为 67.04%、63.72%、63.05%、61.09%。其他省份表现出较高的相似性,第一产业就业人口所占比重普遍处于 5% 以下,第二产业就业人口所占比重介于 30%—60% 的较多,第三产业就业人口所占比重介于 40%—60% 的较多。

表 10.3　2013 年各省份按产业分城镇就业人员结构状况　　　　单位:%

地区	第一产业	第二产业	第三产业
全国	1.63	50.92	47.45
北京	0.42	21.94	77.63
天津	0.18	54.71	45.11
河北	0.80	44.21	54.99
山西	0.47	48.72	50.81
内蒙古	7.92	35.51	56.56
辽宁	3.38	49.63	46.98
吉林	4.04	44.82	51.14
黑龙江	17.08	33.97	48.95
上海	0.22	41.09	58.70
江苏	0.44	67.04	32.52
浙江	0.07	63.05	36.88
安徽	0.94	51.03	48.02
福建	0.71	63.72	35.57
江西	1.25	53.64	45.11
山东	0.14	56.12	43.74
河南	0.48	54.77	44.75
湖北	1.31	51.45	47.25
湖南	0.38	45.55	54.07
广东	0.31	61.90	37.78
广西	2.27	39.89	57.84
海南	4.83	21.58	73.59

(续表)

地区	第一产业	第二产业	第三产业
重庆	0.28	51.54	48.18
四川	0.44	51.14	48.42
贵州	0.53	39.68	59.79
云南	1.66	42.25	56.09
西藏	2.73	14.36	82.90
陕西	0.52	45.23	54.25
甘肃	2.04	41.25	56.71
青海	2.21	39.61	58.18
宁夏	2.78	39.98	57.24
新疆	17.74	28.43	53.83

资料来源：《2014年中国统计年鉴》。

从各省份产业结构的层次差异看，大致可以将全国各省份分为三个层次。如表10.4所示，第一层次包括三个直辖市，三次产业产值构成为0.9∶36.7∶62.4，三次产业从业人员构成为8.1∶40.2∶53.8，产业结构的特点主要是形成了"三二一"的产值结构和就业结构，开始进入后工业化阶段。第二层次包括西部所有省份和部分中部落后省份，三次产业产值构成为12.05∶47.31∶40.61，三次产业从业人员构成为40.6∶30.7∶28.7，产业结构的特点主要是三次产业产值较接近，就业人口主要集中于第一产业，经济发展水平和产业结构接近工业化初始阶段。第三层次包括东部大部分省份和比邻的中部省份，三次产业产值构成为11.2∶49.2∶39.4，三次产业从业人员构成为25.2∶39.0∶35.8，产业结构的特点为第二产业处于主导地位，产业结构升级潜力较大，目前属于工业化中期阶段。

表10.4 全国各地区产业结构分类特征

地区类别	第一层次	第二层次	第三层次
地区特点	三个直辖市	西部所有省份、中部落后地区	东部大部分省份、邻近的中部省份
人均GDP	94 304元	39 642元	47 000元
三次产业产值构成	0.9∶36.7∶62.4	12.05∶47.31∶40.61	11.2∶49.2∶39.4

（续表）

地区类别	第一层次	第二层次	第三层次
三次产业从业人员构成	8.1∶40.2∶53.8	40.6∶30.7∶28.7	25.2∶39.0∶35.8
产业结构特点	主导产业已逐渐转向第三产业，形成了"三二一"的产值结构和就业结构，开始进入后工业化阶段	三次产业产值接近，就业人口主要集中于第一产业，从经济水平结构和产业结构看，接近工业化初始阶段	第二产业处于主导地位，因工业化水平提高，产业结构升级潜力较大，目前属于工业化中期阶段

资料来源：《2014年中国统计年鉴》。

我国这三个层次的产业结构水平尽管内部纵向比有了较大的提高，但与发达国家横向相比仍有较大差距。表10.5反映了世界主要地区20世纪90年代三次产业构成比例，第一层次为3∶36∶61，第二层次为14∶38∶48，第三层次为37∶34∶29。2001年我国第一、二、三产业占GDP的比例为15.2∶51.2∶33.6，大致处于中等收入和低收入国家之间。

表10.5 世界主要地区20世纪90年代三次产业GDP构成分类特征表

地区类别	第一层次	第二层次	第三层次
国家或地区特征	发达国家	中等发达国家或地区	发展中国家或地区
人均GDP	21 460美元	5 025美元	1 390美元
各产业的比重	3∶36∶61	14∶38∶48	37∶34∶29
产业结构特征	第三产业GDP比重达65%，第二产业GDP比重达32%，这是符合后工业化阶段特点的最优产业结构	第三产业GDP比重达52%，第二产业GDP比重达39%，其产业结构正朝接近第一层次方向转化	第二、三产业的GDP大体相当，而第一产业的GDP比重达到五分之一，明显偏高，产业结构层次较低

注：第一类地区包括日本、德国、美国、新加坡、波兰、英国、意大利、法国、澳大利亚；第二类地区包括泰国、巴西、俄罗斯、捷克、韩国；第三类地区包括印度、巴基斯坦、印度尼西亚、马来西亚、罗马尼亚、中国等；第四类地区包括缅甸等（不发达地区）。

资料来源：杨大成、张宏培，《我国三次产业结构的地区比较和国际比较分析》，《统计与信息论坛》，2000年第6期。

10.1.4 三大区域产业同构性变化

我国大部分省份产业结构和就业结构类似也可以从一些具体产品的趋同

度上得到例证。目前,我国一些主要产品的趋同度为呢料(100%)、纱布(97%)、缝纫机(73%)、自行车(80%)、手表(80%)、冰箱(80%)、洗衣机(80%)、电视机(90%)、钢材(97%)、平板玻璃(93%)、纯碱(83%)、水泥(100%)、化肥(97%)、塑料(93%)、机床(93%)和汽车(87%)。由于这种趋同,造成了基础产业发展滞后,使得我国大约有40%的工业生产能力得不到有效发挥。地区间的工业结构高度相似,东、中、西部工业结构相似系数依次为0.99、0.96、0.95。将三大地区的经济可进一步细分为10个经济区,区间的工业结构相似系数依次为辽吉黑区(0.90)、京津区(0.93)、晋蒙区(0.74)、冀鲁豫区(0.98)、沪苏浙区(0.95)、皖赣鄂湘区(0.98)、闽粤区(0.88)、桂琼区(0.83)、云贵川藏区(0.91)和陕甘宁青新区(0.96)。

长期以来,我国由于产业结构地区之间同化现象严重,专业化分工滞后。然而,近年我国三大地区内部三次产业之间的相关系数明显提高。如表10.6所示,东部地区第一产业与第二产业的相关系数从1978年的0.07上升至2013年的0.81。中部地区的第一产业和第三产业的相关系数从1978年的0.88到1985年的0.86再到2013年的0.90。西部地区一直是三大地区中产业关联度最强的。2013年西部地区第一产业和第二产业、第一产业和第三产业、第二产业和第三产业的相关系数分别为0.91、0.94、0.97,经济的发展更多表现为地区内部循环,与其他地区的经济合作有待进一步加强。

表10.6 三大地区不同产业之间的相关系数

年份	第一产业和第二产业			第一产业和第三产业			第二产业和第三产业		
	东部	中部	西部	东部	中部	西部	东部	中部	西部
1978	0.07	0.39	0.94	0.46	0.88	0.98	0.79	0.57	0.98
1985	0.41	0.52	0.98	0.54	0.86	0.98	0.80	0.76	0.99
1994	0.83	0.70	0.99	0.81	0.91	0.98	0.98	0.89	1.00
2013	0.81	0.84	0.91	0.53	0.90	0.94	0.89	0.87	0.97

资料来源:《2014年中国统计年鉴》。

各地区产业呈现"大而全""小而全"分布,形成了各自为政的诸侯分割垄断经济。虽然我国有针对地方贸易保护的《反不正当竞争法》和《关于禁止在市场经济活动中实行地方封锁的规定》,但由于各种因素的影响还未形成有效的实施机制。根据有关研究,我国各地区商品在省内、大区、全国市场的流通比例依次为 37.38%、31.54%、31.08%,基本上形成的是 4∶3∶3 格局。1997 年中国国内省际贸易商品平均关税为 46%,比 10 年前提高了 11 个百分点,相当于美国和加拿大之间的贸易关税,并且超过了同期欧盟成员之间的关税。同时,1987 年中国消费者购买各自所属省份自制产品的数量是购买他省产品的 10 倍,但 1997 年上涨为 21 倍。改革开放以来,中国国内各省之间劳动力的生产率和价格的差距拉大,而按工业、农业和服务业计算的 GDP 呈收敛性,在一定程度上是由市场分割引起的。表 10.7 反映了我国各省份产品在各个市场中的流通情况。我国商品流动在省内所占的比重较大,有 6 个省的省内市场所占比重超过 50%,分别为辽宁、四川、云南、山东、安徽和甘肃。大区市场(华北、东北、中南、西南、西北等)所占比重超过 50% 的有 3 个省,它们是河南、湖南和山西,而在全国市场所占比重超过 50% 的只有陕西和上海。从东、中、西部地区看,东部地区的省内、大区、全国市场比重为 35.66%、31.37%、32.97%,中部地区的为 35.96%、41.66%、22.38%,西部地区的为 41.3%、20.3%、39.4%。在省内市场,东、中、西部地区差距不大;大区市场上中部地区较高,达到了 41.66%;在全国市场上,西部地区占优,其主要原因是依托自然资源生产的产品专业化程度较高,各个省份的竞争系数较小。我国各地区之间的经济联系比较弱,各自形成了大范围、小范围的内部循环体系,影响了全国统一市场的形成,不利于提高我国产业和企业的国际竞争力。

表 10.7　中国各省份通过铁路运输实现的商品市场结构　　　　单位:%

省份	省内市场	大区市场	全国市场	省份	省内市场	大区市场	全国市场
北京	31.4	35.6	32.1	山东	50.9	19.9	29.2
天津	17.0	41.9	41.1	河南	24.5	62.8	12.7
河北	40.9	30.4	28.7	湖北	35.5	40.5	24.0
山西	8.8	52.8	38.4	湖南	35.9	53.2	10.9
内蒙古	33.7	24.6	41.7	广东	22.5	41.3	36.2
辽宁	65.5	12.5	22.0	广西	34.9	37.7	27.4
吉林	41.3	32.5	26.2	四川	63.0	6.9	30.1
黑龙江	47.1	34.9	18.0	贵州	35.4	16.3	48.3
上海	7.8	37.0	55.2	云南	51.9	11.4	36.7
江苏	35.6	32.5	31.9	陕西	40.8	3.6	55.6

(续表)

省份	省内市场	大区市场	全国市场	省份	省内市场	大区市场	全国市场
浙江	37.7	30.5	31.8	甘肃	50.3	16.2	33.5
安徽	50.6	40.5	8.9	青海	28.5	30.0	41.5
福建	48.5	25.8	25.7	宁夏	28.8	44.1	27.1
江西	46.2	33.1	20.7	新疆	31.6	33.9	34.5

资料来源:根据《2014年中国统计年鉴》整理而得。

在一定程度上,不同地区第二产业的结构状况更能说明地区间专业化分工协作的水平。衡量地区工业结构相似程度,一般采用联合国工业发展组织提出的结构相似系数。表10.8通过不同地区工业结构相似系数和专业化系数的统计,显示了我国各省份第二产业专业化分工的状况。1989—1996年,我国总体工业结构相似系数下降了0.03,产业结构的趋同情况略有变化,但1996年的工业结构相似系数0.84仍显示出我国区域间产业结构趋同严重。在统计的29个省份中,相似系数下降比例高于全国平均比例的有15个,占统计指标的51.24%,下降比例超过0.1的有4个省份,即北京(0.13)、吉林(0.15)、广东(0.14)、宁夏(0.20)。工业结构相似系数呈现上升的有12个省份,占统计指标的42.86%,其中山西(0.14)、辽宁(0.14)、黑龙江(0.24)、贵州(0.11)和云南(0.25)上升的幅度较大。"同质化"或"同构化"下降的地区一般为经济发达地区,而上升的一般为经济欠发达地区。这种发展有进一步拉大经济发达与不发达地区差距的可能性,加剧我国东、西部经济发展水平的既有差距。1996—2003年,我国总体工业结构相似系数下降了0.13个百分点,产业结构的趋同情况变化显著,地区"同质化"或"同构化"进一步下降,下降幅度较之前大。东、西部经济发展水平的差距有所缓解。2003—2012年,我国总体工业结构相似系数总体下降幅度非常快,下降了0.16个百分点,地区产业"同构化"加速下降,总体工业结构相似系数已经下降到0.55。

从专业化系数来看,1985—1993年我国各地区专业化系数一般在0.2左右,即使北京、天津、上海、广东等相对发达的地区该系数也仅分别为0.201、0.166、0.194、0.205,说明像中国这样的大国区域的专业分工不明显。专业化系数较高的省份主要包括内蒙古(0.234)、黑龙江(0.236)、云南(0.354)、甘肃(0.242)、青海(0.304)、宁夏(0.292)、新疆(0.319),其主要原因是这些地区的某类自然资源在全国有着绝对的优势,如云南的烟、有色金属,陕西的电机械产品,甘肃的有色金属等。1993—2004 年,我国各地区专业化系数大都出现不同幅度的上涨,区域专业化分工趋势明显,其中上涨比例超过 0.1 的省份有 17 个,即吉林(0.279)、青海(0.266)、山西(0.204)、新疆(0.186)、内蒙古(0.171)、湖北(0.159)、贵州(0.254)、甘肃(0.155)、河南(0.155)、河北(0.148)、云南(0.137)、广西(0.143)、海南(0.139)、陕西(0.120)、江西(0.113)、宁夏(0.112)和四川(0.102),占到统计指标的 58.62%,主要是这些地区分布在中、西部地区,资源丰富,地区专业化系数上涨幅度较大,专业化分工趋势逐渐加强。2004—2012 年期间,我国各地区专业化系数存在一定的波动。统计的 29 个省份中北京、天津、内蒙古、黑龙江、辽宁、吉林、浙江、福建、广东、海南、贵州、云南、甘肃、青海、宁夏、新疆 16 个省份出现不同程度的下降,其余地区则出现上升,专业化系数水平下降比较大的省份有内蒙古、黑龙江、云南、新疆 4 个省份,这表明资源型地区专业化系数在样本期间内下降幅度大,专业化分工减弱,资源优势逐渐丧失。

表 10.8 我国不同时期区域工业结构"相似系数"与专业化系数

省份	专业化系数				省份	专业化系数			
	1985 年	1993 年	2004 年	2012 年		1985 年	1993 年	2004 年	2012 年
北京	0.197	0.201	0.269	0.187	河南	0.138	0.144	0.299	0.346
天津	0.143	0.166	0.246	0.243	湖北	0.147	0.156	0.315	0.332
河北	0.137	0.144	0.292	0.412	湖南	0.160	0.155	0.236	0.401
山西	0.299	0.312	0.516	0.523	广东	0.201	0.205	0.297	0.253
内蒙古	0.214	0.234	0.405	0.332	广西	0.187	0.198	0.341	0.350
辽宁	0.171	0.179	0.263	0.260	海南	0.259	0.373	0.512	0.483
吉林	0.189	0.215	0.494	0.453	四川	0.124	0.129	0.231	0.276
黑龙江	0.224	0.236	0.480	0.291	贵州	0.261	0.184	0.438	0.421
上海	0.197	0.194	0.229	0.229	云南	0.302	0.354	0.491	0.396
江苏	0.169	0.186	0.191	0.282	陕西	0.186	0.192	0.312	0.365
浙江	0.178	0.193	0.266	0.244	甘肃	0.238	0.242	0.397	0.316
安徽	0.136	0.140	0.207	0.249	青海	0.228	0.304	0.570	0.551
福建	0.239	0.244	0.300	0.289	宁夏	0.281	0.292	0.404	0.389
江西	0.157	0.165	0.278	0.331	新疆	0.306	0.319	0.505	0.445
山东	0.149	0.154	0.203	0.267	全国	0.190	—	0.273	0.256

(续表)

省份	相似系数变化				省份	相似系数变化			
	1985年	1993年	2004年	2012年		1985年	1993年	2004年	2012年
北京	0.91	0.78	0.75	0.38	河南	0.96	0.95	0.82	0.74
天津	0.96	0.83	0.85	0.46	湖北	0.94	0.92	0.88	0.73
河北	0.96	0.94	0.79	0.55	湖南	0.94	0.94	0.84	0.72
山西	0.72	0.86	0.56	0.38	广东	0.91	0.77	0.83	0.64
内蒙古	0.90	0.90	0.69	0.43	广西	0.90	0.89	0.53	0.32
辽宁	0.80	0.94	0.83	0.51	海南	—	0.73	0.66	0.51
吉林	0.86	0.71	0.57	0.52	四川	0.97	0.95	0.89	0.71
黑龙江	0.64	0.88	0.44	0.47	贵州	0.73	0.84	0.76	0.74
上海	0.94	0.95	0.92	0.73	云南	0.56	0.81	0.77	0.75
江苏	0.94	0.93	0.92	0.70	陕西	0.94	0.88	0.36	0.33
浙江	0.91	0.87	0.83	0.65	甘肃	0.77	0.80	0.61	0.64
安徽	0.96	0.94	0.90	0.81	青海	0.83	0.87	0.46	0.46
福建	0.87	0.91	0.90	0.76	宁夏	0.83	0.60	0.61	0.59
江西	0.94	0.95	0.84	0.70	新疆	0.70	0.68	0.47	0.44
山东	0.95	0.95	0.88	0.59	全国	0.87	0.84	0.71	0.55

资料来源：根据历年中国工业统计年鉴和各省统计年鉴整理计算得出，计算方法参考钟昌标的《国内区际分工和贸易与国际竞争力》，载《中国社会科学》2002年第1期。

再从一些具体行业看，如表10.9所示，省级经济区的工业区际分工程度最大（文体用品制造业和炼焦、煤气及煤制品业除外），其次为十大经济区，分工程度最低的为三大经济区。原材料和资源型的省级区际工业分工程度最高，如黑金属采选业（168.11）、木材及竹材采运业（34.41）、油气开采业（11.46）、烟草加工业（10.82），而精细加工型则分工程度普遍偏低，如金属制品业（0.14）、机械工业（0.17）。以上显示了我国的分工还处在最基本的横向分工阶段，向纵深拓展的力度很小，在一个地区内形成的是分割的产业供应链，经济之间的竞争性多于互补性，没有进行合作的动机。这种情况形成的根本原因是出于保护自身的利益，对外界经济主体进行市场封锁。

表 10.9 中国工业区际分工程度及差异

	煤炭采矿业	油气开采业	黑金属采选业	建材非金属采选业	采盐业	木材及竹材采运业	自来水生产供应业	食品制造业	饮料制造业
省份	6.73 (1.30)	11.46 (1.14)	168.11 (3.20)	5.82 (1.37)	7.30 (1.24)	34.41 (2.06)	0.37 (0.87)	1.04 (1.10)	0.47 (1.02)
十大区	6.55 (1.29)	3.60 (1.13)	2.54 (1.28)	0.29 (1.04)	0.47 (1.09)	3.49 (1.13)	0.26 (0.95)	0.53 (1.07)	0.14 (0.99)
三大带*	0.98 (1.17)	0.62 (1.16)	0.17 (0.91)	0.10 (0.83)	0.31 (0.94)	1.92 (1.04)	0.02 (0.77)	0.02 (0.83)	0.04 (0.81)
			2.55 (0.96)	1.12 (0.79)		14.67 (1.47)			

	烟草加工业	饲料工业	家具制造业	造纸及纸制品业	印刷业	文体用品制造业	工艺美术品制造业	纺织业	缝纫业
省份	10.80 (1.40)	0.55 (0.82)	0.56 (0.81)	0.52 (1.04)	1.16 (1.17)	0.71 (0.50)	1.46 (0.89)	0.39 (0.72)	0.48 (0.73)
十大区	1.97 (1.30)	0.37 (0.90)	0.18 (0.88)	0.15 (0.93)	0.01 (1.00)	0.92 (0.60)	0.45 (0.78)	0.21 (0.78)	0.40 (0.71)
三大带*	2.03 (1.40)	0.02 (0.75)	0.04 (0.87)	0.01 (0.81)	0.03 (0.98)	0.56 (0.67)	0.13 (0.61)	0.04 (0.83)	0.25 (0.70)
				0.28 (0.71)		0.29 (1.05)	0.76 (0.78)		

	皮革制品业	木材加工业	电力工业	石油加工业	炼焦煤制品业	化学工业	医药工业	化纤工业	橡胶制品业
省份	0.83 (0.79)	1.30 (0.94)	0.85 (1.25)	1.32 (0.77)	2.58 (1.05)	0.20 (0.86)	0.38 (0.85)	0.95 (0.71)	1.36 (0.75)
十大区	0.47 (0.74)	0.37 (0.91)	0.25 (1.08)	0.86 (0.88)	2.64 (1.34)	0.02 (0.94)	0.07 (0.93)	0.40 (0.69)	0.08 (0.89)
三大带*	0.02 (0.76)	0.13 (0.93)	0.04 (0.90)	0.15 (0.85)	0.26 (1.16)	0.002 (0.94)	0.07 (0.88)	0.23 (0.77)	0.02 (0.81)
			0.47 (1.18)						

	塑料制品业	建材工业	黑金属加工业	金属制品业	机械工业	交通设备制造业	电机及材制造业	电讯制造业	仪器仪表制造业
省份	0.38 (0.75)	0.76 (1.05)	0.78 (0.95)	0.14 (0.78)	0.17 (0.84)	0.95 (0.95)	0.28 (0.68)	0.92 (0.72)	0.76 (0.76)
十大区	0.31 (0.76)	0.09 (0.96)	0.34 (0.99)	0.08 (0.83)	0.03 (0.91)	0.28 (0.99)	0.18 (0.77)	0.64 (0.85)	0.51 (0.99)
三大带*	0.15 (0.80)	0.002 (0.75)	0.004 (0.75)	0.07 (0.79)	0.01 (0.72)	0.01 (0.72)	0.08 (0.82)	0.25 (0.85)	0.14 (0.97)
		0.13 (0.95)							

注:括号内的数值是数学期望,其他为方差;区位商是通过工业总产值指标计算的;*行的数值,除黑色金属采选业是剔除西藏的高区位商值的影响,其他行业为剔除西藏和海南的影响后得到的值。

在区域经济中,通常用区位商来判断一个产业是否构成地区专业化部门。区位商是指一个地区特定部门的产值在地区工业总产值中所占比重与全国该部门产值在全国工业总产值中所占比重之间的比值。区位商值大于1时,说明一个地区生产该种产品有比较优势,供给能力强于需求能力。表10.10是我国各省份重要制造业部门的区位商。从表中数据可以看出,我国主要制造业部门区位商都不高,说明集中度较低。区位商较高的是电子通信业,北京、上海、广东区位商值分别为2.42、3.07、3.17。云南在烟草制造业中区位优势显著,区位商值为13.49。造纸及纸制品制作业中海南省区位商值最高,为2.69。石油加工业中区位商值较高的有北京、海南、新疆。

利用市场集中率指标 CR_4 来考察中国制造业的行业集中度变化趋势,如表10.11所示。总体上看,2001—2011年中国制造业市场集中度呈现出下降趋势。2001年 CR_4 小于20的产业数为121个,到2011年,产业数已增加到181个,比重也由33.55%上升到48.23%。CR_4 大于等于80的产业数由2001年的16个下降到2011年的6个,所占比重由原来的4.22%下降到1.50%。但是,可以看出2001—2011年制造业集中度在波动中调整,虽呈现出下降趋势,但变化幅度不大,维持了相对稳定状态。并且,2001—2003年 CR_4 小于20的产业数还出现减少,从121个减少到107个,占产业总数的比重由33.55%下降到28.42%。从 CR_4 变化可以发现,市场集中度呈现出明显的下降趋势是从2005年开始的,CR_4 小于20的产业数从2004年的123个迅速增加到2005年的135个,比重也由29.70%上升到32.72%,到2011年已经上升到48.23%。CR_4 大于等于80的产业数从2004年的17个迅速下降到2011年的6个,比重也由4.49%下降到1.50%。因此,总的来说,目前中国大多数制造业行业的集中度都非常低,产业组织结构高度分散。

表10.10　2012年中国各省份主要制造业部门区位商

省份	食品制造业	烟草制造业	纺织业	造纸及纸制品业	石油等燃料加工业	化学原料制品制造业	医药制造业	化学纤维制造业	非金属矿物制品业	金属制品业	交通运输设备制造业	电气机械及器材制造业	通信设备等电子设备制造业
北京	1.20	0.48	0.20	0.42	1.86	0.46	2.31	0.02	0.84	0.82	3.00	1.15	2.42
天津	2.06	0.20	0.11	0.52	1.46	0.81	0.94	0.06	0.30	1.59	1.44	0.68	1.37
河北	0.85	0.39	0.77	0.76	1.11	0.60	0.73	0.21	0.82	1.36	0.51	0.57	0.10
山西	0.28	0.18	0.04	0.05	1.79	0.40	0.30	0.00	0.36	0.09	0.12	0.09	0.11
内蒙古	1.52	0.29	0.46	0.28	0.47	0.58	0.59	0.00	0.56	0.21	0.16	0.16	0.03
辽宁	0.83	0.19	0.26	0.64	2.29	0.82	0.77	0.12	1.47	1.30	1.13	0.76	0.32
吉林	0.92	0.81	0.12	0.48	0.23	1.12	2.76	0.61	1.22	0.46	3.64	0.21	0.06
黑龙江	1.44	0.53	0.05	0.24	1.62	0.29	0.75	0.06	0.42	0.15	0.23	0.15	0.01
上海	1.13	3.20	0.38	0.74	1.44	1.34	0.97	0.20	0.43	1.26	2.56	1.35	3.07
江苏	0.36	0.62	1.94	1.03	0.53	2.01	1.26	3.54	0.82	1.71	1.26	2.36	2.42
浙江	0.50	0.75	2.79	1.46	0.76	1.18	0.90	6.12	0.70	1.41	0.97	1.57	0.54
安徽	0.82	1.25	0.71	0.71	0.36	0.84	0.77	0.40	1.18	1.01	1.11	1.98	0.30
福建	1.52	0.93	1.54	1.70	0.55	0.51	0.37	2.16	1.33	0.73	0.58	0.70	1.27
江西	0.82	0.69	0.86	0.76	0.49	1.11	1.68	0.38	1.43	0.56	0.58	1.03	0.39
山东	1.59	0.44	2.26	1.94	1.59	1.82	1.48	0.32	1.49	1.06	1.00	0.97	0.62
河南	1.84	0.84	0.97	1.42	0.55	0.69	1.21	0.34	2.10	0.56	0.50	0.50	0.18

（续表）

省份	食品制造业	烟草制造业	纺织业	造纸及纸制品业	石油等燃料加工业	化学原料、制品制造业	医药制造业	化学纤维制造业	非金属矿物制品业	金属制品业	交通运输设备制造业	电气机械及器材制造业	通信电子等设备制造业
湖北	1.03	1.85	1.10	0.79	0.55	0.99	1.01	0.26	1.04	0.82	1.92	0.51	0.44
湖南	1.28	2.58	0.48	1.36	0.53	1.00	0.94	0.19	1.18	0.69	0.52	0.52	0.32
广东	0.87	0.50	0.80	1.33	0.83	0.76	0.58	0.28	0.75	1.76	0.82	1.83	3.17
广西	0.60	0.99	0.26	0.95	0.87	0.54	0.73	0.00	1.00	0.37	1.13	0.39	0.26
海南	1.20	1.20	0.04	2.69	7.69	0.87	2.50	0.75	1.24	0.55	1.06	0.50	0.10
重庆	0.46	0.87	0.26	0.54	0.07	0.60	0.73	0.05	0.75	0.48	2.72	0.67	0.63
四川	1.13	0.73	0.61	0.99	0.32	0.84	1.47	0.57	1.34	0.79	0.58	0.47	0.78
贵州	0.68	4.72	0.03	0.40	0.26	0.99	1.93	0.00	0.86	0.25	0.33	0.23	0.09
云南	0.52	13.49	0.03	0.36	0.53	0.97	0.89	0.15	0.55	0.18	0.19	0.12	0.02
西藏	0.40	0.00	0.17	0.00	0.00	0.04	1.93	0.00	1.72	0.00	0.05	0.00	0.00
陕西	0.76	0.89	0.18	0.26	1.78	0.31	0.74	0.07	0.53	0.19	0.86	0.32	0.19
甘肃	0.46	1.69	0.07	0.10	3.91	0.63	0.50	0.06	0.62	0.38	0.06	0.60	0.05
青海	0.37	0.00	0.13	0.00	0.44	1.15	0.54	0.00	0.51	0.05	0.02	0.09	0.00
宁夏	1.27	0.29	0.89	1.02	1.49	1.18	0.60	0.00	0.78	0.33	0.03	0.29	0.02
新疆	0.71	0.38	0.32	0.12	3.66	0.66	0.08	1.38	0.58	0.21	0.01	0.36	0.03

资料来源：根据《2012年中国工业统计年鉴》整理而得。

表 10.11　2001—2011 年中国制造业集中度 CR_4 分布

	$20 > CR_4$		$40 > CR_4 \geq 20$		$60 > CR_4 \geq 40$		$80 > CR_4 \geq 60$		$100 \geq CR_4 \geq 80$	
	产业数	产业占比	产业数	产业占比	产业数	产业占比	产业数	产业占比	产业数	产业占比
2001	121	33.55	148	36.89	66	16.13	32	9.20	16	4.22
2002	113	33.20	147	38.21	68	17.94	22	5.80	18	4.75
2003	107	28.42	152	39.94	75	19.69	26	7.57	17	4.49
2004	123	29.70	165	44.11	67	16.05	21	5.66	17	4.49
2005	135	32.74	152	39.60	68	16.58	27	7.92	13	3.17
2006	132	35.62	158	42.42	57	13.51	19	5.15	14	3.30
2007	150	34.65	154	40.81	57	13.69	22	6.61	16	4.24
2008	160	35.66	150	39.90	58	13.72	20	5.23	15	4.19
2009	179	39.59	145	38.25	60	15.08	23	5.28	7	1.89
2010	168	42.21	143	37.48	53	12.93	24	5.55	7	1.83
2011	181	48.23	130	31.19	52	12.75	23	6.32	6	1.50

资料来源:根据历年中国工业企业数据库整理计算出,计算方法参考魏后凯的《中国制造业集中状况及其国际比较》,载《中国工业经济》2002 年第 6 期。

10.2　区域协调发展产业分工的自然和社会基础

10.2.1　自然条件和自然资源基础

自然条件和自然资源始终是区域产业分工的自然物质基础。不同种类、不同规模的自然资源地域,会发展成为不同种类、不同规模的能源产地、原材料产地和农业生产地域。我国各省份自然条件与自然资源的差异显著,只有对自然条件和自然资源的区域差异进行全面的综合分析,才能为区域产业分工和合作提供可靠的依据。

表 10.12 选取水资源、能源、主要地下矿产资源、可利用土地资源、耕地丰裕度和气候资源等自然资源,得出的各地资源拥有量占全国比重和各地区人均资源量指数的分布,反映了一些主要自然资源在各省份的分布情况。

从各省份自然资源的绝对拥有量的横向比较来看,四川、广东、云南、湖南、广西等省份水资源丰富;山西、内蒙古、陕西、贵州、宁夏等省份的能源资源丰富;辽宁、四川、河北、湖北、山西等省份的矿产资源丰富;内蒙古、四川、黑龙江、

表 10.12 各省市区基本资源丰富度比较

省份	各地区资源拥有量占全国比重(%)					各地区人均资源量指数(全国人均为100)				
	水资源	能源	矿产	可利用土地	耕地与气候	水资源	能源	矿产	可利用土地	耕地与气候
北京	0.13	0.37	1.42	0.24	0.51	14.9	41.2	159.1	27.4	55.0
天津	0.05	0.18	0.00	0.16	0.32	6.6	2.4	0.0	21.1	41.7
河北	0.86	2.13	9.78	2.67	4.31	16.7	41.5	190.3	51.6	88.4
山西	0.51	27.35	6.36	2.33	2.10	20.7	1116.0	259.5	95.7	83.0
内蒙古	1.84	26.65	2.96	13.58	1.41	98.1	1427.0	159.3	726.3	73.1
辽宁	1.34	1.12	15.44	2.11	3.30	38.6	32.3	446.1	61.1	93.1
吉林	1.42	0.33	1.09	2.86	3.66	65.0	15.0	50.0	130.5	165.0
黑龙江	2.98	2.31	1.13	6.86	3.97	94.2	72.9	35.6	216.8	124.0
上海	0.08	0.00	0.03	0.11	0.74	0.0	0.0	2.2	9.5	63.1
江苏	1.22	0.51	0.95	1.50	8.62	20.8	8.7	96.2	25.6	140.7
浙江	3.38	0.02	0.19	1.53	4.54	89.6	0.5	4.9	40.0	117.2
安徽	2.98	3.00	4.49	2.07	5.44	60.0	62.4	93.3	43.2	109.9
福建	4.47	0.11	0.75	1.80	1.93	177.9	4.4	29.7	71.6	74.4
江西	5.27	0.16	3.76	2.51	4.37	163.9	5.1	116.8	77.9	131.8
山东	1.25	2.45	2.97	2.23	8.03	17.3	34.0	41.1	30.5	108.3
河南	1.54	2.77	2.01	2.40	7.07	21.4	38.4	27.9	33.7	95.3
湖北	3.64	0.09	8.24	2.81	6.07	78.0	71.9	177.8	61.1	128.3

(续表)

省份	各地区资源拥有量占全国比重(%)					各地区人均资源量指数(全国人均为100)				
	水资源	能源	矿产	可利用土地	耕地与气候	水资源	能源	矿产	可利用土地	耕地与气候
湖南	5.88	0.39	4.25	3.23	7.11	112.2	26.4	81.2	62.1	131.8
广东	7.92	0.12	1.77	3.12	4.40	137.7	82.1	30.8	54.7	81.9
广西	6.89	0.31	0.80	3.16	2.85	195.1	18.8	22.7	89.5	77.1
四川	11.36	1.14	13.03	3.15	9.41	117.6	11.8	134.8	84.2	95.9
贵州	3.81	6.50	4.33	2.54	1.88	137.8	238.8	156.4	91.6	66.1
云南	7.53	2.24	6.29	5.64	2.24	238.6	71.4	196.1	178.9	68.7
陕西	1.63	11.47	2.86	3.00	2.31	58.1	409.4	66.3	107.4	80.1
甘肃	1.03	0.90	2.10	3.17	1.27	54.3	47.4	110.9	166.3	65.1
青海	2.32	0.62	0.58	5.68	0.24	613.3	163.6	154.7	1501.0	62.0
宁夏	0.04	4.15	0.02	0.65	0.36	11.9	1098.0	5.8	170.5	92.5
新疆	3.18	2.51	1.11	3.66	1.38	251.0	198.1	87.8	288.4	105.9

注:西藏、海南因早年缺乏系统数据,表中未列入。
资料来源:历年中国资源报告。

青海、云南等省份的可利用耕地较为丰富;四川、江苏、山东、湖南、河南等省份的耕地与气候条件良好。从各省份资源的相对(人均)拥有量的横向比较来看,青海、新疆、云南、广西、福建等省份的人均水资源丰富;内蒙古、山西、宁夏三省份的人均资源优势明显(全国平均水平的十倍以上);辽宁、山西、云南、河北、湖北的人均矿产资源丰富;青海、内蒙古两省份的人均可利用土地面积相当丰富;吉林、江苏、江西、湖南、湖北的耕地与气候条件较好。从绝对拥有量和人均拥有量的纵向比较来看,在四个方面绝对与相对落差较大的有广东(水资源、能源资源、可利用土地、耕地与气候)与河南(能源资源、矿产资源、可利用土地耕地与气候);在三个方面落差较大的有湖南(水资源、矿产资源、可利用土地)、青海(水资源、能源资源、矿产资源)、宁夏(水资源、可利用土地、耕地与气候)、新疆(水资源、矿产资源、耕地与气候)、山东(能源资源、矿产资源、可利用土地),而其他省份利用该指标显示出其间的差异不是很大。表 10.12 还显示出了这样一种规律:西部和中部地区一些省份(尤为不发达省区)横向衡量(人均量与绝对量)位次相对上升明显;中部地区(一般为较发达地区、排除能源资源这一要素)基本持平,变化不是很大;东部地区位次下降则较快。这与我国经济发展的实际刚好呈现出反向性,显示出我国经济的发展已经跨越了以自然资源为主的发展阶段。

根据各省份的自然资源丰度状况,我国大致可以分为四类地区。第一类包括山西、内蒙古、辽宁、甘肃、青海、宁夏等省份,属于自然资源比较丰富的地区;第二类为河北、吉林、黑龙江、安徽、山东、河南、湖北、湖南、广西、贵州、云南、陕西、新疆,不如第一类地区,但也较为丰富;第三类属于较差的地区,主要包括天津、北京、海南、四川等;自然资源条件最差的省份有上海、江苏、浙江、福建、江西、广东,属于第四类地区。

从支撑产业发展的基础矿产资源储量看,我国单位国土拥有资源的潜在价值为世界平均水平的 1.54 倍,但区域分布不均衡。如表 10.13 所示,东部沿海地区矿产储量相对贫乏,中部地区不仅煤矿储量得天独厚,而且有色金属也很丰富。西部地区的矿藏有:黑色金属中的铬、钒、钛,有色金属中的镍、钴、汞、铂族,化工原料非金属矿中的磷、钾盐、芒硝、蛇纹岩、橄榄岩、石灰岩、碘、重晶石、岩盐,建筑材料和其他非金属矿中的云母、石棉、陶瓷黏土、沸石、膨润土等。在 12 种主要矿藏资源中,除了辽宁、河北的铁矿石和广西的铝土矿石、广东的硫铁矿之外,大多数矿藏资源都主要分布在中、西部地区。

表 10.13　各省份主要矿藏资源储量比重

省份	铁矿石	铜矿	铅矿	锌矿	铝矿石	煤
北京	1.98	0.11	0.11	0.19	0.02	0.25
天津	—	—	—	—	—	0.04
河北	13.08	0.63	0.81	4.10	1.27	1.59
山西	6.94	5.37	0.04	0.02	40.28	26.58
内蒙古	3.11	5.52	9.72	14.11	0.01	20.79
辽宁	24.08	0.39	1.06	1.05	0.40	0.70
吉林	1.00	1.37	0.47	0.70	0.00	0.23
黑龙江	0.69	4.28	2.13	2.51	—	2.04
上海	0.00	0.18	—	0.00	—	—
江苏	1.22	0.55	1.93	1.63	—	0.01
浙江	0.15	0.61	3.73	2.92	—	2.61
安徽	5.97	5.98	0.95	0.63	—	0.11
福建	1.33	0.17	3.66	2.38	0.03	0.10
江西	1.26	22.07	7.24	4.10	0.02	0.14
山东	3.97	1.48	0.45	0.43	2.17	2.39
河南	2.12	0.30	1.57	1.21	15.79	2.83
湖北	4.59	5.38	0.81	0.65	0.71	0.06
湖南	1.94	1.09	7.39	5.84	0.33	0.31
广东	1.23	2.7	0.65	7.12	0.00	0.07
广西	0.54	0.73	3.78	6.28	13.46	0.22
海南	0.64	0.06	0.02	0.01	1.05	0.01
四川	13.34	3.22	8.69	8.01	2.71	1.00
贵州	0.91	0.04	0.92	0.82	19.42	5.19
云南	4.35	11.50	6.24	21.61	1.53	2.44
西藏	0.65	14.39	0.16	—	—	0.00
陕西	1.3	0.76	4.65	2.47	0.57	16.14
甘肃	1.79	6.66	6.31	8.07	—	0.90
青海	0.49	2.80	5.38	2.76	—	0.45
宁夏	0.00	0.00	—	—	—	3.20
新疆	1.34	1.70	1.11	0.36	0.03	9.69

（续表）

省份	硫铁矿	盐矿	钾矿	磷矿石	水泥用灰矿盐	森林储积量
北京	0.00	—	—	—	1.31	0.05
天津	0.00	—	—	—	0.42	0.02
河北	1.07	—	—	3.83	6.44	0.60
山西	1.59	0.00	—	2.38	2.78	0.43
内蒙古	11.26	0.04	—	1.22	1.71	9.91
辽宁	0.86	—	—	0.77	3.08	1.28
吉林	0.45	—	—	0.03	2.90	7.37
黑龙江	0.05	—	—	0.27	—	14.31
上海	—	—	—	—	—	0.01
江苏	1.05	0.58	—	0.59	3.40	0.28
浙江	1.80	—	—	0.11	4.31	0.98
安徽	12.50	0.34	—	0.47	5.27	0.82
福建	0.93	—	—	0.07	2.61	3.66
江西	4.58	3.14	—	0.75	2.65	2.34
山东	5.17	1.82	0.41	3.81	5.62	0.45
河南	3.41	0.00	—	0.11	4.61	0.88
湖北	1.92	2.84	—	21.96	3.90	1.20
湖南	2.18	0.43	—	11.02	4.66	1.77
广东	10.79	0.02	—	0.01	4.28	1.47
广西	2.16	—	—	0.28	6.33	2.33
海南	0.04	—	—	0.06	0.85	0.60
四川	18.68	5.94	0.02	8.36	6.88	13.63
贵州	8.59	—	—	16.33	3.35	1.35
云南	10.02	3.88	3.04	19.86	2.90	13.04
西藏	—	0.12	—	—	0.56	13.08
陕西	0.29	0.00	—	3.66	11.50	2.85
甘肃	0.18	0.00	0.01	0.24	2.00	2.85
青海	0.40	80.51	96.37	3.25	2.47	0.34
宁夏	0.00	—	—	0.06	0.88	0.07
新疆	0.03	0.32	0.14	0.49	2.35	2.25

资料来源：金碚、陈丽瑛主编《两岸突破：中国工业区域分析》，经济管理出版社，1996。

10.2.2 区域协调发展产业的社会经济条件

社会经济条件是区域产业分工的重要基础。人口、技术和资金等是区域产业发展的基础要素。各地区劳动力、资本等社会经济要素的数量与质量都存在明显的差异。从劳动力的数量看(见表10.14),各省份的劳动力资源都比较丰富,为本地区产业发展准备了足够的劳动力数量。然而,现代经济发展对劳动力质量的要求越来越高。劳动力质量通常用劳动力受教育的程度来表示,从表中可见,虽然我国劳动力数量充足,但受教育程度低。从业人员中受过大学教育的劳动力占比超过两位数的只有北京(18.0%)、上海(11.6%)、天津(10.3%)三个地区。而职工中只有小学文化程度所占比重超过两位数的省份却大量存在。研发人员占从业人员的比重天津(16.61%)、上海(13.31%)、江苏(11.05%)、广东(10.76%)达到两位数,其他省份均低于10%,总量差异明显,所占百分比区域差异不明显。

资金要素对区域产业发展的影响是十分明显的。区域资本形成的主要渠道包括自身的资本积累、区外资金流入和中央政府的财政转移支付。从我国的情况看,区域资金主要由财政资金、信贷资金、企业资金、个人资金、外资五部分构成。表10.15反映了我国各省份资本形成的能力。总体看,资本形成能力与经济规模、经济发达程度基本一致。2013年我国资本形成能力比较强的省份包括山东(30 952.9亿元)、江苏(28 634.3亿元)、广东(26 050.8亿元)、河南(24 830.0亿元)、辽宁(16 944.6亿元)、河北(16 386.2亿元)。资本形成率高的省份主要有青海(119.9%)、西藏(113.3%)、内蒙古(93.4%)、宁夏(91.0%)、新疆(86.0%)、云南(84.9%),资本形成率较低的省份有上海(38.7%)、北京(40.3%)、广东(41.9%)、浙江(45.5%)、江苏(48.4%)、江西(49.9%)、四川(51.4%)、安徽(52.1%)。人均财政收入也能反映一个地区的资本形成能力,我国人均财政收入前五位的地区分别是北京(16 020元)、上海(15 727元)、天津(12 455元)、江苏(7 400元)、辽宁(7 075元),均为东部省市;人均财政收入位于后五位的地区分别是西藏(2 815元)、湖南(2 684元)、广西(2 491元)、河南(2 169元)和甘肃(2 019元),均在中、西部地区。

表 10.14 2013 中国各省份及三大地带劳动力差异

省份	人口总数（万人）	从业人数（万人）	从业人数比重（%）	从业人员受教育程度占比（%） 小学	初中	高中	大学	研发人员（万人）	占从业比重（%）	职工工资（元）
北京	1 357	629.5	46.4	8.2	40.9	31.1	18.0	58.0	9.22	19 155
天津	984	410.5	41.7	21.8	40.7	23.7	10.3	68.2	16.61	14 308
河北	6 668	3 379.6	50.6	30.9	43.8	13.7	2.8	65.0	1.92	8 730
山西	3 247	1 412.9	43.5	29.5	46.0	14.3	4.6	34.0	2.41	8 122
内蒙古	2 332	1 013.2	43.5	31.6	36.2	14.2	4.8	27.0	2.66	8 250
辽宁	4 182	1 833.4	43.8	27.0	47.8	14.3	7.6	59.1	3.22	10 145
吉林	2 680	1 057.2	39.5	32.0	38.8	19.7	6.1	23.7	2.24	8 771
黑龙江	3 624	1 631.0	45.0	29.1	43.7	15.7	6.6	37.3	2.29	8 910
上海	1 640	692.4	42.2	13.3	42.9	28.1	11.6	92.1	13.31	21 781
江苏	7 304	3 565.4	48.8	29.4	41.1	13.2	2.6	393.9	11.05	167
浙江	4 593	2 772.0	60.3	37.7	36.8	11.2	3.2	263.5	9.51	16 385
安徽	5 900	3 389.7	57.5	36.3	37.4	8.1	2.3	86.0	2.54	7 908
福建	3 410	1 677.8	49.2	42.2	30.3	11.7	3.8	100.2	5.97	12 013
江西	4 040	1 933.1	47.9	43.2	35.7	10.9	2.4	29.5	1.53	8 026
山东	8 997	4 671.6	51.9	31.4	39.7	10.3	2.1	227.4	4.87	10 008
河南	9 124	5 516.6	60.5	29.3	47.5	11.1	1.9	125.1	2.27	7 916

(续表)

省份	人口总数（万人）	从业人数（万人）	从业人员比重(%)	从业人员受教育程度占比(%)				研发人员（万人）	占从业比重(%)	职工工资(元)
				小学	初中	高中	大学			
湖北	5951	2452.5	41.2	33.8	36.8	13.7	4.6	85.8	3.50	8619
湖南	6327	3438.8	54.4	39.5	39.0	12.0	2.4	73.6	2.14	9623
广东	8523	3962.9	46.5	35.7	39.8	14.9	5.1	426.3	10.76	15682
广西	4385	2543.4	58.0	43.3	36.7	8.2	1.2	20.7	0.81	9075
海南	756	339.7	44.9	27.6	43.0	15.9	3.2	2.9	0.85	8321
重庆	3051	1624.0	53.2	46.1	31.1	8.0	2.3	36.6	2.25	9523
四川	8235	4414.6	53.6	42.6	31.6	9.1	2.5	58.1	1.32	9934
贵州	3525	2068.2	58.7	42.9	23.7	6.6	2.8	16.0	0.78	8991
云南	4236	2322.5	54.8	46.5	24.2	6.5	1.6	11.8	0.51	10537
西藏	262	124.6	47.6	42.1	2.6	0.5	0.5	0.1	0.07	19444
陕西	3536	1784.6	50.5	31.4	37.8	14.4	3.8	45.8	2.57	9120
甘肃	2512	1187.2	47.3	32.1	30.6	11.3	2.1	12.5	1.05	9949
青海	482	240.3	49.9	25.9	20.3	7.7	2.7	2.0	0.85	12906
宁夏	548	278.0	50.7	26.1	32.5	12.2	4.4	4.8	1.73	10442
新疆	1846	685.4	37.1	36.1	31.6	14.7	7.8	6.7	0.97	10278

资料来源：根据《2014年中国统计年鉴》和《2014年中国人口就业统计年鉴》整理而得。

表 10.15　2013 年各省市区资本形成能力

省份	资本形成总额(亿元)	资本形成率(%)	GDP(亿元)	人均 GDP(元)	财政收入(亿元)	人均财政收入(元)
北京	7 868.4	40.3	17 879.40	87 475	3 314.93	16 020
天津	11 046.8	76.9	12 893.88	93 173	1 760.02	12 455
河北	16 386.2	57.9	26 575.01	36 584	2 084.28	2 860
山西	9 169.0	72.8	12 112.83	33 628	1 516.38	4 200
内蒙古	15 728.1	93.4	15 880.58	63 886	1 552.75	6 236
辽宁	16 944.6	62.6	24 846.43	56 649	3 105.38	7 075
吉林	9 708.1	69.6	11 939.24	43 415	1 041.25	3 786
黑龙江	9 432.3	65.6	13 691.58	35 711	1 163.17	3 034
上海	8 358.8	38.7	20 181.72	85 373	3 743.71	15 727
江苏	28 634.3	48.4	54 058.22	68 347	5 860.69	7 400
浙江	17 112.4	45.5	34 665.33	63 374	3 441.23	6 283
安徽	9 919.0	52.1	17 212.05	28 792	1 792.72	2 994
福建	12 804.7	58.8	19 701.78	52 763	1 776.17	4 739
江西	7 160.1	49.9	12 948.88	28 800	1 371.99	3 046
山东	30 952.9	56.6	50 013.24	51 768	4 059.43	4 191
河南	24 830.0	77.2	29 599.31	31 499	2 040.33	2 169
湖北	14 245.4	56.0	22 250.45	38 572	1 823.05	3 155
湖南	14 001.6	57.1	22 154.23	33 480	1 782.16	2 684
广东	26 050.8	41.9	57 067.92	54 095	6 229.18	5 880
广西	10 129.5	70.5	13 035.10	27 952	1 166.06	2 491
海南	2 326.6	73.9	2 855.54	32 377	409.44	4 618
重庆	6 915.6	54.6	11 409.60	38 914	1 703.49	5 784
四川	13 494.6	51.4	23 872.80	29 608	2 421.27	2 998
贵州	5 261.4	65.7	6 852.20	19 710	1 014.05	2 911
云南	9 955.3	84.9	10 309.47	22 195	1 338.15	2 872
西藏	899.1	111.3	701.03	22 936	86.58	2 815
陕西	11 038.4	68.8	14 453.68	38 564	1 600.69	4 265
甘肃	3 775.9	60.2	5 650.20	21 978	520.40	2 019
青海	2 519.1	119.9	1 893.54	33 181	186.42	3 252
宁夏	2 334.2	91.0	2 341.29	36 394	263.96	4 079
新疆	7 192.5	86.0	7 505.31	33 796	908.97	4 071

资料来源:根据《2013 年中国统计年鉴》计算而得。

经过长期发展积淀,我国各省份已经形成了一定的优势产业。如表 10.16 所示,各地区现有的优势产业是进一步调整和进行区域协调分工的基础。

表 10.16 我国各省份已经形成的优势产业

省份	已经形成的优势产业
北京	以投资类电子产品为主的电子工业;汽车工业
天津	以汽车为主的机械工业;以投资类电子产品为主的电子工业;以石油化工和盐化工为主的化学工业
河北	建材工业;以钢铁为主的冶金工业
山西	煤炭工业;火电为主的电力工业;以铝为主的有色金属工业;以煤化工为主的化学工业
内蒙古	以煤炭、火电为主的能源工业;以稀土和铜、铅、锌为主的有色金属工业
辽宁	以重大成套设备和机电仪一体化为主的机械电子工业;石油加工和石油化学工业;钢铁工业;建材工业
吉林	汽车工业;化学工业;以高档纸业为主的造纸工业
黑龙江	石油开采和石油化工工业;以重型机械、发电成套设备、仪器仪表、计量器具为主的机械电子工业;以高档纸业为主的造纸工业
上海	电子通信设备制造业;以汽车、船舶为主的交通运输设备制造业;以发电设备为主的电气机械及器材制造业;以精密仪器仪表为主的仪器仪表及其他计量器具制造业;以乙烯、精细化工为主的化学工业;钢铁工业
江苏	以电子产品、汽车为主的机械电子工业;以石油化工为主的化学工业;建材工业
浙江	以电子产品为主的机械电子工业;以石油化工为主的化学工业;建材工业
安徽	以钢铁为主的冶金工业;以农用化学品和基本化工原料为主的化学工业
江西	以铜、钨、稀土为主的有色金属工业;以汽车为主的机械电子工业
山东	以石油化工为主的化学工业;以农用机械和重型汽车为主的机械工业;以投资类电子产品为主的电子工业;建材工业
河南	能源工业;以石油化工为主的化学工业;以农用机械和矿山机械为主的机械电子产业;以铝为主的有色金属工业;建材工业
湖北	以汽车为主的机械电子工业;以钢铁为主的冶金工业;以水电为主的电力工业;以磷化工、盐化工为主的化学工业;建材工业
湖南	以铝、锌、钨、锰为主的冶金工业;以农用化学品和盐化工为主的电力工业;以输变电设备、电机系列产品和汽车零配件为主的机械工业;造纸工业
广东	电子工业;以汽车为主的机械工业;以石油化工和精细化工为主的化学工业;以新型建材和装饰材料为主的建材工业;能源、钢铁工业
广西	以铝、锡为主的有色金属工业;以水电为主的电力工业;以水泥为主的建材工业;以亚热带副产品加工为主的食品工业
海南	石油加工、石油天然气加工;以热带农副产品为主的食品工业;橡胶工业
四川	以水电为主的能源工业;以钢铁、钒钛为主的冶金工业;电子产品;机械工业;以农用化学品为主的化学工业

(续表)

省份	已经形成的优势产业
陕西	以煤炭为主的能源工业;电子工业;以电器机械和交通运输设备为主的机械工业
云南	以水电为主的能源工业;以磷、盐化工为主的化学工业;以铅、锌、铜为主的有色金属工业
贵州	以煤、电为主的能源工业;以铝为主的有色金属工业;以磷、煤化工为主的化学工业
西藏	铬铁矿等矿产的开采加工业;森林和畜产品的加工工业
青海	以钾肥和盐化工为主的化工业;以镁、铅、锌为主的有色金属工业;以水电为主的电力工业;石油工业
宁夏	以煤、电为主的能源工业;以煤化工为主的化工工业
新疆	石油开采加工与石油化学工业;纺织工业

10.3 区域协调发展与产业地区间转移

增长理论告诉我们,TFP 的提高不外乎依靠规模经济、技术进步和改善效率,这三方面都需要人和生产要素的集聚,需要地区间资源的再配置,而要素跨地区流动的前提条件就是区域经济的协调发展。从市场基础看,在市场机制作用下产业的空间转移能够提高要素的配置效率,同样的产出节约投入。党的十八大报告指出,目前我国经济发展中的结构失衡问题比较突出,需要通过推进经济结构战略性调整以加快经济增长方式转变[①]。随着我国东部产业结构的升级、西部大开发、中部崛起等战略的实施,东部的一些产业尤其是劳动和资源密集型产业必然会向中西部转移。张公嵬通过分析发现我国中部地区有明显的劳动成本优势而西部地区具有承接劳动密集型产业的潜力,显示出劳动密集型产业在我国具有发展的持续性和可能性,由此有必要分析沿海产业向中西部转移的必要性。随后,从资源要素约束、产业集群集聚、产业链整合、产业梯度发展、区域竞争力提升等方面展开分析。

(1) 沿海区域破除资源要素约束的需要。新中国成立以来实施的东部倾

---

① 《为什么说推进经济结构战略性调整是加快转变经济发展方式的主攻方向?》,http://www.chinadaily.com.cn/hqpl/zggc/2013-01-07/content_7962687.html。

斜和让一部分人先富起来的战略,在促进我国沿海产业结构高级化和经济快速发展的同时,致使由制造业主导的发展潜力明显不足。我国采用的是劳动和资源粗放型的经济发展方式,即经济增长必须以大量使用资源和劳动力为代价,当社会存在大量闲置资源时影响不明显。但是,随着近年来东部沿海的用工荒逐步抬头、拉闸限电、企业家逃跑越演越烈、用地需求的刚性受限,由要素相对不足带来的企业在人工、电力、土地、运输等方面的生产成本攀升明显,在倒逼转型升级的同时致使向外围区域寻求发展的空间,由此形成了沿海区域的产业转移。

(2) 产业集群集聚发展的需要。关于产业集群与产业转移之间的关系,通常认为产业集群集聚需要产业转移,而产业转移会带来产业集群集聚。当产业集群到一定程度后,由此产生的产业扩散离心力也会不断加强,进而形成产业转移[1]。我国沿海区域的块状经济和产业集群明显,如2010年浙江年销售收入达到100亿元的块状经济达到了72个[2],但随着资源、土地和其他要素逐渐短缺,这些具有较强竞争力的产业集群难以获得充足的发展空间,当离心力足够大时会向中西部转移。对于中西部尤其是西部地区而言,产业集群是适应产业关联转移的发展模式,是充分利用后发优势进而实现快速提升的有效工具。中西部的产业集群相对较少,而东部沿海区域的相关产业为寻求进一步提升必然会转移到有着一定产业基础的欠发达区域,由此通过承接沿海区域的产业转移有助于中西部快速形成产业集群。

(3) 产业链整合发展的需要。我国制造业面临着潜在的危机,如长三角是我国制造业发展最好的区域,但生产最终产品的企业达70%以上,且纯粹的OEM企业和ODM企业分别仅占22.3%与18.3%,显示出长三角制造业处于全球产业链的低端[3]。我国先进制造业主要分布在沿海区域,而中西部地区由于种种制约致使难以与沿海地区实现有效对接,即产业链在不同区域出现了相对断裂。换句话说,东部沿海地区和中西部地区在产业链上没有实现有效整合,即不同地区的联系强度相对较弱,而通过产业向中西部地区转移则能有效地将

---

[1] GIULIANIE. Upgrading in global value chains: lessons from Latin American clusters. *World Development*, 2005, 33(4): 549—573.

[2] 《浙江块状经济两年谋变占GDP半壁江山》,http//biz.zjol.com.cn/05biz/system/2011/11/28/018031122.shtml。

[3] 《长三角制造业潜伏结构危机》,http://www.chem17.com/news/detail/7086.html。

它们对接起来。我国在全球产业链的相对低端锁定,不利于经济实现稳健的突破,由此应该让制造业发展较好的区域专注于最核心的业务,而将非核心的业务向中西部地区转移,进而提升我国产业链在全球的竞争力。

(4)产业梯度转移发展的需要。梯度转移理论认为,区域经济的发展取决于产业结构状况,尤其是主导产业在某一个工业生命周期中所处的阶段,且产业会由高梯度区域向低梯度区域转移。从我国发展看,改革开放初期沿海地区通过承接国际产业转移迈上了"第一级台阶",目前正在承接的国际产业主要向中西部地区靠拢,即在承接国际产业转移上呈现出明显的梯度差异。我国的产业总体表征为劳动和资源密集型,当经济水平发展到一定程度,沿海地区的上述两类产业就会向相对欠发达的中西部地区转移。事实上,由于沿海地区的资源禀赋相对中西部而言不具有优势,故此我国的资源密集型产业目前主要在中西部地区,由此产业转移应该主要体现在劳动密集型产业上。因此,沿海地区的以劳动密集型为主的加工工业会加速向内地转移,其本身则由工业生产中心转向工业调控中心,进而形成产业的梯度发展。

(5)中西部地区提升区域经济发展竞争力的需要。中西部地区的经济发展水平偏低,体现在产业结构不合理和制造业竞争力相对较低等方面。中西部地区在产业承接条件、国内环境和政策导向等方面相对沿海地区而言具有较为明显的优势,如在大项目、大工程上我国积极由东向西倾斜[1]。但是,在承接产业转移的过程中要避免新一轮的圈地运动和地方政府恶性竞争等行为,同时各个区域要找好承接产业转移的着力点。如在《国务院关于中西部地区承接产业转移的指导意见》中,也强调了要充分发挥中西部地区在资源、要素、市场潜力等方面的优势。事实上,我国中西部地区承接东部地区产业转移已经初见成效,如富士康、伟创等一批企业已由沿海地区向中西部地区转移[2]。然而,受制于发展水平较低、配套难以满足需求、承接缺乏统筹等因素的影响[3],中西部地区承接产业转移的进展相对较慢。

---

[1] 国家发改委网站显示,2000—2011年西部大开发165个重大项目的投资总额达到了3.1万亿元。
[2] 张轶群:《中国中西部承接产业转移初见成效》,http//news.xinhuanet.com/fortune/2011-09/24/c_122082486.htm。
[3] 《中西部承接沿海产业转移面临瓶颈制约等挑战》,http://hkstock.cnfol.com/101018/132,1358,8615885,00.shtml。

10.3.1 我国产业转移对沿海地区与中西部地区发展的互动影响分析

我国沿海地区产业转移通常认为是珠三角、长三角、环渤海等区域,将部分生产加工环节转移到技术相对落后、工业欠发达、劳动力比较充裕的中西部地区。就全国而言,产业转移打破了产业发展的区际壁垒,有利于产业国际分工的进一步深化。2012年统计公报显示我国人均 GDP 达到了 6 100 美元,按照发展经济学的观点,已经进入了中等收入国家行列,但由此引起的产业结构优化问题也同样明显,即应该实现产业发展的有效突破,否则可能成为我国经济发展难以突破的"天花板"[①]。产业转移是产业布局的重新调整,会对迁出地和承接地产生较为明显的影响,因此有必要就产业转移对不同区域的影响进行分析。

10.3.1.1 沿海地区

沿海地区产业转移会对我国东部地区经济发展产生较为明显的冲击,在优化资源配置的同时会带来相应的挑战。东部地区产业转移受多重因素的影响,通常认为资源问题和要素成本是直接原因,而市场拓展是重要驱动力[②]。随后,从产业结构优化、缓解要素相对不足、产业分离引导转移、配套设施相对低效利用、产业空心化相对明显等方面展开分析。

(1) 产业结构优化。我国目前制造业的战略重点为先进制造业和新兴产业,主要围绕东部沿海地区展开,如何优化既有的产业布局是东部地区如何实现有效转型升级的重要议题。东部沿海地区近年来经济发展相对低迷,与制造业和服务业难以转型提档有着直接关联性,同时制度先行者优势也在逐步丧失,造成了内部结构难以有效提升与优化,且中西部地区产业结构与东部地区的较大雷同性也挤占了东部地区传统产业的发展空间。因此,东部沿海地区破除产业发展迷局的重要措施应该是将不具有发展优势的产业向中西部地区延伸以加快产业结构优化,而现有研究也表明了这一点。例如,吴汉贤和邝国良通过分析广东的产业转移的动因与效益后发现,广东的产业转移有利于产业结构调整和优化升级。

[①] 柳博隽:《"新起点"抑或"天花板"?》,http://www.zj.xinhuanet.com/website/2009-04/28/content_16381291.htm。

[②] 张继焦:《产业转移对中西部地区的影响 2010 年研究报告》,中国社会科学网,2010-12-14。

（2）缓解要素相对不足。从要素供给层面看，产业转移促进产业升级是由要素供给的相对稀缺和竞争差异造成的。我国劳动力刘易斯拐点的出现，致使沿海区域在用工成本上攀升较快，而产业加快发展引起的用地难也是企业做大做强的重要阻力，因此要素供给相对不足对沿海产业发展形成了倒逼机制。由此，会呈现出经济结构变动和经济梯度发展，即东部沿海地区的制造业向要素相对丰裕的中西部地区转移。例如，浙江劳动密集型制造业大量向江西、安徽、河南等中西部地区转移就是佐证。在产业转移的大背景下，东部沿海地区企业通常只有两条路可走，即产业转型升级和搬迁[1]。然而，转型升级在短时间内难以有效完成，因此绝大部分企业为求生存只能是寻求向外围区域拓展，在缓解生产要素压力的同时促成了产业转移。

（3）产业分离引导转移。我国沿海地区的大部分制造企业实施了多元化战略，即制造业中有着较多的生产性和消费性服务业。多元化战略能获得较为明显的短期收益，但是以牺牲企业的核心竞争力为代价。实现二、三产业分离，可以在转变经济增长方式的同时降低企业税负，且释放出来的制造业和服务业的相对剩余产能需要寻找出路，由此企业有向外围区域进行产业转移的利益动机。考虑到我国沿海地区的经济目前处于转型阶段，而中西部地区的经济发展处于提速阶段，由此二、三产业分离的侧重点应该在东部沿海地区。因此，积极将沿海地区的制造企业和服务企业中的非核心业务剥离出来，与相对欠发达区域尤其是中西部地区实现产能转移的有效对接，应该是提升沿海地区产业生产效率的重要手段。

（4）配套设施相对低效利用。我国沿海地区由于国家政策的倾斜和自身的发展基础，形成了相对完备的配套产业和较为完善的配套设施。一般而言，为扶持某个产业成为集聚区，各级政府要进行大量的水网、路网、电网等基础设施建设。当受到环境、土地等压力企业被迫迁移时，原本适合于区域产业发展的配套设施就可能成为闲置资源。此外，企业外迁也会导致产业链的相对不完善，这会进一步挤压原有产业的发展空间。例如，浙江台州为整治医化产业，实施了"关、转、停"的方案，当小药厂被勒令停止生产后，海正等大企业由于供应

---

[1] 李金玲：《农民工回流趋势日益显现缺工倒逼产业转移》，http://news.hexun.com /2010-09-20/124968595. Html。

链断裂和无法获得足够的土地等只能转移,导致医化园区的相关配套设施大大减少。

(5) 产业空心化相对明显。我国制造业的利润相对较低,如传统制造业的年利润率仅为3%—5%[1],致使很多制造企业将主要资源用于非主业上,由此可能会形成较为明显的产业空心化。例如,在浙江的百强企业中有六成涉足房地产,而炒房团、炒煤团、炒大蒜等浙江游资频现也表明浙江资本正在偏离制造实业主体[2]。不仅在浙江,在全国其他地区也是如此,即具有相当实力的制造企业基本上涉足了房地产业。由此,我国的制造业可能难以做大做强,导致我国的产业升级战略受挫进而致使国家竞争力下降[3]。实施沿海地区的再工业化战略,同时剥离那些资源和劳动密集型产业并向中西部地区转移,让主要资源和要素聚焦在实业层面,应该是沿海地区做大做强且与中西部地区实现协同发展的重要举措。

10.3.1.2 中西部地区

中西部地区承接产业转移已经上升到了国家层面,如《国务院关于中西部地区承接产业转移的指导意见》中,明确提出要在推动东部沿海地区经济转型升级的同时,指导中西部地区有序承接产业转移。近年来,国务院共批准设立了安徽皖江城市带、广西桂东、重庆沿江、湖南湘南、湖北荆州、黄河金三角6个承接产业转移示范区[4],用于引导中西部地区承接产业转移。随后,从有利于比较优势充分发挥、完善和延长产业链、有助于破解"三农"问题、优化产业布局、引致过度竞争等方面分析东部产业转移对中西部地区发展的影响。

(1) 有利于比较优势充分发挥。我国东部沿海地区与中西部地区长期以来是一种中心与外围的关系,即中西部地区为东部沿海地区发展提供原材料、自然资源和廉价劳动力,而东部沿海地区为中西部地区提供制成品和工业品。东部地区的资源和要素在政策红利的牵引下基本被挖掘,但中西部地区由于交

---

[1] 童静宜、赵小燕:《浙商制造向浙商投资转型二三线城市受青睐》,http://finance.jrj.com.cn/house/2011/08/08192010674577,shtml。

[2] 《产业空心化绝非空穴来风》,http://news.cnnb.com.cn/system/2011/02/22/006850405.shtml。

[3] 《不想做"制造业强国"了吗》,http://zzhz.zjol.com.cn/05zzhz/system/2010/09/12/016923316.shtml。

[4] 《六大国家级承接产业转移示范区比较分析》,http://www.gxi.gov.cn/zhtj/201301/t20130106_466497.htm。

通、基础设施、制度瓶颈等方面的影响导致难以得到有效开发。国家近年来持续出台的开发中西部地区的各项政策,虽说在一定程度上优化了中西部地区的发展环境,有利于发挥劳动力成本、资源、经济增长潜力等方面的比较优势。然而,很多中西部省份在承接产业转移的过程中,也是重点强调土地资源、劳动力成本、环境生态承载力等方面的优势,但是这种比较优势是相对的①。一旦比较优势被过度挖掘,中西部地区很可能会由后发优势演化成后发劣势,进而陷入持续低迷状态。

(2)完善和延长产业链。承接东部沿海地区的产业转移是很多中西部地区谋求经济发展的重要思路,但产业链的相对不完善可能成为发展瓶颈②。事实上,长期以来我国广大中西部地区的产业处于相当低端的发展状态,同时发展水平相对较低也致使产业的集聚状态难以满足现代产业集群需要。要积极通过产业链整合,实现区域优势产业培育和区域经济发展的有效对接。通常认为,如果沿海地区的某一产业转移到中西部某地区,则该地区或多或少在该产业发展上具有一定基础,否则对于转移过来的企业而言就会有相对较高的成本。因此,要依靠承接产业转移带来的示范效应和鲶鱼效应,带动中西部地区的相关产业在激发危机的同时充分利用承接过来的产业的先进技能、理念等,将相对不完善的供应链借助外力进行整合与调整。

(3)有助于破解"三农"问题。城镇化是我国现代化建设的历史任务,也是扩大内需的最大潜力③。但是,中西部地区工业化水平相对较低导致"三农"问题难以有效解决,东部地区用工成本的上升进而致使产业向中西部地区转移为提高中西部地区的工业化水平提供了契机,因此需要依靠城镇化的推进来破解中西部的"三农"问题④。现有研究也表明了这一点,如杨国才通过分析后发现,东部地区以产业转移为产业转型升级腾出发展的空间,中西部地区承接产业转移为解决"三农"问题创造了有利的条件;周世军认为产业转移与城镇化会实现动态耦合,从而将农业生产的现代化、农场土地经营的规模化、务工农民的

---

① 《纺织服装产业转移:中西部比较优势是否绝对存在?》,http://news.ctei.gov.cn/87196.htm。
② 《东部产业转移中西部遇难题产业链不完整成瓶颈》,http://roll.sohu.com/20120227/n335978935.shtml。
③ 《城镇化:中国经济的火车头》,http://news.163.com/13/0109/05/8KOMNVL300014AED.html。
④ 《城市化与"三农"问题的解决之道》,http://www.hljagri.gov.cn/fxyc/zc/200901/t20090116_238555.htm。

市民化逐步实现。如果能充分挖掘"三农"潜能,中西部地区可能会获得更大程度的发展。例如,中部地区目前发展比西部地区要快,其可能的重要原因之一是中部地区的"三农包袱"已经成了"崛起引擎"①。

(4) 优化产业布局。"中国奇迹"式增长提升了我国的综合国力,但由此带来的区域发展差距问题同样不可忽视。目前,我国形成了先进制造业主要在东部地区、劳动密集型制造业主要在中部地区、资源密集型制造业主要在西部地区的空间布局,即中西部地区的产业层次相对较低。由此,有必要采取相应措施来提升中西部的竞争力,产业地区园区和产业集群是重要手段。此外,"十三五"期间我国的重大能源和矿产资源项目将优先在中西部地区资源富集地布局②,以满足中西部地区产业结构优化对原材料和电能的需求。因此,以承接东部沿海地区产业转移为契机,各级部门要采取政策倾斜、资金支持等方式积极助推中西部地区的产业结构优化,进而在全国形成错落有致的雁形分工模式。与此同时,由东部沿海区域转移过来的产业,对于中西部地区的产业整合也会产生正向绩效,进而达到优化产业布局的效果。

(5) 引致过度竞争。我国有着"不患寡而患不均"的文化传承,辖区竞争引致的诸侯竞争存在于我国经济发展的各个阶段。例如,改革开放初期东部地区承接发达国家的产业转移尤其是制造业转移,由于过度看重眼前利益致使产业同质低层次竞争明显。现阶段我国东部地区制造业的转型升级,实际上是这种过度竞争带来的后果。随着我国产业转移的各项政策、指导意见逐步出台,各地尤其是中西部地区对产业转移的认识逐步升级,导致了相当明显的恶性竞争和低水平同质竞争。例如,在土地价格、项目补贴、财政优惠等方面比拼政策以争抢沿海地区的产业转移项目。部分区域在承接产业转移时,紧盯临近区域的承接动向,不充分考虑自身主导产业的发展状况及其经济与工业基础,致使"短、平、快"的现象相当明显。承接东部地区产业转移出现的过度竞争,可能会导致中西部地区陷入转移陷阱,即承接的产业越多发展空间越受阻。

---

① 《"三农包袱"渐成中部地区"崛起引擎"》,http://news.xinhuanet.com/newscenter /2007-08/08/content_ 6492757. htm。
② 《优先布局中西部增强中西部承接产业转移能力》,http://news. cnfol. com/130312/ 101,1280,14594663,00. shtml。

10.3.2 我国沿海地区产业向中西部地区转移趋势判断

现有研究在分析我国产业转移时,通常将 FDI 或内资作为衡量指标,或者采取熵值法抑或构建测度承接产业转移能力的指标,并且定量研究相对较少。事实上,FDI 在一定程度上可表征产业转移,即相关区域的经济形势较好会吸引较多的 FDI,进而带动更多的国内资本和产业向该区域汇聚。承接产业转移能力的强弱虽说在一定程度上能显示产业转移的吸纳能力,但无法判断产业是否已经发生了转移。我国的经济发展水平存在明显的区域差异,同时一般认为中西部在新一轮的产业转移中,主要承接的是劳动和资源密集型产业尤其是制造业,同时也可能有部分高端制造业的转移,因此可从不同区域产业的相对变化来判断。

10.3.2.1 测度方法

为测度我国的产业转移,需要构建相应的指标和模型。将各省份的各种制造业按照产业属性分为劳动密集型、资源密集型、高端型等三类制造业,用公式表示为:

$$Pm_{ij} = Pm_{ij1} + Pm_{ij2} + Pm_{ij3} \tag{10-1}$$

$$Pm_{ij1} = \sum_{a=1}^{a=n} Pm_{aij1} \tag{10-2}$$

$$Pm_{ij2} = \sum_{b=1}^{b=n} Pm_{bij1} \tag{10-3}$$

$$Pm_{ij1} = \sum_{c=1}^{c=n} Pm_{cij1} \tag{10-4}$$

其中,Pm_{ij} 表示 i 省在 j 年的制造业产出,Pm_{ij1}、Pm_{ij2}、Pm_{ij3} 分别表示 i 省在 j 年的劳动密集型、资源密集型、高端型的制造业产出,式(10-2)、(10-3)、(10-4)分别表示各类制造业由若干个制造行业组成。

在上述基础上计算各省份的各类制造业比重,同时将各省份的数据合并得到全国、东部地区、中部地区、西部地区的各类制造业产出,并计算出历年各类制造业在制造业中的比重。为简化处理,分别用 m_{ij1}、m_{ij2}、m_{ij3} 表示 i 省在 j 年的劳动密集型、资源密集型、高端型在制造业中的百分比重,e_{j1}、e_{j2}、e_{j3} 表示东部地区在 j 年的劳动密集型、资源密集型、高端型在制造业中的百分比重,m_{j1}、m_{j2}、

m_{j3} 表示中部地区在 j 年的三类制造业的百分比重，w_{j1}、w_{j2}、w_{j3} 表示西部地区在 j 年的三类制造业的百分比重，c_{j1}、c_{j2}、c_{j3} 表示我国在 j 年的三类制造业的百分比重。

鉴于随后要分析的是东部地区产业是否向中部地区和西部地区发生了转移，而同时我国历年各地区的制造业构成的差异性明显，由此有必要构建相应指标进行判断。为考察我国产业的区域转移，构建相对劳动密集型指标、相对资源密集型指标、相对高端型指标，但对于高端制造业的相关指标不做深入分析。原因在于，我国目前东部沿海地区向中西部地区转移的制造业主要是劳动和资源密集型，而中西部地区的高端制造业还是以自身挖掘为主，即承接过来的相关产业相对较少。为测度是否发生了产业转向，以中部地区劳动密集型产业转移为例，用公式表示为：

$$lm_j = a + bt \quad (10\text{-}5)$$

其中，$lm_j = m_{j1}/e_{j1}$，表征中部地区承接东部地区劳动密集型制造业的能力。式 (10-5) 以时间 t 为自变量进行趋势分析，用以考察中部地区承接东部地区的劳动密集型制造业转移状况。如果 b 大于 0 且通过了显著性检验，则表明东部地区对中部地区的产业转移明显；如果 b 小于 0 且通过了显著性检验，则表明中部地区对东部地区的产业转移明显。上述指标隐含一个假设，即扣除产业转移的影响，不同地区的劳动密集型制造业会出现相同的变化趋势。事实上，如果将我国视为一个整体，则无论哪种产业都受相同政策的影响，由此会带来相同的影响绩效，即会产生相同的趋势。

与此相似的是，构建 $rm_j = m_{j2}/e_{j2}$、$lw_j = w_{j1}/e_{j1}$、$rw_j = w_{j2}/e_{j2}$、$gm_j = m_{j3}/e_{j3}$、$gw_j = m_{j3}/e_{j3}$ 等指标，用以测度中部地区资源密集型制造业、西部地区劳动密集型制造业、西部地区资源密集型制造业、中部地区高端制造业、西部地区高端制造业的承接产业转移状况。

需要做出说明的是，假设 lm_j、rm_j、lw_j、rw_j 的变化都是由于承接东部地区产业转移引起的，即不考虑中部地区和西部地区由于自身条件变化而带来的制造业结构调整。做出这点假设的理由在于，只有当假设其他条件保持不变时，分析东部地区产业转移对中西部地区的影响才有意义，而这符合通常用的经济学假设，即只假设需要分析的因素发生变动而其他因素不变。

随后从另一个视角进行考察，即采取面板数据模型进行更为详细的分析。

采取相同的方法计算出各省份的劳动密集型、资源密集型制造业的百分比重。在测度中部地区和西部地区各个省份的承接能力时,用东部地区相应年份的平均值进行处理,且采取与式(10-5)相同的方法进行计量分析。

10.3.2.2 数据说明

研究需要的数据来自《中国工业经济统计年鉴》(2001—2012),考虑到需要将制造业分为劳动密集型、资源密集型和高端型,因此有必要获取各地区分行业的面板数据。由该年鉴可知,我国的制造业大体分为21个行业,可将劳动密集型制造业分为农副食品加工业、服装纺织·鞋·帽制造业、纺织业、食品制造业、饮料制造业五个行业,将资源密集型制造业分为黑色金属冶炼及压延加工业、非金属矿物制品业、烟草制品业、金属制品业、石油加工·炼焦及核燃料加工业、造纸及纸制品业、有色金属冶炼及压延加工业七个行业,将高端制造业分为交通运输设备制造业、电气机械及器材制造业、通用设备制造业、化学纤维制造业、仪器仪表及文化·办公用机械制造业、专用设备制造业、化学原料及化学制品制造业、医药制造业、通信设备·计算机及其他电子设备制造业九个行业。事实上,高端制造业包括资本密集型和技术密集型,但由于我们需要分析的主要是劳动与资源密集型制造业如何由东部地区向中西部地区转移,故此在后续分析中没有必要将之细化。

在对区域的划分中,虽说需要考察的是沿海地区产业转移对中、西部地区的影响,但由于部分东部省份(如河北、北京)并非沿海区域,如将之纳入中西部地区又不合适。故此,为较为全面地考察我国东部地区对中、西部地区的影响,将东部地区视为沿海区域,原因在于吉林、河北、北京等地的产业结构与东部其他地区差别不大,其产业都存在较强向中、西部地区转移的动机。基于此,有必要界定东部、中部和西部所包含的区域。界定东部包括北京、天津、河北、辽宁、上海、江苏、浙江、福建、山东、广东、海南11个省份,中部包括山西、内蒙古、吉林、黑龙江、安徽、江西、河南、湖北、湖南、广西10个省份,西部包括重庆、四川、贵州、云南、西藏、陕西、甘肃、青海、宁夏、新疆10个省份。

现转向对研究需要的数据进行说明。研究的时间段为2000—2011年。产出数据采取了工业总产值(按当年价格)而没有选择工业增加值,原因在于工业总产值既能反映产出增加值又能表征新增投入额,故此相对于工业增加值指标而言更有助于说明产业转移的动态。在《中国工业经济统计年鉴》(2001—

2004)中,没有服装纺织·鞋·帽制造业,同时纺织业的数据在 2003 年和 2004 年也存在较大的差别,这与我国在 2004 年对产业进行了重大调整即重新分类密切相关。例如,按照《中国工业经济统计年鉴》(2004),全国纺织业的工业总产值在 2003 年为 6989.33 亿元,但在《中国工业经济统计年鉴》(2005)中的该值达到了 10355.52 亿元。考虑到我们分析的是各种密集型制造业,即将各个产业汇合成劳动密集型、资源密集型和高端型,由此个别产业统计口径的变更对于研究结果的影响应该不大。此外,部分地区的某些制造行业的产值数据缺失,为便于处理均将之视为 0。事实上,通过观察后可知,缺失的数据主要为西藏、青海、宁夏的某些产业,这可能与这些区域的产业规模相对较小有关。

10.3.2.3 实证分析

从制造业构成看,2000—2011 年我国的劳动密集型、资源密集型、高端型在制造业中的比重基本维持在 2∶3∶5,如 2011 年我国三者的比重为 17.31∶32.67∶50.02,但在不同区域间差别较为明显。考虑到三种制造业之和为 100%,故随后仅从劳动和资源密集型制造业入手进行分析。我国及各地区在 2000—2011 年的劳动与资源密集型制造业的比重情况,从劳动密集型制造业看,东部地区与全国的平均值几乎重合但近年来分散的趋势明显,西部地区最低而中部地区最高,这在一定程度上可认为中部地区提速充分挖掘了自身的劳动力优势。事实上,东部地区的劳动密集型制造业占全国的比重为 60% 以上,但 2008 年以来出现了明显的下降趋势,这可视为是东部地区劳动密集型制造业向中、西部地区转移的结果。例如,东部劳动密集型制造业占全国的比重在 2000 年为 69.73%,在 2003 年达到峰值(76.32%)后呈现持续的下滑趋势,2011 年该值仅为 61.04%。从资源密集型制造业看,东部地区的比重最低,中部地区其次,西部地区最高,且中部地区和西部地区的该值均在 40% 左右或以上,显示出中部地区和西部地区的经济发展对自然资源的依赖性较为严重。但是,无论哪个区域,资源密集型制造业的比重在 2008 年以来都呈现出上升的趋势。就总体而言,不同类型的制造业,在不同区域保持了基本相同的变化趋势,但西部地区的劳动密集型制造业除外,在 2000—2007 年的比重基本保持不变。

为更为清楚地考察中部地区和西部地区的劳动、资源密集型制造业与东部地区相关制造业的比例关系,在图 10.1 的相关数据的基础上计算历年的 lm、rm、lw、rw(见表 10.17)。可以看出,2000—2011 年的 lm 和 lw 呈现明显的增加

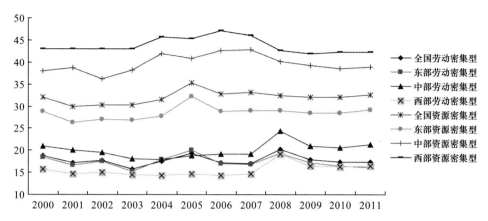

图 10.1 2000—2011 年我国与三大地区的劳动与资源密集型制造业比重

趋势,但历年的 rm 和 rw 的变化趋势不是很明显。由此,根据表中的数据可简单判断出,劳动密集型产业可能存在着转移的趋势,而资源密集型产业的转移趋势可能不明显。随后,采用式(10-5)进行回归分析并加以判断。

表 10.17 2000—2011 年我国中、西部地区制造业与东部地区相关制造业的比例关系

	2000	2001	2002	2003	2004	2005	2006	2007	2008	2009	2010	2011
lm	1.13	1.20	1.12	1.19	1.01	0.94	1.12	1.14	1.26	1.22	1.26	1.33
rm	1.31	1.47	1.34	1.42	1.51	1.26	1.48	1.47	1.39	1.37	1.35	1.33
lw	0.85	0.88	0.86	0.95	0.80	0.73	0.83	0.88	0.99	0.96	1.00	1.03
rw	1.49	1.64	1.59	1.60	1.64	1.40	1.64	1.58	1.47	1.47	1.49	1.45

为便于进行计量分析,将 2000 年的 t 视为 1,依次类推。将相关数据带入式(10-5),得到表征沿海地区向中、西部地区产业转移的计量结果(见表 10.18)。可以看出,方程 1 和方程 4 的 b 值均大于 0 且通过了 10% 的显著性检验,可认为中部地区和西部地区的劳动密集型产业承接了东部地区的产业转移。方程 2 和方程 5 的 b 值为负数,但方程 2 的 P 值没有通过显著性检验,而方程 5 的 P 值在一定程度上可认为通过了显著性检验(P 值略高于 10%),由此可认为东部地区的资源密集型制造业可能承接了西部地区的部分产业转移。从经济发展实际看,东部地区经济发展所需的要素缺乏明显,而西部地区有着大量的未被有效开发的资源,由此可能会促使东部沿海地区加大对西部地区资源型企业的吸纳力度。方程 3 和方程 6 的 P 值都没有通过显著性检验,表明东部沿海地

区的高端制造业没有向中、西部地区转移,且中、西部地区的高端制造业也没有向东部地区转移。

表 10.18　采取区域汇总数据得到的产业转移计量结果

	lm 分析 (方程 1)	rm 分析 (方程 2)	gm 分析 (方程 3)	lw 分析 (方程 4)	rw 分析 (方程 5)	gw 分析 (方程 6)
a	1.0599	1.4073	0.7797	0.8026	1.1605	0.7610
b	0.0154	−0.0023	−0.0053	0.0145	−0.0112	−0.0011
	(0.0962)	(0.7450)	(0.1735)	(0.0468)	(0.1140)	(0.7038)
R^2	0.2521	0.0111	0.1768	0.3395	0.2307	0.0151
F 值	3.3714	0.1118	2.1475	5.1406	2.9994	0.1530

注:括号内为 P 值。

为更为准确地判断东部沿海地区是否向中西部地区进行了产业转移,利用各区域的面板数据并采取混合估计模型进行计量,结果如表 10.19 所示。可知,方程 7 和方程 10 通过了显著性检验,而方程 8 和方程 11 都没有通过显著性检验,表明东部沿海地区向中、西部地区进行劳动密集型产业转移的趋势明显,但转移资源密集型产业的趋势不显著,这与表 10.18 中的计量结果一致。对于高端制造业转移,中部地区承接东部的相关产业没有通过显著性检验,但西部地区向东部地区输出则通过了显著性检验,即西部地区的高端制造业有向东部地区转移的趋势,然而在表 10.19 中得出的结果(方程 6)与之相反。究其原因,可能与西部地区的高端制造业发展水平相对较低,企业为了获得更加完善的产业链,进而向东部沿海地区转移有关。但是,考虑到西部地区向东部地区转移的高端制造业相对较少,而东部地区向中部地区和西部地区转移的劳动密集型制造业较多,故此在随后的影响因素分析中仅考虑劳动密集型产业的跨区域转移。

表 10.19　采取区域面板数据得到的产业转移计量结果

	m 分析 (方程 7)	rm 分析 (方程 8)	gm 分析 (方程 9)	lw 分析 (方程 10)	rw 分析 (方程 11)	gw 分析 (方程 12)
a	1.0733	1.4723	0.7437	0.7434	0.0000	0.6780
b	0.0130	−0.0056	−0.0031	0.0180	−0.0054	−0.0063
	(0.0002)	(0.1363)	(0.1119)	(0.0000)	(0.2893)	(0.0114)
R^2	0.0113	0.0019	0.0021	0.0184	0.0009	0.0053
F 值	13.6552	2.2221	2.5305	22.4227	1.1237	6.4176

注:括号内为 P 值。

10.3.3 影响我国沿海地区产业向中、西部地区转移的因素分析

关于影响我国产业转移的因素,学者从多维度进行了分析。王礼茂(2000)认为资源和劳动力优势是影响我国纺织产业的主要因素,彭连清和詹向阳(2007)发现运输成本和基础设施是沿海产业向内陆转移的主要原因,陈建军(2002)认为市场对产业转移具有巨大的吸引力,陈耀等(2008)认为中、西部地区应降低物流成本和交易成本以吸纳沿海的产业转移,吴勇(2012)认为GDP、国内市场规模、承接地基础设施水平、产业政策等会对产业转移产生较为明显的影响,李斌、陈超凡、万大艳(2011)认为资本存量、市场需求、经济发展等因素对湖南承接产业转移有正向影响而劳动力工资、科技水平对产业转移有负向影响。但是,上述研究都只是采取了各地区或各个省、自治区、直辖市的相关数据考察东部地区如何向中、西部地区进行产业转移,但对于转移何种产业尤其是制造业没有进行深入分析,且在对影响要素进行分析时也没有充分考虑到区域的互动影响。事实上,某种因素的变化并不一定会带来产业的有效转移,原因在于其他区域的该因素也可能会出现同向变化,因此有必要从相对指标视角进行探讨。由前述研究可知,东部地区的劳动密集型产业向中部地区和西部地区转移通过了显著性检验,故在影响因素分析中仅对该类产业进行分析。但是,鉴于劳动密集型产业是由多个相关制造业合成的,而在统计年鉴中无法找到与之直接相关的数据,同时我们需要探讨的是产业转移问题。因此,在影响因素考察中,部分指标可以采取区域总体指标,而部分指标应该采取制造业的相关指标,这在随后的分析中会进行相应的说明。

10.3.3.1 影响因素说明

结合已有的相关研究,从生产要素、硬环境、市场规模等方面分析影响东部地区向中、西部地区转移的因素,并就各个因素对承接产业转移的影响绩效进行理论分析。

(1) 生产要素。劳动密集型产业的转移与区域的生产要素密切相关,如劳动力、资本、科技。在具体分析中,选择劳动力数量、劳动力成本、人力资本、资本存量、科技等指标,分别用制造业城镇单位就业人员数、制造业城镇单位就业人员平均工资、每十万人口高等教育平均在校生数、按登记注册类型分全社会固定资产投资额、规模以上工业企业R&D经费表示。劳动密集型制造业中的

劳动力数量相对越多,表明该区域的产业发展水平越低,可能会越不利于吸纳产业转移,即由于拥挤效应会导致估算出的相关系数为负值。固定资产投资增多可能会更加有利于基础设施建设,在一定程度上会优化承接产业转移的环境,由此估算出来的相关系数应该为负值。中、西部地区的劳动密集型制造业发展水平总体上相对偏低,故此人力资本水平和科技实力的提升应该能为该区域承接产业转移带来较为明显的示范作用,即估算出来的相关系数应该为正值。企业研发经费的相对增加可能会更加有利于中、西部地区高端制造业发展但不利于劳动密集型产业提升,导致估算出来的相关系数为负数。

(2) 硬环境。承接产业转移尤其是制造业转移离不开区域基础设施的支持,同时发展平台也应该是构成硬环境的重要层面。基础设施通常认为应包括水网、电网、路网,考虑到三者有着较强关联性,故在影响因素分析中仅考察路网的影响,用公路里程表示。中、西部地区的公路里程越大,则越有利于减少劳动密集型制造业转移的商务成本,即从理论上看该指标的估算系数应该为正值。通常认为技术水平能在一定程度上反映区域平台建设的力度,因此用技术市场成交额表示。技术市场成交额相对较大,说明区域创新能力可能会越强,这更有利于高端制造业的引入而非劳动密集型制造业,因此从理论上看该值的估算系数可能为负值。

(3) 市场规模。按照引力模型,市场规模的大小对于承接产业转移有着直接的影响。市场规模通常包括产出水平和消费水平两个维度,因而在随后的分析中,用GDP和社会消费品零售总额表示。市场规模越大,对于东部地区劳动密集型制造业的吸纳能力越强,因此从理论上看上述两个指标的影响系数均应为正值。

10.3.3.2 数据与指标说明

研究需要的数据取自历年《中国统计年鉴》和《中国科技年鉴》,研究时间段为2003—2011年。选择这一研究时间段的原因在于,2002年我国的统计口径发生了较大改变,为保持数据一致性而采取了这种处理方法。由于在《中国统计年鉴》(2004)中,没有每十万人口高等教育平均在校生数这一指标,因此2003年的该指标用高等学校教职工数代替。鉴于 lm 与 lw 均为相对指标,故在随后分析中也采取相似的做法,同时将 lm 和 lw 乘100。具体做法为,首先将东部各地区的相关数据简单加权,进而将中部地区和西部地区的相关数据除以东部地区的该平均值。考虑到在后续的模型中要对各个自变量取对数,故给出如下规定:如各个变量小于 1 或等于 0,为便于分析均取值为 1。现对研究采取的指标做出相关说明(见表 10.20)。

表 10.20 指标说明

指标	说明(估算符号估计)
LM	中部承接劳动密集型制造业转移能力:用 $lm \times 100$ 表示
LW	西部承接劳动密集型制造业转移能力:用 $lw \times 100$ 表示
L	劳动力数量:用制造业城镇单位就业人员数除以东部的平均值 $\times 100$ 表示(−)
W	劳动力成本:用制造业城镇单位就业人员平均工资除以东部的平均值 $\times 100$ 表示(−)
H	人力资本水平:用每十万人口高等教育平均在校生数除以东部的平均值 $\times 100$ 表示(+)
FI	资本存量:用按登记注册类型分全社会固定资产投资额除以东部的平均值 $\times 100$ 表示(+)
RD	科技投入:用规模以上工业企业 R&D 经费除以东部的平均值 $\times 100$ 表示(−)
GL	基础设施:用公路里程除以东部的平均值 $\times 100$ 表示(+)
WJ	科技平台:用技术市场成交额除以东部的平均值 $\times 100$ 表示(−)
GDP	经济总量:用 GDP 除以东部的平均值 $\times 100$ 表示(+)
CT	消费额:用社会消费品零售总额除以东部的平均值 $\times 100$ 表示(+)

10.3.3.3 模型构建

为考察东部地区劳动密集型制造业向中部地区和西部地区转移的影响因素,以向中部地区转移为例,建立面板数据模型:

$$\mathrm{LM}_{ij} = aL_{ij}^{\alpha}W_{ij}^{\beta}H_{ij}^{\chi}\mathrm{FI}_{ij}^{\delta}\mathrm{RD}_{ij}^{\varepsilon}\mathrm{GL}_{ij}^{\phi}\mathrm{WJ}_{ij}^{\gamma}\mathrm{GDP}_{ij}^{\eta}\mathrm{CT}_{ij}^{\lambda} \quad (10\text{-}6)$$

将式(10-6)两边取对数,得到:

$$\ln \mathrm{LM}_{ij} = \ln a + \alpha\ln L_{ij} + \beta W_{ij} + \chi\ln H_{ij} + \delta\ln \mathrm{FI}_{ij} + \varepsilon\ln \mathrm{RD}_{ij} \\ + \phi\ln \mathrm{GL}_{ij} + \gamma\ln \mathrm{WJ}_{ij} + \eta\ln \mathrm{GDP}_{ij} + \lambda\ln \mathrm{CT}_{ij} \quad (10\text{-}7)$$

$\ln a$ 用 c 替代,同时将白噪声置于模型中,则式(10-7)可改写为

$$\ln \mathrm{LM}_{ij} = c + \alpha\ln L_{ij} + \beta W_{ij} + \chi\ln H_{ij} + \delta\ln \mathrm{FI}_{ij} + \varepsilon\ln \mathrm{RD}_{ij} \\ + \phi\ln \mathrm{GL}_{ij} + \gamma\ln \mathrm{WJ}_{ij} + \eta\ln \mathrm{GDP}_{ij} + \lambda\ln \mathrm{CT}_{ij} + \omega_{ij} \quad (10\text{-}8)$$

式(10-8)即为测度东部沿海地区劳动密集型制造业向中部地区转移影响因素的计量模型。式中的各系数为弹性,表示自变量每变化 1%,中部地区承接东部地区劳动密集型产业将提高相应的百分点。

10.3.3.4 计量分析

将相关数据代入模型后发现,采取固定效应模型、随机效应模型、混合估计

模型得出的结果相差不大,故在分析中部地区和西部地区承接东部地区的劳动密集型制造业转移时只给出了固定效应模型的计量结果,如表10.21所示。从中部地区承接东部地区劳动密集型制造业转移(LM)看,科技平台变量和消费额变量没有通过5%的显著性检验,扣除这两个指标后重新分析的各个变量都通过了显著性检验,并且方程14的总体拟合性较好,可以用于分析其表示的经济含义。科技平台变量与中部地区承接东部地区产业转移的关联性不大,可能与中部各区域基本与东部地区接壤且产业基础相对较好有关,进而在承接转移时不需要进行较多的技术转让。考虑到中部地区的劳动密集型产业的生产潜能较大,应该可以满足区域消费的需要,由此从东部地区承接过来的劳动密集型产业对于该区域的社会消费品零售总额的影响相对不大,在方程13中就表征为没有通过显著性检验。从西部承接东部劳动密集型制造业转移(LW)看,基础设施变量通过了10%的显著性检验但没有通过5%的显著性检验,扣除基础设施变量的方程16的各个变量和总体拟合度与方程15差别不大,故可将方程15作为分析影响西部地区承接产业转移的因素。

表10.21 中部地区和西部地区承接劳动密集型制造业的影响因素计量结果

	LM		LW	
	方程13	方程14	方程15	方程16
c	4.5337	4.3783	7.4013	6.6701
αD	−0.3400(0.0000)	−0.3279(0.0000)	−0.9302(0.0000)	−0.8747(0.0000)
β	−0.8942(0.0000)	−0.8702(0.0000)	−0.9706(0.0000)	−0.8785(0.0000)
χ	0.1711(0.0000)	0.1791(0.0005)	0.2459(0.0000)	0.2734(0.0000)
δD	0.6615(0.0029)	0.6591(0.0000)	0.6249(0.0000)	0.6645(0.0000)
ε	−0.8612(0.0000)	−0.8660(0.0000)	0.1152(0.0157)	0.1549(0.0003)
Φ	−0.0055(0.0000)	0.1299(0.0000)	−0.0796(0.0628)	
γ	0.1284(0.9487)		−0.2039(0.0000)	−0.2129(0.0000)
η	1.0528(0.0000)	1.0904(0.0000)	−0.4545(0.0049)	−0.5462(0.0004)
λ	0.0459(0.7271)		0.9324(0.0000)	0.8488(0.0000)
R^2	0.4589	0.4588	0.5055	0.5036
F值	41.5084	46.7880	50.0340	52.6257

注:括号内为P值。

由方程14可知,影响中部地区承接产业转移因素的弹性系数与理论分析保持了一致,即相对于东部地区而言,制造业劳动力数量、制造业用工成本、科技投入等变量的相对增加不利于中部地区承接东部沿海地区的劳动密集型制造业转移,而人力资本水平、资本存量、基础设施水平、区域 GDP 等变量的相对增加会对中部地区承接产业转移产生正向影响绩效。从影响绩效看,中部地区产值的增加对于承接劳动密集型产业的效果最显著,这在一定程度上可认为中部地区的制造业是劳动密集驱动型。与此同时,用工成本和科技投入几乎有着等同效果,表现为弹性系数基本相同(分别为 -0.8702、-0.8660),由此可认为刘易斯拐点引致的工资上升和中部地区较低水平的劳动密集型产业,对中部地区承接东部沿海地区的劳动密集型制造业产生了较大的牵制作用。通过进一步分析可知,中部地区的人力资本水平改善和基础设施相对完善虽说对于东部沿海地区的产业有拉动效应,但效果相当有限,如弹性系数分别为 0.1791 和 0.1299。为此,结合上述的计量结果,为加快承接东部劳动密集型制造业转移,中部地区应该在提高劳动密集型制造业生产效益、适当控制劳动力成本上涨、引导研发经费促进劳动密集型制造业升级、改善人力资本水平、加大固定资产投资和基础设施建设、加快区域经济发展等方面积极出台相应的措施。

由方程 15 可知,在影响西部地区承接产业转移因素的计量结果中,只有 6 个指标与前述分析保持了一致,而科技投入变量、基础设施变量、经济总量变量 3 个指标与前述分析不符。事实上,我国西部地区的制造业主要是通过资源拉动的。按照上述给定的方法计算出西部地区的制造业平均构成,可知劳动密集型制造业的比重在 2000—2011 年约为 15%,而资源密集型制造业在同期的比重约为 45%。例如,2000 年劳动密集型制造业比重和资源密集型制造业比重分别为 15.76% 和 43.01%,而在 2011 年分别为 16.46% 和 42.26%。由此,基础设施投入加大和经济总量增大,可能对于资源密集型制造业的带动效应更为明显,进而导致对吸纳劳动密集型制造业的影响相对不明显,而计量结果也支持了这一观点(这两个指标的弹性系数偏小,分别为 -0.0796 和 -0.4545)。西部地区的劳动密集型制造业的科技含量相对较低,高端制造业受制于区域发展水平较低而通常难以实现有效承接,由此科技投入增加会促进劳动密集型制造业的集聚,而实证研究结果也表明科技投入与西部地区承接劳动密集型制造业正相关。

现转向考察各因素对西部地区承接劳动密集型制造业转移的影响。制造业劳动力数量、用工成本、消费额对承接产业转移的影响较大,如弹性系数分别为-0.9302、-0.9706、0.9423,表明西部地区广大居民需要消费大量劳动密集型产品但自有制造能力相对不足,且要将相对过多的劳动力从粗放型的劳动密集型制造业中解放出来以提高生产效率进而提升对东部地区相关产业的吸纳能力,同时用工成本上升较显著地影响了西部地区承接产业转移。此外,比东部地区更大力度的固定资产投资,也会有利于西部地区承接产业转移,如弹性系数达到了0.6249。但是,相对于东部地区而言,人力资本水平、科技投入、基础设施、科技平台对西部地区承接产业转移的影响偏小,如弹性系数均小于0.25(取绝对值)。因此,为有效承接东部地区劳动密集型产业转移,西部地区应该侧重于在劳动力成本与数量、加大固定资产投资、引导产业转型提档等方面出台应对措施。

对比中部地区和西部地区承接东部沿海地区产业转移的影响因素可知,中部地区在用工成本、资本存量、科技投入、经济总量等方面的影响明显(各系数取绝对值后均大于0.6),西部地区在劳动力数量、用工成本、资本存量、消费额等方面的影响相当显著(各系数取绝对值后也均大于0.6),表明两大区域在承接产业转移的主导因素上存在一定的相同性。但是,影响因素也存在较大的差别,如在科技投入、基础设施、科技平台、经济总量、消费额等指标上,中部地区有2个指标没有通过显著性检验而西部地区全部通过了显著性检验,且中部地区3个通过了显著性检验的指标对承接东部地区劳动密集型制造业转移的影响绩效刚好相反。

主要参考文献

[1] 陈建军.中国现阶段的产业区域转移及其动力机制[J].中国工业经济,2002(8).

[2] 陈耀、冯超.贸易成本、本地关联与产业集群迁移[J].中国工业经济,2008(3).

[3] 丁冰、王颖春.中西部承接产业转移不能过于分散[N].中国证券报,2012年5月2日.

[4] 戴磊.关于我国中西部地区的比较优势及促进产业转移的对策研究[J].企业导报,2011(21).

[5] 傅允生.东部沿海地区产业转移趋势——基于浙江的考察[J].经济学家,2011(10).

[6] 韩峰.FDI与区域产业结构转型升级研究——基于中部承接东部产业转移[J].对外经贸,2011(12).

[7] 李斌、陈超凡、万大艳.低梯度地区承接产业转移影响因素及预测研究——以湖南省为例[J].湖南师范大学社会科学学报,2011(2).

[8] 卢洪雨.浙江产业梯度转移速度加快[N].国际商报,2004年9月.

[9] 马子红、朱绍辉、蒋璇.产业转移与区域产业升级:一个文献综述[J].生产力研究,2012(1).

[10] 庞春潮.西部承接东部产业转移中基于产业链整合的政策转型方面与目标研究[D].广西大学硕士论文,2009.

[11] 彭连清、詹向阳.我国东、中、西部地区产业发展环境与区域转移趋向分析[J].兰州学刊,2007(9).

[12] 滕飞.产业转移应避免重蹈覆辙[N].国际商报,2011年3月3日.

[13] 王海鸿.中国工业区际分工程度研究[J].《中国工业经济1997(3).

[14] 王礼茂.我国纺织工业东、西部合作与产业转移[J].经济地理,2000(11).

[15] 王瑛.西部地区招商引资形成产业集群效应研究[J].经济体制改革,2008(2).

[16] 魏后凯.中国制造业集中状况及其国际比较[J].中国工业经济,2002(6).

[17] 吴汉贤、邝国良.广东产业转移动因及效应研究[J].科技管理研究,2010(15).

[18] 吴勇.中西部地区承接产业转移能力的影响因素分析[J].吉林工商学院学报,2012(3).

[19] 杨国才.东部产业转移与中西部"三农"问题化解[J].上海经济研究,2009(8).

[20] 张公嵬.我国产业集聚的变迁与产业转移的可行性研究[J].经济地理,2010(10).

[21] 周世军.我国中西部地区"三农"困境破解:机理与对策——基于产业转移与城镇化动态耦合演进[J].经济学家,2012(6).

[22] 赵中洋.对二三产分离的思考[N].江苏经济报,2010年5月.

[23] 周静.中国新一轮产业转移必要性与可能性研究[J].当代经济管理,2012(6).

[24] 朱瑶.中国开启产业梯度转移第二幕 产业向西结构向好[N].人民日报,2010年9月.

[25] 左娅.工信部:产业转移存恶性竞争支持企业整体迁移[N].人民日报,2012年1月9日.

第 11 章

区域协调发展中地方政府间博弈:长三角为例

地方政府在地区经济发展过程中占据主导地位,彼此之间的竞争与合作关系对区域经济的发展具有重要的作用。我国三大城市群地区(京津冀城市群、长三角城市群、珠三角城市群),一体化进程比较显著。这些地方政府间的行为是一种典型的竞争与合作的博弈关系。在计划经济体制下,地方政府间利益协调完全是通过自上而下的科层制组织机制来实现的,地方政府的经济活动都是由中央政府制定的统一计划来安排。这种科层制的协调方式忽视了地方政府的利益,地方政府之间缺乏横向的经济联系。随着分权化改革的深化,地方政府成为一个独立的利益主体,相互间为获取自身的最大利益展开激烈的竞争。

博弈论是研究决策主体的行为发生直接相互作用时的均衡理论,能够契合中国地方政府之间的行为情景。

11.1 地方政府对区域协调的影响

新制度经济学的代表道格拉斯·诺思教授曾有这样的名言:有效的经济组织是经济成长的关键,一个有效率的经济组织在西欧的发展正是西欧经济兴起的原因所在。因此区域经济协调的主体组织机制是促进区域协调发展进程的"变压器",能够加快或阻碍区域协调发展。长三角地区经济比较发达,地方政府的行为更具有竞争与合作的博弈关系。

11.1.1　地方政府对区域协调发展的正面影响

政府之间通过信息交换和签订契约,可以较少成员间的不确定性和机会主义发生,降低相互间的交易成本,获取自己单独不能获取的外在利润。不同于市场机制采取激烈竞争方式协调地方政府间利益关系,也不同于科层制采取强制性内部方式协调地方政府的利益关系。地方政府处理地区间关系的积极作用主要表现在:(1)地方政府竞争有利于加快该区域的经济转型。在放权让利的大背景下,当自上而下的改革面临障碍时,可分享剩余索取权和拥有资源配置权的地方政府在一定阶段扮演制度变迁"第一行动集团"的角色,从而引发需求诱致性制度变迁,这对于推进我国市场化改革具有重要的特殊作用。长三角两省一市的制度变迁,尤其是温州模式的形成和苏南模式的转变,地方政府的作用不容忽视。(2)地方政府竞争机制能有效解决政府中存在的"委托—代理问题"。行政竞争机制通过公共权力主体之间的竞争,达到减少公共代理成本和防止代理机会主义的目的。实践证明,保持行政竞争机制,是抑制公共部门代理人机会主义的最佳途径。上海加快行政管理体制改革,着力降低商务运行成本,江浙两省纷纷仿效之,这方面的成效比较明显。(3)地方政府竞争迫使地方政府对本地企业加以引导和扶持,以扩大就业和增加地方财政收入,这样有利于促进企业加快技术进步,提升产业层次。总之,地方政府竞争具有在动员经济上、制度上和政治行政上的创造性的重要作用,从而有利于经济增长。

11.1.2　地方政府对区域协调发展的负面影响

长三角正朝着经济一体化方向发展。但是,由于地方政府在竞争中可能采取保护主义行为而使区域经济发展有悖于区域经济一体化的发展方向,出现所谓的"诸侯经济""地方保护主义""市场分割"和"行政区经济"等现象。这些现象都说明了在中国经济转型过程当中,地方市场分割是一个较为严重的现象。地方保护主义主要指各地方政府为了本地的利益,通过行政管制手段,限制外地资源进入本地市场或限制本地资源流向外地的行为。地方市场分割是我国从集权的计划经济体制向社会主义市场经济体制转轨过程中的产物。所谓"行政区经济",是在由计划经济向市场经济转轨过程中出现的,与区域经济一体化相悖的一种特殊的、过渡性质的区域经济,它表现为行政区划对区域经济发展的刚性约束。由于在"行政区经济"运行下,地方政府对其辖区的经济起很强的干预作用,生产要素流动受阻,因而是一种具有明显封闭性特征的区域经济。省区经济、市域经济、县域经济、乡(镇)经济等地方经济均属于"行政区经济"范畴。

"行政区经济"显著的特征为:(1)企业在竞争中渗透着强烈的地方政府行为。由于地方政府现阶段的主体功能是发展经济,地区经济的发展速度和地方财政收入的增加是衡量各级地方政府政绩的主要内容与标志,因而,地方政府多从自身的利益出发,各自强调本辖区内的经济发展,使企业在竞争中受到辖区政府的强烈干预,产生不公平性,难以实现在市场竞争下的规模经济。(2)生产要素难以跨行政区自由流动。地方政府从自身的利益出发,对本地市场实行保护政策,使生产要素难以自由流动。近几年来,虽然工业消费的商品和农产品市场发育较快,但资金、人才和劳动力市场受行政干预仍较多,流动困难。(3)"行政区经济"呈稳定结构态势。由于以上的原因,加之目前的改革难以从根本上打破各地区原有的自成体系的发展格局,重复建设、重复布局的现象难以在短时期内消除,这就使"行政区经济"呈相对稳定的态势。(4)制度差异存在甚至扩大。尽管从全国经济发展角度看,具有相同的制度环境和基础性制度安排如宪法、法律乃至政治制度等,但各地区都有自己特殊的制度环境和具体因素,也都有自己特定的历史文化、传统习俗、价值观念、伦理规范及道德观念等,这就造成各地区的正式与非正式制度安排不完全相同,区域经济发展的制度以及制度变迁的起点也就存在较大差异;同时,制度变迁还具有较强的路径依赖性特征。加上行政区经济的封闭性,使地方政府在竞争过程当中,不同区域的制度差异存在甚至会有所扩大。只有开放,才有助于制度差异的缩小。

11.2 区域协调发展的动力机制

既然在分权环境下地方政府之间是利益相关者,那么竞争和合作便成为矛盾的统一体。充分利用各利益相关者的资源和能力,有利于整体发展。如果只强调竞争,会导致系统因为缺乏协同而功能失调,也失公平;如果只强调合作,则不利于系统效益的提高和改善。长三角地区协调发展之所以能成为一种可能,首先就在于以江浙沪三省份为主体的长三角区域的联动发展是一个"自然历史过程",是中国区域文化和近代城市文明发展过程中的一个基本历史事实。在长期的发展和历史演变过程中,这一区域内各城镇之间的经济社会发展具有许多共同点,相互之间的联系非常紧密。可以说,长三角一体化基础好。

11.2.1 区域文化动力

任何一个一体化区域的形成和发展都绝不是偶然的,一般来说,总是在经济比较发达的地域里才有可能逐步形成并得以发展,就是说,必须有一定的经济物质基础。长三角地区具有大致相同的自然资源和气候条件。由于位于亚热带,气候温暖,降雨量充沛,这里大都是河湖纵横,土地肥沃,气候宜人,是中国的稻米、丝绸、茶叶、工艺品之乡。长三角是以精致细巧著称的吴越文化的发祥地。这里既有悠久的人文历史的丰富沉淀,又是中国大地上最早系统获得过近代工商文明和科学技术洗礼的地方。隋唐以后随着大运河水运设施条件的不断完善,一直是当时经济和社会发展的重心之一。"商贾辐辏,百货骈阗,上自帝京,运连交广,以及海外诸洋,梯航毕至。"区域经济和社会发展对全国的影响非常巨大。南宋以来,这里一直是中国生产力最先进的地方。史书上说:"当今赋出于天下,江南居十九。"明清时期,更是依靠漕运,从江南调出大批粮食、棉花、丝绸和其他财富,以维持和巩固当时的政权。

因为有了发达的农业和手工业,这块区域的商业也逐渐繁荣起来。商业的发展,使小市镇的数量迅速增加,规模不断增大。南宋时,苏州、湖州地区仅有为数不多的市镇,到了清朝中期,已增加至200多个,其密度为全国之最。如盛泽、南浔,在宋代仅是几十户人家的小村落,随着丝织业的发展,到清朝已成为"户达万家,方圆20里的巨镇",它们作为丝绸专业产区和市场,"舟楫塞港","街道肩摩",繁盛无比。这些众多的市镇,与区域内几个大都会一起,形成了一个完善的商业网络和市场体系,反过来又促进了这一区域的工商业和农业的发展。正是在这样坚实的经济基础上,我国历史上最大的船队才从这里起航走向世界,海上"丝绸之路"才以这里为起点,我国历史上的"对外贸易"首先在这里出现,我国资本主义的"萌芽"最早也在这里生发出来。到了近代,这一带更是涌出了大批的民族资本家、科学家、工程师、技师,他们成功地经营过中国最初的各种实业。

区域一体化协调发展除了相似的自然物质经济基础这一最基本的要素之外,另外就是文化特征的区域性认同。从更深刻的层面上看,文化特征的认同对区域性一体化的自然形成起到了关键的作用。在长三角地区,就存在着这样一个区域认同的地域文化,即吴越文化。与全国各个区域性文化相比,吴越文化无疑是一个具有鲜明特色的区域文化。这绝不是偶然的,经济是文化的基础,文化是经济的反映。长三角巨大的经济能量,当然也会在文化上充分表现出来。在吴越文化的熏陶下,无论是在政治、军事、文学、艺术等方面,还是在科学技术方面,都曾涌现过许多杰出的代表人物,他们无不对这一区域乃至全国的经济社会发展做出了巨大贡献。精巧雅致的吴越文化是海派文化的母文化。以上海为中心的江浙地区的近代文化传统,为今天推动长三角城市群经济的体系化形态的形成提供了文化认同的基础。如果我们把经济看作"体",那么文化就是"灵魂"了。因此,长三角区域一体化也就成了一个有机的生命体。

地域相连,经济相融,人缘相亲。共同的文化背景,各方面联系密切,长三角这种天然的联系从来就没有因为行政的分属而阻隔。上海开埠后,除外国资本需要上海作为渗透到长江流域的桥头堡以外,江浙资源输入对上海的繁荣同样起到了非常重要的作用。正是在这个历史事实的基本认知之上,法国人戈特曼才有可能客观地指认这一地区是全球"第六城市群"。

11.2.2　区域内生发展的必然与国家战略的需求

长三角一体化协调发展是区域经济社会内生发展的一种必然。长三角区域以上海为核心,以江浙为两翼,经济社会水平整体较高,城市体系完备,正处在向工业化中后期发展的阶段,成了中国经济巨轮的一个领航者。长三角一体化之所以能成为一种可能,其根本的原因就在于社会是一个活的有机体,市民社会经济活动中有着一种追求财富、追求发展的原始冲动,有着一种永不满足现状、不受制于任何区域行政及人为藩篱阻断的原动力,同时也在于利益的一体化促进了经济社会文化的一体化。地区间因某种相互依赖、共同发展的利益关系而推进市场制度的融合,并因这种融合所产生的实际经济效果,进一步加强市场制度的一体化。长三角区域地理上接近、文化上相似、市场结构上互补,有效地降低了交易成本和违约风险,有效地降低了在全球范围内配置资源的搜寻成本。根据经济发展的规律,长三角地区通过高新技术对传统支柱产业的改造,一个世界性的新型制造业基地有望在此崛起。同时,这一区域城市化进程也将明显加快,这一区域已经成为我国区域经济发展的重要增长极和亚太地区经济发达地带,成为具有较强国际竞争能力的外向型经济示范区。

同时,长三角一体化也是国家发展战略的必然需求。区域经济社会的一体化发展已是我国国民经济和社会发展的一项重大战略,长三角区域经济社会发展的效应不断提升、扩展,已成为宏观经济社会发展和参与全球化进程战略的重要组成部分。这一区域一体化的形成和发展,对于促进我国经济社会的发展,进一步加快我国的经济现代化和国际化的进程,有着举足轻重的地位和作用。

中国城市化进程不断加快,其中长三角地区的城市化水平已经达到50%以上,长三角代表了中国城市文明的最高水平,成为劳动力转移的一个最优城市群。源源不断的农村劳动力流入长三角都市圈,对长三角稳步成为东亚和世界的主要制造业中心有着极大的帮助,可保证该地区的劳动力的价格不会上涨过快。另外,只有人口的大量聚集,才能使服务业发展起来,并成为吸收就业的最大、最后的归宿。发达国家之所以能做到服务业吸收总就业人口的70%—80%,在于人口的聚集,使服务的平均成本极大地下降。如果人口进一步在长三角聚集起来,将为服务业的迅速发展提供极好的前提。

根据国际经验和中国未来发展的大趋势,长三角应该会成为中国更重要的经济承载区和人口承载区。目前长三角区域GDP比重占全国的1/5,常住人口总量占全国的10.39%。与世界著名大都市圈相比,长三角区域人口规模明显偏小,大都市圈的集聚效应尚未充分发挥。此外,在并不平衡的地区发展中,有条件的地区承载更多人口对全国实现全面小康和现代化都具有重要战略意义,国家需要长三角充分发挥它吸引农业人口的无形而巨大的影响力。

11.2.3 应对经济全球化竞争的动力

在全球化浪潮愈演愈烈的今天,区域经济一体化协调发展已成为一种必然选择。从世界范围来看,欧盟、北美自由贸易区在不断拓展范围,东盟和拉美自由贸易区等新的区域一体化组织正在孕育。从一个国家内部来看,以大都市带、城市群为中心的区域经济一体化也非常迅猛。通过推进区域化而提高区域集团和区域组织的成员在全球化进程中的地位和作用,可以得到更多的全球化利益。面对这样一种国际经济环境,环顾整个东北亚和东南亚地区,最有条件成为整个地区的经济中心的还是以上海为龙头的长三角区域。

随着全球化进程的加快,全球产业正向中国大转移。这种大转移的趋势给区域化的进一步发展带来了新的刺激和驱动力,它要求区域经济首先实现一体化,长三角的一体化正是"入世"后中国经济全球化的一个缩影。这是一股市场推动的不可阻挡的力量。据统计,截至 2003 年年底,上海、江苏、浙江已累计批准三资企业 7 万多个,合同利用外资金额累计 1 500 亿美元,世界 500 强公司中已有 400 多家进入该地区。这些三资企业的客户、协作生产厂家和新设立的分支机构遍布长江三角洲地区。有关机构估计,十年后,江、浙、沪地区将会有十几万个外商投资项目和累计 1 500 亿—2 000 亿美元的实际使用外资数额。大量的外向型企业的存在,使得长三角区域的经济国际化程度大幅提升。截至 2003 年,日本企业对华投资的 1/6 在无锡,台湾企业在大陆的投资苏州占了 1/5,与上海形成了前店后厂的经济联系。

与此同时,"中国制造"的商品也正源源不断地从这里走向世界。上海港国际集装箱吞吐量的快速上升就是一个佐证。20 世纪 80 年代初期,上海港的吞吐量仅为 3 万多标准箱,到了 2000 年则飙升至 561 万标准箱。到 2010 年,这一数字达到 1 300 万—1 500 万标准箱。如此巨大的国际资本集结量和如此庞大的国际货物吞吐量,正是与长三角地区的"世界工厂"地位互为因果的。

全球企业向中国转移给长三角地区带来了前所未有的机遇。长三角城市群经济实力强大,产业基础坚实,拥有门类齐全、实力雄厚的区域性工业体系,拥有我国最大的沿海沿江港口群,堪称承接全球产业大转移的最佳平台。现在长三角各个城市都在行动,尤其是制造业,不遗余力地搭建产业对接平台。这给整个长三角区域产业升级、资源整合、形成优势龙头产业带来契机,同时也有力地推动了长三角一体化的进程。

11.3 长三角"诸侯经济"主要表现

在现行的政府激励机制下,每个地方的政府和官员都在大力建设公共基础设施,以期加快本地经济的发展,谋求各种经济和政治利益。

11.3.1 发展战略的相似性

行政分割的体制造成地方政府只能从地方的角度考虑问题,没有大区域的整体规划,在长三角两省一市经济发展水平相当的情况下,各地提出的发展战略雷同,例如很多城市都把"建设长三角地区重要的物流中心"作为重要的发展战略,14个城市规划中排在前四位的都是电子信息、汽车、新材料、生物医药工程,趋同率达70%。我们认为,问题的症结也在于长三角区域内各城市没有认清自己在长三角中的战略地位,没有进行战略上的分工与合作,区域内各城市之间在确定自己发展战略时缺乏整体观念,缺乏整体协调统一,在城市功能分工上也没有进行通盘规划。各城市仅从自身利益和发展需要出发考虑问题。在没有整体发展战略情况下,各地区只能是无序发展,盲目行动,短期行为,重复建设,增加发展成本,最终势必延缓长三角一体化进程。这在客观上导致了长三角一体化进程相对滞后,区域协调发展进程缓慢。

11.3.2 招商引资恶性竞争

由于地方利益,长三角区域内各城市竞争加剧,为了招商引资,相继以更加优惠的政策吸引投资。据福建社科院的一份报告显示,长三角的部分城市,如上海、苏州、昆山、南京等,为了争取台资在本地落户,一些下属区县市大多由一把手挂帅,或赴台拜访有迁移迹象的企业;或到闽东南、珠三角地区招商。其主要做法:一是降低土地价格标准,有的甚至已经超出国家准许的范围,例如,目前珠江三角洲土地价格是25万元/亩,而苏南某些地区的土地价格只要5万元/亩,个别地区甚至更低,如无锡地区甚至到了2万—3万元/亩。就是上海的一些郊区也拿出了5万—6万元/亩的低价。其实,成熟的开发区用于基础设施的投入和土地出让金应该在15万元/亩的水平,而在这样的价格下一亩地政府反而要倒贴将近10万元。这无疑是以牺牲国家利益的代价来迎合外商。二是采取税收优惠政策,许多也已超出国家规定范围。这种恶性竞争损害了长三角区域乃至国家的整体利益。

11.3.3 产业结构趋同

以往的发展经验表明,地区间相互分离式的发展模式往往会影响到分工格局的形成,进而产生因产业的同构化而"撞车"的危害,由同构化带来的"撞车"会提高各地区产品的市场竞争性,并会带来诸如原材料紧张、能源价格上涨、产品市场价格下降等问题。就我国经济成长竞争力最高的长三角而言,各城市之间的产业同构化现象就非常严重。有数据表明,"十五"期间,上海与浙江的产业同构系数为0.76,与江苏的产业同构系数为0.82,而江苏与浙江的产业同构系数则高达0.97。这么高的产业同构系数必然会产生一系列的问题,并且,从目前的发展趋势看,长三角各城市间并未做好产业布局的协同工作。

11.3.4 基础设施重复建设

为了吸引更多的区域外流动资源进入本地,各地从各自的发展战略角度出发,在基础设施建设方面存在严重的重复和浪费,最典型的莫过于长三角地区的"机场之争"和"深水港之争"。目前,长三角地区每万平方公里机场密度达到0.8个,已经超过了美国每万平方公里0.6个的水平。目前73.8%的客运、87%的货邮运集中在上海虹桥和浦东机场,剩余运量依次分布在杭州萧山、南京禄口和宁波栎社等机场。大部分机场都是按照国际机场标准建设的。机场建设欣欣向荣,但现实情况却是资源有限,江浙两地大部分机场都面临着入不敷出的局面,江苏民航机场更是无一盈利,大量的亏损最后只能由国家埋单。

"深水港之争"更是凸显了区域基础设施过度建设的现象。上海长期以来都希望建造一个深水良港,但本地区却受到长江口沙质的影响难以成为深水港。于是,上海决定在浙江省东北部的大小洋山,投资300亿元建设深水港。但与此同时,深水泊位极佳的浙江宁波北仑港(本来就是为上海宝钢而配置)却因为缺乏货源支持,设施能力一直得不到充分发挥。而江苏沿江各市则重复投资建设了大量的集装箱码头,已建和在建、计划建的万吨级泊位有上百个。从江阴到南通60公里岸段就有68个万吨级泊位,平均间距不到0.9公里。这样一来就造成了上海、宁波和江苏三地争抢货源的完全不必要的局面,港口的利用总效率低下,造成了投资的巨大浪费。

11.3.5 区域环境污染

长三角的生态环境承受着来自经济发展的压力。长江沿岸的城市几乎都把沿江作为招商引资的一个巨大优势,大量吸引大耗水、大用电、大占地的重化工、钢铁、造纸项目,这些产业在长江沿岸的大量集聚,几乎已经把长江变成一条污江。目前长三角的生态环境的特点主要表现在以下几方面:第一,水污染较为严重,是主要的污染;第二,大气环境良好,但酸雨危害突出;第三,工业固体废物控制较好,城市生活垃圾处置尚有不足;第四,农业、农村污染日益显现。发达的工商业、密集的人口和城市给长三角的生态环境带来很大的压力,环境负荷逐年加重,生态环境问题已成为制约长三角经济发展的重要因素。长三角的水污染尤其严重,比如太湖地区,流域面积仅占全国的0.38%,各种污水排放量每年却高达32亿吨,为全国的10%,大大超过了环境的承载能力,使得流域普遍出现了水质性缺水现象。因为缺水,太湖沿岸的城市每年不得不拿出数亿资金治理,但难以统一协调,效果不佳。

11.4 地方政府行为的博弈模型解释

在我国现有的政治、经济体制下,在中央政府以经济建设为中心的考核指标的引导下,行政区划除政治功能外,还错位地担当起重要的经济功能,这种功能又多数寄生于地方政府身上。作为既是区域政治功能的责任主体又是区域经济功能的责任主体的地方政府,其政绩考核主要依据本地区财政税收、本地就业和GDP增长速度。因而它们不仅具有了发展地方经济的责任,也具有了发展地方经济的冲动。用这种因利益需求而产生的发展区域经济的冲动去管理经济,各地区势必会构筑各种显性和隐性的行政和贸易壁垒。政府为了保护本地利益,防止税源外流,就经常采用行政手段干预生产要素的流动,人为制造区域壁垒。这些现象我们可以借用经济学常用的博弈模型解释。

11.4.1 博弈模型

假设存在两个同质的地方政府 A 和 B,中央政府根据地方政府的税收收入判断各自的管理能力,因此,追求政治利益最大化的地方政府反映在经济上是以实现本辖区税收收入最大化为目标。地方政府唯一的税收来源是向本辖区的厂商征收从量税,于是,我们还需引入两个同质的以追求利润最大化为目的的厂商1和厂商2。地方政府独立地选择策略,其策略空间包括实行市场分割与市场开放,对应的,各辖区的厂商处于局部完全垄断与寡头竞争状态。此外,还存在以下假设：

（1）厂商1和厂商2不存在合谋行为；

（2）两厂商具有相同的不变边际成本 c；

（3）每一辖区存在线性的反市场需求函数：$P = a - bQ$；

（4）地方政府向本辖区厂商征收税率为 t 的从量税。

由此，存在以下情况：

第一，地方政府不采取地方保护政策，每一厂商可以自由进入竞争对手的市场。此时，由于不存在进入壁垒，两个厂商在每一市场上均进行古诺竞争。厂商1的利润最大化问题为：

$$\max \pi_1 = (a - bQ - c - t)q_1 = (a - bq_2 - bq_1 - c - t)q_1$$

根据一阶条件，可以计算出厂商1的反应函数为：

$$q_1 = \frac{a - c - t}{2b} - \frac{1}{2}q_2 \tag{11-1}$$

由于厂商1和厂商2是同质的，同理，可以得出厂商2的反应函数为：

$$q_2 = \frac{a - c - t}{2b} - \frac{1}{2}q_1 \tag{11-2}$$

解和组成的方程组，可以求出古诺—纳什均衡解为：

$$q_1 = q_2 = \frac{a - c - t}{3b}$$

厂商在两个市场同时销售产品，所以每一厂商的总产量为：

$$Q_1 = Q_2 = \frac{2(a - c - t)}{3b}$$

则每一地方政府的税收收入为：

$$T_A = T_B = \frac{2t(a - c - t)}{3b} \tag{11-3}$$

根据政府追求最大税收收入的假设，以及一阶条件，得出地方政府最优的税率水平为：

$$t_A^* = t_B^* = \frac{a - c}{2}$$

将其代入式（11-3），计算出地方政府的最优税收收入为：$T_A^* = T_B^* = \frac{(a-c)^2}{6b}$。

第二，地方政府 A 实行市场分割，地方政府 B 允许厂商自由进入。在这种情况下，厂商 1 在本辖区内居于垄断地位，同时，又可以进入辖区 B，与厂商 2 进行古诺竞争。在 A 市场，厂商 1 利润最大化下的销售量为

$$q_1' = \frac{a-c-t}{2b};$$

在 B 市场，厂商 1 的销售量 $q_1 = \frac{a-c-t}{3b}$。因此，厂商 1 的总产量为：

$$Q_1 = q_1' + q_1 = \frac{5(a-c-t)}{6b};$$

厂商 2 的总产量为：$Q_2 = \frac{a-c-t}{2b}$

地方政府 A 和地方政府 B 的税收分别为：

$$T_A = \frac{5t(a-c-t)}{6b}; \quad T_B = \frac{t(a-c-t)}{2b} \tag{11-4}$$

由一阶条件，可以得到这种情况下地方政府的最优税率：

$$t_A^* = t_B^* = \frac{a-c}{2}$$

将最优税率代入式(11-4)，得到地方政府最优税收收入为：

$$T_A^* = \frac{5(a-c)^2}{24b}; \quad T_B^* = \frac{(a-c)^2}{12b}$$

第三，地方政府 B 实行市场分割，地方政府 A 允许厂商自由进入。由于厂商以及地方政府都是同质的，所以这种情况下的结果与前一种情形对称。地方政府的最优税收收入分别为：

$$T_B^* = \frac{5(a-c)^2}{24b}; \quad T_A^* = \frac{(a-c)^2}{12b}$$

第四，地方政府 A 和地方政府 B 均采取市场分割政策。厂商 1 和厂商 2 在各自市场上处于垄断地位，产量分别为 $Q_1 = Q_2 = \frac{a-c-t}{2b}$。最优税率仍然是 $t_A^* = t_B^* = \frac{a-c}{2}$。地方政府最优税收收入分别为：

$$T_A^* = T_B^* = \frac{(a-c)^2}{8b}$$

11.4.2 地方政府支付矩阵及纳什均衡

根据上面的分析,我们可以得到支付矩阵图,如图11.1所示。

		政府 B	
		开放	分割
政府 A	开放	$\left[\dfrac{(a-c)^2}{6b}, \dfrac{(a-c)^2}{6b}\right]$	$\left[\dfrac{(a-c)^2}{12b}, \dfrac{5(a-c)^2}{24b}\right]$
	分割	$\left[\dfrac{5(a-c)^2}{24b}, \dfrac{(a-c)^2}{12b}\right]$	$\left[\dfrac{(a-c)^2}{8b}, \dfrac{(a-c)^2}{8b}\right]$

图 11.1 支付矩阵

由图 11.1 可知,两个地方政府博弈存在唯一的纳什均衡(分割,分割),即地方政府的最优策略均为实行地方保护主义策略,导致一种市场分割的囚徒困境局面。因为虽然(开放,开放)的策略能够实现地方政府总税收收入的最大化,但每一方都有动机偏离这一策略而得到更高的收益,从而(开放,开放)并不是纳什均衡。至此,我们便证明了在财政激励条件下地方市场分割是长三角地方政府的理性选择这一结论。

11.4.3 政府在区域协调发展中的模型解释

"倾销式开发区建设""区域环境污染""经济结构大幅雷同""各地争相发展制造业基地"等一系列政府间协调失败的案例中,各地政府在区域经济发展中所采取的种种政府行为带有明显的"相互攀比""相互较劲"的色彩,如果只是追求经济绩效,那么一些地方在明知要亏损的前景下仍然过度投资,重复建设,不惜成本招商引资,似乎就不是一个理性经济人的行为,因而这只从财政激励的角度是无法解释的,于是我们把目光投向另一个角度,政府绩效考核机制和政府官员政治激励的研究或许可以给我们提供一种分析长三角地方政府之间的竞争和合作的新视角。

11.4.3.1 基本假设

第一,经济增长与政治晋升。就我国而言,自 20 世纪 80 年代初,我国地方官员激励方式发生重大变化,官员升迁的考核标准由过去以政治表现为主变为以经济绩效为主,形成了今天流行的基于地方经济发展的可度量的政绩观。周黎安等(2005)以及 Li 和 Zhou(2005)采用我国省级官员晋升数据发现,省级官员在任期间的平均增长速度对其晋升有显著的正的影响。

因此,长三角地区同一行政级别的地方官员,如两省一市的地方政府,或16个城市的地方政府,都处于一种政治晋升博弈当中,在这种晋升竞争中,一个人的升迁将直接导致另一个人的升迁机会损失,这可以看作一种零和博弈。假设两个同级别的地方政府 A、B,他们的上级政府对他们所管辖的地区进行经济绩效的考核,胜出地的官员将得到提拔。A、B 地区的经济绩效(主要是经济增长速度)可以用 g_i、g_j 表示,地方政府 A 的努力 x 和经济增长速度 g 的关系可以表示成:

$$g_i = mx - x^2 + \theta y + e_i \tag{11-5}$$

其中,x 表示政府 A 的努力程度,y 表示政府 B 的努力程度,系数 m 是正的常数,$m>0$。式(11-5)表明,在一定范围内,区域的经济速度随着地方官员努力程度的增加而提高。确切地说,地方官员的努力每增加一单位,经济增长速度就会提高 $(m-2x)$ 单位。该假定是比较合理的,原因有二:一是,大量增长文献揭示了政府行为确实影响到经济增长速度,如 Rebelo(1991)特别是 Easterly(2005),基于欠发达国家实践给出了大量证据;二是,无论新古典经济增长理论还是新经济增长理论都证明了经济增长的引擎是技术进步,因此,经济速度不可能随着地方官员努力程度的增加而一直提高,过分的政府行为反而会影响正常的市场次序,阻碍经济发展。

此外,地方官员的努力存在外部性,即地方官员 i 的努力能够影响到其他区域的经济增长速度。大量的经济增长文献揭示了外部性对经济增长的影响,如 Romer(1986)和 Lucas(1988)等。同理,其他地方政府官员的努力也会影响到区域 i 的经济增长。由于晋升竞争是成对进行的,我们假定区域 i 的经济增长速度也受到其竞争对手努力程度($y \geq 0$)的影响,即 $(\theta \cdot y)$ 部分。其中,$\theta \in (-1,1)$ 是常数,度量竞争对手的努力对区域 i 的经济增长速度的影响程度。限制 $|\theta|<1$,旨在强调区域 i 的经济增长主要是靠自身的努力。显然,$\theta=0$,则经济体里不存在外部性。当 $\theta \in (0,1)$ 时,竞争对手的努力有利于区域 i 的经济增长,即存在正外部性或正溢出效应;当 $\theta \in (-1,0)$ 时,竞争对手的努力不利于区域 i 的经济增长,即存在负外部性或负溢出效应。

系数 θ 还特别适用在一些重大的区域合作项目上，双方可以是正面影响也可以是负面影响，但因为不是直接管辖，所以假定 $-1<\theta<1$ 比较合理。

e_i, e_j 是随机扰动项，假定相互独立，$(e_j - e_i)$ 服从对称分布 F。

第二，地方政府官员的偏好。根据晋升规则，如果 $g_i > g_j$，那么 A 地的官员得到提拔，获得效用为 V，而 B 地官员只能得到 v 的效用，假定 $V > v$。因为 $(e_j - e_i)$ 服从分布 F，所以 A 官员获得提拔的概率可以通过以下运算得到：

$$P(g_i > g_j) = P[mx - x^2 + \theta y + e_i - (my - y^2 + \theta x + e_j) > 0]$$
$$= P[e_j - e_i < (x - y)(m - x - y - \theta)]$$
$$= F[(x - y)(m - x - y - \theta)] \quad (11\text{-}6)$$

这样就可以得到 A 官员政治晋升的期望效用函数：

$$U(x, y) = F \cdot V + (1 - F) \cdot v - C(x)$$
$$= F[(x - y)(m - x - y - \theta)] \cdot V$$
$$+ \{1 - F[(x - y)(m - x - y - \theta)]\} \cdot v - C(x) \quad (11\text{-}7)$$

其中 $C(x)$ 是 A 官员的一个成本函数。按照一般规律，越努力（x 越大）付出的辛劳越多（C 越大），而且边际成本递增，所以假定 C 是 x 的一个严格增函数，$C'(x) > 0, C''(x) > 0$。

由式 (11-7) 我们可以得到官员 A 实现效用最大化的一阶条件：

$$\frac{\partial U}{\partial x} = [(m - \theta) - 2x] \cdot f[(x - y)(m - x - y - \theta)] \cdot (V - v) - C'(x) = 0$$

即 $$[(m - \theta) - 2x] \cdot f[(x - y)(m - x - y - \theta)] \cdot (V - v) = C'(x)$$
$$(11\text{-}8)$$

f 是 F 的密度函数，在对称性纳什均衡下，上述一阶条件变成：

$$[(m - \theta) - 2x] \cdot f(0) \cdot (V - v) = C'(x)$$

即 $$(m - \theta) f(0)(V - v) = C'(x) + 2x \cdot f(0)(V - v) \quad (11\text{-}9)$$

分析式 (11-9) 可得一个重要结论：θ 越大，x 就越小。为了进一步理解上面结论的经济意义，我们可以比较一下社会福利最大化情况下的结果：

社会福利最大化下的目标函数

$$U = g_i + g_j - C(x) - C(y)$$

最大化的一阶条件：

$$(m - 2)x + \theta = C'(x) \quad (11\text{-}10)$$

11.4.3.2 模型的解释

在式(11-10)中,θ 和 x 是同向关系,θ 越大 x 就越大,说明地方政府若是追求长三角区域整体社会福利最优,那么那些溢出效应好的、正外部性的、双赢的项目政府会抢着做。

而在式(11-9)中,加入以经济绩效为考核标准的晋升竞争,θ 和 x 变成反向关系,和式(11-10)刚好相反,θ 越大意味着地方官员的合作激励越小,也就是说,如果从政治晋升竞争的角度看,越是对对方有益的项目,越缺少合作的动力。

表 11.1 对 θ 做了简单分类,可以尝试对应一些具体的政府行为:

表 11.1

$\theta > 0$	$\theta < 0$
产业合理分工布局	倾销式开发区建设
物流、通关一体化	地方保护
基础设施共建	港口、机场建设大战
生态环境一体化	区域环境污染

在长三角经济一体化中出现问题原因,正是地方政府对($\theta > 0$)的部分激励不足,对($\theta < 0$)的部分缺乏约束。

上面的结论让我们对长三角经济一体化的前景气馁(合作空间是如此之小),那我们不禁要问,如果现实真的如此,怎么还会有这么多的长三角一体化成果,那又该如此解释呢?或许我们需要进一步考虑模型的假设条件,使之更符合目前的现状。

前面的模型里,博弈的参与方只有 2 个,事实上,全国那么多省份都是博弈的参与者,那么,我们要是把长三角两省一市的晋升博弈放在全国范围内省级地方政府晋升博弈的大背景中,看看这些博弈的参与者会做什么决策来参与竞争呢?长三角两省一市是如何脱颖而出,成为中国经济的一个亮点。

主要参考文献

[1] Balassa,B. *The Theory of Economic integration*. London, Aiion&Unwin,1962.

[2] Breton, A. *Competitive governments. An economic theory of politic finance*, Cambridge University Press,1996.

[3] Li Hongbin, and Zhou Li-An. Political turn over and economic performance: the incentive role of personnel control in China. *Journal of Public Economics*, 2005(89):1743—1762.

[4] Peter Robson. *The Economics of international Integration*. London Unwin HymanLtd. 1989.

[5] Qi, J. Fiscal Reform and the Economic Foundations of Local State Corporatism in China. *World Politics*, 1992(45):99—126.

[6] Tiebout, C. M. A pure theory of local expenditures. *Political Economy*, 1956.

[7] Young, A. The Razor'Edge: Distortions and Incremental Reform in the people's Republic of China. *Quarterly Journal of Economics*, 2000(115):1091—1135.

[8] 长三角蓝皮书. 中国长三角区域发展报告[M]. 社会科学文献出版社, 2005.

[9] 冯兴元. 中国辖区内政府间竞争理论分析框架. 天则内部文稿系列, 2001(2).

[10] 何梦笔. 政府竞争: 大国体制转型理论的分析范式. 天则内部文稿系列, 2001(1).

[11] 洪银兴、刘志彪. 长江三角洲地区经济发展的模式和机制[M]. 清华大学出版社, 2003.

[12] 姬广坡. 论经济一体化的逻辑构成[J]. 财贸经济, 1999(9).

[13] 纪晓岚. 上海城市发展战略与长三角一体化关系研究[J]. 华东理工大学学报, 2005(1).

[14] 柯武刚、史漫飞. 制度经济学: 社会秩序与公共政策. 商务印书馆, 2000.

[15] 刘凌波. 我国政府行为的博弈分析[J]. 数量经济技术经济研究, 2003(1).

[16] 刘祖云. 论"服务型政府"的根据、内涵与宗旨[J]. 江汉论坛, 2005(9).

[17] 孟庆民. 区域经济一体化的概念和机制[J]. 开发研究. 2001(2).

[18] 任敏. 政府行为与博弈[J]. 武汉大学学报(社会科学版), 2001(5).

[19] 沈立人、戴园晨. 我国"诸侯经济"的形成及其弊端和根源[J]. 经济研究, 1990(3).

[20] 吴旬、王丽. 转型时期我国的地方市场分割: 基于博弈论的分析及对策. 云南财贸学院学报, 2004(10).

[21] 谢晓波. 长三角地方政府招商引资过度竞争行为研究[J]. 技术经济, 2005(8).

[22] 徐现祥、李郇. 市场分割还是区域一体化——从地方政府官员晋升竞争的角度考察. 经济发展论坛工作论文. NO. FC20060616.

[23] 杨海水. 我国地方政府竞争研究. 复旦大学博士论文, 2005.

[24] 姚先国、谢晓波. 长三角经济一体化中的地方政府竞争行为分析[J]. 中共浙江省委党校学报, 2004(3).

[25] 银温泉、才宛如. 我国地方市场分割的成因和对策[J]. 经济研究, 2001(6).

[26] 我省创新领导干部考评体系. 浙江日报, 2006年8月3日.

[27] 周黎安.晋升博弈中政府官员的激励与合作[J].经济研究,2004(6).

[28] 邹璇.信息不对称条件下区域经济中地方政府行为异质性[J].上海经济研究,2002(9).

[29] 张旭昆.制度演化分析导论.浙江大学出版社,2003.

[30] 张维迎.博弈论与信息经济学[M].上海人民出版社,1996.

第 12 章

中央地方关系对区域协调性影响的历史考察

东汉末年,魏、蜀、吴三国鼎立,这是中国历史上最典型的地方割据时期。这一时期,没有统一的中央政府,更没有地方间的协调机制可言。各地战乱不断,经济社会的发展受到极大的阻碍,区域协调性差。

唐太宗李世民在位之时,任用贤能,广开言路,虚心纳谏,尊重民生,发展文教,尊重各地区民俗差异,形成了既具有强有力的中央,又具有完善协调的中央与地方间的关系的"大唐盛世"。这种局面下,政治环境清明,经济社会发展,区域间协调进步。

至唐玄宗,唐朝的文治武功达到了鼎盛时期。但新开拓的疆土使得唐朝幅员极为辽阔,地方间的关系随着国土面积的扩大变得愈发复杂,唐朝便分设十个兵镇,欲以单纯军事管制稳定边疆,虽然形成了强有力的中央,却没有带来完善协调的中央与地方间的关系。诸多社会矛盾激化,终于暴发了安史之乱,唐朝从此由盛转衰。

历史的经验一再表明,存在一个强大的中央政府并且中央地方间存在良好的协调机制,才会有良好的区域协调性出现。

12.1 中央地方关系对区域协调性的影响

辛向阳在《大国诸侯:中国中央与地方关系之结》一书中讲到:"中央与地方财政分成比例演变的轨迹是一个政权稳定的晴雨表。六四分成,中央占六,地方占四,政权就趋于稳定;若五五分成,抑或倒六四分成,中央占四,地方占六,中央政权将受到挑战。"其实,由历史经验可以发现,不只是在财政分成比例方面,在中央与地方权力划分的其他方面,如行政权,军事权等,也存在类似的倾向。因此,中央地方关系是一种利益关系,其实质就是"以一定利益为基础并体现某种利益关系的占统治地位的阶级内部的一种政治关系和权力结构关系"。其中,中央政府代表国家的整体利益和社会的普遍利益,地方政府代表的是国家的局部利益和地方的特殊利益。

既然是利益关系,在分析研究中央地方关系时,便可以以中央与地方在具体环境下付出的代价,与获得的利益作为研究的线索,即通过对中央政府与地方政府在中央地方关系运行过程中的成本、收益进行分析,从而揭示中央地方关系演变背后的利益动机。

12.1.1 中央与地方间关系对区域协调性的影响

中央地方关系中的一个方面是中央政府与各地方政府之间的关系,当这一关系较为稳定和协调时,区域协调性才有了良好的政治环境基础。而只有当中央政府足够强大时,才能保证这一关系较为稳定和协调。

当中央政府足够强大时,由于中央政府代表国家的整体利益和社会的普遍利益,其有正向的激励,促进在自己统辖范围内的各个区域进行相互合作、优势互补,发挥国家组织中各个部分的最大效能来加快整体发展,增强整体实力,这是中央政府取得的收益。相应的,中央政府为促进区域间的协作,需要付出相应的协调成本(尤其是中国这样幅员辽阔、区域关系复杂的国家),而由于中央政府足够强大,其拥有足够的强制约束力将各个区域的地方政府纳入到控制范围以内,这将使得中央政府的协调成本保持在较低水平。地方政府代表的是国家的局部利益和地方的特殊利益,中央政府足够强大时,国家的稳定可以为各个地方带来良好的秩序收益,各个区域可以从国家的整体进步中分享相应的收益。相应的,地方政府的成本是放弃某些直接利己化的行为而照顾国家整体利益所带来的机会成本。如果地方政府拒绝维持中央地方关系,其将面临巨大的丧失一切利益的风险,因脱离中央地方关系会招致国家其余部分的联合对抗,这一负向激励会使得地方政府倾向于服从国家整体利益,从而协调自身的行为。

当中央政府不够强大时,其在贯彻国家政策和计划的过程中便没有足够的"议价能力"与地方进行谈判,强制约束力的不足也会使得地方政府的执行力不到位。这种情况下,由于中央政府不够强大,很容易导致地方政府出现优先考虑自身利益或者在贯彻中央政策时"讨价还价""打折执行"的情况,严重时还会因地方实力过于强大而产生分裂割据的情况,因此,中央政府的协调成本会大幅增加,或者中央政府只能将中央政府与各地方政府的关系维持在一个较差的稳定和协调水平上。对地方政府来讲,当中央政府不够强大时,政局的不稳定性会牵制中央政府投入到国家发展的精力,尤其是地方割据引发战争的情况下,国家取得快速发展和经济大幅增长的预期很小,因此可以由国家整体发展进步中分享的间接收益相对于利己化的行为带来的直接收益较小,地方政府也就极易产生将地方特殊利益摆在第一位,不愿优先考虑国家整体利益的倾向。如果地方政府拒绝维持中央地方关系,其将面临的利益风险就相对较小,因在中央政府不够强大的情况下,放弃直接利己化行为而服从中央地方关系所带来的机会成本会更高,脱离中央地方关系是地方政府普遍存在的政治倾向,当某个区域的地方政府选择脱离时,其他的地方政府选择较为中立或者摇摆的政治立场是大概率事件,不大可能会招致国家其余部分的联合对抗。因此,地方政府维持和服从中央地方关系的收益(正向激励)较中央政府足够强大的情况小,而脱离中央地方关系的成本(负向激励)较中央政府足够强大的情况低,地方政府自然将国家整体利益摆在次要位置,这就导致地方政府只愿意参与直接利于自身发展的活动,而不愿意参与长期付出或顾全大局式的活动,区域间自然协调性不高。

由以上分析可知,实行地方分权以调动地方积极性固然重要,但中央政府与地方政府之间的关系是由权力本位下的利益分配决定的,因此存在一个强大的中央政府是国家各个区域间有较高的区域协调性的必要条件。

12.1.2 地方与地方间关系对区域协调性的影响

中央地方关系中的另一个方面是各个地方政府之间的关系,包含竞争和合作关系。当各个地方政府之间的关系较为稳定和协调时,区域协调性往往都较高。只有当中央政府足够强大能维护国内良好而稳定的政治环境,并且存在较为完善的区域协调机制时,才会出现各个地方政府间关系较为稳定和协调的局面。

当地方政府之间的关系存在较为完善的区域协调机制时,中央政府必然足够强大,以至于拥有足够的约束力统筹全国各个地方的行为,此时协调机制又使得地方政府之间存在相互协作的正向激励,这将使地方政府取得秩序收益的预期保持在较为稳定的状态,同时区域间互助共赢的活动会帮助参与的各个地方政府得到实实在在的经济收益以及中央政府给予的奖励式政治收益,这样地方政府维持当前中央地方关系的收益较高。此外,对于放弃直接利己而服从中央地方关系统筹的行为,在较为完善的区域协调机制当中均会给予当事区域以适当的后期补偿,地方之间的合作和竞争过程中产生的各种矛盾也将得以缓解和疏导,从而导致地方政府维持当前中央地方关系所付出的成本维持在很低的水平,区域间的协调性较高。

当中央政府足够强大,却并未建立区域协调机制或区域协调机制很不完善的情况下,地方政府在合作与竞争过程中产生的各种矛盾将不能得以缓解和疏导,这将导致地方政府之间的关系在局部出现畸形化,某些参与区域协作的地区并未由合作带来更多收益,反而遭受了某些方面利益的损失,地方政府对秩序收益稳定性的预期将下降;另外,强大的中央政府在没有完善区域协调机制的情况下,可能出现不顾社会经济发展的客观规律,强制贯彻中央意识形态的行为。对秩序收益稳定性预期的下降以及中央对地方的强制意志都会成为地方政府维持中央地方关系需要承受的成本代价(负向激励)。因此,地方政府维持中央地方关系并开展区际协作的积极性也就弱于存在较为完善的区域协调机制的情况,区域间的协调性次之。

尤其在商品经济的经济形态下,地方政府间的关系如果缺乏相应的协调机制,区域间会最终形成分割而非协作的局面,导致区域协调性不佳。这一观点可以由以下模型推出:假设存在两个同质的地方政府 A 和 B,中央政府根据地方政府的税收收入判断各自的管理能力,因此,追求政治利益最大化的地方政府反映在经济上是以实现本辖区税收收入最大化为目标。地方政府唯一的税收来源是向本辖区的厂商征收从量税,于是,我们还需引入两个同质的以追求利润最大化为目的的厂商 1 和厂商 2。地方政府独立地选择策略,其策略空间包括实行市场分割与市场开放,对应的,各辖区的厂商处于局部完全垄断与寡头竞争状态。此外,还存在以下假设:

(1) 厂商 1 和厂商 2 不存在合谋行为;
(2) 两厂商具有相同的不变边际成本 c;
(3) 每一辖区存在线性的反市场需求函数: $P = a - bQ$;
(4) 地方政府向本辖区厂商征收税率为 t 的从量税。

由此,存在以下情况:

第一,地方政府不采取地方保护政策,每一厂商可以自由进入竞争对手的市场。此时,由于不存在进入壁垒,两个厂商在每一市场上进行古诺竞争。厂商 1 的利润最大化问题为:

$$\max \pi_1 = (a - bQ - c - t)q_1 = (a - bq_2 - bq_1 - c - t)q_1$$

根据一阶条件,可以计算出厂商 1 的反应函数为:

$$q_1 = \frac{a - c - t}{2b} - \frac{1}{2}q_2 \tag{12-1}$$

由于厂商 1 和厂商 2 是同质的,同理,可以得出厂商 2 的反应函数为:

$$q_2 = \frac{a - c - t}{2b} - \frac{1}{2}q_1 \tag{12-2}$$

解和组成的方程组,可以求出古诺—纳什均衡解为:

$$q_1 = q_2 = \frac{a - c - t}{3b}$$

厂商在两个市场同时销售产品,所以每一厂商的总产量为:

$$Q_1 = Q_2 = \frac{2(a - c - t)}{3b}$$

则每一地方政府的税收收入为:

$$T_A = T_B = \frac{2t(a - c - t)}{3b} \tag{12-3}$$

根据政府追求最大税收收入的假设,以及一阶条件,得出地方政府最优的税率水平为:

$$t_A^* = t_B^* = \frac{a - c}{2}$$

将其代入式(12-3),计算出地方政府的最优税收收入为:

$$T_A^* = T_B^* = \frac{(a - c)^2}{6b}$$

第二,地方政府 A 实行市场分割,地方政府 B 允许厂商自由进入。在这种情况下,厂商 1 在本辖区内居于垄断地位,同时,又可以进入辖区 B,与厂商 2 进行古诺竞争。在 A 市场,厂商 1 利润最大化下的销售量为 $q_1' = \frac{a-c-t}{2b}$;在 B 市场,厂商 1 的销售量 $q_1 = \frac{a-c-t}{3b}$。因此,厂商 1 的总产量为:

$$Q_1 = q_1' + q_1 = \frac{5(a-c-t)}{6b};$$

厂商 2 的总产量为:

$$Q_2 = \frac{a-c-t}{2b}$$

地方政府 A 和地方政府 B 的税收分别为:

$$T_A = \frac{5t(a-c-t)}{6b}; \quad T_B = \frac{t(a-c-t)}{2b} \quad (12\text{-}4)$$

由一阶条件,可以得到这种情况下地方政府的最优税率:

$$t_A^* = t_B^* = \frac{a-c}{2}$$

将最优税率代入式(12-4),得到地方政府最优税收收入为:

$$T_A^* = \frac{5(a-c)^2}{24b}; \quad T_B^* = \frac{(a-c)^2}{12b}$$

第三,地方政府 B 实行市场分割,地方政府 A 允许厂商自由进入。由于厂商以及地方政府都是同质的,所以这种情况下的结果与前一种情形对称。地方政府的最优税收收入分别为:

$$T_B^* = \frac{5(a-c)^2}{24b}; \quad T_A^* = \frac{(a-c)^2}{12b}$$

第四,地方政府 A 和地方政府 B 均采取市场分割政策。厂商 1 和厂商 2 在各自市场上处于垄断地位,产量分别为 $Q_1 = Q_2 = \frac{a-c-t}{2b}$。最优税率仍然是 $t_A^* = t_B^* = \frac{a-c}{2}$。地方政府最优税收收入分别为:

$$T_A^* = T_B^* = \frac{(a-c)^2}{8b}$$

根据上面的分析,我们可以得到两个政府的支付矩阵图,如图 12.1 所示。

		政府 B	
		开放	分割
政府 A	开放	$\left[\dfrac{(a-c)^2}{6b}, \dfrac{(a-c)^2}{6b}\right]$	$\left[\dfrac{(a-c)^2}{12b}, \dfrac{5(a-c)^2}{24b}\right]$
	分割	$\left[\dfrac{5(a-c)^2}{24b}, \dfrac{(a-c)^2}{12b}\right]$	$\left[\dfrac{(a-c)^2}{8b}, \dfrac{(a-c)^2}{8b}\right]$

图 12.1　两个地方政府博弈矩阵

由图 12.1 可知,在缺乏协调机制的情况下,两个地方政府博弈存在唯一的纳什均衡(分割,分割),即地方政府的最优策略均为实行地方保护主义策略,导致一种市场分割的囚徒困境局面。因为虽然(开放,开放)的策略能够实现地方政府总税收收入的最大化,但每一方都有动机偏离这一策略而得到更高的收益,从而(开放,开放)并不是纳什均衡。必须有相应的协调机制来改变支付矩阵的收益结构,才能形成区域间协作的正向激励。

即便在存在强大的中央政府的情况下,如果只存在强大的中央政府而缺乏完善的区域协调机制,也无法实现较高水平的区域协调发展。只有在制度设计的过程中,将协调机制考虑其中,才可能实现地方间自主性的协调和协作,协调机制作用的下限应当恰好补齐支付矩阵中(分割,分割)与(开放,开放)两种策略的收益差异。另外,由于过多的政府干预行为会扰乱市场秩序,因此,协调机制作用的上限应当是不干扰正常的市场竞争及其他自主行为。

12.2　我国各历史阶段的中央地方关系与区域协调性考察

在前一节当中,本文就中央地方关系对区域协调性的影响做了逻辑上的分析。本节主要从对中国历史的梳理角度展开中央地方关系与区域协调性之间关系的考察。考虑到经济形态的差别,本节将中国的历史时期分为自然经济主导时期(夏朝建立至清朝末期)和商品经济主导时期(民国至今)两个主要阶段,分别列表进行考察分析。按照前一节的逻辑,本节对表格列标题的设置分别为"中央政府强弱程度""协调机制强弱程度""区域协调性强弱程度"以及相应的说明;各个历史时期则列为各个行标题。

12.2.1 自然经济主导时期的区域协调性

自然经济主导时期,经济主要是自给自足,商品交换居于次要地位,市场处于欠发达的状态。这一历史阶段当中,中央政府通常采用中央集权的郡县制或者地方分权的分封制作为政治体制结构。除这两种体制之外,某些历史时期是在地方战乱割据当中度过的。地方间在这一历史阶段的协调机制通常也流于器物的层面。由于这一阶段的市场处于尚不发达的阶段,地方与地方间经济联系较弱,因而地方间的协调性自然较弱,中央地方关系主要表现为中央政府与地方政府之间的关系,对于协调机制的考察也主要关注中央与地方间关系的层面。其中,中央政府强弱程度的评判标准为中央政府对国家各个地方的把控程度以及约束力;因自然经济主导时期的区际关系特点,协调机制强弱程度的评判标准为中央与地方间关系的处理与协调的相关机制。说明部分解释其左列强弱程度的判定原因(见表12.1)。

表12.1 自然经济主导时期中央地方关系对区域协调性的影响

历史时期	中央政府强弱程度	说明	协调机制强弱程度	说明	区域协调性强弱程度	说明
夏	弱	对地方权力把控很弱	弱	基本只有贡赋和血缘关系	弱	部落联盟性质,松散的联合
殷商、周	弱	分封制,地方拥有多种权力,自成一体	弱	命令式领导方式与授权式领导方式并存	弱	地方间联系较少,区域协调性较弱
周末、春秋、战国	极弱	中央约束力丧失,战乱割据	极弱	地方割据,战乱动荡	极弱	战乱导致区际关系极度不协调
秦	强	郡县制,对地方直接管辖,绝对化的中央集权	中等	命令式领导方式;统一度量衡、发展交通	中等	创造了区际协调协作的物质基础,但仍缺乏正面激励机制
楚汉战争	极弱	中央约束力丧失,战乱割据	极弱	地方割据,战乱动荡	极弱	战乱导致区际关系极度不协调
西汉	弱	分封制,地方拥有多种权力,自成一体	弱	命令式领导方式与授权式领导方式并存	弱	地方间联系较少,区域协调性较弱

（续表）

历史时期	中央政府强弱程度	说明	协调机制强弱程度	说明	区域协调性强弱程度	说明
七国之乱	极弱	中央约束力丧失，战乱割据	极弱	地方割据，战乱动荡	极弱	战乱导致区际关系极度不协调
东汉	强	地方权力上收，加强中央集权	弱	命令式领导方式	弱	地方间联系较少，区域协调性较弱
东汉末	弱	封国制，丧失经济上对地方的把控，产生领主式经济体	弱	命令式领导方式	弱	地方间联系较少，区域协调性较弱
三国	极弱	中央约束力丧失，战乱割据	极弱	地方割据，战乱动荡	极弱	战乱导致区际关系极度不协调
西晋	弱	分封诸侯与领主经济并存，地方拥有多种权力	弱	命令式领导方式与授权式领导方式并存	弱	地方间联系较少，区域协调性较弱
五胡十六国	极弱	中央约束力丧失，战乱割据	极弱	地方割据，战乱动荡	极弱	战乱导致区际关系极度不协调
东晋	弱	对地方领主经济与地方军事的把控很弱	弱	命令式领导方式	弱	地方间联系较少，区域协调性较弱
南朝、北朝	中等	军事压制下的中央集权，地方割据与中央集权并存	弱	命令式领导方式，不注意内部矛盾的疏导	弱	政权内部矛盾激化，局部战乱时有发生
隋	强	郡县制，对地方直接管辖，绝对化的中央集权	强	命令式领导方式，建立朝集使制，法制统一，建立科举制，强制与怀柔政策并用	强	隋世之盛
唐初	强	法制化的中央集权，加强中央对财政权的把控	强	将中央地方关系道德化、适地化；全其部落，顺其土俗	强	贞观之治、开元之治

（续表）

历史时期	中央政府强弱程度	说明	协调机制强弱程度	说明	区域协调性强弱程度	说明
中唐安史之乱	中等	法制化的中央集权,但中央缺乏维持财政集权的控制力	弱	内部矛盾激化,战乱动荡	弱	割据导致区际关系不协调
唐末	弱	藩镇林立,地方拥兵自重,中央对地方的军事控制力部分丧失	弱	地方割据,战乱动荡	弱	割据导致区际关系不协调
五代十国	极弱	中央约束力丧失,战乱割据	极弱	地方割据,战乱动荡	极弱	战乱导致区际关系极度不协调
宋	强	在财政、司法、军事各方面向中央集权,增加行政管理层次	弱	命令式领导方式,中央极端集权,行政机构庞大、僵化而低效	弱	僵化政治体制,毫无张力,对内部矛盾的处理只有压制没有疏导
元	强	地方是中央的延伸,各种权力几乎完全丧失	弱	命令式领导方式,中央财政分成比例过高,地方苛压百姓	弱	政权内部矛盾激化
明初	中等	专制化的中央集权与血亲封藩并存	弱	命令式领导方式与授权式领导方式并存	弱	地方间联系较少,区域协调性较弱
明中期	强	专制化的中央集权,大规模削藩	中等	命令式领导方式,高压军事管制	中等	仁宣之治
明末	弱	政府混乱,民变、兵变连起	极弱	内部矛盾激化,战乱动荡	极弱	地方割据叛乱频起,社会经济受到严重影响
清前期	强	严格中央集权,加强对地方势力的严密监控	强	命令式领导方式,设立理藩院,协调各地区各民族关系	强	顺康之治、康乾盛世

（续表）

历史时期	中央政府强弱程度	说明	协调机制强弱程度	说明	区域协调性强弱程度	说明
太平天国时期	弱	中央约束力在部分地区丧失,军事权、行政权部分下移至地方督抚,中央政府腐败严重	极弱	命令式领导方式,腐败激化了内部矛盾,地方割据,战乱动荡	极弱	战乱导致区际关系极度不协调
甲午战争时期	极弱	中央约束力丧失,国防、财政、经济权落入列强手中,国家利益和资源被瓜分	极弱	国家主权丧失,战乱动荡	极弱	主权丧失及战乱导致区际关系极度不协调
清末	弱	力不从心的中央集权	极弱	已无权威的命令式领导方式,激化了中央与地方间的矛盾	极弱	地方割据渐起,国家分崩离析,导致区际关系极度不协调

12.2.2 商品经济主导时期的区域协调性

商品经济主导时期,市场已经渐趋规模化,商品交换已经成为除商品生产之外又一个经济活动的主要组成部分。这一历史阶段中,由于商品交换的普遍化及规模化,地区间的经济联系较多,对于经济利益的追求促成了区际贸易的出现、兴起和迅速发展。这一历史阶段中,中央地方关系表现为中央与地方间关系及地方与地方间关系的综合。因此,对这一历史阶段中协调机制及区域协调性的考察也应着眼于这两个方面。中央政府强弱程度评判标准同前;因商品经济主导时期中央地方关系的特点,协调机制的评判标准由中央与地方间关系以及地方与地方间关系的处理与协调机制构成。

表 12.2 商品经济主导时期中央地方关系对区域协调性的影响

历史时期	中央政府强弱程度	说明	协调机制强弱程度	说明	区域协调性强弱程度	说明
1911 年	弱	革命党起义,多省脱离清廷,宣布独立	弱	湖北军政府通过《鄂州约法》,但地方军政府多拥兵自重,图谋割据	弱	地方利益作祟,地方自治实际成了地方分割
1912—1915 年	强	袁世凯以武力实行中央集权	弱	一味以武力压制来处理中央与地方间的关系,政治毫无张力	弱	各地与中央矛盾激化,地方间缺乏协作机制
1916—1928 年	极弱	各派军阀各自称霸一方,互相火并	极弱	地方割据,战乱动荡	极弱	战乱导致区际关系极度不协调
1928—1937 年	强	军事独裁	弱	中央与地方间矛盾重重,地方间派系林立	弱	实质性的割据导致区际关系不协调
1937—1949 年	极弱	抗日战争和解放战争时期,南京国民政府丧失约束力	极弱	国共区域相互斗争,战乱动荡	极弱	战乱导致区际关系极度不协调
1949—1954 年	中等	中华人民共和国成立,基本决策权集中控制,实行大行政区制	中等	中央政策的执行层权力统交由大区决定,地方拥有较多自主权	中等	大区实力和权力的扩大对中央的统治存在一定威胁,大区间缺乏协作的正向激励机制
1955—1958 年	中等	规定范围内的经济和行政权逐步下放	弱	中央权力下放过快,地方建立起相对独立的经济体系,割断了区际经济协作	弱	大跃进造成了经济空前浪费,区际协作受极大负面影响,缺乏区际协作的正向激励机制
1959—1965 年	强	民主集中制,加强中央集权	中等	权力上收,地方丧失部分发展权	中等	经济恢复正常发展

(续表)

历史时期	中央政府强弱程度	说明	协调机制强弱程度	说明	区域协调性强弱程度	说明
1966—1992年	强	民主集中制，法制化下的地方分权，且分权围绕经济发展进行	中等	中央权力有序下放，地方得到了较多的发展权，但出现了省域保护主义	中等	全国经济在改革开放后逐步得以较快发展，但区际协作的正向激励制度仍不完善

12.3 中央地方关系的区域协调性特征

通过以上对中国中央地方关系的历史进行的分段分析，我们不难对中央地方关系的模式进行归纳和总结，从而为我们回答"区域协调性良好的制度应当具有怎样的中央地方关系"提供科学依据。本文按照中央政府强弱程度与协调机制强弱程度归纳出"弱中央—弱协调""弱中央—强协调""强中央—弱协调"以及"强中央—强协调"四种有代表性的中央地方关系模式。

12.3.1 弱中央—弱协调模式

弱中央—弱协调模式是一种中央政府对国家各地方把控能力较差或者几乎完全丧失约束力，从而导致区域间缺乏足够的向心力，不能完全团结在一起，更没有区际协作的正向激励机制的一种中央地方关系模式。

前一种情况中，夏朝和殷商时期是典型的代表。这两个时期的中央地方关系结构极为松散，只是以部落联盟、血缘关系、贡赋关系等简单关系为主要内容。由于中央没有足够能力约束各个地方，也便不能够较高水平地使国家的各个部分采取一致化的行动，从而无法较好地应对外部的种种矛盾。同时，因为没有较为完善的区域协调机制，地方之间由于利己化行为产生的对立和冲突也无法进行较好的调和，极易造成地方割据，或中央政府统筹各个地方行为时所付出的协调成本很高，故难以达到较好的区域协调水平。

对于后一种情况，存在较多的历史证据。自然经济主导时期的"春秋战国"时期、"楚汉战争"时期、"三国鼎立"时期、"五胡十六国"时期、"五代十国"时期、"太平天国"时期、"甲午中日战争"时期、"鸦片战争"时期以及商品经济主导时期的"北伐战争"时期、"抗日战争"时期、"解放战争"时期都是中央政府几乎完全丧失对地方把控和约束能力的历史时期。这些时期多为战乱动荡的历史时期，经济社会发展受到极大的负面影响，更难以谈及区域协调发展。

12.3.2 弱中央—强协调模式

弱中央—强协调模式是一种中央政府对各个地方政府约束力较差，但各个区域之间却存在着较好的区际协作的正向激励机制。这是一种理想化的中央地方关系模式，实现了地方间利益的激励相容，生产力极大发展，国家机器不再拥有存在的必要或只起很小的约束及向心作用。第一节中的逻辑分析与推导已证明，至目前的社会发展形态来看，历史上尚未出现过具有这种中央地方关系的时期，故其区域协调性的历史考察在此不做讨论。

12.3.3 强中央—弱协调模式

强中央—弱协调模式是一种中央政府对各个地方行为的控制和约束力较强，却未能建立较为完善的区域协调机制，从而忽视对中央地方关系中各种矛盾的疏导和解决或者缺乏足够的区际协作正向激励机制的一种中央地方关系模式。

自然经济主导时期的秦朝、东汉、宋朝、元朝以及商品经济主导时期的袁世凯当政时期、蒋介石当政时期的中央政府对地方的把控和约束能力均较强，却忽视中央地方关系中各种矛盾的疏导和解决，只是一味地以强制约束力进行管制。这种情况中包含一种极端形态，即中央政府对地方的把控和约束是完全依靠军事高压来实现的，这种情况下，极易造成公民基本人权的部分或完全丧失，这将导致国民内部矛盾激化，从而导致中央政府丧失民心，存在被推翻政权的风险。因为对内部矛盾缺乏妥善处置的机制，故该模式也难以达到较好的区域协调水平。

该模式下的另一种情况是中央对地方的约束能力较强，却缺乏足够的区际协作正向激励机制。这种情况的典型历史时期是中华人民共和国成立后1959年至1992年的地方分权化过程。由于法制等规范的建立，中华人民共和国的中央政权得以稳固，民主集中制也使得中央政府集中了较多的权力。此时为防止体制僵化，中央开始实施一系列有序的地方分权措施，逐步扩大地方发展权。

但由于尚未建立较为完善的区际协作正向激励机制,地方政府在发展过程中的竞合关系主要表现为竞争关系,区域间通过博弈最终选择了(分割,分割)这一唯一的纳什均衡决策状态,从而出现了"诸侯经济"盛行、省级保护主义当道的问题,对区域协调发展进程造成了不良影响。

12.3.4 强中央—强协调模式

强中央—强协调模式是一种中央政府对各个地方行为的约束力较强,同时建立了较为完善的区域协调机制以疏导和解决国家内部各个区域间矛盾、对区际协作发挥正向的激励作用。

自然经济主导时期中,隋朝、唐朝前期以及清朝前期均为这种中央地方关系的代表。虽然在自然经济主导时期,各个地方间的联系较少,但这些历史时期的中央政府积极促进国家内部各个区域间进行合作交流等活动,隋朝在这种中央地方关系下实现了"隋世之盛";唐朝前期在这种中央地方关系下实现了"贞观之治""开元之治";清朝前期在这种中央地方关系下实现了"顺康之治"及"康乾盛世",社会经济得以极大发展,区域协调性达到了较高的水平。

商品经济主导时期中由于覆盖的历史时间跨度较短,尚未出现达到强中央—强协调模式的历史时期,只在中华人民共和国成立后,我国的中央地方关系才向着强中央—强协调的模式一步步迈进。目前,我国处于中央政府对各个地方的行为约束能力较强,但中央地方关系的协调机制仍在不断探索与完善中的阶段,即由强中央—弱协调模式向强中央—强协调模式过渡的时期,区域协调性也在逐步上升。

12.4 理想机制应具有的中央地方关系特征

由本章分析可知,中央地方关系主要由中央与地方间权力本位下的权力利益分配关系以及地方与地方间竞争与合作的关系决定。对于以上四种中央地方关系模式,区域协调性特征如图 12.2 所示:

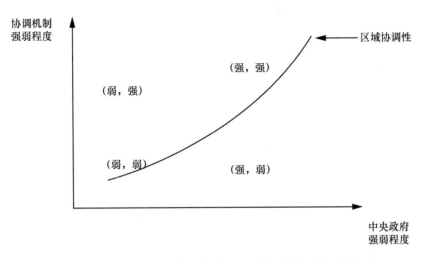

图 12.2 中央政府及协调机制强弱程度对区域协调性的影响总结

由图 12.2 可知,要有较高的的区域协调性,必须要同时拥有一个强大的中央政府及地方间良好的协调机制。

"强中央"代表中央政府要具备较强的对地方行为的把控和约束能力。一方面,这种约束力不应仅仅建立在军事等国家强制约束手段的使用上,中央政府强制约束力的上限是尊重和保障公民的个体权力;另一方面,约束力的存在是为了保证国家组织拥有良好的向心力,可以团结和统筹各个地方的行为,以应对国家作为一个整体而面临的种种外部矛盾;可以使国家各部分拥有良好的向心力便是中央政府强制约束力的下限。在保证这种约束能力的前提下,中央政府应当通过适当程度、适当范围地向地方分权来调动地方政府发展建设的积极性,从而可以使地方利益首先表现为国家整体利益的一部分,又不会丧失地方发展自身的动力,地方政府间关系较为协调,也为实现区域协调发展打下了良好的基础。

"强协调"代表要有区域间相互协作的正向激励以及缓解、疏导和解决地方间矛盾的机制。一方面,这种协调机制应当改善地方政府间竞合关系博弈支付矩阵的收益结构,有足够的激励使得(合作,合作)成为参与竞合的双方的选择,这是协调机制发挥作用的下限;另一方面,协调机制的实质是政府干预市场的一种行为,政府干预在适度的范围内可以调整市场失灵的现象,但过多的政府干预将会难以避免地扰乱市场秩序,从而成为阻碍而非促进市场正常运转的因素,因此协调机制发挥作用的上限是不应扰乱市场的正常运行。这种协调机制应当包括各个区域进行自身恰当定位的机制,通过自身的恰当定位进行合理的区域分工,在区域分工的基础上再促进区域间的协作共赢,从而实现区域间协调发展。

主要参考文献

[1] 辛向阳.大国诸侯:中国中央与地方关系之结[M].中国社会出版社.2008.

[2] 杜勇.论夏朝国家形式及其统一的意义[J].天津师范大学学报:社会科学版,2007(1).

[3] 谢维扬.商朝中央与地方关系的早期性特征及其历史地位[J].黑龙江社会科学,2013(01).

[4] 尚书·周书·君奭.

[5] 刘孟骧."多子"、"多生"与殷商社会结构[J].文史哲.2000(1).

[6] 沈玉成、刘宁著.春秋左转学史稿[M].江苏古籍出版社,1992.

[7] 谢伟峰.从血缘到地缘:春秋战国制度大变革研究[J].陕西师范大学,2013.

[8] 史记·秦本纪(卷五).

[9] 白效咏.秦末社会各阶层利益诉求与楚汉战争胜负研究[J].浙江学刊.2015(1).

[10] 邬勖.秦地方司法诸问题研究[J].华东政法大学,2014.

[11] 李伟.西汉财政政策研究[D].南京师范大学,2012.

[12] 霍印章.从吴楚七国之乱看国家安危之所系[J].军事历史,1990(1).

[13] 史记·吴王刘濞列传(卷一百六).

[14] 王熠焜.东汉末军阀与豪族关系研究[D].上海师范大学,2011.

[15] 陈小赤.三国时期中国经济格局的变化[J].陕西理工学院学报(社会科学版),2014(1).

[16] 何兹全.魏晋南北朝史略[M].上海人民出版社,1958.

[17] 关尾史郎.日本的五胡十六国时代史研究[J].魏晋南北朝史研究,2007(2).

[18] 崔一楠.十六国时期北方政权政治模式研究[D].南开大学,2012.

[19] 党恒星.东晋宗室政治研究[D].扬州大学,2012.

[20] 田余庆.东晋门阀政治[M].北京大学出版社,1991.

[21] 李焱焱.魏晋南朝世兵制及其对国家政权的影响[D].江西师范大学,2012.

[22] 曾磊.北朝后期军阀政治研究[D].南开大学,2013.

[23] 王三北、严文科.隋代国家权力与私家权力的矛盾——兼论隋朝灭亡的原因[J].西北师大学报(社会科学版),2002(2).

[24] 张晋藩.法制文明与和谐社会——唐初盛世一瞥[J].国家行政学院学报,2007(6).

[25] 崔明德.安史之乱持续之久原因新探[J].历史教学月刊,1991(5).

[26] 彭向前.唐末五代宋初中央财权集中的历史轨迹[D].河北大学,2001.

[27] 张荣波.五代十国政权交际述论[D].山东大学,2014.

[28] 黄宽重.从中央与地方关系互动看宋代基层社会演变[J].历史研究,2005(4).

[29] 李治安.元代中央与地方财政关系述略[J].南开学报(哲学社会科学版),1994(2).

[30] 商传.试论明初专制主义中央集权的社会基础[J].明史研究论丛,1983.

[31] 吕东波.大学衍义补与明中期社会变迁[D].东北师范大学,2007.

[32] 吕佳、王飞.明末财政危机述论[J].内蒙古农业大学学报(社会科学版),2009(2).

[33] 杨三寿.试论明末清初的财政经济[J].云南师范大学学报(哲学社会科学版),1993(6).

[34] 吴慧.明清(前期)财政结构性变化的计量分析[J].中国社会经济史研究,1990(3).

[35] 李向军.清前期的灾况、灾蠲与灾赈[J].中国经济史研究.1993(3).

[36] 申学锋.清代中央与地方财政关系的演变[J].河北学刊.2007(5).

[37] 付志宇、缪德纲.太平天国运动时期清政府财政危机与财政对策探析[J].贵州社会科学,2007(9).

[38] 梁义群.甲午战争与清廷财政[J].学术月刊.1988(5).

[39] 张九洲.论清末财政制度的改革及其作用[J].河南大学学报(社会科学版).2015(4).

[40] 李天松、陈祯琏.湖北军政府初期的财政措施[J].江汉论坛,1983(10).

[41] 郑小玲.中国财政管理体制的历史变迁与改革模式研究(1949—2009)[D].福建师范大学,2011.

[42] 张欣.军阀政治与民国社会:1916—1928年[D].华东师范大学,2005.

[43] 冯辉.南京国民政府时期地方财政困难问题研究(1927—1937)——基于财政分权的视角[D].暨南大学,2011.

[44] 徐旭阳.评抗日战争时期国民政府的财政政策[J].湖北师范学院学报(哲学社会科学版),1994(2).

[45] 王鹏飞.新民主主义时期林伯渠财政经济思想述论[D].湘潭大学,2012.

[46] 赵梦涵.我国"一五"计划时期的财政管理经验[J].文史哲,1992(5).

第 13 章

外国政府协调区域发展的措施借鉴

西方发达国家市场经济制度比较成熟,包括促进区域协调的宏观政策和市场手段,并辅以必要的行政手段,具体包括市场整合、区域分工与合作、区域一体化、社会合作等调控政策。区域协调发展有利于工业、农业和科学技术的现代化,有利于提升国际竞争力,是市场经济体系成熟的一个重要标志。作为一个大国,地区间的不平衡是经济成长中的必然现象。可怕的并不在于差异有多大,而是地区间的人为分割,这是大国市场发育中的一个大难题。尽管目前的一些发达国家并不存在类似中国国内市场地区间的封锁问题,因为经过资本主义几百年的发展,商品经济的高度发达已要求统一的国内市场成为经济和社会发展的基本条件,但世界不少国家,特别是一些疆域大同时存在地区发展水平差异的国家,它们处理地区垄断行为的一些政策措施值得中国借鉴。

13.1 一般考察

1984 年,世界银行曾对中国经济中地方市场保护问题做过考察,在这份报告中曾把中国区域性市场与欧洲中世纪行会对市场保护和割据的情况进行类比,它们有共同的特点,即保护本地区市场免受外地产品的竞争。欧洲中世纪初期行会成为国家操纵工商业的工具,为了维护本集团或本地区经济利益,通过行规的形式限制外地商品进入本地区市场。虽然具体形式不同,但都集中表现为对商品经济发展的压制。随着欧洲工商阶层的强大,区域性市场保护逐步消失。正如林文益(1990)的分析所言,"在商品经济和资本主义发展的过程中,国内市场的各地区初期才有保护贸易的倾向。因为当时的工业没有特权是不行的,新兴的工业需要利用特权来对付国内的竞争。当工业已经发展起来,产品的销售和生产要素的取得已经不能由当地市场来满足,资本的力量又有能力去开拓新的市场,建立新的商品联系,从而扩大资本统治势力范围时,就必须要抛弃地方的贸易保护主义,冲破地区的封锁和行会的特权,鼓励地区间广泛、自由的商品流通,以利于自由竞争的市场环境乃至国内统一市场的形成"。

发达资本主义国家解决国内地方贸易保护主义的措施主要包括:(1)法律手段。进行国内市场管理立法,这方面美国比较典型。(2)积极发展流通产业,特别是大型流通企业,来冲破地方市场壁垒。这主要表现在两个方面,一是批发和零售商业向大型化发展;二是发展大型多功能的流通企业,这方面日本表现比较突出。(3)政府的宏观调控和利益协调。第二次世界大战后,大多数发达国家从过去的发展历史认识到,协调和处理各地区和各利益集团的关系,是维护资本主义社会经济发展的一项重要条件,因此,在这方面先后推出了一些措施,最主要的是运用价格手段和财政税收手段来调整不同地区、不同利益主体的关系。

13.2 美国政府的州际协调

历史上的美国也曾面临过国内地区间的市场分割,当时,所谓的"大政府主义者"提出通过加强中央政府,建成全国性的航运体系和一个遍布全国各地的国家银行系统,从东北部向南部和西部扩散工商业界的利益,来达到实现国家的统一目的。其中最为重要的,在于有国家大法的可靠保障。

13.2.1 宪法的有力保障

美国联邦宪法作为一个经济宪章,它规定整个国家(从缅因州到佐治亚州,从大西洋到密西西比河谷)是一个共同市场。宪法规定"在整个美国,所有关税、进口税、国内货物税必须是统一的"。国会制定税率时,不能对某些州采取区别税率(包括歧视性税率和优惠税率),全国实行统一税制和税率。对开往某州或从某州开出的商船,不得强令在他州报关,办出港手续或纳税,这实际上意味着成立了一个巨大的"美国自由贸易区"。

宪法授予国会州际贸易管理权。该法第一条第8款第3项规定"美国国会有权调整对外国的、各州之间的贸易以及印第安部落的贸易",这是著名的贸易条款,"主要对妨碍在全国市场上自由私人贸易的州税及管理措施做出反应"。它授予国会对州际贸易的调整权力,这一权力可以最大限度地行使,除了宪法规定的以外,它不承认任何限制。此项权力是联邦的专有权力,各州不得行使。贸易条款的重要性不仅仅在于它授予国会权力,还在于它削弱了各州自行其是的可能性,很好地防止了各州对他州的贸易歧视。

为了防止国会利用调整州际贸易的权力做出不利于自由贸易的事情,宪法授予国会的权力主要局限于该法第一条第8款的列举,宪法第一条第9款第5项、第6项禁止国会"对从州输出的货物课税"及"给予一州商港优先于他州商港的优惠"。和贸易条款一样,这些条款旨在扫除美国国内自由贸易的障碍。

美国贸易条款之所以能成功地规制市场分割,除了整体法律环境良好等因素的作用外,主要原因有:

(1) 美国宪法是基于这样的理论:若干个州的人民休戚相关,繁荣与发展最终来自团结一致而不是分裂。在这种理论的指导下,有狭隘地方观念的州立法被认为违宪,从而有效防止因此导致的州际贸易战不断升级。

(2) 宪法明示授权国会全权统治州际贸易,国会有权制定保护的和区别对待的法律以维护美国作为经济共同市场的利益。国会可以通过明确的强制条款或以含蓄地表示禁止各州管理"对州际贸易有实质性影响的活动",打破了各州自行其是的局面。贸易条款的实施是通过国会相关立法及联邦最高法院对该条款的使用来实现的。最高法院对贸易条款的扩大解释使国会拥有了巨大的调整权。依据该条款,1887年美国国会通过了《州际贸易法》,此后又通过了《谢尔曼反托拉斯法》、有关劳工关系的《国家劳工关系法》及《美国劳资关系法》等大量法律,有效地消除了州际贸易壁垒,保护全国市场规则的统一性。

(3) 有效的救济方法(违宪责任)。美国是一个判例法系国家,判例法制度的基本原则是下级法院受它们的上级法院判决(先例)的拘束,即遵从先例原则,法官有造法权,诸多甚至关重要的法律原则和规范都由判例来确定,判例使美国宪法成为一部活的法律。1803年,联邦最高法院在"马伯里诉麦迪逊案"中创立了违宪审查的先例。1829年,在威尔逊诉黑鸟公司案中,马歇尔代表最高法院确定了"某项州法是属于合法行使其内政权还是侵犯了联邦管理对外及州际商业权的违宪行为,应由联邦最高法院来决定"的原则。所以,虽然美国宪法并未规定"贸易条款及相关国会禁律"的责任,但最高法院有权依据"贸易条款"宣布国会立法或州立法是违宪的,从而使该法不再适用。

13.2.2 "州权"上缴联邦

有什么样的企业组织形式和市场组织形式,就有什么样的政府机构组织。构成美利坚合众国的最初13个殖民地,是在不同时间、不同地点,由不同的团体(公司)、业主或代理人分别建立的,因而它们之间实际上自成体系、互不相属。最初的美国邦联模式,同许多规模大体相等的小企业的市场模式比较相似,它只在比较局限的范围内起作用。这就是产业革命以前美国商业的模式,它曾经影响了最初按照宪法建立的美国政权机构的形态。

建立美利坚合众国的政治家们意识到,要发展一个一体化的经济体系、建立一个统一的国家,州权上缴是个必要条件。因此,在独立战争之后,他们设计出一种新的国家政治制度,即1787年由宪法确定的联邦制度。在此制度下,原来由各州掌握的相当一部分"州权"转到了联邦政府的手中,尤其是联邦政府获得了管理州际商务的权力,从而大大加强了"全面性经济"的形成。

抑制州权、统一市场的最大努力要数南北市场的统一。1860年,在芝加哥发表的《共和党竞选纲领》中,强烈地抨击了"主权在州"的说法,并对分离主义提出严重的警告,要求建立一个全国性的交易场所,以此来实现整个国家的全面的商业繁荣和独立。其意图很明确,第一,在美国疆土之上的一切经济活动必须成为十足的商品交换活动,服从于价值规律;第二,工人的体力劳动、工程师的脑力劳动、企业家的才干和经验,都应成为商品,可以标价,可以在市场上通过货币作交换;第三,拥有货币的人可以在消费市场和生产市场上购买他想得到的一切商品。这样,一个繁荣昌盛的全国性的市场就会逐渐形成。

从地区利益出发,各州显然不愿意上缴州权,针对这个问题联邦政府大致采取了下述方法:

第一,实行代议制民主政治,并赋予总统强有力的权威。作为典型的自由市场经济,美国的政治制度理应也是最民主的,但事实并不是简单的对应。美国实行的是间接民主制,而不是理想中的直接民主制,其原因在于前者的可行性和稳定性。1787年的制宪会议上,在讨论关于立法权与行政权如何制衡的问题时,代表们注意到当时13个州大多采取"立法至上"的制度,行政首长软弱无力,无法有效地执行政策,几乎成为立法机构的附属品,而由选民选出的纽约州长却强而有力,因为州宪赋予州长否决由立法机构所通过的法案的权力。这在后来通过的宪法对总统权力的加强中得到了体现。

第二,壮大联邦政府的财政力量。联邦与州权力之争,说到底要看谁掌握了财权。在美国宪法中,对各级财政的职责有明确的规定。体现的原则是:联邦、州、地方三级政府既有统一又有分权,既有平等又有先后。例如,联邦政府有铸造货币和发行纸币权,州和地方政府则没有;三级政府对某种税源都有征税权时,联邦政府优先;各州政府在必要时征收的进出口税款须上缴国库;联邦政府可以国家信用的名义借债,其信誉高于州和地方政府。由于宪法规定仍有相当的弹性,围绕联邦与州的关系一直是争斗的热点。总的来看,在美国市场发育和成熟的过程中,联邦权力是日益扩大的,州和地方的权力在缩小。联邦政府扩大自己权力的方式有:(1)通过宪法修正案加强联邦权力,削弱地方权力。(2)通过司法权的解释。宪法条文解释的弹性大,如果从严,联邦权力只限于宪法上明文规定的;如果从宽,则可从条文规定的权力中派生出其他一些权力来。联邦政府往往根据政策需要从宽解释出自己的一些额外权力来。(3)通过联邦议会议法的方式。宪法中有一些关于联邦和州可以共同使用的共同权力的规定,州在执行这种共同权力时,要受到联邦法律的限制。联邦可以制定一些与州有冲突的法律,使州的法律无效,共同权力变为联邦独有的权力。(4)通过财政手段。通过联邦对州和地方以财政资助的方式,扩大联邦的影响和削弱州和地方的权力。如补助性拨款制度(有条件补助、无条件补助和总额补助)、所得税抵免制、所得税扣除制、补征制、联邦预算再分配。其中,有条件拨款是上层政府影响下层政府行为的一种最有效的方式。

第三,争取企业家的支持,巩固联邦政府地位。独立战争之后,美国财政部长汉密尔顿竭力鼓动发行新公债,设立国家银行向厂商提供贷款等,政治上的考虑正是为了克服州政府中的离心倾向,加强联邦政府地位,拉拢企业家来对抗地区的分离势力。他的估计是:那些从认债和贷款政策中得到好处的资本家,是会尽心竭力地支持国家的信贷政策及其政治政策的,他们这样做,其实是为了保护已经做出的投资。根据相同的道理,由联邦代认州政府的公债,正好可以使后者失去资本家的支持。联邦政府与那些强有力的投资家携手合作,当工商业进一步发展时,政权便自然而然地得以巩固。这些做法,的确赢得了纽约和麻省等地的企业家的支持。

第四,"以州制州"。联邦充分利用美国经济区域不平衡的特点,控制住富州的财源,以此作为对付穷州的有力武器。由于财富和收入集中在国内一个比较狭小的地区内,使得这种财富处在大多数州政府的管辖之外。1870年,单是纽约州一州的财富,就比先前南部邦联所有各州的财富加在一起还要多一倍以上。联邦政府还控制了主要的税源,使征收个人所得税和公司所得税成为联邦政府的特殊职权,以源源不断的个人所得税和公司所得税作为联邦政府重要的财政基础和对各州提供补助的丰富资源,代替了国有土地出售收入,因为后者毕竟是有限的。联邦政府还逐步修改了原先无条件向各州提供补助以发展教育和进行内部改革的惯例,开始搞"有条件补助"。1911年,国会开始要求各州在得到补助之后,也拿出一笔同等数目的款项即所谓"对等基金"备用。

第五,行政协调。为了补救州与州之间因差异对统一市场造成的威胁,联邦政府大力推动各州间特别是自然区划范围以内的各州州长和州议会的合作,以实现各州立法和行政的划一,如在处理私贩酒类、贩运汽车和惩治犯罪等方面协同行动。1908年,西奥多·罗斯福总统在华盛顿召集了第一届州长会议,从此以后,州长会议成为一个经常性的协商会议。

13.2.3　加快国内贸易循环

国内贸易的发展对美国统一市场的建立产生重要作用,而要加强国内贸易关系,除了法律的保障外,从经济上说,主要在于充分利用了三大地区之间的优势互补。

在1815年刚刚起步的美国经济,还不是一个整体,而是由三个相对独立的经济部分组成:北部,从新英格兰和大西洋中部各州沿岸到宾夕法尼亚和北特拉华;南部,包括使用黑奴的各州;西部,横贯阿巴拉契亚山脉的地区。19世纪初,交通运输业的发展逐渐将这三部分联系起来,但各地仍保留各自的比较经济优势。北部为南部和西部提供服装和工业制品,南部为北部提供棉花,西部为北部和南部提供粮食、农产品和皮革。三个地区的经济相互依赖、相互支撑。随着19世纪30年代地区专业化和地区间贸易关系的加速发展,纺织、服装、鞋靴以及其他消费品的市场形成了国家一级的规模,自给自足水平下降,专业化水平和劳动分工程度提高,出现了工业地方化、职能专业化,以及企业规模的不断增大。这就是美国国内市场的"三角贸易"特色。"三角贸易"的最后形成和区际贸易的发达,被认为是美国统一的国内市场形成过程中的重要步骤,它标志着美国区域经济关系的新进展。

在处理走向工业化的东北部、奴隶制种植园的南部和垦殖农业的西部三者间关系上,美国发挥了作为全国资本主义发展的东北部地区的核心作用,利用了这一核心将全国都纳入统一的国内市场,使自己在这个经济体系中处于支配地位。这一扩散过程大致是:工业发展最快的是东部,纽约、新泽西及宾夕法尼亚的大部分是工业最发达的地区;中西部各州的工业紧随其后,也逐渐发展成为发达的地区;伊利诺伊州、爱俄华州一带,既是盛产玉米的农业区,同时又逐渐成为全国的工业中心;远西部也在不断开发、建设过程中;南部地区在19世纪后半期长期发展缓慢,较东部、北部甚至西部都要落后,80年代,大量北部资本进入南部,在接近原料地区就地建立工厂,使南部的工业得到发展。G. 波特对这一过程有一个简要的描述;1870—1920年,国内贸易对美国经济的最大贡献,是各区域形成了一个统一的全国市场。这种统一过程采取了两种形式:大湖区被吸收入工商业核心,基础资源的范围扩大到太平洋沿岸。

由于统一的国内市场的形成,为美国经济在南北战争后的飞速发展创造了重要条件,美国的国内贸易比任何时候都更为活跃。19世纪末和20世纪初,美国的国内贸易大约等于对外贸易的20倍,甚至超过了当时世界各国对外贸易的总和。由于统一市场的形成,反过来推动各区域的经济在一体化市场基础上趋向平衡。在这个大市场上,美国人高枕无忧地走过了将近一个世纪。

13.2.4 打通市场通道

如果说宪法建立了美国各州间的自由贸易区,从自由贸易区到一体化市场则经历了近一百年时间。是什么把各州各地区联结起来呢?可以说,美国经济的增长在很大程度上是由于交通运输的发展促成的,其中,全国性的铁路网的建立称得上是推动美国国内市场最终形成的一个关键性因素。

1862年,林肯总统签署了《太平洋铁路法案》,拨款批地,推动了兴建铁路的热潮。1860年,全国铺设的铁路总长度仅为3万英里,到了1884年,猛增至

12.5万英里,为1860年的4倍多。到了1900年,美国的铁路线已达20万英里,超过欧洲铁路的总长度,几乎等于当时全世界铁路总长度的一半。

政府支持铁路建设的政策,不仅促进了铁路及相关产业的发展,而且为建立统一的国内大市场创造了必要条件。特别是内战后新增加的铁路线,大都是横贯大陆的路线,它们与内战前建立的铁路线不一样,不再仅仅是为了狭隘的地方利益即为都市之间的竞争服务,而是从国家经济发展的战略考虑,为把商品输往内地市场而建设的。以铁路为骨干的交通系统的建立,使全国四通八达,大大加速了工业化的进程,促进了国内的广大统一市场的形成与发展。这些市场通道的联结网,使城市发展成为生产和交换的基地,促进了一个全国性的商品交换体系和全国性的消费市场的形成。铁路在美国市场经济形成中的意义正在于此。

至少可以从美国借鉴以下三点:(1)建立完善的市场机制,明确企业是经济活动的主要参与者;(2)健全法制,强调法治,严格规范地方政府行为,通过政府职能的有效转换,大力限制地方政府过大的经济权力;(3)政府要致力于交通道路等基础设施建设。

13.3 欧盟的区际协调

由于欧盟不是一个国家,其内部市场与中国内部市场的表现从性质上讲有不同之处。但随着欧盟(包括以前的欧共体)各成员国的努力以及欧元的推行,欧盟作为一种超国家组织其发育程度越来越高,区际联系得以加强,其区际协调政策对我国有着较大的借鉴意义。

13.3.1 欧盟层次与区际贸易相关联的贸易政策

贸易政策是根据经济发展的总体目标与实际需要而制定的。欧盟的贸易政策则是与经济一体化以及欧洲联合的大目标联系在一起的。因此,欧盟贸易政策的内容也就反映了经济一体化的发展和欧洲联合以及加强欧盟的国际政治、经济地位的要求。归纳起来,欧盟层面与区际贸易相关联的贸易政策大体包括下述三个方面:

第一,市场保护政策。欧盟贸易政策的重要内容之一就是市场保护政策,目的是保证成员国产品能够在欧盟市场上畅通无阻。这方面政策的重要体现如关税同盟政策、共同农业政策中的农产品贸易保护政策等。这类政策的主要任务就是为内部产品消除流通障碍，并且尽量阻止外部产品的进入。

第二，维护市场秩序政策。这一类政策的任务有两方面：一方面是针对内部产品竞争的，如欧盟的竞争政策，目的在于保证成员国厂商的公平竞争，防止垄断市场行为的发生；另一方面是针对外部产品竞争的，如欧盟的反倾销政策。后一种政策极具贸易保护主义色彩，并且有很强的隐蔽性。其任务就是在关税保护不能奏效时，利用反倾销程序将外部产品的竞争限制在可以接受的限度以内，从而有利于区内产品的生存。

第三，统一市场政策。尽管罗马条约将商品的自由流通列为一个重要目标，然而在相当长的时间里，欧盟内部市场仍然是被分割的，影响了商品的自由流通，也就影响了一体化的发展。统一市场政策就是因此而提出的。欧洲单一文件首次提出了统一市场政策，制定了一系列政策措施，确保了内部市场的统一。

13.3.2 欧盟统一大市场发展进程中的协调政策

欧盟各国都在为建立一个统一大市场和加快经济一体化的进程而努力，但每一次各国间互惠协议的努力又被不断涌现的非关税壁垒抵消。因此，加快内部市场的统一成为欧洲各国一项非常重要的任务。在欧盟统一大市场发展进程中，有些政策也体现了区际协调的特点。

第一，《欧洲经济共同体条约》——规定建设统一大市场的主要目标。欧盟的基本大法是《欧洲经济共同体条约》(《罗马条约》)，这个条约构成了欧盟存在、运作和发展的法律基础。条约中明确规定了关于要素自由流动的基本原则，条约第30条规定："对进口货物的数量限制和其他有同等效力的措施，在不影响下列各条的情况下，应为成员国所禁止。"欧洲法院对第30条的解释更为广泛，更有利于要素的自由流动，它的解释是禁止"成员国颁布的直接或间接、实际上已经或有潜在可能性能够阻碍共同体区内贸易的所有规则"。这就是著名的Dassonville准则。

要素可自由流动是建设统一大市场的主要目标，而实现这一目标必须消除三大障碍：(1)有形障碍，即边境的物质障碍。它的存在影响了商品的过境速度,阻碍了人员的自由流通和劳务流动。(2)技术障碍。千差万别的各国技术标准、不同的法律规定和政府政策,导致成员国商品生产只能在一个狭小的市场内流通,难以进入其他成员国市场。(3)财政障碍。成员国不同的税收规定(包括增值税、营业税等)和国家补贴等阻碍了要素的自由流动。上述障碍中,技术障碍最为复杂、多变,协调技术法规和标准对共同体内部贸易会产生重要的影响。

第二,实行相互承认的原则——建立统一大市场的初步措施。《罗马条约》第36条规定:"由于各国立法不同而导致阻碍在欧共体内的流动……应予以认可,只要……(它们)对于满足一些强制性要求来说是必要的特别是关于……保护公众健康……和保卫消费者的。"然而,由于欧盟各成员国在维护公共安全、健康、环境方面存在着不同的价值观念,从而导致各成员国制定了互有差异的技术标准和技术法规,不利于商品在区域内流通。为此,在20世纪60年代,欧共体开始实行相互承认原则。

1979年欧洲法院关于Cassis案例的判决明确了"相互承认"的概念:成员国对其辖区内生产的产品可以自由保持和执行各自的法规,但不能阻止其国民消费满足另一成员国法律标准的产品。该原则认为,如果一种产品适合一个成员国市场,那么就应认为它适合所有其他的成员国市场。继Cassis案以后,成员国若想要以健康和安全为理由来使用一项阻碍欧共体内部贸易的法规,那么它就必须承担证明责任,证明它的该项法规是为了合理的公众的目的并且为了达到该目的它已经采取的措施对贸易的限制性是最小的。否则,就要采用"相互承认"的原则。

第三,协调产品的技术法规和标准——统一各成员国对产品的安全要求。由于各成员国对产品的安全要求不同,使得相互承认原则在许多情况下失效。针对这种情况,共同体开始协调技术法规和技术标准,颁布了有关产品的设计和生产的协调技术指令。并于1983年制定了83/189/EEC——《关于提供技术标准和技术法规领域的信息程序的指令》,这个指令的目的是要在技术法规和技术标准领域形成透明度,使出口商及时了解适用的技术标准和技术法规。然而,当时颁布的指令存在两个主要问题:一是制定程序复杂;二是指令内容过于具体、严格且难以实施、工作量大。因此,不能适应快速的技术、贸易发展的局面。

为了加快区域统一大市场的建设,消除贸易技术壁垒,欧共体理事会总结了以往的经验,于1984年决定协调指令只限于保证卫生和安全的基本要求,而不再协调技术细节。1985年5月7日,理事会批准了《技术协调和标准化新方法决议》(85/C136/01),提出只有在涉及产品安全、工业安全、人体健康、消费者保护和环境保护五个方面的技术要求时,共同体才制定相关的技术法规,且只写出基本要求,而满足这些基本要求的技术规范由欧洲标准化组织以"协调标准"的形式出现。

1987年,《单一欧洲法令》(Single European Act,SEA)生效,内部市场被定义为"无壁垒地区",统一大市场有了进一步的法律基础。为了更有效地实施上述新方法,理事会于1989年批准了《合格评定全球方法》(89/C207/03),采用合格评定方法保证有效地实施新方法指令,并为各成员国就任何区域的测试、检测和认证签订相互承认技术协议奠定基础。

1990年10月18日,欧共体委员会发布了白皮书《欧洲标准化的发展:加快欧洲技术一体化的行动》,强调了标准化在实现内部统一市场中的战略意义。

经过多方努力,欧共体内部统一大市场在1992年年底形成。1993年11月1日,《马斯特里赫特条约》生效。1993年欧盟又批准了《关于用于技术协调指令不同阶段的各种合格评定程序模式以及加贴CE标志规则》。至此,加贴表明符合有关指令规定的基本安全要求的CE标志,成为一些重要的受控行业产品进入欧共体市场的唯一通行证。

13.3.3 欧盟的竞争政策

从1952年的欧洲煤钢共同体到今天的欧洲联盟,竞争政策始终是欧洲一体化进程的一个重要政策领域。由于竞争政策所倡导的公平竞争原则是欧洲经济一体化的重要根基,因而,随着欧洲一体化的深入发展,竞争政策的作用和影响也呈日益增强之势。

欧盟的竞争政策是指欧盟制定的旨在监督、营造一个和谐有序的欧洲统一大市场的一系列法律和规则的总称。竞争政策的目的是通过消除一切足以阻碍、限制或扭曲欧盟范围内自由贸易的行为,保证在欧洲统一大市场中竞争不受到破坏。由于欧盟消除了内部关税壁垒(始于欧共体的关税同盟政策),使成员国在欧盟内部贸易中失去了关税保护这一传统法宝,必须全力拼搏,以提高效率来应对其他成员国同行的竞争,这就需要欧盟层次的竞争政策,以规范这种广泛的竞争行为。

竞争政策的法律基础主要包括三个部分:欧盟法,即一体化进程中签订的各项条约;为实施这些条约而制定的若干规则和细则;欧盟委员会的有关决定和欧洲法院的判例。

竞争政策所涉及的范围极为广泛,其中反托拉斯是竞争政策的核心内容。原始的《罗马条约》对竞争规则的有关规定主要体现在第85—94条,经由《马斯特里赫特条约》调整为第81—89条。特别是第85和第86条(现在的第81和第82条)分别对反托拉斯和支配性市场地位的滥用做了规定,第85条规定"企业间任何影响到共同体内部贸易且妨碍、扭曲或限制竞争的协定、决定或一切协同措施均应予以禁止",第86条规定"凡一个或几个企业滥用其在共同市场重大部分上的支配性地位,均应认为是与共同市场相抵触,并应予以禁止"(支配性地位不仅包括市场份额,也包括纵向一体化的程度、市场结构等因素;支配性地位本身不违反竞争政策的原则,滥用才是禁止的);第90条(现在的第86条)涉及公共企业;第92条(现在的第87条)是关于国家援助,规定"国家援助对各成员国的贸易造成不良影响,均应认为是与共同市场相抵触的"(目的在于促进技术进步或发展基础设施的政府基金除外)。其他条款主要涉及政策执行和转换措施。这些条款确定了什么样的行为构成反竞争行为以及对例外情况的确认。此外委员会的决定以及欧洲法院的判例是对欧盟有关竞争政策规定的延伸和补充。

欧盟竞争政策的作用是在竞争和垄断中寻求一个平衡点,以保证市场协调有序地运行。同时,委员会通过竞争政策的实施扩大了权利,从而增强了欧盟的超国家性,有助于一体化的进展。就这些意义而言,竞争政策还是成功的。

13.3.4 欧盟区际协调的机构管理

13.3.4.1 欧盟国家层次区际协调的机构管理

西欧发达国家由于最先进行工业化与现代化,其区域问题表现得最全面、最充分,其区域管理历史也最长,在区域管理制度建设方面积累的经验也最多。在这些国家里,区域管理领域的主要权力由中央当局掌握。议会负责处理所有有关区域政策和规划的法律,即批准或否决援助措施、奖惩的范围和力度、区域设计和区域管理权利划分、批准成立或取消特定管理机构等。议会中有永久性的或临时性的专门委员会,其职能是既介入一般区域政策与规划制订,又参与解决最严重的区域问题。在区域间的经济冲突剧烈时,议会会强制推行弹压区域大战的法律规定,以维护欧盟的统一和团结。

在这些国家,区域管理有两种主要的制度模式。在法国和意大利,区域管理由专门的中央政府机构(在法国为 DATAR,在意大利为南部局)负责。在这一模式里,区域管理机构是纯粹的管理与分配中心,这种机构可能像一般部门有其自己的预算,也可能只是监督其他机构的资源分配并起草法律草案,委派科研任务,向政府、企业与私人团体提供咨询等。另一种模式是区域管理由几个部门来运作,这种模式主要见于英国、瑞典与丹麦等国。相关部门通常介入诸如经济发展、环境、劳工与社会问题等之类的领域。

在联邦制国家里,如德国与比利时,区域或地方政府(如德国的州)在区域领域享有许多权力,但关键决策仍由国家政府决定。政治与经济方面的考虑往往导致受援地区在每一个联邦州或区域都有,这意味着社会经济状况很不同的区域能享受同样水平的政府援助。

值得重视的是,区域管理"下放"或向较低行政层次转移是目前非常流行的概念,但这有可能导致区域政策的消失并强化区域间的恶性竞争。区域管理"下放"的确存在一定的合理成分,基层政府对区域问题的具体性质了解得更清楚,而且资金往往能更有效地利用。将相互排斥的集中与分散区域管理方法结合起来的方式有两种,第一,中央维护战略决策(包括区域设计),然后将所有行政功能移交下级。荷兰的福利国家方法即为这种,在决策归属中央的框架内管理由地方进行,且财政由中央掌握。第二,为国内较低层次的地域单元创造与区域管理有关的机会,这些单元必须足够大,除国家区域政策外,区域管理机构将推行其自身的区域政策与规划。这一模式在联邦制国家较为适用,也可推广到其他类型的国家。

13.3.4.2 欧盟层次区际协调的机构管理

欧盟是一个独一无二的超国家政府,成员间关系比独立国家的政府间的联合(如独联体)要密切些,但不如美国那种联邦制国家那样密切。欧盟下设有贯彻其法律与政策的机构组织,若要实现欧盟的欧洲一体化目标,这些机构必须具有一定的行使其职能的权力。其中,与区域管理联系密切的机构有:

区域委员会。区域委员会(CoR)是应几个成员国的要求根据"欧盟条约"(TEU)成立的,这些成员国要求区域与地方当局应直接介入欧盟政策与立法的审议。在几个成员国中,这种当局发挥了相当大的作用,而且在所有成员国中,执行欧盟的指令与规定的责任往往落到了地方与区域当局身上。因此,CoR 的目的是指出并弥补民主制度的缺陷。

CoR 代表整个欧盟地方政府,因而它的成员构成必须保证地理平衡,同时还要保证有主要城市或区域的代表,而且所有成员必须是地方或区域机构成员。CoR 的工作由许多委员会来完成,各委员会及其子委员会共计 13 个。这种安排是为了保证每个成员国(当时为 12 国)都有一名代表担任委员会的主席,以便协调各成员国的关系。

CoR 虽然是一个相对新的机构,但其在欧盟决策中的作用迅速提升,且有可能扩大其在"政府间会议"(IGC)中的权力范围。在许多方面的决策中,包括在区域政策所有问题的决策中,CoR 能确保其意见具有影响力。

空间发展委员会。空间发展委员会(CSD)也是欧盟内一个相对新的机构,于 1991 年成立。它不是《马约》的正式部分,而是在一次负责荷兰海牙规划的部长会议上决定成立的。CSD 是一个政府间组织,由来自各成员国的、负责欧盟政策的高级官员组成,其任务是协调与欧盟空间政策有关的活动,并贯彻"空间规划部长非正式理事会"的决定。它的一个重要任务是草拟《欧洲空间发展展望》,另一任务是执行建立"空间研究机构合作网络"的协议。

欧洲议会中的相关机构。欧洲议会(EP)共有 626 名议员,分 20 个常务委员会(Committees),每个常务委员会专门负责不同的欧盟政策领域。其中有三个委员会与区域管理问题密切相关,即区域政策委员会、交通与旅游委员会和环境、公共卫生与消费者保护委员会。这些委员会在起草交由 EP 年会上采纳的意见和解决方案方面发挥着重要作用。这类报告一般由对特定问题有特殊兴趣的成员起草,这位成员被任命为书记,书记有能力对 EP 的最终意见产生相当大的影响。

欧洲委员会中的相关机构。欧洲委员会(the Commission)是欧盟的政府行政臂膀,是一个独立的政府机构,有其权力、政治领导。委员会被分为 24 个事务部(即 D—G)与许多专家。其职责最贴近本研究报告主题的是负责"区域政策与聚合"的 D—G16,其他几个在区域管理方面具有重要权力的是负责环境的 D—G11 和负责交通的 D—G7。

通过以上分析,课题组认为中国统一大市场的建设,至少可以从欧盟借鉴以下三点:(1)确立建立全国统一大市场的目标,同时通过立法规定地区间相互承认的原则和可操作的指标体系;(2)通过立法规范市场竞争秩序;(3)建立全国性和地区性区域管理机构,明确区域协调规则的制定者和执行者。

13.4 日本的区际协调

日本是单一制国家,由北海道、九州、四国、本州四个地区组成。行政体系包括中央政府、都道府县和市町村三级政府。日本实行地方自治制度,凡是与居民日常生活密切相关的事务都由地方政府来管理。

13.4.1 以财政制度为主体的区域协调机制

日本实行财权集中的体制,国税占全部税额的70%,地方政府的财力相对较小。中央政府通过国税的再分配来调节中央与地方的关系,运用财政手段来引导和均衡区域的发展。中央政府设置了各种公共开发公司,如大都会地区高速公路开发公司、城市住房开发公司和区域发展公司,直接参与大型基础设施和大规模的城市开发计划。不少行政事务作为国家的委任事务由地方执行,但中央对地方的行政监督很强。中央政府为加强对地方政府的联络协调和控制,每年召开各种类型的联络会议,如全国知事会议、全国市长会议、全国町村长会议、革新市长会议等,以促进中央政府和地方政府的联系。通过会议协商,地方政府的相互交流,来协调地方关系,推进区域的整体发展。

13.4.2 利用综合规划指导区域开发

日本是至今为止已经形成较为完善的国土与区域规划体系的国家。国土与区域规划是日本政府干预社会经济生活,进行宏观调控的重要手段。日本的国土与区域规划体系从类型上看,分为全国综合国土规划、土地利用规划、各省厅局的专业规划、区域规划和地方的各种类型的综合性规划。特别是全国性的综合国土开发规划为各级区域规划和日本的区域发展格局和国土开发结构奠定了基础,可称为世界典范。

主要参考文献

[1] Alexander Heichlinger, *Regional Growth Models and Trends in the European Union in the Context of Globalization* (PDF), Eurstat Reports and L. S. E. publications, 2005.

[2] Preston, S. Urban Growth in Developing Countries: A Demographic Reappraisal. *Population and Development Review*, 1979, 5(2):195—215.

[3] Porter, M. E. 1990. *The Competitive Advantage of Nations*. New York: Free Press.

[4] Robert, Woods. Urbanizationin Europe and China during the second Millennium: Are view of urbanism and demography. *International Journal of Population Geography*, 2003, 9:215—227.

[5] The On going Development of the Oresund Region: Action Plan for the Oresund Committee, 2005—2006, OECD Territorial Reviews: Oresund, Denmark/Sweden.

[6] The UNs Millennium Declaration, 17th Session, NY, 2000, 9:20—22.

[7] Todaro, M. P. Internal Migrationin Developing Countries. International Labor Office, Geneva, 1976.

[8] 〔德〕贝娅特·科勒—科赫等.欧洲一体化与欧盟治理[M].中国社会科学出版社,2004.

[9] 〔德〕贝娅特·科勒—科赫.社会进程视角下的欧洲区域一体化分析[J].南开学报,2005(1).

[10] 刘文秀、埃米尔·科什纳等.欧洲联盟政策及政策过程研究[M].法律出版社,2003.

[11] 〔美〕约瑟夫·S.奈、约翰·D.唐纳胡.全球化世界的治理[M].世界知识出版社,2003.

[12] 史晋川、王志凯.实施区域共同治理、促进区域协调发展,国家发改委地区司委托课题报告,2009.

[13] 史晋川.江浙沪区域发展模式与经济制度变迁[J].学术月刊,2002(5).

[14] 王志凯.中国民营经济发展与区域制度变迁:以浙江、江苏为例[J].浙江大学学报(人文社会科学版),2007(2).

[15] 王志凯、史晋川.中国区域经济发展的非均衡状况及原因分析[J].浙江大学学报(人文社会科学版),2011(6).

[16] 王志凯、史晋川、李相万.中国民营经济发展与区域城市化进程研究[J].韩中社会科学,2012(3).

[17] 张可云.区域经济政策——理论基础与欧盟国家实践[M].中国轻工业出版社,2001.

第 14 章

本书的学术努力、主要观点和政策建议

14.1 学术努力和主要观点

本书围绕"效率与公平"这个主旨,深入地探讨了区域协调发展中的市场与政府的作用问题。大致而言,本书为此所做的学术努力可以简述如下:

14.1.1 尝试建立了一个公平与效率的理论分析框架研究区域经济协调发展问题

我们总结的区域经济学的理论基石,一是资源禀赋理论。资源禀赋的差异是区域经济多样性、互补性和区域分工的基础。二是规模经济理论。规模经济的存在反映了区域经济的聚集要求,经济的聚集带来人口的增加,形成城市和经济中心。三是交易成本理论。经济活动必须克服空间的距离限制并支付距离成本。在经济学理论的框架内,完善区域经济学的已有理论结构,并实现创新。本书在区域分工理论、比较优势理论、区域资源配置理论、区域相互依存理论、区域产业发展和转移理论、区域空间格局演变理论和区域政府干预理论等方面进行了一定的探索。

作为一个大国,中国政府不得不实行分级管理,这就会产生中央利益和地方利益、地方之间利益的矛盾与摩擦。其引人注目的资源优势及巨大的国内市场决定了其经济发展轨迹的独特性,如可以组织力量完成小国难以企及的大事,可以在一国范围内实现几乎所有产业的规模经济,可以抵御较大的各种灾害,等等。但是,大国经济由于区位、地理、资源条件、历史发展水平的不同,加上地域辽阔、人口众多且分布又不均匀,因而各个具体区域的经济发展水平和速度必然存在差距,这在大国经济的发展初期尤为突出。因此,从一定的意义上讲,区域经济之间如何协调发展常常可能是大国经济的"一根软肋"。

值得一提的是,国际经济学和区域经济学这两门经济学分支学科,对于如何制定一个良好的政策体系来促进一个国家及其地区经济的和谐发展,目前并没有一个有效的分析框架。其原因之一在于,西方发达国家的市场经济体系比较完善成熟,因而对政府政策干预的需求远远小于市场发展不完善的发展中国家。在这种情势下,围绕区域协调发展问题的理论研究,显然具有积极的学术价值。

尤其是,区域经济协调发展的成功将帮助我国实现产业结构的积极调整、经济效率的切实提高、中等收入陷阱的有效避免等。可见,结合我国实践的这类研究,更具有重大的现实意义。

14.1.2　资源禀赋的差异是区域经济多样性、互补性和区域分工的基础

本书强调中国区域发展的多尺度性和多机制性,对于以往区域发展研究混淆地理尺度、强调单一机制的方法提出了修正。

区域经济发展阶段和区域协调发展阶段具有耦合性,区域协调发展可以分为初级、中级和高级阶段。从世界范围看,地区经济发展不平衡是一个长期的、普遍的现象。经济发展受多种因素的制约,我国各地区的自然环境、地理条件、经济基础、社会结构、人文素质和思想观念都存在较大的差异。这些因素有的是比较难改变的,如自然环境和地理条件等;有的虽然可以改变,但需要一个相当漫长的过程,如人文素质、观念意识等。这些因素都将会继续影响区域发展差距的存在。为此,不管采取何种调控措施和解决方法,地区差距只能相对解决,而不能绝对解决和完全解决。我们的政策目标和调控任务就是把差距缩小到一定程度内。

未来一定时期内我国仍处于社会经济的转型期,必然伴随着深刻的、巨大的社会制度变革,只有经济发展和社会进步在各个区域都达到相当高的水平,全国绝大多数人才能享受现代文明和科技进步带来的福利。很多发展中的问题都有赖于政府的干预。

14.1.3 努力追求区域协调发展的效率和公平

"效率与公平"是人类经济生活中的一对基本矛盾。这是因为：社会经济资源的配置效率是人类经济活动追求的目标，而经济主体在社会生产中的起点、机会、过程和结果的公平，也是人类经济活动追求的目标，这两大目标之间的内在关联和制度安排，就成为诸多经济学派别难以解答的问题。经济公平，是指有关经济活动的制度、权利、机会和结果等方面的平等和合理。效率是指经济资源的配置和产出状态。对于一个企业或社会来说，最高效率意味着资源处于最优配置状态，从而使特定范围内的需要得到最大满足，或福利得到最大增进，或财富得到最大增加。但已有研究把效率片面理解为经济效率和财富的最大增加，而非福利最大化。福利最大化包括环境和文化等非经济方面的维度。

效率与公平，两者既对立又统一，但不是一种简单的对立统一关系，而是一种建立在多层面基础上的对立统一与交错互动的关系，且在不同的层面，这种互动关系具有不同的特征。一般地说，追求公平往往要牺牲效率，而追求效率又往往要牺牲公平，似乎效率和公平是鱼和熊掌不可兼得。这就是为什么经济学基本上不考虑"公平"而只求效率最大化。"鱼"和"熊掌"（效率和公平）兼得无疑不是一件容易的事情，经济学理论多以优化效率为基础，追求"公平"的很少，而把两者都考虑进来的更少。毋庸置疑，理论滞后与制度创新不足是阻碍我国区域经济协调发展的两个主要因子。

基于上述的理论认识，再结合我国改革的具体历程，本书特别强调了以下六个重要观点：

第一，中国新一轮改革开放的一个核心问题就是妥善处置全社会效率与公平之间的关系。

第二，地区间经济协调发展的核心问题实际上就是协调效率和公平之间关系的问题。过去经济发展战略的核心是强调各地区的效率。事实上，国家整体上的效率不等于地区效率之和；效率也不应仅仅等于经济效率，它应该体现经济社会和环境的协调发展；更重要的是，实现中国梦就是要逐步建立一种效率与公平兼得的良性循环机制，来推进全社会的共同富裕和经济、政治、文化的可持续发展。况且,从改革的连续性看,下一步改革不是另起炉灶,而是从前30年单纯"追求效率"转到追求"效率和公平兼顾",即改革目标由单目标转到双目标。

第三,必须防止区域经济协调发展的出发点和根本宗旨被片面化。这就是说,它并非片面追求欠发达地区的经济增长,也不是单纯为了缩小地区间经济发展水平的差距。多年来为促进地区间的协调,中央政府做了很多努力,包括实施西部大开发、东北老工业基地振兴、中部崛起以及近年的包容性增长战略等,可地区间不协调性仍在扩展。这意味着,要么没有找到问题的症结,要么相关政策没有对症下药。对于我国这样一个国土面积广袤、发展差异巨大的国家,区域之间经济发展的差距在短期内难以缩小,但为各地区居民提供均等的基本公共服务水平则是有可能、有条件实现的。这样,通过为各地区居民提供均等化的基本公共服务,有利于为劳动力的区际流动创造条件,这是按照市场经济方式缩小区域间经济发展水平差距的有效手段。如果把宏观政策调整仅仅定位于缩小地区经济发展差距,即使短期得到缓和,长期看还将逆转。同时,区域经济协调发展包括经济、社会和生态环境等多维目标,必须通过科学预算或趋势预测,才可能使目标的制定科学化和定量化,才能避免经验性的分析判断,并据此科学确定区域经济协调发展的方向。我国不缺少区域协调发展政策,但政策目标强调的主要是经济效率和短期效率,且政策依据比较模糊。现在需要提供新的理论和政策依据,准确定位区域经济协调发展的目标,以服务于我国合理制定恰当的宏观政策的目标。

第四,促进区域经济协调发展的宏观政策同样旨在处理好地区层面上效率与公平的关系。效率和公平有国家维度和地区维度的区分。过去我国主要讲国家整体效率,可是国家效率不等于地区效率的加总,因而过去的研究立足于国家层面却无法解决地区层面问题。所以,区域经济协调政策必须具体化到不同类型地区(比如四类主体功能区)的关系上,否则它们将会大打折扣,重复"上有政策,下有对策"的顽症。国家已经出台了主体功能区规划,事实上中央政府多年前就要求不同地区按照其资源禀赋优势去发展经济,但由于没有切实有用的效率与公平评价考核体系,这类宏观政策事实上并没有很好贯彻。

第五,必要时应当凸显公平问题的紧迫性。这是因为,区域经济协调发展具有明显的阶段性,在收入分配不公或许成为阻碍中华民族振兴的主要障碍时,就尤其需要研究如何在兼顾"公平"和"效率"的框架下实现我国区域经济的协调发展。

第六,需要适当调整现有的相关政策。我国规划的主体功能区战略是推进区域经济协调发展的很好载体,只是必须立足于科学的测定分析,且辅之以落地有效的推进政策。2010年国务院发布了《全国主体功能区规划》,是我国国土空间开发的战略性、基础性和约束性规划。发布后各地反响不一,更看不出地方政府在行动上的支持。究其原因,还是没有协调好地区内和地区间的公平和效率,没有把公平与效率落实到地区层面,导致所有地区去追求经济效率。如果这类政策设计能够使限制开发地区得到合适的补偿,能够像发达国家那样对经济效率各异的地区提供均等的公共服务,那么这些经济效率相对低下,而在环境、生态、文化多样性保护方面做出贡献的地区,就未必会绞尽脑汁去挖山建造工业园区。

14.1.4　正确看待区域协调发展中的市场与政府

市场机制是目前为止所发现的最具效率和活力的经济运行机制和资源配置手段。自市场经济产生以来,市场机制广泛地发挥作用,给资本主义经济带来了空前的繁荣和社会进步。但同时,有关政府与市场关系的争论就从来没有停止过。政府到底是"守夜人"的角色还是有效的调控者,曾经是西方学界反复争论的重要问题。事实上,人们对政府作用的认识也正是在市场经济不断发展变化中逐渐得到深化和充实的。在市场经济体系下的区域协调发展,自然同样离不开市场机制的调节、推动和呵护。

必须看到,中国是一个强政府的国家,政府的决策自然对区域经济发展起着相当重要的作用。具体而言,政府对于区域发展的直接干预程度及其实际效果,既与政府缩小区域差距的意愿的强弱有关,也与政府影响要素流动的实际能力的高下有关。显然,政府在其中的作用是绝对不可以忽视的。

然而,市场与政府之间的选择是复杂的,而且这种选择通常不是简单的二择一,即不是单纯地选择市场或政府,而往往是两者的不同组合之间的选择,以及某种配置资源模式的不同程度之间的选择。如果优先的和主要的选择倾向于市场,那么因为涉及与市场失灵的广泛性和不可避免性相关的种种原因,对非市场(即政府)而言,其重要作用将要而且应该保留。这种作用尤其涉及诸如国防和国家安全之类的纯公共产品的生产,涉及建立和维护对市场功能的发挥不可或缺的法律和其他环境条件,还涉及提供必要的再分配服务和项目——这为社会构成了一张令人满意的安全网。

从市场机制和政府调控的关系来看,双方也是正向互动的关系。一个没有市场机制发挥基础作用的社会,其区域经济协调发展只能是一句空话。我国经济体制改革的目的是要建立社会主义市场经济体制,经济市场化是大势所趋。这决定了,我们必须从经济市场化这种大趋势去认识、寻找实现区域经济协调发展的方式。众所周知,经济市场化的最突出特点就是市场逐渐成为主导资源配置的基本方式。这一根本性的变化,对区域经济活动产生了多方面的、深刻而长远的影响。

诚然,很多发展中的问题都有赖于政府的干预。但政府的不适当干预,会增强区域发展不协调的扭曲性。因此,必须明确政府与市场的边界。政府在区域协调发展中应该起主导作用,政府的作用范围主要是提供公共服务与公共产品,弥补市场失灵,维护法律秩序,推进生态环境保护工作,体现社会公众以及为区域经济开发提供规划、指导和协调。政府作为的原则就是坚持发挥市场机制对资源配置的决定性作用。政府在解决市场失灵问题时就应该从公平性、公共性和外部性这三个角度出发,并注意转变政府职能。

无论从配置(或静态)效率(即实现一方面产出或产品和另一方面投入或成本之间的更高比率)角度看,还是从动态效率(即随时维持更高的经济增长率)角度看,市场比政府做得要更好。市场体制在资源的使用上,往往在特定的时间段更有效率,并且更具创新性、更有活力和更为广泛。

从公平或公正的立场看,市场和以政府为代表的非市场体制均有严重的缺陷。虽然市场体制有时讲求公平,但它们却无法保证公平(即机会均等意义上的公平)。例如,拥有富裕的父母和幸福稳定的家庭生活;从具有挑战性和有效的教育中受益,上名牌学校;结交有才能和有影响力的朋友;获得健康和平衡的营养,等等,这些对个人在市场中的竞争都会起着有利的作用,而市场并不保证这些天赋条件是均等的或是随机分布的。但是,从公平的角度看,政府这类非市场体制也具有严重的缺陷。官僚政治决策中的武断、褊狭、偏袒和拖拉作风,与市场组织相比,非市场组织表现得更显著。总之,非市场有意识地纠正由市场而产生的不公平的类型和范围,自身常常又涉及不同类型和范围的不公平。

需要强调的是,促进区域经济协调发展,不仅需要政府切实落地的宏观政策,更需要在完善市场机制上下功夫。要实现"公平"和"效率"兼顾的区域经济协调发展,政府可以通过区域规划管理、宏观政策调整促进区域经济的协调发展。同时,需要进一步明确政府和市场的关系,应在坚持发挥市场机制对资源配置基础性作用的前提下,充分运用政府宏观调控来调节市场机制,并借此影响市场主体行为,进而对可能出现的结果起着促进或延缓作用,以实现政府的战略意图。

14.1.5 深入剖析区域协调发展中政府与市场的最优选择问题

本书在理论建模上做了比较深入的探索和发挥,力图从一个特定的理论视角来阐述政府与市场的最优选择问题。一方面,它们借鉴了现有的一些研究成果。这主要表现为借用了 Acemoglu 的分析框架,以对比政府配置资源和市场配置资源的差异,来说明政府配置资源可能改善社会福利的机制。

另一方面,它也有着自己的创新之处,集中在两个问题上。一是应用机制设计的理论分析了不同区域之间资源调配的实现机制,用以说明区域之间资源的转移数量决定问题。这对现实经济中的区域之间资源再配置的决定机制有着较强的解释力。二是以传统新经济地理学框架内分析经济增长与区域协调发展的研究成果为基础,并将它们作为经济增长与区域均衡发展的约束条件,在一个最大化社会效用水平的函数下,分析了政府的最优资源再配置的模式。因此,与现有研究的最大不同之处在于,通过将其作为社会效用函数最大化的约束条件,从而求得了政府资源再配置的最优决策点。显然,这是对现有研究的进一步理论拓展,并且较具说服力地阐述了如何解决区域协调发展资源配置中政府与市场的最优选择问题。

14.1.6 积极夯实我国区域协调发展的产业分工基础

促进区域协调发展的因素很多,但从市场机制的角度分析,产业分工是其最为坚实的基础。一个国家,尤其是像中国这样的大国,由于国内要素供给丰富,市场需求巨大和出于安全的考虑,必须建立相对完整的产业体系。反之,一国的某个具体区域则不同,由于受要素供给规模、种类等方面的限制,不仅不可能而且完全没有必要建立这种完整的产业体系。一个地区只能在某些产业上形成专业化和规模化优势,参与全国统一大市场的产业分工。同样,产业转移是企业的自发行为,受市场规律的支配,政府只能科学地运用产业转移的规律,吸取国际产业转移的经验和教训,采取有效措施,引导产业有序转移,促进区域产业协调发展。

各省份通过基于比较优势的区域产业分工,可以提高区域经济福利水平,从而增强区际合作的动力,也可以进一步推动区域内产业部门不断分解,衍生出越来越多的新产业,其结果是,区际之间共同产品越来越少,差异性越来越大,继而创造出新的合作领域。总之,区域协调发展的产业基础在于因地制宜的分工,而区际产业分工将创造出比自给自足时更高的贸易依存度和更大的产业规模。

长期以来,我国由于产业结构地区之间同化,专业化分工滞后。然而,近年我国三大地区内部三次产业之间的相关系数明显提高。增长理论告诉人们,TFP 的提高不外乎依靠规模经济、技术进步和改善效率,这三方面都需要人和生产要素的集聚,需要地区间资源的再配置,而要素跨地区流动的前提条件就是区域经济的协调发展。毫无疑问,在市场机制作用下产业的空间转移同样能够提高要素的配置效率。基于此,本书从资源约束、产业集群、产业链整合、产业梯度发展、区域竞争力提升等方面,对我国不同地区的产业分工和产业转移展开了具体的分析。

14.1.7 正确认识我国不同区域协调发展的实际水平

过去十多年,我国采取了一系列旨在促进区域协调发展的措施,努力推进西部大开发建设、中部经济崛起、振兴东北老工业基地等战略,取得了积极成效。如何对我国区域协调发展现状进行科学的判断,并据此形成恰当有据的分析思路和发展愿景,是进一步促进我国区域协调发展的一项基础性工作。

必须指出,在衡量区域协调发展效果时,应该综合考虑经济、公共服务与生态环境三个系统层面。据此,本书综合选取了 12 个相关指标,分别计算出 1995—2012 年全国(除重庆、西藏外)经济协调度、公共服务协调度、生态环境协调度和总体协调度,同时也进一步对东、中、西与东北四个地区的各项协调度进行了考察。

总的来说,从锡尔系数数值来看,1995—2012年,全国四大地区内省际差异及地区间差异关系为:在中国的四大区域中,东部地区和东北地区的协调发展程度在全国走在前列,一直处于初级协调发展阶段,并且其协调发展度总体趋势稳中有升。中西部地区的协调发展水平在全国处于较低层次,基本上均处于勉强协调发展阶段。不过近年来这种状态趋向好转,特别是中部地区,2008年,其协调发展水平由勉强协调发展阶段迈进了初级协调发展阶段。总体来看,1995—2006年,我国总体协调发展水平处于濒临失调衰退阶段,地区间发展差异问题较为严重;2006—2008年,这种状况略有好转,总体协调发展水平处于勉强协调发展阶段。但总体而言,我国的区域协调发展水平还是处于较低水平。

14.1.8 高度重视区域协调发展中地方政府间博弈的两重性

从我国长三角地区发展来看,这类区域协调发展中存在着错综复杂的地方政府间博弈,它们起着积极和消极的两重效应。

地方政府对区域协调发展的积极作用主要有:(1)地方政府竞争有利于加快该区域的经济转型。当自上而下的改革面临障碍时,可分享剩余索取权和拥有资源配置权的地方政府在一定阶段扮演制度变迁"第一行动集团"的角色,从而引发需求诱致性制度变迁,这对于推进我国市场化改革具有重要的特殊作用。例如,长三角两省一市的制度变迁,尤其是温州模式的形成和苏南模式的转变,地方政府的作用不容忽视。(2)地方政府竞争机制能有效地解决政府中存在的"委托—代理问题"。行政竞争机制通过公共权力主体之间的竞争,达到减少公共代理成本和防止代理机会主义的目的。实践证明,保持行政竞争机制,是抑制公共部门代理人机会主义的最佳途径。例如,上海加快行政管理体制改革,着力降低商务运行成本,并使得江浙两省纷纷仿效之。它们这方面的成效都比较明显。(3)地方政府竞争迫使地方政府对本地企业加以引导和扶持,努力扩大就业和增加地方财政收入,这就十分有利于企业技术进步和提升产业层次。总之,地方政府竞争具有刺激经济上、制度上和行政上创造性作为的重要作用,从而有利于经济增长。

不过,地方政府也会对区域协调发展产生负面影响:(1)企业竞争会渗透强烈的地方政府色彩。这是由于,地方政府多从自身利益出发来强烈干预企业行为,易产生不公平性,并难以实现企业在市场竞争下的规模经济。(2)生产要素难以跨行政区自由流动。地方政府从自身的利益出发,对本地市场实行保护政策,致使生产要素难以自由流动。近几年来,虽然工业消费品和农产品市场发育较快,但资金、人才和劳动力市场仍受较多的行政干预,难以自由流动。(3)"行政区经济"呈稳定结构态势。这样,目前的改革难以从根本上打破各地区原有的自成体系的发展格局,难以在短时期内消除重复建设、重复布局的现象。(4)制度存在差异甚至进一步扩大。

这意味着,如何恰当处置这类地方政府间的经济博弈以抑弊扬利,既是中央政府必须高度重视的一大协调职责,也是这些地方政府本身运作需要十分警惕的重要课题。

14.1.9 需要关注区域协调发展中政府的事权财权

地方的财政体制既是激活地方活力之源,也是导致地方之间无序竞争等诸多问题之源。事实上,中央政府和地方政府的很多矛盾或不一致都源于当前的财税政策。因此,必须研究政府的事权财权对于区域协调发展的重要作用。

财政制度对区域协调促进作用的发挥,必须以各级政府之间的事权财权得到明确的划分为基础,以事权与财权的匹配为保障。我国政府间事权财权严重不匹配,突出表现在政府间税权的划分没有建立在政府间事权和支出责任明确划分的基础上。中央政府的事权比重逐年下降而财权逐年上升,地方政府事权逐年增加而财权比重逐年下降;税收权限高度集中于中央,地方收入自主权较弱。

事权财权严重不匹配,直接导致以下后果:(1)政府事权范围过宽,损害区域经济效率,影响区域经济一体化进程;(2)事权模糊影响公共产品供给的热情,产能过剩与公共服务供给不足并存,加剧区域发展差距;(3)基层政府财权不足影响公共产品供给能力,放任区域经济差距的扩大;(4)支出责任与财力分配的不匹配,影响财政资金使用效率和区域发展的公平性;(5)地方政府对"土地财政"的依赖和宏观调控的失效;(6)地方债务问题日益严重,区域可持续发展问题堪忧;(7)衍生"跑部进钱"与腐败问题。

事权财权不匹配主要来自两大原因:第一,直接的制度原因。一是分税制改革中,地方税种大都缺乏增长性,中央对地方转移支付的财力补充性质不足,导致地方财权日益缩小;二是共有事权划分不清晰,地方政府承担着共有事权的主要支出责任;三是事权划分缺乏弹性,地方政府承担了没有事前界定清楚的支出责任;四是没有将政府间财政关系法定化,上级政策扩大了地方政府的支出责任。

第二,背后的深层原因,即权力博弈的非对称性。我国中央和地方在博弈中权力结构的严重不均衡。中央和地方权力不对称,导致事权中模糊的部分,地方政府承担着主要支出责任,在设计之初未界定清楚的支出责任,也必然被分派到地方政府头上。

建立在中央事权财权基础上的财政转移支付制度对区域协调发展起着重要的作用,可我国的转移支付制度很不完善,主要存在以下问题:(1)我国财政转移支付体系不够健全;(2)财政转移支付制度偏离目标定位,扩大了区域发展差距;(3)转移支付结构不合理,促进地区均衡发展作用不明显;(4)"一般性转移支付"肯定了地方的既得利益,加剧了各地经济发展不平衡;(5)专项拨款不规范,难以体现中央政府的政策意图。

财政转移支付制度改革的目标,就是要建立起以纵向转移支付和横向转移支付相交叉的十字形转移支付框架,以一般性转移支付为主体、专项转移支付为副主体、均等化转移支付和特殊性转移支付为辅助的,结构多样化、多功能、复合型的转移支付体系。改革包括完善转移支付体系;强化转移支付的法制管理;取消税收返还、原体制补助和年终结算补助,将其并入一般性转移支付;缩减专项转移支付规模;扩大一般性转移支付总量。

14.1.10 不可忽略中央地方关系对区域协调性影响的历史轨迹

历史的经验一再表明,存在一个强大中央政府并且存在地方间良好的协调机制的情况下,才会有良好的区域协调性出现。中央政府代表国家的整体利益和社会的普遍利益,地方政府代表的是国家的局部利益和地方的特殊利益。

本书梳理了中国历史上中央地方关系与区域协调性之间关系的大致轨迹,并按照中央政府的强弱程度与协调机制的强弱程度,分别归纳出"弱中央—弱协调""弱中央—强协调""强中央—弱协调"以及"强中央—强协调"四种有代表性的中央地方关系模式。应当看到,中央地方关系主要由中央与地方间权力本位下的权力利益分配关系以及地方与地方间竞争与合作的关系决定。

"强中央"代表中央政府要具备较强的对地方行为的把控和约束能力。

在保证这种约束能力的前提下,中央政府应当通过适当程度、适当范围地向地方分权来调动地方政府发展建设的积极性,从而可以使地方利益首先表现为国家整体利益的一部分,又不会丧失地方发展自身的动力,地方政府实行利己化行为与利他化行为的关系较为协调,也可为实现区域协调发展打下良好的基础。

"强协调"代表要有区域间相互协作的正向激励以及缓解、疏导和解决地方间矛盾的机制。一方面,这种协调机制应当改善地方政府间竞合关系博弈支付矩阵的收益结构,有足够的激励使得(合作,合作)成为参与竞合的双方的选择,这是协调机制发挥作用的下限。另一方面,协调机制的实质是政府干预市场的一种行为,政府干预在适度的范围内可以调整市场失灵的现象。但是,过多的政府干预将会难以避免地扰乱市场秩序,从而成为阻碍而非促进市场正常运转的因素。因此协调机制发挥作用的上限是不应扰乱市场的正常运行。

14.1.11 应当借鉴外国区域协调发展的成功经验

应该看到,区域协调发展是市场经济体系成熟的一个重要标志。作为一个大国,地区间的不平衡是经济成长中的必然现象。可怕的并不在于这种不平衡的差异有多大,而是地区间的人为分割做法。这是因为,商品经济的高度发达已要求统一的国内市场成为经济和社会发展的基本条件。可是,构建统一大市场往往是新兴市场发育中的一个大难题。

从西方发达国家比较成熟的市场经济制度来看,促进区域协调的宏观政策和市场手段,具体包括市场整合、区域分工与合作、区域一体化、社会合作等方面。其中,特别是一些疆域大且存在显著地区发展差异的国家,它们处理地区垄断行为的一些政策措施值得中国借鉴。

例如,英国在整个20世纪一直不断地实行区域开发和移民政策,以帮助失业的贫困者重新就业。其在30年代开发4个高失业率地区,"把工作带给工人";1945—1975年又相继通过一系列工业发展法案,鼓励投资,促进就业;80年代以后,又实施"选择性地区援助",对迁入落后地区的企业提供财政援助,鼓励劳动密集型企业、中小企业和新企业的发展。这些措施为缓解失业和贫困,推动经济和社会协调发展发挥了积极作用。美国在1994年执行《联邦受援区和受援社区法案》,分别由联邦政府住房和城市发展署批准了6个城市受援区和 65 个城市受援社区,以推动贫困群体的居住环境改善和社区发展,帮助贫民获得可持续性生计。

14.2 政策建议

我国的区域协调发展应从建立有效的区域协调规划体系、创建可行的区域协调机构和实施创新的区域协调政策等方面构建政策体系。

14.2.1 出台合理的区域政策体系

我国是一个大国,地区问题由来已久,不同时期为某些特定目的制定了不少政策。对这些各具特色的区域政策需要体系化。要充分发挥区域政策在宏观调控中的作用,就必须解决好突出地区特色与避免各自为政的问题,从国家区域协调发展的全局出发,加强相关政策的协调和机制建设,形成既各具特色又有机统一的区域政策体系。要出台一系列的区域政策来实现我国的区域间协调发展,主要包括区域财政政策、区域税收政策、区域金融政策。积极加大区域财政政策的实施力度,如增加财政转移支付的投入和完善转移支付制度、加快基础设施的建设。通过对企业所得税减免、减少全部或部分进出口关税和完善现行的区域税收制度来实现税收政策的联合。从金融机构放松对欠发达区域的贷款条件、国债基金的适当倾斜和支持不同区域相互合作等方面实施区域金融政策。与此同时,国家也应该在政府投资、产业、土地、人口和环境等方面出台有利于辖区内相对不发达区域稳健发展的区域政策。

14.2.2 建立有效的区域协调规划体系

实行差异化的功能定位,实现区域发展扬长避短,明确利益分配格局是跨行政区规划协调成败的关键。政府在制订区域协调规划时,应该明确协作区内的不同区域的总体规划,在不与地方政府规划产生重大冲突的前提下,提出优化协作区的规划方案,尤其是要明确主体功能区的位置。对于优先开发、重点开发、限制开发和禁止开发四类区域的重新划分会打破原有的辖区管制,这就要求实施分类管理的区域政策。要根据各地方的主体功能区规划调整完善协作区的城市规划、土地利用规划以及人口、环境保护、交通等专项规划,并且要对相关的主体功能区规划进行事前调查和事后评估。

14.2.3　创建可行的区域协调机构

行政经济区产生的根本原因在于经济体制转型与行政体制变革的不匹配，为在开放条件下纳入国际分工体系进而充分获取比较优势，强化不同行政区的联合是政治权力机构和经济发展机构的主动要求，而没有一套完善的运行与管理体制则是当今我国区域协调政策相对失败的主要原因。因此，谋求行政联合进而确定区域政策中的管谁和谁管这两大核心问题的权责归属，是实现我国区域协调发展的必经途径。对于如何设置协调机构，应该解决机构职能、机构级别和协调机构与现有机构之间的关系这三方面的问题，是实现跨越边界协调合作走复合行政的道路。

14.2.4　实施创新的区域协调政策

我国目前没有真正意义上的区域政策，这是区域协调难以有效达成的主要根源。为打破我国区域协调政策的瓶颈，就应该在政策模式、法制基础和政策工具等方面实施相应的创新。在政策模式上，要打破行政区对辖区进行垄断管理以破除行政区内部政策，构建合理的政府间合作治理机制以实现向区域公共政策的转变。在法治基础上，要实现从人治到法治的转变，即应该出台更多的法律法规来协调区域间的发展，推进协调政策的法制化和规范化。在政策工具上，要建立起一套规范化的激励工具、协调工具、监督工具和评价工具，构建多元化的区域政策工具体系，完善与市场经济体制相适应的区域政策框架体系，实现区域政策工具从简单化管理走向综合治理。

14.2.5　出台保障区际基本公共服务均等化的法规

我国宪法明确规定，社会保障、医疗保险、社会救助、基础教育和就业是每个公民的基本权利。应以此为依据，整合现有部门和地方法规，明确各地区民众享受基本公共服务的范畴和标准，构建区际基本公共服务均等化的法制基础。

主要参考文献

[1] 陈建华、王国恩. 区域协调发展的政策途径[J]. 城市规划,2006(12).

[2] 刘玉、刘毅. 区域政策研究的回顾与展望[J]. 地理科学进展,2002(2).

[3] 吕志奎. 中国区域协调发展的政策创新. 中山大学研究生学刊(社会科学版). 2007(3).

[4] 王爱民、马学广、陈树荣. 行政边界地带跨政区协调体系构建[J]. 地理与地理信息科学,2007(5).

[5] 张京祥、沈建法、黄钧尧等. 都市密集地区区域管治中的行政区划影响[J]. 城市规划,2002(9).

[6] 张京祥、程大林. 由行政区划调整到都市区管治[J]. 规划师,2002(9).

[7] 张可云. 区域经济政策——理论基础与欧盟国家实践[M]. 北京:中国轻工业出版社,2001.

图书在版编目(CIP)数据

区域协调发展中政府与市场的作用研究/钟昌标著. —北京:北京大学出版社,2016.3
(国家哲学社会科学成果文库)
ISBN 978-7-301-26965-7

Ⅰ. ①区… Ⅱ. ①钟… Ⅲ. ①区域经济发展—协调发展—研究—中国 Ⅳ. ①F127

中国版本图书馆 CIP 数据核字(2016)第 039111 号

书　　　名	区域协调发展中政府与市场的作用研究 Quyu Xietiao Fazhan zhong Zhengfu yu Shichang de Zuoyong Yanjiu
著作责任者	钟昌标　著
责 任 编 辑	赵学秀
标 准 书 号	ISBN 978-7-301-26965-7
出 版 发 行	北京大学出版社
地　　　址	北京市海淀区成府路 205 号　100871
网　　　址	http://www.pup.cn
电 子 信 箱	em@pup.cn　　QQ:552063295
新 浪 微 博	@北京大学出版社　@北京大学出版社经管图书
电　　　话	邮购部 62752015　发行部 62750672　编辑部 62752926
印 刷 者	北京中科印刷有限公司
经 销 者	新华书店
	720 毫米×1020 毫米　16 开本　20.75 印张　329 千字 2016 年 3 月第 1 版　2016 年 3 月第 1 次印刷
定　　　价	68.00 元

未经许可,不得以任何方式复制或抄袭本书之部分或全部内容。
版权所有,侵权必究
举报电话: 010-62752024　电子信箱: fd@pup.pku.edu.cn
图书如有印装质量问题,请与出版部联系,电话: 010-62756370